2026

NEW
전면 개정

브랜드 만족 1위

9·7급 공무원·교원임용 시험대비

박문각
공무원

특별판

시험장까지 가져가는 **마무리 핵심정리**

방대한 교육학 핵심 압축 요약서
풍부한 도표와 자료 제시
최신 주요 법령 정리

오현준 편저

오현준
교육학 ★★★★★ 끝짱노트

박문각

PREFACE
머리말

📝 집필 동기

실존주의 문학가 프란츠 카프카(Franz Kafka)는 친구에게 보낸 편지(1904)에서 "책이란 무릇, 우리 안에 있는 꽁꽁 얼어붙은 바다를 깨뜨리는 도끼가 되어야 한다."고 말했습니다.
20여 년의 현직 교사의 꿈을 접고, 학원 강사의 길에 들어서 수험생들과 함께 교육학을 이야기하면서 감히 이런 책을 쓰고 싶었습니다.

방대한 교육학을 짧게 확실하게 끝낼 수 있는 책!
그보다 더 '교육'과 '교육학'을 새로운 눈으로 볼 수 있게 만드는 책!
하여 '교육'과 '인간', '삶'을 잠시라도 성찰할 수 있게 하는 책!
이것으로 교육학을 '끝짱'나게 하는 책, 그런 책!

📝 작지만 소중한 희망

이 책을 공부하는 모든 수험생들이 교육학 시험에서 만점을 받기를 기원합니다.

교육학(敎育學)은 인간학(人間學)입니다. 교육은 인간과 세상을 바꾸는 아름다운 노동입니다. 그리고 교육학을 공부하는 모든 수험생 여러분은 우리 교육 현장에 작은 희망을 심는 아름다운 사람입니다.

고맙습니다.^^ 정상에서 만납시다!!!

오현준 드림

GUIDE
구성

★ **필수체크 Top point**

단원별로 반드시 알아야 할 핵심내용을 '필수체크 Top point'로 구성하여 꼭 학습할 수 있도록 하였습니다.

★ **풍부한 도표와 자료 제시**

주요 내용을 도표화하고, 풍부한 자료를 제시하여 방대한 교육학 과목을 효율적으로 학습하도록 하였습니다.

★ **주요 법령 정리**

반드시 알아야 하는 주요 법령을 한 눈에 보기 쉽게 제시하여 총정리 할 수 있도록 구성하였습니다.

CONTENTS
차례

Chapter 01 교육의 이해
제1절 교육의 개념 10
제2절 교육의 목적 14
제3절 교육학 16
제4절 교육의 형태 16
제5절 교육 제도 33
제6절 교사론 35

Chapter 02 한국교육사
제1절 교육기관의 변천 40
제2절 조선시대 이전의 교육 41
제3절 조선시대의 교육 48
제4절 근대 교육①: 개화기의 교육 61
제5절 근대 교육②: 일제 강점기의 교육 64
제6절 현대 교육: 해방 이후의 교육 67

Chapter 03 서양교육사
제1절 고대의 교육 70
제2절 중세의 교육 75
제3절 근대의 교육①: 르네상스기(14~15C)의 인문주의 교육 77
제4절 근대의 교육②: 종교개혁기(16C)의 교육 79
제5절 근대의 교육③: 실학주의(17C)의 교육 80
제6절 근대의 교육④: 계몽주의(18C)의 교육 83
제7절 근대의 교육⑤: 신인문주의(19C)의 교육 86

Chapter 04 교육철학
제1절 교육철학의 기초 94
제2절 전통철학과 교육 96
제3절 현대의 교육철학①: 20세기 전반 97
제4절 현대의 교육철학②: 20세기 후반 104

Chapter 05 교육과정
제1절 교육과정 기초 114
제2절 교육과정 개발과 연구 116
제3절 교육과정 운영 126
제4절 교육과정 유형 130
제5절 우리나라의 교육과정 138

Chapter 06 교육심리학
제1절 발달이론 152
제2절 발달의 개인차 173
제3절 학습이론 196
제4절 학습의 개인차 213

CONTENTS
차례

Chapter 07 교수·학습이론
제1절 교수·학습의 기초   218
제2절 교수설계   221
제3절 교수·학습 방법   230
제4절 교수이론   236

Chapter 08 교육공학
제1절 교수공학   252
제2절 교육공학 이론   253
제3절 교수매체   254
제4절 컴퓨터 활용수업   255
제5절 원격교육(distance education)   257
제6절 인터넷활용 교육   259

Chapter 09 생활지도와 상담
제1절 생활지도의 개념과 원리   264
제2절 생활지도의 과정   265
제3절 상담의 기본 조건   265
제4절 상담의 대화 기술: 면접 기법   266
제5절 상담이론   267
제6절 비행이론   272
제7절 진로교육이론   273

Chapter 10 교육평가
제1절 교육평가 모형   278
제2절 교육평가 유형   281
제3절 평가의 오류   285
제4절 평가도구의 양호도   286
제5절 검사 문항 제작   289
제6절 문항의 통계적 분석(문항분석)   291

Chapter 11 교육통계

제1절 측정치(척도)	294
제2절 집중경향치(대표치)	295
제3절 변산도	296
제4절 상관계수	297
제5절 원점수와 규준점수	298

Chapter 12 교육연구

제1절 양적 연구와 질적 연구	302
제2절 표집(sampling)	303
제3절 자료 수집 방법	304
제4절 교육연구 방법	307

Chapter 13 교육행정학

제1절 교육행정의 개념, 성격과 원리	313
제2절 교육행정이론	315
제3절 교육행정조직	331
제4절 교육기획과 교육정책	341
제5절 장학(super-vision)	344
제6절 학교경영과 학급경영	347
제7절 교육재정	350
제8절 인사행정	358
제9절 학교 실무	367

Chapter 14 교육사회학

제1절 교육사회학의 이론	376
제2절 사회, 문화와 교육	390
제3절 교육평등	394
제4절 교육격차 발생 이론(학업성취격차 이론)	398
제5절 학력상승이론(교육팽창이론)	400

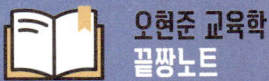

오현준 교육학
끝짱노트

CHAPTER 01

교육의 이해

제1절	교육의 개념
제2절	교육의 목적
제3절	교육학
제4절	교육의 형태
제5절	교육 제도
제6절	교사론

Chapter 01 교육의 이해

필수체크 Top point

1. **교육의 개념**: 현상적 정의(조작적 정의, 규범적 정의), 피터스(Peters)의 성년식으로서의 교육
2. **교육목적의 유형**: 내재적 목적, 외재적 목적
3. **우리나라의 교육목적**: 「헌법」 제31조, 「교육기본법」 제2조(교육이념)
4. **교육의 형태**: 평생교육, 영재교육, 특수교육, 대안교육, 다문화교육
5. **우리나라의 학교제도**: 보통학제, 특별학제
6. **교직관의 유형**: 성직관, 노동직관, 전문직관, 공직관

제1절 교육의 개념

❶ 교육개념의 정의

(1) **어원(語源)적 정의**: 성숙자의 의도대로 미성숙자를 이끄는 일(教, pedagogy, educare) + 미성숙자의 잠재성이 발현되도록 돕는 일(育, educere)

① 교육(教育): 「맹자(孟子)」의 '진심장(盡心章) 상편(上篇)' → 군자의 세 번째 즐거움(君子有三樂, '得天下英才 而教育之 三樂也')
② pedagogy: paidas(아동) + agogos(이끌다) ➡ 교복(教僕)
③ education
  ㉠ ㉑ educare(에듀카레, bring up) → education from without
  ㉡ ㉑ educere(에듀케레/에듀세레, draw out) → education from within

(2) **비유적 정의**: 실존주의 교육사상가 볼노브(Bollnow)는 교육을 만들다(machen, 주형), 기르다(wachsen, 성장), 만나다(begegen, 만남)의 관점에서 비유적으로 설명

교육 개념	관련 예	특징
주형 (鑄型)	• 로크(Locke)의 형식도야: 수동적 백지설 • 행동주의: 왓슨(Watson) → 교육만능설 • 주입(注入) • 도야(陶冶)	• 교사 중심의 전통적 교육관, 상식적인 교육관 • 교사와 아동 간 수직적 관계를 전제 → 아동은 수동적 존재 • 교육내용 중시 • 한계: ① 교사와 학생의 관계에 대한 오해, ② 잘못된 권위주의나 도덕적 문제 유발
성장 (成長)	• 루소(Rousseau): '자연에 따라서(according to nature)' • 진보주의: "우리는 교과를 가르치는 것이 아니라 아동을 가르친다(We teach children, not subjects)."	• 아동 중심 교육관(새교육운동) → 교사는 안내자, 교육의 주체는 학습자 • 교사와 아동 간 수평적 관계를 전제 → 아동은 능동적 존재 • 교육방법 중시 • 의의: 교육의 강조점이 '무엇을 가르칠 것인가'에서 '누구를 가르칠 것인가'로 전환 • 한계: 교과와 교사의 역할을 과소평가
예술 (藝術)	• 교학상장(敎學相長) • 줄탁동시(啐啄同時)	• 주형과 성장의 대안적 비유 • 교사와 아동 간 상호 작용적 관계 중시
성년식	피터스(Peters): 교육은 미성년자인 학생을 '문명화된 삶의 형식(인류 문화 유산)에 입문시키는 일'	• 주형과 성장의 대안적 비유 • 교육내용과 교육방법 모두 중시
만남	• 실존주의, 인본주의 교육 • 볼노브(Bollnow): "만남은 교육에 선행한다."	• '주형, 성장, 예술, 성년식'(의도적 교육을 가정)의 대안적 비유 • 단속적·비연속적·비의도적 교육 중시 • 의의: 교육의 외연을 확장 • 한계: ① 교육의 일반적 모습으로 보기 어려움, ② 요행주의로 흐를 위험성 내포, ③ 공식적 교육 활동을 평가절하

(3) **현상적 정의**: 분석철학자 쉐플러(Scheffler)는 교육을 조작적 정의(operational definition)와 규범적 정의(normative definition), 약정적 정의(stipulative definition), 기술적 정의(discriptive definition)로 구분

교육 개념	관련 예	특징
조작적 정의	교육은 인간행동의 계획적 변화이다(정범모).	• 개념을 과학적으로 정의하는 방식 • 관찰할 수 없는 것을 관찰 가능한 반복적 조작에 의해 객관적으로 정의 • 교육개념의 추상성을 제거하고 교육활동을 명백히 규정하려 할 때 사용
약정적 정의	교육을 훈련이라고 하자.	• 의사소통을 위해 복잡한 현상을 무엇이라고 부르자고 약속하는 정의 방식 • 교육에 관한 여러 시각들을 조정하거나 보편적 정의방식에서 벗어나 새로운 방식으로 한시적으로 정의할 때 사용 • 언어의 경제성과 논의의 편리성 도모
기술적 정의	• 교육은 학교에서 하는 일이다. • 교육은 가르치고 배우는 일이다. • 서술적 정의, 사전적 정의, 관행적 정의, 보고적 정의, 객관적 정의	• 하나의 개념을 이미 알고 있는 다른 말로 설명해주는 정의 • 교육개념을 전혀 모르거나 생소한 사람에게 교육의 개념을 설명하거나 교육현상을 객관적으로 정확하게 묘사할 때 사용 → 가치중립적 정의
규범적 정의	• 교육은 성년식이다(Peters). • 강령적 정의, 목적적 정의, 가치지향적 정의	• 하나의 정의 속에 '어떻게 해야 하는가, 어떻게 하는 것이 옳은가'와 같은 규범(강령)이 포함된 정의 • 가치의 맥락에서 교육적 의미를 밝힐 때, 내재적 가치를 강조할 때 사용

📎 기능적 정의: 교육을 특정 목적 달성을 위한 수단이나 용도로 정의함. → 교육의 본질적 목적이 훼손될 수 있음. 예 교육은 출세의 수단, 교육은 국가발전의 수단

❷ 피터스(Peters)의 교육개념 → 「윤리학과 교육」(1968)

(1) **교육의 개념** : ① 미성숙한 아동을 인간다운 삶의 형식 안으로 입문시키는 성년식, ② (내재적) 가치활동에의 입문(入門), ③ 공적(公的) 전통에의 입문, ④ (정신적) 문화유산에의 입문, ⑤ (합리적) 마음의 획득 혹은 계발

☑ 오크쇼트(Oakeshott)의 교육개념 : ① (정신) 문명에의 입문, ② 초월과정으로서의 교육, ③ (시적) 대화로서의 교육 → 피터스의 교육 개념 형성에 영향

(2) **교육개념의 성립 준거**

규범적 준거	• 교육이 추구하는 가치는 내재적 가치 → 교육의 개념 속에 들어 있는 '바람직성, 규범성, 가치성, 좋음' 등과 같은 가치를 의미 • 외재적 가치를 추구하는 것은 교육이 아니다. → 외재적 가치를 추구할 때 정당화의 문제, 대안의 문제, 도덕의 문제가 수반 ① **정당화의 문제** : 외재적 가치는 '필요(needs)'를 수반하는데, '무엇을 위한 필요인가?' 하는 문제 ② **대안의 문제** : '그 필요를 충족시키는 수단이 꼭 교육이어야만 하는가?' 하는 문제 ③ **도덕의 문제** : '그 필요를 위해서 피교육자를 조형해도 좋은가?' 하는 문제
인지적 준거	내재적 가치가 내용 면에서 구체화된 것 → 지식, 이해, 인지적 안목(지식의 형식) • 지식과 정보 등이 유리되어 있는 것이 아니라 사물 전체를 조망할 수 있는 포괄적이고 통합된 안목이 형성된 상태(계명, 啓明)를 의미 • 교육은 신념체계를 변화시키는 전인적 교육 → 제한된 기술이나 사고방식을 길러주는 전문화된 훈련(training)과는 구별
과정적 준거	규범적 준거(내재적 가치)가 제시되는 방법상의 원리를 제시한 것 • 교육은 교육내용을 도덕적으로 온당한 방법, 즉 학습자의 의식과 자발성에 토대하여 전수되어야 한다. • 학습자의 의식과 자발성을 유도하기 위해서는 아동에게 흥미(interest)가 있어야 한다. → 흥미는 규범적 흥미(유익한 것) • 조건화(conditioning)나 세뇌(brain-washing)는 교육이 아님.

(3) **교육받은 상태** : 교양인(자유인) → 합리적 마음(이성)을 갖춘 인간

☑ 화이트(White), 허스트(Hirst), 화이트헤드(Whitehead)의 교육 개념 비교
① **화이트(White)** : 피터스의 자유교육 개념을 확장 → 내재적 가치 추구를 넘어 개인의 자율성(personal autonomy) 함양이나 개인의 좋은 삶, 곧 웰빙(well-being)을 강조
② **허스트(Hirst)** : 사회적 실제(활동)에의 입문(education as initiation as into social practices) 교육 강조 → 교육과 삶을 통합, 교육과 사회적 유용성을 연계, 실천적 합리성(이성)을 계발, 교육은 실제적 질문(예 교육평가 문제, 교원성과급 문제, 교육평등과 학교 선택 문제 등)에 판단을 내리고 교육 실제를 합리적으로 정당화하는 일
③ **화이트헤드(Whitehead)** : 이소크라테스(Isocrates)의 사상 계승, 허스트(Hirst)의 후기 사상(「자유교육을 넘어서」)에 영향 → "교육은 지식의 활용 기술을 습득하는 것이다"라는 명제 중시, 무기력한 지식(innate ideas) 교육에서 벗어나 '삶에 유용한 지식(the art of utilizing knowledge)'을 가르쳐야 함을 강조

제2절 교육의 목적

❶ 내재적 목적과 외재적 목적

내재적(본질적) 목적	외재적(수단적) 목적
교육과정이나 교육개념 속에 존재하는 목적	교육활동 외부에 존재하는 목적
교육활동 그 자체가 목적	교육활동은 목적 달성을 위한 수단(도구)
교육과 목적이 개념적·논리적으로 (conceptually or logically) 관계를 형성	교육과 목적이 경험적·사실적으로 (empirically or factually) 관계를 형성
합리성의 발달, 지식의 형식 추구, 자율성 신장, 자아실현, 인격 완성 등	국가발전, 경제성장, 사회통합, 직업 준비, 생계 유지, 출세, 입시수단 등
현실 그 자체를 중시	미래생활 대비를 중시
교육의 가치지향적 입장 중시	교육의 가치중립적 입장 중시
위기지학(爲己之學) 강조	위인지학(爲人之學) 강조
듀이(Dewey, 교육 그 자체가 목적), 피터스(Peters)	스펜서(Spencer, 생활준비설), 그린(Green, 교육은 도구), 랭포드(Langford, 교육은 주어진 목표달성수단)
교사의 역할은 현재 가르치고 있는 교육내용을 그 의미가 충분히 살아나도록 교수	교사의 역할은 사회의 현실과 필요를 적극적으로 수용하여 교수

❷ 우리나라의 교육목적

(1) 헌법(제31조)상의 교육 조항

1. 모든 국민은 능력에 따라 균등하게 교육을 받을 권리를 가진다. → 교육기회의 허용적 평등
2. 모든 국민은 그 보호하는 자녀에게 적어도 초등교육과 법률이 정하는 교육을 받게 할 의무를 진다.
   - ☑ 「교육기본법」(제8조) '6년의 초등교육과 3년의 중등교육을 받게 할 의무'
3. 의무교육은 무상으로 한다. → 교육기회의 보장적 평등
   - ☑ 무상의 범위(「초중등교육법」 제10조의2): 입학금, 수업료, 학교운영지원비, 교과용 도서 구입비
   - ☑ 고등학교 무상교육 시행: 2020 고 2·3, 2021 이후 전면 시행
4. 교육의 자주성·전문성·정치적 중립성 및 대학의 자율성은 법률이 정하는 바에 의하여 보장된다.

5. 국가는 평생교육을 진흥하여야 한다.
6. 학교교육 및 평생교육을 포함한 교육제도와 그 운영, 교육재정 및 교원의 지위에 관한 기본적인 사항은 법률로 정한다. → 법률주의 원리

(2) **교육이념(「교육기본법」 제2조)** : 홍익인간의 이념

"교육은 홍익인간의 이념 아래 모든 국민으로 하여금 ① 인격을 도야하고, ② 자주적 생활능력과 ③ 민주시민으로서 필요한 자질을 갖추게 하여 ④ 인간다운 삶을 영위하게 하고, ⑤ 민주국가의 발전과 ⑥ 인류공영의 이상을 실현하는 데 이바지하게 함을 목적으로 한다."
☑ ①~③은 직접적 목적, ④~⑥은 간접적 목적

(3) **「교육기본법」 총칙의 내용**

- 제4조(교육의 기회균등) : ① 모든 국민은 성별, 종교, 신념, 인종, 사회적 신분, 경제적 지위 또는 신체적 조건 등을 이유로 교육에서 차별을 받지 아니한다.
  → 허용적 평등
  ② 국가와 지방자치단체는 학습자가 평등하게 교육을 받을 수 있도록 지역 간의 교원 수급 등 교육여건 격차를 최소화하는 시책을 마련하여 시행하여야 한다.
  → 교육 여건의 평등
  ③ 국가는 교육여건 개선을 위한 학급당 적정 학생 수를 정하고 지방자치단체와 이를 실현하기 위한 시책을 수립·실시하여야 한다.
- 제5조(교육의 자주성 등) : ① 국가와 지방자치단체는 교육의 자주성과 전문성을 보장하여야 하며, 국가는 지방자치단체의 교육에 관한 자율성을 존중하여야 한다.
  ② 국가와 지방자치단체는 관할하는 학교와 소관 사무에 대하여 지역 실정에 맞는 교육을 실시하기 위한 시책을 수립·실시하여야 한다.
  ③ 국가와 지방자치단체는 학교운영의 자율성을 존중하여야 하며, 교직원·학생·학부모 및 지역주민 등이 법령으로 정하는 바에 따라 학교운영에 참여할 수 있도록 보장하여야 한다.
- 제6조(교육의 중립성) : ① 교육은 교육 본래의 목적에 따라 그 기능을 다하도록 운영되어야 하며, 어떠한 정치적·파당적 또는 개인적 편견의 전파를 위한 방편으로 이용되어서는 아니 된다. → 정치적 중립성
  ② 국가 및 지방자치단체가 설립한 학교에서는 특정한 종교를 위한 종교교육을 하여서는 아니 된다. → 종교적 중립성(사립학교는 제외)

- 제9조(학교교육) : ① 유아교육·초등교육·중등교육 및 고등교육을 하기 위하여 학교를 둔다.
  ② 학교는 공공성을 가지며, 학생의 교육 외에 학술 및 문화적 전통의 유지·발전과 주민의 평생교육을 위하여 노력하여야 한다.
  ③ 학교교육은 학생의 창의력 계발 및 인성 함양을 포함한 전인적 교육을 중시하여 이루어져야 한다.
  ④ 학교의 종류와 학교의 설립·경영 등 학교교육에 관한 기본적인 사항은 따로 법률로 정한다.

제3절 교육학

1. **교육학의 성립** : 헤르바르트(Herbart) → 철학(윤리학) + 심리학(표상심리학)
2. **교육학의 학문적 성격**
   (1) **경험과학**으로 보는 입장 : 오코너(O'Connor), 정범모
      ① 가치중립적 입장으로, 경험적 학문으로서의 교육학을 주장
      ② 가치판단의 기준을 객관적으로 밝힐 수 없다면 교육이론에 포함시킬 수 없다. → 교육학은 자연과학적 이론체계(현상을 관찰, 기술, 설명, 일반화, 가설검증)를 갖추고 있지 못하기에 '예우상의 칭호'에 불과함.
   (2) **규범과학**으로 보는 입장 : 피터스(Peters)와 허스트(Hirst)
      ① 가치 지향적 입장으로, 규범적 학문으로서의 교육학을 주장
      ② 가치판단의 기준을 과학적 인식의 대상으로 삼는 데 한계가 있어도 가치판단의 문제를 교육이론에서 배제해서는 안 된다.

제4절 교육의 형태

❶ 평생교육(life-long education)

1. **개념**

(1) **랭그랑(Lengrand)** : 「평생교육론」(1965) → '삶과 앎'의 통합, '수직적 교육(전생애성)과 수평적 교육(전사회성)'의 통합

수직적 교육	요람에서 무덤까지, 태내·유아·노인교육 → 교육기회의(전생애적) 통합
수평적 교육	모든 기관(예 학교, 직장, 대중매체, 도서관 등)과 모든 장소(예 가정, 학교, 사회, 직장 등)에서의 교육 → 교육자원의(전사회적) 통합, 학교 본위의 교육관 지양

- ☑ 「평생교육에 대한 입문」(1970) 평생교육의 필요성 제시 → '국제교육의 해'로 UNESCO 지정
- ☑ 평생교육의 개념 확장

① 수평적 확장 : 스폴딩(Spaulding)

구분	형식적 교육		비형식적 교육		무형식적 교육	
개념	교육의 3요소＋국가공인		교육의 3요소＋국가공인 ×		교육의 3요소 ×＋국가공인 ×	
사례	전통적 학교 및 대학	혁신적 학교 및 대학	학교와 대학의 평생교육 및 비형식적 교육	지역사회개발 및 사회운동	클럽 및 자원 단체	대중매체 및 정보제공 시설

② 수직적 확장 : 파킨(Parkyn) → 영유아교육, 초등교육, 중등교육, 고등교육, 성인사회교육

(2) 「**평생교육법**」(제2조) : 학교의 정규교육과정을 제외한 ① 학력보완교육, ② 성인 문해교육, ③ 직업능력 향상교육, ④ 성인 진로개발역량 향상교육(성인진로교육), ⑤ 인문교양교육, ⑥ 문화예술교육, ⑦ 시민참여교육 등을 포함하는 모든 형태의 조직적인 교육활동

☆ 평생교육의 영역

학력보완교육	학력인정을 받기 위해 필요한 이수단위 및 학점 취득관련 평생교육 예 초·중·고등학력보완 프로그램 → 검정고시 강좌(중입, 고입, 대입), 독학사 강좌, 학점은행제 강좌, 시간제 등록제 강좌, 대학의 비학점 강좌 등
문해교육	일상생활을 영위하는 데 필요한 문자해득(**文字解得**)능력을 포함한 사회적·문화적으로 요청되는 기초생활능력 등을 갖출 수 있도록 하는 조직화된 교육프로그램 예 기초문해교육, 생활문해교육, 다문화한국어 프로그램, 내국인 한글문해 프로그램
직업능력 향상교육	직업 준비 및 직무역량 개발 등 전문적 능력함양을 목적으로 한 교육 예 직업준비 프로그램, 자격인증 프로그램, 현직 직무역량 프로그램
성인 진로개발역량 향상교육 (성인진로교육)	성인이 자신에게 적합한 직업을 찾고 진로를 인식·탐색·준비·결정 및 관리할 수 있도록 진로수업·진로심리검사·진로상담·진로정보·진로체험 및 취업지원 등을 제공하는 활동 예 ❶ 자기이해 및 관리 역량(자기인식, 감성 지능, 자기주도성), ❷ 진로탐색 및 정보 활용 역량(직업세계 이해, 학습 및 진로기회 탐색, 디지털 리터러시, 사회적 네트워킹), ❸ 진로 설계 및 관리 역량(진로 목표 설정, 의사 결정 및 문제 해결, 진로 계획 수립 및 실행, 변화 관리 및 적응력), ❹ 일과 삶의 균형 및 지속가능성 역량(일과 삶의 균형 유지, 스트레스 관리 및 웰빙 추구, 사회적 책임 및 참여, 평생학습 추구)

인문교양교육	인문교육＋교양교육 → 전인적 성품과 소양 계발 및 배움을 즐기는 건강 겸비 예 건강심성 프로그램, 기능적 소양 프로그램, 인문학적 교양 프로그램
문화예술교육	상상력과 창의력 촉진, 창작활동능력 지원, 생활 속 문화예술 향유능력 개발 예 레저생활 스포츠 프로그램, 생활문화예술 프로그램, 문화예술향상 프로그램
시민참여교육	민주시민자질과 역량 개발, 사회통합 및 공동체 형성을 위한 시민들의 참여 촉진 및 지원 예 시민책무성 프로그램, 시민리더역량 프로그램, 시민참여활동 프로그램

2. 접근 방법

(1) **학습사회론적 접근(UNESCO)** : 모든 이에게 실질적인 교육권 보장

① 대표적 주장

허친스(Hutchins)	『학습사회』(1968) → 자유교양교육의 기회 제공
포르(Faure)	『존재를 위한 학습(learning to be)』(1972) → '완전한 인간' 육성을 위한 교양교육 강조
카네기 고등교육위원회	『학습사회를 지향하여(Toward a Learning Society)』(1973) → 노동과 직업교육 중심의 학습사회화 주장
들로어(Delors)	『학습: 내재된 보물(learning: the treasure within)』(1996) → '생활을 통한 학습(learning throughout life)'으로 '알기 위한 학습, 행동하기 위한 학습, 존재하기 위한 학습, 함께 살기 위한 학습' 등 4가지 기둥(pillars)을 제시 1. 알기 위한 학습(learning to know) : '학습하기 위한 학습'으로, 전 생애를 거쳐 교육의 혜택을 받을 수 있게 해 줌. → 가장 기본적인 학습(교양교육＋전문교육) 2. 행동하기 위한 학습(learning to do) : 공식적・비공식적인 사회경험과 직무경험을 통해 획득되며, 학교의 지식이 사회의 작업장으로 전이되는 과정으로, 앎으로서의 학습에서 행동으로 옮기는 실천의 학습 3. 존재하기 위한 학습(learning to be) : 교육 본연의 목적인 개인의 잠재력을 실현하는 학습 → 가장 궁극적인 목적(자아실현・전인형성) 4. 함께 살기 위한 학습(learning to live together) : 다원주의・상호 이해・평화의 가치를 존중하는 정신으로 타인과 함께 공동과업을 수행하고 갈등을 관리하는 법을 배우면서 획득되는 학습

유네스코 미래교육 2050 보고서 – 사흘레-워크(Sahle-Work Zewde) 국제미래교육위원회 보고서(2021. 11.)

「함께 그려보는 우리의 미래-교육을 위한 새로운 사회계약」

(1) "인류의 미래는 지구의 미래에 달려있고 이 둘은 지금 위험에 처해 있으므로, 그 경로를 바꾸기 위해 시급한 행동이 필요하다." → 교육을 위한 '새로운 사회계약*' 제안 & 우리가 서로와, 지구와, 그리고 기술과의 관계 재구축 요청

   * 인권에 근간을 두고 차별금지와 사회정의, 생명 존중, 인간 존중 및 문화 다양성에 기초해야 함. 또한 돌봄의 윤리, 호혜주의, 연대를 포괄해야 하며, 공동의 사회적 노력(shared societal endeavours)이자 공동재(common good)로서 교육을 강화해야 함.

(2) 핵심 내용
   ① 새로운 사회계약 필요성 : 교육은 현재의 위기와 불평등을 해결하고, 평화롭고 지속 가능한 미래를 구축하기 위해 새롭게 재구성되어야 함.
   ② 주요 원칙
      ❶ 평생교육의 권리 보장 : 모든 연령과 삶의 모든 단계에서 양질의 교육 기회를 제공
      ❷ 공공의 노력(public endeavor)과 교육의 공동재(a common good) 역할 : 교육을 사회적 발전과 공동의 목표 달성을 위한 도구로 강화
   ③ 교육 혁신 방향
      ❶ 학교교육의 변혁 : 학교 역할 재정립(포용성과 공정성을 지원하는 공간으로 재구성, 디지털 기술은 학교의 대체재가 아닌 학교 변화를 지원하는 도구로 사용, 학교의 지속 가능한 발전과 탄소중립 지향하는 공간으로 재구성, 인권과 공정성 보장하는 미래의 모델), 교사는 지식 생산자이자 사회 변혁의 주체로서 자율성과 전문성을 강화 → 학교의 지속 가능성 모델
      ❷ 평생교육 강화 : 전 생애에 걸친 양질의 교육권 보장, 다양한 문화·사회적 공간에서 학습기회 확대와 글로벌 연대와 협력 촉구 (전 세계적인 협력과 연구를 통해 교육 혁신 촉진 및 정의롭고 지속 가능한 미래를 위해 교육을 새롭게 재구성)

(3) 교육의 재구성과 혁신
   ① 계속해야 할 것 : ❶ 전 생애에 걸친 양질의 교육 보장, ❷ 교육의 공공적 목적과 공동재로서의 역할 유지, ❸ 협력과 연대에 기반한 교육 접근
   ② 중단해야 할 것 : ❶ 불평등과 배제적 교육 방식, ❷ 편견과 편향을 강화하는 교육, ❸ 기존의 학교 중심의 고정된 구조(전통적인 학교 모델과 평가 방식 고수)

③ 새롭게 만들어내야 할 것 : ❶ 혁신적이고 포용적인 교육 모델(생태적, 다문화적, 다학제적 학습과 디지털 문해력을 강화하는 교육과정 개발), ❷ 교사의 역할 재정립(지식 생산자, 사회 변혁의 주체, 자율성과 전문성 강화, 공동 작업을 통한 교수법 개선), ❸ 학교와 학습 공간의 재설계(학교를 포용과 공정성을 지원하는 공간으로 재구성, 디지털 기술을 활용한 다양한 학습 환경 마련), ❹ 글로벌 연대와 협력 강화(교육을 위한 새로운 사회계약을 지지하는 국제적 협력과 공동 작업 촉구)

② 평생학습도시(lifelong learning city) : 학습공동체 건설을 위한 총체적 도시 재구조화 운동 → (「평생교육법」 제15조) 특별자치시, 시·군 및 자치구를 대상으로 국가가 지정 및 지원(이미 지정된 도시의 경우 평가 후 재지정도 가능), 지역사회의 평생교육 활성화 목적

- ☑ 역사 : (세계) 1979 일본의 가케가와시에서 시작, (한국) 1999 경기도 광명시 최초 선언, 2001년 이후 국가가 지정
- ☑ 유형 : ❶ 경제발전 중심(산업혁신형, 학습파트너형), ❷ 시민사회 중심(지역사회 재생형, 이웃 공동체 건설형)

(2) **순환교육론적 접근(OECD / WB)** : 전 생애에 걸친 교육기회 보장

① 「순환교육 : 평생학습을 위한 전략」(1973) : 성인들에 대한 계속적인 재교육 기회 제공 → 직업-교육, 일-여가를 반복(가역적 생애주기)하는 교육정책

② 순환교육의 원리

> 1. 의무교육 최종 학년에 진로 선택 교육과정 설정
> 2. 의무교육 이후에 각자의 생활적기 및 적절한 시기에 따른 교육기회 부여
> 3. 모든 사람이 필요한 장소와 시간에 교육받을 수 있는 시설을 골고루 분포
> 4. 일과 사회적 경험이 입학 규정이나 교육과정 작성 시 주된 고려사항
> 5. 학업과 직업을 교대할 수 있는 계속적 생애 과정 구성
> 6. 의무교육 이후 각 개인은 직업 및 사회 준비를 위한 학습휴가 권리 가짐.
> 7. 교육에서 학습자의 특성을 고려
> 8. 학위나 증서보다 평생교육의 과정 지도와 인격발달을 중시

③ 「만인을 위한 평생학습(Lifelong Learning for All)」(1996)
　　㉠ 평생학습의 논리적 근거로서 경제적 필요와 사회적 목표와 결합시킴.
　　㉡ 목적 : 개인의 (잠재력) 발달, 사회 양극화를 차단하는 사회적 결속, 경제 성장과 일자리 창출 제고
④ 세계은행(World Bank) : 「지구 지식경제에서의 평생학습(Lifelong Learning in the Global Knowledge Economy)」(2003)
　　㉠ 평생학습 개념 : '지식경제(Knowledge Economy)'를 위한 교육
　　㉡ 목표 : '더 나은 세계'를 위한 지식과 학습 촉진을 구현
　　㉢ 특징 : 경제정책과 빈곤 감소, 지속 가능한 발전, 역량 개발, 국경운영 등의 분야에서 저개발 국가들을 지원

(3) **대안교육적 접근(제3세계)** : 학교교육의 대안 제시
① 일리치(Illich)의 「탈학교사회(Deschooling Society)」(1970) : 의무교육기관 폐지의 대안 → 학습망[예 교육자료망, 기술교환망, 학습자망(동료망), 교육자망(연장자망)]을 통한 학습 강조
② 프레이리(P. Freire)의 「페다고지(민중을 위한 교육)」(1968) : 은행저금식 교육에서 탈피, 문제제기식 교육을 통한 자율적 인간 양성

(4) **영속교육(Permanent education)적 접근** : 유럽의회(EC)가 제안
① Schwartz가 쓴 보고서 「영속교육」에서 비롯(1974)
② 기본원칙 : 직업과 교육 간의 순환성(recurrency)이 가능한 유연한 제도
③ 교육목적
　　㉠ 사회 : 보다 확대되고 통합된 사회, 다양화된 사회, 평등한 사회
　　㉡ 인간 : 육체적·지적으로 충분한 자질을 가진 사람, 독립적·창의적·사회적으로 잘 융화되는 사람

☑ 계속교육(continuing education) : 일정 단계의 학교교육을 마친 성인을 대상으로 한 단기간에 걸친 보충교육 또는 직업훈련 → 성인 대상 형식적인 학교교육 형태 제공

3. 목적과 이념

(1) **궁극적 목적**: 개인적, 사회적 차원의 삶의 질 향상

> ⚖️ 「평생교육법」상의 목적(제1조)
> 이 법은 ① 「헌법」과 「교육기본법」에 규정된 평생교육의 진흥에 대한 국가 및 지방자치단체의 책임과 평생교육제도와 그 운영에 관한 기본적인 사항을 정하고, ② 모든 국민이 평생에 걸쳐 학습하고 교육받을 수 있는 권리를 보장함으로써 ③ 모든 국민의 삶의 질 향상 및 ④ 행복 추구에 이바지함을 목적으로 한다.

(2) **이념**: 다베(Dave)와 스캐거(Skager) → 「평생교육과 학교교육과정」(1973)

전체성 (총체성, totality)	학교교육과 학교 외 교육(예 가정, 학원, 사회교육 등)에 중요성과 정통성을 부여한다. → 학교 외 교육도 공인함을 강조
통합성 (integration)	다양한 교육활동의 유기적·협조적 관련성을 중시한 것으로, 수직적 교육과 수평적 교육을 통합 → 보완적 의미를 강조
융통성 (유연성, flexibility)	어떤 환경과 처지에서도 학습이 가능하도록 다양한 여건과 제도를 조성한다. 예 원격교육, E-learning, U-learning
민주성 (democratization)	학습자가 원하는 종류와 양의 교육을 제공 예 뷔페(buffet)식 교육과정 → 학습자(수요자) 중심 교육
교육가능성 (교육력, educability)	학습이 효율적으로 전개되도록 학습방법, 체험의 기회, 평가방법 등의 개선에 주목하고 자기주도적 학습을 도모한다.

> ⚖️ 「평생교육법」상의 이념(제4조)
> ① 모든 국민은 평생교육의 기회를 균등하게 보장받는다. → 기회균등(능력에 따라 ×)
> ② 평생교육은 학습자의 자유로운 참여와 자발적인 학습을 기초로 이루어져야 한다. → 자율성
> ③ 평생교육은 정치적·개인적 편견의 선전을 위한 방편으로 이용되어서는 아니 된다. → 정치적 중립성
> ④ 일정한 평생교육 과정을 이수한 자에게는 그에 상응하는 자격 및 학력인정 등 사회적 대우를 부여하여야 한다. → 상응한 사회적 대우(자격 및 학력 인정)

4. 평생교육제도 모형

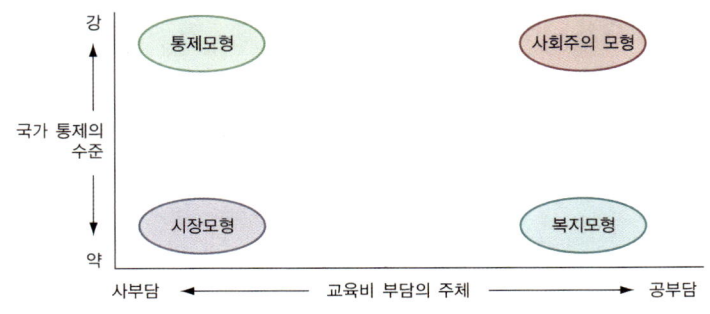

시장모형	• 교육이 상품으로 인식, 교육기관은 공급자, 학습자는 수요자로 규정되는 형태 • 교육을 사유재(private good)로 인식 → 교육의 공급과 수요가 자유화되어 시장원리에 의해 지배, 개인이 선택과 비용을 부담
통제모형	• 국가가 교육 전반을 독점적으로 운영하는 형태 • 국가가 교육의 내용과 형식을 통제, 비용은 학습자 스스로 부담
복지모형	• 국가가 교육비용을 부담, 교육목적은 각 개인의 자아실현에 중점을 두는 형태 • 교육을 공공재(public good)로 인식 → 교육과정은 지방과 학교 자율로 결정, 교육의 최종 책임을 국가 및 공공영역에 둠.
사회주의 모형	국가가 교육목적과 내용에 대한 통제 담당, 교육비용도 국가가 부담하는 형태

5. 평생교육의 특징

(1) 특징

① 개인 차원 및 사회 공동체 차원에서 삶의 질을 높이는 것이 목적
② 태아에서부터 무덤에 이르기까지 한 개인의 생존기간 전체에 걸쳐서 이루어지는 교육을 수직적으로 통합
③ 모든 기관(예 학교, 직장, 대중매체, 도서관, 자원단체 등)과 모든 장소(예 학교, 가정, 사회, 직장 등)에서 이루어지는 교육을 수평적으로 통합
④ 일반교육과 전문교육의 조화와 균형 유지
⑤ 계획적 학습과 우발적 학습을 모두 포함
⑥ 발달과업(developmental tasks)에 따른 계속적 학습 중시
⑦ 자기주도적 학습과 문제해결학습 강조
⑧ 국민 전체의 평생에 걸친 교육기회의 균등화 및 확대에 노력
⑨ 개인과 사회의 필요에 적극 대처하고 누구나 쉽게 접근 가능
⑩ 학교교육을 평생교육의 관점에서 재해석 : 학교의 교육 독점 방식에서 탈피
⑪ 사회를 교육적 환경으로 만들기 위해 노력 : '학습사회화'

(2) 현행 교육체제와 평생교육체제 비교(Lengrand)

구분	현행 교육체제	평생교육체제
교육시기	청소년기에 한정	전 생애에 걸친 교육
교육영역	교육 지식의 습득(인지적 영역)에 중점	인지적, 정서적, 신체적, 심미적, 직업적, 정치적인 면을 모두 포괄하는 전일적(holistic)인 것 → 지식(앎)과 삶을 통합하는 것
교육형태	교육형태의 구분(예 직업교육과 일반교육, 형식교육과 비형식교육, 학교교육과 학교 외 교육 등)	교육형태의 유기적 통합
교육개념	문화유산의 전달 수단	자기발전의 끊임없는 과정, 성장의 수단
교육장소	학교교육에 한정	학교·가정·직장·친구관계 등 실제 사회 전 영역으로 확대
교육주체	교사 중심으로 교육기회 부여	사회 전체가 교육기회 부여
교육운영	교육자(교사) 중심	수요자(학습자) 중심

(3) 노울즈(M. Knowles)의 성인교육(Andragogy)
 ① 성인교육의 기본가정
  ㉠ 성인들의 학습동기가 성인학습 활동을 조직하는 출발점
  ㉡ 성인들의 학습은 주제 중심이 아닌 삶(상황 중심)에 초점을 두어야 함.
  ㉢ 경험은 성인학습의 가장 중요한 자원 → 경험의 분석이 성인교육의 핵심
  ㉣ 성인들은 자기주도성이 강함. → 지식전수보다 교사-학습자 간 상호작용을 통한 교사의 역할 수행
  ㉤ 학습자의 개인차(예 학습양식, 시간, 장소, 속도 등)에 맞는 교육 실시
 ② 성인학습자의 특징
  ㉠ 성인들은 학습을 시작하기 전에 왜 배우려고 하는지 알고 있다.
  ㉡ 성인들은 자기 스스로 학습하고자 하는 심리적 욕구를 가지고 있다.
  ㉢ 성인들은 아동기 때의 다양하고 많은 경험을 바탕으로 학습에 임한다.
  ㉣ 성인들은 자신들이 알고 싶은 것을 배우려 하고, 배운 것을 자신들의 실제 생활에 효율적으로 적용시킨다.
  ㉤ 아동기의 교과서 중심적인 학습과 달리 성인학습은 실제 생활 중심의 학습으로 이루어진다.
  ㉥ 성인들은 외적 동기에 따라 학습하기도 하지만, 내적 동기를 충족시키기 위해 학습에 참여하는 경향이 강하다.

(4) **성인학습자의 평생교육 참여 요인**: 참여동기 유형화
① 훌(C. O. Houle, 1961): 성인학습자의 평생교육 참여동기를 목표지향성(the goal-oriented), 활동지향성(the activity-oriented), 학습지향성(the learning-oriented)으로 유형화
② 블로드코프스키(R. J. Wlodkowski, 1999): '성공 + 의지(success + volition)', '성공 + 의지 + 가치(success + volition + value)', '성공 + 의지 + 가치 + 즐거움(success + volition + value + enjoyment)'

(5) **성인학습자의 평생교육 참여 장애요인**
① 존스톤과 리베라(Johnstone & Rivera, 1965): 상황적 장애요인과 기질(성향)적 장애요인으로 구분
② 크로스(Cross, 1981): 상황적 장애요인(예 자녀양육, 회사업무), 기질적 장애요인(예 성공자신감 부족, 학습에 대한 걱정), 제도적 장애요인(예 비싼 수업료)으로 구분
③ 다켄왈드와 메리엄(Darkenwald & Merriam, 1982): 크로스(Cross)의 3가지 요인 + 정보적 장애요인(informational barriers 예 교육프로그램 정보 부족) 추가 제시
④ 로저스(Rogers, 1998): 선재지식(Pre-existing knowledge), 불안(Anxiety), 자아방어기제(Ego-defense mechanisms), 태도 변화의 어려움(Difficulty in changing attitudes)을 제시

6. **평생교육 구현 방안**: 「평생교육법」, 「평생교육법 시행령」
(1) **평생교육기관**
① 「평생교육법」에 따라 인가·등록·신고된 시설·법인 또는 단체
② 「학원의 설립·운영 및 과외교습에 관한 법률」에 따른 학원 중 학교교과교습학원을 제외한 평생직업교육을 실시하는 학원
③ 기타 법령에 따라 평생교육을 주된 목적으로 하는 시설·법인 또는 단체
(2) **평생교육 진흥 계획 수립**: ❶ 기본계획(교육부 장관, 매 5년마다), ❷ 시행계획(시·도지사, 매년)

(3) 평생교육 추진 체계

구분	행정기구	심의·협의기구	전담·지원기구
국가 수준	교육부 장관	평생교육진흥위원회 (20인 이내)	• 국가 평생교육진흥원 • 국가 장애인 평생교육지원센터
광역 수준	시장, 도지사	시·도 평생교육협의회 (20인 이내)	시·도 평생교육진흥원
기초 수준	시장, 군수, 구청장	시·군·자치구 평생교육협의회(12인 이내)	• 시·군·자치구 평생학습관(시·도 교육감 & 시장·군수·자치구의 구청장) • 읍·면·동 평생학습센터(시장·군수·자치구의 구청장)

☑ 노인평생교육시설 설치, 지정·운영(제20조의3) : 국가·지방자치단체 및 시·도교육감 → 관할 구역 안의 노인을 대상으로 평생교육프로그램 운영과 평생교육 기회 제공 목적

☑ 자발적 학습모임(제21조의4) : 지역사회 주민이 평생학습을 주된 목적으로 자발적으로 참여하는 모임 지원

(4) 평생교육시설

평생교육시설 구분		유형	설치요건
학교 형태		각종 학교, 기술학교, 방송통신고교 등	교육감에게 등록*
사내대학 형태		사내대학(종업원 200명 이상)	교육부장관의 인가*
독립형	원격 형태	원격대학	
		원격교육	교육감에게 신고
	지식·인력개발 사업 관련	산업교육기관, 학교실습기관	
부설형	사업장 부설	산업체, 백화점 문화센터(종업원 100명 이상) 등	
	시민사회단체 부설	법인, 주무관청, 회원 300명 이상인 시민단체	
	언론기관 부설	신문, 방송 등의 언론기관	
	학교 부설	대학이나 전문대학 부설 평생교육원 등	관할청에 보고

＊학력 인정 시설

(5) 다양한 학습지원제도

① 유·무급 학습휴가 실시(제8조) : 순환교육의 형태 → 국가·지방자치단체와 공공기관의 장 또는 각종 사업의 경영자가 소속 직원의 평생학습기회를 확대하기 위하여 실시

② 공공학습비(도서비·교육비·연구비) 지원(제8조) : 학습자에게 직접 지원
   → 평생교육 바우처(voucher) 제도

☑ 평생교육이용권(제16조의2) : 평생교육프로그램을 이용할 수 있도록 금액이 기재(전자적 또는 자기적 방법에 따른 기록을 포함한다)된 증표 → 국가 및 시·도 평생교육진흥원

☑ 국민내일배움카드제(舊직업능력개발계좌제) : 직업훈련을 원하는 국민에게 일정 금액의 훈련비(5년간, 300~500만 원)를 지원 → 고용노동부

③ 평생교육사업(제9조의2) : 국가 및 지방자치단체가 국민과 주민의 평생교육을 위하여 예산 또는 기금으로 조직적인 교육활동을 직·간접적으로 지원하는 사업 → 교육부장관은 매년 국가 및 지방자치단체의 추진사업 조사·분석
④ 평생교육종합정보시스템의 구축·운영(제18조의2) : 교육부장관 → 평생교육 관련 정보의 체계적·효율적 관리 및 국민의 평생교육 참여 확대 목적
⑤ 전문인력(강사) 정보은행제(제22조) : 강사에 관한 인적 정보를 수집하여 제공·관리하는 제도
⑥ 학습계좌(제23조) : 국민의 개인적 학습경험을 종합적으로 집중·관리하는 제도
  ㉠ 목적 : ❶ 국민의 평생교육 촉진, ❷ 인적자원의 개발·관리
  ㉡ 내용 : 교육부장관이 주관, 본인(본인의 위임을 받은 자)이 개설·열람
  ㉢ 혜택 : 대통령령에 따라 평가인정을 받은 학습과정의 이수결과를 학점이나 학력 또는 자격으로 인정 가능
⑦ 평생교육사(제24조) : 1급·2급·3급 → 교육부장관이 부여
  ㉠ 1급(승급) : 2급 자격증 취득 후 평생교육 관련업무 5년 이상 종사
  ㉡ 2급(승급/양성) : ❶ 대학원에서 평생교육 관련과목 중 필수과목을 15학점 이상 이수하고 석사 또는 박사학위를 취득한 자, ❷ 대학(또는 동등기관)에서 관련과목을 30학점 이상 이수하고 학위를 취득한 자, ❸ 3급 자격증을 보유하고 관련업무에 3년 이상 종사
  ㉢ 3급(양성) : ❶ 대학(또는 동등기관)에서 관련과목을 21학점 이상 이수하고 학위를 취득한 자, ❷ 관련업무에 2년 이상 종사하고 진흥원(또는 지정양성기관)에서 평생교육사 3급 양성과정 이수, ❸ 관련업무에 1년 이상 종사한 공무원 및 교원으로서 평생교육사 3급 양성과정 이수

> 「평생교육법 시행령」 제17조【직무범위】법 제24조 제4항에 따라 평생교육사는 평생교육 진흥을 위하여 다음 각 호에 해당하는 직무를 수행한다.
> 1. 평생교육 프로그램의 요구분석·개발·운영·평가·컨설팅
> 2. 학습자에 대한 학습정보 제공, 생애능력개발 상담·교수
> 3. 그 밖에 평생교육 진흥 관련 사업계획 등 관련 업무

7. 평생학습인증제

학점은행제	학교 및 학교 밖의 다양한 학습경험 및 자격을 학점으로 인정하고, 학점이 누적되어 일정한 기준(예 전문학사 80학점 이상, 학사 140학점)이 충족되면 학위 취득도 가능하게 한 제도
독학학위제	고교 졸업자 중 국가가 시행하는 단계별 시험(❶ 교양과정 인정시험 ➡ ❷ 전공기초과정 인정시험 ➡ ❸ 전공심화과정 인정시험 ➡ ❹ 학위취득 종합시험)에 합격하면 학사학위를 취득할 수 있는 제도
문하생 학력인정제	중요 무형유산 보유자와 그 문하생으로서 일정한 전수교육을 받은 자에 대한 학점 및 학력인정제도
민간자격 인증제	국가 외의 법인·단체 또는 개인이 운영하는 민간자격 중에서 사회적 수요에 부응하는 우수한 민간자격을 국가에서 공인해 주는 제도
직업능력 인증제	직업인으로서 갖추어야 할 기초 직업능력(직무 기초 소양 및 직업 수행능력)을 분야별·수준별로 기준(예 NCS: 국가직무능력표준)을 설정하고, 객관적 측정을 통하여 해당 능력의 소지 여부를 공식적으로 인증해 주는 제도 → 학력중심 사회 극복, 취업과 승진의 근거로 활용

8. 평생학습 방법론
: 적응적 학습(경험과 반성을 통한 학습), 예견적 학습, 메타학습, 실천학습 등 중시

(1) **콜브(Kolb)의 경험학습**: 듀이(J. Dewey)의 경험이론(문제해결학습)에 토대
  ① 구체적 경험 ➡ 반성적 관찰 ➡ 추상적 개념화 ➡ 능동적(활동적) 실험의 4단계를 거쳐 진행
  ② 정보지각(perception) 및 정보처리(processing) 방식에 따라 확산형, 융합형(동화형), 수렴형, 적응형(조절형)의 4가지 학습유형 제시

(2) **메지로우(Mezirow)의 관점 전환 학습**: 다양한 표피적 형태(의미도식)가 아닌 원리 혹은 관점인 '의미관점'을 바꾸는 학습

(3) **레반즈(Revans)의 실천학습(action learning)**: 실제의 업무 중에 발생한 문제해결 학습 중시

(4) **노울즈(Knowles)의 자기주도적 학습**: 학습의 통제권이 학습자 자신에게 있는 학습, 학습의 전 과정(예 학습주제 설정, 학습목표 설정, 학습전략 수립, 실행, 성취평가)을 학습자 스스로 진행 → 메타인지 중시

❷ 영재교육

(1) **개념**
  ① 렌줄리(Renzulli) : 평균 이상의 일반정신능력(지능)＋창의력＋과제집착력
     (동기) → 3개의 고리모델(회전문 모형)
  ② 「영재교육진흥법」(제2조) : 재능이 뛰어난 사람(예 일반지능, 특수학문적성, 창의적 사고능력, 예술적 재능, 신체적 재능)으로서 타고난 잠재력을 계발하기 위해 특별한 교육을 필요로 하는 자

(2) **렌줄리(Renzulli)의 영재학습 모형** : 심화학습 3단계 모형

제1단계 (전체 학생 중 20% 선정)	일반적인 탐구활동(예 주제 발견하기) → 인식의 지평을 확대해 주는 내용중심 탐구활동
제2단계	소집단 단위의 학습활동(집단훈련활동, 예 창의성과 문제해결력 향상하기) → 학습방법 중심의 활동
제3단계 (핵심)	개인 또는 소집단 단위의 실제적인 문제해결 및 연구활동 → 연구를 위한 기술이나 영재의 잠재력 계발

(3) **영재교육 방법**

구분	풍부화 (다양화, 심화학습 프로그램)	가속화 (속진, 교육과정 압축 프로그램)
개념	정규 교육과정 이외의 경험을 제공	정규 교육과정을 일반학생보다 빠르게 학습하는 방법
방법	사사(mentor) 프로그램, 토요 프로그램, 독립연구(개별 탐구학습), 현장교육	월반제도, 상급학교 조기입학제도, 대학과정 조기이수제도, 선이수제도(AP)
장점	① 학습자의 관심과 흥미에 따라 연구과제 설정 → 학습자의 동기 유발, 자발적 학습과 창의력 신장 ② 고차적인 사고기술 개발	① 경제적인 면에서 효과적임. ② 영재에게 호기심 제공
단점	① 정규 교육과정과의 연속성 결여 ② 심화과정을 교수할 전문적 교사 부족 ③ 재정적인 부담이 큼. ④ 프로그램의 개발이 쉽지 않음. ⑤ 학생들이 너무 바쁨.	① 중요한 기술을 놓칠 수 있음. ② 수직적인 교육과정 운영으로 폭넓은 학습경험을 제공하지 못함. ③ 과정은 무시하고, 내용지식 경험에 치중함.

❸ 특수교육

(1) **개념**: 특수교육 대상자의 교육적 요구를 충족시키기 위하여 특성에 적합한 교육과정 및 특수교육 관련 서비스 제공을 통하여 이루어지는 교육

(2) **유형**

지적 장애	• 개념적·사회적 그리고 실제적 적응 기술들로 표현되는 적응행동 및 지적 기능에 있어서의 심각한 제한을 특징으로 하는 장애 • 간헐적, 제한적, 확장적, 전반적 지원수준으로 분류
학습장애	• 지능수준이 낮지 않으면서도 듣기, 말하기, 쓰기, 읽기, 셈하기 등 특정 학습에서 어려움을 나타내는 장애 → 중추신경계의 문제로 인해 발생 • 특징: ① 주의력 결핍, 목적 없는 행동 및 산만한 경향(ADHD), ② 하나의 일을 지속적으로 하지 못하여 과제를 끝까지 수행해 내지 못함, ③ 불균등한 수행, ④ 몸의 균형과 신체기관 간 협응의 결여
정서-행동장애	사회적 갈등, 개인적 불행, 학교에서의 실패와 연관된 심각하고 지속적이며 나이에 맞지 않는 행동으로 나타나는 장애 → 외현화 장애, 내현화 장애
의사소통장애	다른 사람으로부터 정보를 이해하고, 자신의 생각을 표현하는 능력에 심각한 제한을 가지고 있는 장애 → 말하기 장애(표현장애), 언어장애(수용장애)
주의력 결핍/과잉행동 장애(ADHD)	• 집중할 수 있는 능력의 제한으로 주의를 유지하기 어려운 특성을 갖는 일종의 학습문제 → 학습장애와 연관된 장애 유형 • 특징: ① 과잉행동, ② 주의력 부족, 쉽게 다른 곳으로 관심을 돌림, 집중하는 데 어려워함, 과제를 끝마치는 데 실패함, ③ 충동성(예 생각하기 전에 행동하기, 차례를 기다리기 어려움, 수업 중 빈번하게 큰 소리로 떠듦), ④ 잘 잊어버림, 감독의 필요성이 과도하게 높음.

☑ 학생정서·행동특성검사: 매년 초등학교 1·4학년, 중·고등학교 1학년 대상으로 실시 → 성격특성, ADHD, 우울, 자살위기, 불안, 학교폭력피해 등 검사

(3) **특수교육 대상자**(「장애인 등에 대한 특수교육법」 제15조 제1항): ① 시각장애, ② 청각장애, ③ 지적장애, ④ 지체장애, ⑤ 정서·행동장애, ⑥ 자폐성(자폐스펙트럼) 장애, ⑦ 의사소통장애, ⑧ 학습장애, ⑨ 건강장애[만성질환 (예 백혈병, 소아암, 심장질환, 천식)으로 인해 3개월 이상의 장기 입원 또는 통원 치료 등 지속적인 의료적 지원이 필요하여 학교 생활 및 학업 수행에 어려움을 겪는 상태], ⑩ 발달지체, ⑪ 그 밖에 두 가지 이상의 장애가 있는 경우 등 대통령령으로 정하는 장애에 해당하는 사람 중 특수교육이 필요한 사람으로 진단·평가된 사람

❹ 대안교육

(1) **개념**: 학교교육의 한계와 역기능(예 지식 주입, 경쟁)의 대안으로 등장한 교육 형태 → 공동체 가치, 노작교육, 생명존중, 협동, 생태주의 등 대안이념 추구

(2) **형태**

① 발도르프학교: 슈타이너(Steiner)가 설립(1919)

> 1. 종합학교, 남녀 평등교육, 12년 운영(8년간 담임교사제+4년간 교과담임제)
> 2. 교장·교감이 없다. → 교사들에 의한 자율적인 학교운영, 자체적인 교사양성 교육 실시
> 3. 교과서, 컴퓨터, TV, 시청각매체, 시험(성적표), 유급이 없다.
> 4. 에포크(Epoche ; 주기 집중) 수업, 오이리트미(Eurhythmie ; 동작예술 활동), 포르멘(Formen ; 몰입, 집중력 향상) 수업
> 5. 조기 외국어 교육: 2개 외국어 실시(인종과 국가주의 편향성 극복 방안)

② 써머힐 학교(summerhill school): 닐(Neil)이 설립
  ㉠ 루소(Rousseau)의 성선설과 자유주의 사상, 인본주의 심리학에 토대
  ㉡ 교육목적: 아동의 행복 실현, 교육원리로 사랑, 자유, 감성교육 등 중시
  ㉢ 아동의 행동을 일체 구속하지 않는 자유방임형 자율학교(1인1표제)

③ 프레네 학교: 프레네(C. freinet)가 설립한 공립학교
  ㉠ 시민교육을 위한 교육개혁 실천: 개인의 인격 성장+시민자질 함양
  ㉡ 프레네 기술들(Techniques Freinet): 학급용 학습카드, 학습총서(學習總書), 일(학습) 계획, 학급신문 만들기, 학급나들이, 대자보와 집회

❺ 다문화교육(multi-cultural education)

(1) **개요**

① 개념: 다양한 인종, 민족, 성(gender), 사회계층, 문화 집단의 학생들이 균등한 교육적 기회를 보장받고, 긍정적인 문화교류적인 태도와 인식, 그리고 행동을 발달시키도록 돕는 것을 목표로 하는 교육

② 다문화학생: ㉠ 국제결혼 가정 자녀(국내출생 자녀, 중도입국 자녀), ㉡ 외국인 가정 자녀, ㉢ 북한이탈주민 가정 자녀

(2) **다문화 교육의 목표**: 뱅크스(J. Banks)

① 자기 이해의 심화를 추구한다.
② 주류 교육과정에 대안을 제시한다.
③ 모든 학생들이 다문화사회에서 요구되는 지식과 기능, 태도를 습득한다.

④ 다문화가정 자녀들이 인종적·신체적·문화적 특성 때문에 겪는 고통과 차별(**예** 학습부진 문제 / 따돌림, 정체성의 혼란 등 정서적 문제)을 감소시킨다.
⑤ 학생들이 전지구적인 테크놀로지 세계에서 살아가는 데 필요한 읽기, 쓰기, 그리고 수리적 능력을 습득하도록 돕는다.
⑥ 학생들이 자신의 공동체에서 제구실을 하는 데 필요한 지식, 태도, 기능을 다양한 집단의 학생들이 습득하도록 도와준다.

(3) **다문화 교육의 영역과 차원**: 뱅크스(J. Banks)

영역		내용
내용 통합		교사들이 자신의 교과나 학문 영역에 등장하는 주요 개념, 원칙, 일반화, 이론을 설명하기 위해서 다양한 문화 및 집단에서 온 사례, 사료, 정보를 가져와 활용하는 정도 → 교육과정 재구성
	기여적(contribution) 접근법	다문화적 인물, 명절, 특별한 문화적 요소에 강조를 두는 것 → 계기교육 **예** 중국, 베트남 등 명절 공부하기
	부가적(additive) 접근법	주류 교육과정의 기본 구조 변경 없이 민족적 내용, 주제, 관점을 교육과정에 첨가하는 것 **예** 단원 신설
	전환적(transformation) 접근법	교육과정의 재구성을 통해 학생들이 다문화적 관점에서 개념, 문제, 사건, 주제를 볼 수 있게 하는 방법 **예** 다문화 교과 신설
	사회적 활동(social action) 접근법	학생들이 중요 사회 문제를 결정하고 그 해결을 위해 행동을 취하는 것
지식 구성 과정		특정 학문 영역의 암묵적인 문화적 가정, 준거틀, 편견 등이 해당 학문 영역에서 지식이 형성되는 과정에서 어떠한 영향을 미치는지를 의미 → 지식이 문화적 맥락에 의존해서 구성됨.
공평한 교수법		교사가 다문화 학생들의 학업성취도를 향상시키기 위하여 학생들의 학습양식에 맞춰 수업을 다양화함. → 맞춤형 교수
편견 감소		학생들의 인종적 태도의 특징들을 구별하고 그것이 교수법이나 교재에 의해 어떻게 변화될 수 있는가에 중점 → 반편견 교육 강화
학생의 역량을 강화하는 학교문화와 조직		다양한 배경을 가진 학생들이 학교에서 교육적 평등과 다문화 역량을 강화할 수 있도록 학교 문화와 조직을 재구조화

제5절 교육 제도

❶ 학교제도

(1) 유형

구분	복선형 학제(dual system)	단선형 학제(single system)
강조점	계통성(계급, 신분) : 계급형 학제(cast system), 비민주적 복선형	단계성(연령, 발달단계) : 계제형 학제(ladder system), 민주적 단선형
역사	유럽형 학제(예 영국, 프랑스)	미국형 학제(예 미국, 한국, 일본)
사회이동 (Turner)	후원적 이동 / 조기선발	경쟁적 이동 / 만기선발
장점	① 사회계층에 대한 교육의 계획적 통제가 가능, ② 사회직능에 부합되는 인간 양성	① 교육의 기회균등 보장 → 민주주의 교육이념 구현, ② 수평적 학교이동(전학)이 용이
단점	① 전학이 불가, ② 교육적 차별 인정(기회균등 이념 구현이 어려움), ③ 비민주적 제도	사회계층에 대한 교육의 계획적 통제가 불가능

(2) **전개과정** : 복선형 학제 ➡ 분기형 학제 ➡ 단선형 학제

☑ **분기형 학제(Hilker)** : 기초교육(단선형) + 중등교육 이상(복선형, 능력 중시) → 학제 민주화 운동(통일학교운동) 예 독일 바이마르 헌법(1919, 교육기회균등), 프랑스 꽁파뇽 협회(1937, 장인 길드 조합)

❷ 우리나라의 학교제도

(1) **학교제도** : 6-3-3-4의 단선형 학제 → 미군정기에 도입

보통(기간, 정규)학제	특별(방계)학제
유치원	
초등학교(6년)	공민학교(3년) → 공식적 폐지
중학교(3년)	고등공민학교(1~3년)
고등학교(3년) : 특수목적고교, 자율고교, 특성화고교, 일반계고교	• 고등기술학교(1~3년) • 방송통신고교
• 대학교(4년) : 대학, 교육대학, 교원양성대학 • 전문대학(2년)	• 방송통신대학(사이버대학, 방송대학, 원격대학) • 산업대학 • 기술대학 • 사내대학
	특수학교
자율학교	각종 학교(외국인학교, 대안학교)

- ☑ '공민학교' 조항 삭제(「초·중등교육법」 제40조, 2019.12.3)
- ☑ 「고등교육법」(제2조)상 학교의 종류에는 대학, 산업대학, 교육대학, 전문대학, 원격대학(방송대학·통신대학·방송통신대학·사이버대학), 기술대학, 각종 학교가 있다.

(2) **고등학교 유형**: 「초·중등교육법 시행령」 제76조의3 [시행 2024.4.25.]

특수목적 고등학교 (시행령 제90조)	특수 분야(예 과학계열, 외국어·국제계열, 예술계열, 체육계열, 산업수요 맞춤형 고등학교-Meister School-)의 전문적인 교육을 목적으로 하는 고교
특성화 고등학교 (시행령 제91조)	소질과 적성 및 능력이 유사한 학생을 대상으로 특정 분야의 인재 양성을 목적으로 하는 교육 또는 자연현장실습 등 체험 위주의 교육을 전문적으로 실시하는 고등학교
일반 고등학교 (시행령 제76조의3)	특정분야가 아닌 다양한 분야에 걸쳐 일반적인 교육을 실시하는 고등학교로 특수목적고등학교, 특성화고등학교, 자율고등학교에 해당하지 않는 고등학교 포함
자율 고등학교 (시행령 제91조의 3-4)	학교 또는 교육과정을 자율적으로 운영할 수 있는 자율형 사립고등학교 및 자율형 공립고등학교 → 교육감이 5년마다 시·도 교육규칙으로 정하는 바에 따라 지정 취소(사전 교육부장관 동의)·연장 가능

(3) **자율학교**: 「초·중등교육법 시행령」 제105조(학교 및 교육과정 운영의 특례)
  ① 개념: 국립·공립·사립의 초등학교·중학교·고등학교 및 특수학교 중 학교 또는 교육과정을 자율적으로 운영할 수 있는 학교 → 교육감이 지정 (국립학교 및 후기일반계고등학교 지정하려는 경우 미리 교육부장관과 협의)
  ② 대상

  > ❶ 학업에 어려움을 겪는 학생(학습부진아) 등에 대한 교육을 실시하는 학교, ❷ 개별학생의 적성·능력 개발을 위한 다양하고 특성화된 교육과정을 운영하는 학교, ❸ 학생의 창의력 계발 또는 인성함양 등을 목적으로 특별한 교육과정을 운영하는 학교, ❹ 특성화중학교, ❺ 산업수요 맞춤형 고등학교 및 특성화고등학교, ❻ 농어촌학교, ❼ 그 밖에 교육감이 특히 필요하다고 인정하는 학교

  ③ 관련 규정
    ㉠ 교육감은 학생의 학력향상 등을 위하여 특히 필요하다고 인정되는 공립학교를 직권으로 자율학교로 지정 가능
    ㉡ 5년 이내로 지정·운영하되, 교육감이 정하는 바에 따라 연장 운영 가능
    ㉢ 기타 자율학교의 지정 및 운영에 필요한 사항은 교육감이 정하여 고시

(4) **대안학교**: 「초·중등교육법」제60조의3

> ① 학업을 중단하거나 개인적 특성에 맞는 교육을 받고자 하는 학생을 대상으로 현장실습 등 체험 위주의 교육, 인성 위주의 교육 또는 개인의 소질·적성 개발 위주의 교육 등 다양한 교육을 실시하는 학교이다.
> ② 대안학교는 초등학교·중학교·고등학교의 과정을 통합하여 운영할 수 있다.

제6절 교사론

1 교직관

(1) **유형**: 4가지 관점은 상호보완적 관계임.
  ① 성직관
    ㉠ 소명의식(사랑과 봉사정신), 성인군자적 교사 → 교사의 종교성(윤리성) 중시
      예 군사부일체, 교직은 천직(天職), 비전과 헌신(오천석의 「스승」)
    ㉡ 교직기술 경시, 교사의 정치성·노동자성 부정, 물질적 대우 요구를 경시
  ② 노동직관: 노동에 대한 정당한 보수와 처우 개선 → 교사의 정치성·경제성 중시
  ③ 전문직관: 교직기술 중시, 자율성(학문의 자유)과 윤리의식 강조
  ④ 공직관
    ㉠ 국가공무원 신분에 근거한 것, 사회의 공동선(共同善) 실현을 위한 공직자의 자세
    ㉡ 국·공립학교 교원 및 그에 준하는 사립학교 교원에게도 요구되는 관점

(2) **비교**

교직관	성직관	노동직관	전문직관	공직관
교직의 본질	인격성(윤리성)	근로성(노동성)	전문성(자율성)	공공성
지위 유형	인격자로서의 지위	근로자로서의 지위	전문가로서의 지위	공직자로서의 지위
지위 명칭	스승(선생)	교육근로자 (교육노동자)	교육자(교사)	교원 (교육공무원)
지위 기능	본질적 지위	수단적 지위	전문적 지위	공공적 지위
역할 기대	바람직한 교사상의 의미	근로자로서의 기본권 보장과 사회경제적 지위	교육활동의 특수성을 반영한 직업적 기대	법제화를 통한 공공성의 기대

(3) 전문직의 특성: 리버만(Lieberman)

① 심오한 이론적 배경(예 진보주의, 실존주의)을 가지고 있다.
② 고도의 지성을 요구하는 정신적 활동(노동)을 위주로 한다.
③ 장기적인 훈련 기간이 필요하다.
④ 엄격한 자격기준(예 교사 자격증 제도)이 있다.
⑤ 표준 이상의 능력신장을 위하여 계속적인 이론 규명(예 현직교육)이 있어야 한다.
⑥ 사회봉사적 기능이 강하며, 자체의 행동을 규율하는 윤리강령(예 사도헌장, 사도강령, 교원윤리강령)을 가지고 있다.
⑦ 자신들의 전문성 제고(예 교원전문직 단체)와 사회적·경제적 지위 향상을 위한 전문적 단체(예 교원노조)를 가지고 있다.

❷ 교원의 권리와 권위

(1) 교원의 권리

적극적(조성적) 권리	소극적(법규적) 권리
• 교육자율권 • 생활보장권 • 근무조건 개선 • 복지·후생제도 확충	• 신분보장 • 쟁송제기권 • 불체포 특권(단, 현행범 제외) • 교직단체 활동권

(2) 교원의 권위: ①과 ②는 합리적 권위에 해당

① 내적 권위(전문적 권위): 교사 자신에게 내재한 능력과 자질로, 교사 스스로가 갖추어야 할 조건
  ㉠ 지적 권위: 교과지식의 탐구 및 지적 판단능력을 소유한 것으로 인정되는 권위
  ㉡ 기술적 권위: 교육방법에 유능한 것으로 인정되는 권위 → 전문가로서의 권위
② 외적 권위(통제적 권위): 제도적 권위 → 교사들 외부에서 작용하는 권위로, 교사가 학교생활을 통제할 수 있도록 법에 의해서 부여받은 권위
③ 도덕적 권위: 체벌이나 훈육과 같이 학생의 잘못을 바로잡으려는 교사의 노력과 관련된 권위
  예 사랑의 매, 페스탈로치(Pestalozzi)의 조건부 체벌 허용론, 초달(서당교육)

❸ 교사의 자질 → 교육사상에 따른 구분

교육사상	교사의 자질
전통주의	인격적 동일시의 대상, 문화유산의 전달자, 사회통제자, 권위자
소크라테스	영혼의 각성자[아테네의 등에(쇠파리)], 진리의 산파 또는 진리의 동반자
범애주의	정열을 가지고 참고 인내할 줄 아는 사람, 성실하고 열정을 가진 사람
몬테소리	수동적 방임자(on-looker), 향도자(director), 관리자
진보주의(자연주의)	아동 성장의 조력자・안내자・정원사
항존주의	영혼의 조련사, 이성을 계발하는 지적인 훈육가
실존주의	아동 각자의 실존(개성)에 맞는 만남을 준비하는 사람
인본주의(Patterson)	수용(아동 존중), 공감적 이해, 진실성
홀리스틱 교육	영적(靈的)인 치유자
구성주의	학습의 안내자・촉진자 → 비계 설정(scaffolding) 제공
브루너(Bruner)	지식의 전달자, 학문의 모범, 동일시의 모형, 수업의 주된 교구
가드너(Gardner)	교육과정 연계자(broker)
온스타인 & 밀러 (Ornstein & Miller)	감독자 ➡ 문제해결자(아동의 성장에 조력) ➡ 학자(탐구과정의 전문가) ➡ 인본주의・인도주의적 교사의 역할관이 변화

CHAPTER 02

한국교육사

제1절	교육기관의 변천
제2절	조선시대 이전의 교육
제3절	조선시대의 교육
제4절	근대 교육①: 개화기의 교육
제5절	근대 교육②: 일제 강점기의 교육
제6절	현대 교육: 해방 이후의 교육

Chapter 02 한국교육사

필수체크 Top point

1. 조선시대 이전의 교육 : 고구려(태학, 경당), 신라(화랑도, 국학), 고려(국자감, 12공도)
2. 조선시대의 교육
   ① 전기(성리학) 교육 : 성균관, 사학, 향교, 잡학, 서원, 서당, 과거제도, 교육규정, 사상가(이황, 이이)
   ② 후기(실학) 교육 : 특징, 사상가(유형원, 이익, 정약용, 최한기)
3. 근대(개화기)의 교육
   ① 교육관련 규정 : 학무아문고시(1894), 교육입국조서(1895)
   ② 학교교육 : 관학(육영공원), 민족사학(원산학사), 기독교 사학(배재학당)
4. 일제 강점기의 교육
   ① 일제의 교육정책 : 보통학교령(1906), 사립학교령(1908), 조선교육령(1911)
   ② 민족교육운동의 전개

제1절 교육기관의 변천

1. 전통적 학교 : 삼국시대~조선시대

※ ▢ 표시는 문묘(文廟) 설치기관

설립주체		관학			사학		
설립수준		초등	중등(중앙 : 지방)	고등	초등	중등	고등
삼국시대	고구려			태학	←	경당	→
	백제	기록이 없고 명칭만 전함(박사, 사도부, 내법좌평, 도당유학).					
	신라	화랑도(비형식적 교육, 사설 단체, 국가가 보호 육성)					
남북국시대	신라			국학			
	발해			주자감			
고려			학당(동서학당 ➡ 5부학당)	향교	국자감	서당(경관, 서사)	12공도
조선			사부학당(사학), 종학, 잡학	향교	성균관	서당	서원 →

2. 근대적 학교

※ ▢ 표시는 최초로 설립된 교육기관

시대 구분	관학			사학		
	초등	중등	고등	초등	중등	고등
개항 이전 (~1876)						베론 신학당 (1856)
개항~ 갑오개혁 (1876~1894)			• 성균관 • 육영공원 (1886)	원산학사 (1883)	배재학당 (1885)	
교육 입국조서 (1895. 2.)~	소학교 (1895. 7.)	• 한성중학교 (1899) • 한성고등 학교(1906)	한성사범 학교 (1895. 4.)			

제2절 조선시대 이전의 교육

❶ 삼국시대의 교육

1. 개관

> 1. 관리선발 교육 : 엘리트 교육 → 민중교육 외면
> 2. 유교 경전 중심 교육 : 주입식, 암기식 교육
> 3. 중국식 학제의 모방 : 단, 경당, 화랑도는 우리 고유의 전통 유지
> 4. 문무 일치 교육 : 경당, 화랑도

2. 고구려

(1) **태학(太學)** : 최초의 관학(官學) & 고등교육기관[소수림왕 2년(372)] → 학교교육의 효시

① 입학자격 : 상층 계급의 귀족 자제 → 15세 입학, 9년간 수학
② 교육목적 : 유교교육에 의한 관리 양성
③ 교육내용 : 오경(시경, 서경, 예기, 춘추, 주역), 삼사(사기, 한서, 후한서)

(2) **경당(扃堂)**: 최초의 사학(私學) → 우리 고유의 학교 전통
   ① 입학자격: 일반인의 미혼 자제
   ② 교육내용: 통경(通經, 경서 읽기)과 습사(習射, 활쏘기) → 문무 일치 교육(신라 화랑도와 유사)
   ③ 의의: ㉠ 서당의 전신(초등교육 담당), ㉡ 중세 수도원 학교와 유사(초등~고등교육 담당)

3. 백제

(1) **학교에 관한 직접적 기록이 없고 명칭만 전승**

박사제도	교사(敎學之任) → 유학에 정통한 학자들(예 오경박사), 후에 기술교육을 담당하는 잡학박사도 등장
내법좌평	교육을 담당하는 중앙관직(교육부장관)
사도부	교육부

(2) **외국과의 교류 활발**: 도당(渡唐) 유학, 일본에 박사 파견(왕인 → 「논어」, 「천자문」 전파)

4. 신라

(1) **화랑도(花郎徒)**: 고유의 풍류사상(낭가사상) + 외래사상(유·불·선)
   ① 명칭: 원화(源花), 국선도(國仙徒), 풍월도(風月徒), 풍류도(風流徒), 선랑(仙郞), 부루교단
   ② 성격: 비형식적 사설 교육기관 → 진흥왕 때 조직화(국가 보조)
   ③ 조직: 국선화랑 ➡ 화랑(귀족 출신) ➡ 문호(門戶) ➡ 낭도(평민 자제도 참여 가능)
   ④ 특징: ㉠ 문무일치 교육(원광의 세속오계), ㉡ 전인교육[상마이도의(지), 상열이가락(덕), 유오산수 무원부지(체)]
   ⑤ 의의: ㉠ 고구려 경당과 유사(문무일치 교육), ㉡ 경험 중심 교육과정

(2) **교육사상가**
   ① 원효
      ㉠ 교육목적: 중도인(주체적 의식인) 양성

ⓒ 교육사상

일심(一心) 사상	유심연기(唯心緣起) 사상 → 존재의 근본 ❶ 교육은 생멸문에서 진여문으로 나아가 일심(一心)을 깨닫는 것 • 생멸문(生滅門) : 현실적 마음, 불각(不覺)의 상태 → 중생의 마음 • 진여문(眞如門) : 본래적 마음, 각(覺)의 상태 → 부처의 마음 ❷ 자학자습에 의한 내적 자각 강조 : 자기주도적 학습(Knowles), 비연속적 교육(Bollnow), A-ha 현상(통찰, Köhler), 잠심자득(潛心自得, 이황)
화쟁(和諍) 사상	평화애호사상, 종파적 대립을 지양하고 융합을 시도 → 「십문화쟁론」 예 통불교, 원융불교
무애(無碍) 사상	• 성속(聖俗)의 차별적 대립을 타파하려는 대자유의 실천 • '무애가(無碍歌)' : 시청각적 교육방법, 민중교화(불교의 대중화)

ⓒ 교육방법 : ❶ 비유법, ❷ 대기법(수기설법, 차제설법 → 개인차 고려한 수업 예 응병여약), ❸ 문답법(대화법), ❹ 교육적 감화법[훈습(薰習, working through, 배어듦], ❺ 실천궁행(實踐躬行)

② 설총 : 「화왕계(花王戒)」 → 군왕교육, 비유적 방법, 유덕선정(有德善政)의 왕도정치 이념(왕은 유덕인, 신하는 정직인 강조)

③ 최치원 : 유교·불교·도교 종합 수용 → 화랑도 사상(낭가사상) 계승

❷ 남북국시대의 교육

1. 통일신라

(1) **국학(國學)** : 고등교육기관 → 예부(禮部)에서 관리

① 국립 유교대학(신문왕 2년) : 국내 역사 기록에서 운영규정을 확인할 수 있는 최초의 대학
② 운영 : 귀족 자제만 입학(15세~30세, 무위자에서 12등급인 대사까지), 당나라제도 모방, 수업연한은 9년, 문묘 최초 설치(성덕왕)
③ 교육내용

	교양과목	「논어」, 「효경」 → 필수교과
유학과	전공과목	• 제1분과(철학) : 상경 - 「예기」, 「주역」 • 제2분과(역사) : 중경 - 「춘추좌씨전」, 「모시」 • 제3분과(문학) : 하경 - 「상서」, 「문선」
기술과(잡과)		「논어」, 「효경」 + 의학, 율학, 산학, 천문학

제2장 한국교육사 43

(2) 독서삼품과(독서출신과)

① 국학의 졸업시험: 문관등용법 → 최초의 평가제도, 과거제도의 예비
② 유학의 독서능력(유학지식의 고·하)에 따라 특품(超擢)과 상·중·하품으로 구분

특품	오경, 삼사, 제자백가에 모두 능통한 자
상품	「춘추좌씨전」, 「예기(곡예)」, 「문선」에 능통하고 「논어」와 「효경」에 밝은 자
중품	「예기」, 「논어」, 「효경」을 읽은 자
하품	「예기」, 「효경」을 읽은 자

③ 의의
  ㉠ 인물 본위에서 실력·학벌 본위로 인재등용방식의 변화
  ㉡ 문무권력의 교체 추구

2. 발해

(1) **주자감**: 관학, 고등교육기관(귀족 자제 대상), 당(唐)의 영향으로 설립 → 의부(義部)에서 관할

(2) **여사(女師)제도**: 왕족의 여성교육을 담당한 여자 스승

❸ 고려시대의 교육

1. 개관

> 1. 유관불심(儒冠佛心)의 시대: 유교는 통치윤리, 불교는 민간신앙 → 불교이념 전파를 차단하려고 향교(鄕校, 공립학교의 시초) 설립
> 2. 신라와 당나라의 교육제도 답습·모방
> 3. 문치주의(文治主義): 무과(武科) 교육은 거의 실시하지 않음.
> 4. 과거제도(4대, 광종)를 통한 관리 양성이 교육 목적
> 5. 사립학교 설립 활성화(공교육보다 사교육이 우위): 12공도, 서당 → 공교육 활성화 방안 추진(예종의 관학진흥책)
> 6. 외국(송)과의 학문 교류 활발: 유학생 파견 → 주자학 도입(안향)

2. 학교제도

관학	• 중앙: 국자감(고등) / 학당(중등) / 십학(十學, 기술학, 중등) • 지방: 향교(중등)
사학	• 12공도(고등) / 서당('경관'과 '서사', 초등) / 서재(중등)

(1) **국자감(國子監)**
① 성격 : 국립종합대학, 국학향사(國學享祀)의 효시 → 인재 양성이 목적
② 문치주의에 입각하여 신분에 따라 입학 제한 : 6학(신분에 따른 구분) ➡ 문무 7재(16대 예종, 내용에 따른 구분) ➡ 9재(31대 공민왕)
  ㉠ 경사6학

구분	학교명	입학자격	교육내용
유학과 (경학)	국자학	문무관 3품 이상 자손	• 공통필수 : 논어, 효경 • 전공과목 : 주역, 상서, 주례, 예기, 의례 등 9경
	태학	문무관 5품 이상 자손	
	사문학	문무관 7품 이상 자손	
잡학과 (기술과)	율학	문무관 8품 이하(이상) 자손, 서민 자제	율령(律令) : 법률 집행
	서학		팔서(八書) : 문서 정리
	산학		산수(算數) : 회계 관리

  ㉡ 문무7재(예종)

구분	재(전문강좌)명과 강의 분야	인원
유학(6재)	여택재(주역), 대빙재(상서), 경덕재(모시), 구인재(주례), 복응재(대례), 양정재(춘추)	70명
무학(1재)	강예재 → 북방민족인 여진족 침입 대비로 개설	8명

③ 예종(禮宗)의 국자감 진흥책 : ㉠ 문무7재 개설, ㉡ 양현고(장학재단 설치), ㉢ 학문연구소(청연각, 보문각), ㉣ 국자감 위상 강화(3년 의무수학 후 과거 응시자격 부여)
④ 인종(17대 仁宗) : 식목도감(拭目都監)을 설치하고 '학식(學式)'을 상정하여 국자감의 구체적인 학규(學規)를 제정 → 경사육학(京師六學) 체제 확립

(2) **학당(學堂)** : 개경에 설립된 중등교육기관(24대 원종)
① 문묘 없음(순수 교육기관)
② 설치 : 동서학당 ➡ 5부학당(34대 공양왕, 정몽주의 건의, 북부학당은 개설 ×)

(3) **향교(鄕校)** : 지방에 설립된 중등교육기관 → 공립학교의 시초
① 문묘 설치, 서인(庶人)에게 입학 허용
② 불교이념의 전파를 차단, 통치이념(유교)의 전파를 목적으로 설립

(4) **십학(十學)**: 기술학 교육 담당
  ① 등장: 국자감의 명칭이 성균관으로 변경되면서 국자감의 율·서·산학이 해당 관서로 이동(34대 공양왕, 1389)
  ② 종류: 율학(전법사), 서학(전교시), 산학(판도사), 의학(태의감, 전의시), 풍수음양학(태사국, 서운관), 역학(통문관)
(5) **12공도**: ① 사립대학, ② 9재학당(문헌공도, 최충)이 최초(11대 문종), ③ 정부의 보호(무단 전학 방지)
  ☑ 9재: 5경[시경(모시), 서경(상서), 예기(대례), 춘추(좌씨전), 주역(역경)]+4경(의례, 주례, 춘추공양전, 춘추곡량전)
(6) **서당(書堂)**
  ① 초등 단계의 사설 교육기관, 서민의 미혼자제 교육 담당
  ② 「고려도경」(서긍)의 기록: '경관'과 '서사'라 불림, '향선생'이 지도
(7) **서재(書齋)**: 사대부의 개인 독서실
  ① 성격: 초기는 가내(家內)에 한정된 폐쇄적 형태의 가학(家學) → 고려 후기에는 외부인에게 개방·확대된 교육기관의 성격을 지닌 사학 교육기관으로 변화
  ② 유형: ㉠ 교화형 서재(유학의 기본교육이나 유교 도덕교육 실시), ㉡ 과업형 서재(문과시험 준비), ㉢ 위학형 서재(성리학의 이론 탐구)
  ③ 의의: ㉠ 여말 관학교육 기능이 약화된 향촌사회의 유학교육 보강, ㉡ 과업(科業)교육의 수행에 주도적 역할 담당, ㉢ 성리학 발달에 공헌

3. 과거제도

(1) **시작(4대 광종)**: 후주(後周)의 귀화인 쌍기의 건의로 실시 → 왕권강화 목적
(2) **과목**: 문과(명경과 < 제술과)·승과·잡과 실시 → 무과 없음
(3) **방법**
  ① 초기: 단층제(1차 시험)
  ② 후기: 3층제 실시(공민왕 때 이색의 주장) → ㉠ 원나라 제도 모방, ㉡ 향시(鄕試, 지방)·감시(監試 또는 會試, 서울)·전시(殿試, 국자감)의 3단계로 실시
(4) **특징**
  ① 좌주문생제도: 지공거(은문)와 문생(급제자)이 부자(父子)의 예를 갖춤.
    → 문벌(門閥) 형성의 배경

② 과거제도의 예외

음서제도 (蔭敍制度)	• 조상의 음덕(蔭德)으로 그 자손이 관리가 될 수 있게 한 제도 • 5품 이상인 관리의 자제들을 과거 없이 관직에 등용한 제도
천거제도 (薦擧制度)	학식과 재능, 덕행이 뛰어났으면서도 가세(家勢) 등이 미약하여 벼슬에 오르지 못하고 있는 인물을 추천에 의해 특별히 등용하는 제도
성중애마 (成衆愛馬)	내시(內侍)와 숙위(宿衛) 등 왕을 가까이 모시는 특수 직책을 이용해 고위관직으로 진출할 수 있게 하는 보선(補選)제도
남반(南班)· 잡로(雜路)	하급관리가 고위직으로 진출할 수 있게 한 제도 → 고려 후기의 신분제 동요에 따른 상황을 반영한 제도

4. 교육사상가

사상가	교육 목표	교육 사상
최충	성신(聖臣), 양신(良臣), 충신(忠臣), 지신(智臣), 정신(貞臣), 직신(直臣)의 6정신상 → 신하의 올바른 태도	• 해동공자(海東孔子)라 불림. • 각촉부시(刻燭賦詩) : 속작시(速作詩), 흥미 유발 방법, 모의과거 • 조교제도 • 하과(夏課) : 계절에 따른 절기 수업, 승방에서 실시
안향	극치성경인 양성	• 흥학양현(興學良賢) : 국학 부흥+장학 → 주자학(『주자전서』) 도입, 섬학전(양현고 기금 확충, 기부금을 통한 재원 마련) 제도 • 지행합일설 : 실천적 윤리 강조
이색	문무겸비인 양성	• 불심유성동일사상(佛心儒性同一思想) • 과거에 무과(武科) 설치 주장 • 5단계 교수법 : 본문강의 ➡ 의문논란 ➡ 이동(異同)의 분석과 판별 ➡ 이치(理致) 절충 ➡ 주지(主旨)에 합치
정몽주	충군신의인 양성	• 「중용」과 「대학」 중시 • 박학심문(博學審問) : 해박한 지식을 바탕으로 논리적으로 교수
지눌	진심인 양성 → 공부는 마음을 닦아 진심(眞心 또는 自心)을 찾는 과정, 반조(返照)의 논리 강조	• 돈오(頓悟, 비연속적 교육)+점수(漸修, 연속적 교육) • 정혜쌍수(定慧雙修) : 선(禪, 실천문)을 닦는 선정(禪定)과 교(敎, 지식·이론문)를 공부하는 혜학(慧學)을 함께 중시

제3절 조선시대의 교육

❶ 조선 전기의 교육: 성리학과 교육

1. 교육이념: 성리학(性理學)

(1) **개념**: 우주의 근원(이기론)과 인간의 심성 문제(심성론, 4단 7정론)를 형이상학적으로 해명하려는 유교철학

이기론	이(理)	사물 생성의 근본 원리(법칙) → 보편적·절대적·영원한 것
	기(氣)	사물 생성의 근본 재료(형상) → 구체적·개별적·가변적인 것
심성론	본연지성	• 모든 인간의 마음속에 본래 존재하는 도덕적 선한 본성 → 이(理)의 발현 • 사단(四端): 측은지심(인, 惻隱之心), 수오지심(의, 羞惡之心), 사양지심(예, 辭讓之心), 시비지심(지, 是非之心)
	기질지성	• 육체와 감각적 작용으로 나타나는 인간 본능 → 기(氣)의 발현 • 칠정(七情): 희(喜, 기쁨), 노(怒, 노여움), 애(哀, 슬픔), 구(懼, 두려움), 애(愛, 사랑), 오(惡, 미움), 욕(欲, 욕망)

(2) **궁극적 목표**: 성인(聖人)이 되는 것 → 현실적으로는 군자(君子)

(3) **교육적 인간상**: 선비 → 과거는 선비 선발 시험, 성균관은 선비 양성 기관

(4) **교육내용**: 하학상달(下學上達), 소학(小學) – 대학(大學) 계제론(階梯論)
→ 「소학(小學)」과 사서오경(四書五經)

① 「소학(小學)」: 유학교육 입문서, 송대(宋代) 주희의 제자 유자징이 편찬
→ 사학(四學)과 향교(鄕校)의 필수교과

㉠ 구성: 내편 4권 – 일상예절[❶ 입교(入敎; 교육하는 법), ❷ 명륜(明倫; 인간관계 윤리), ❸ 경신(敬身; 몸을 다루는 방법), ❹ 계고(稽古; 옛 사람의 가르침) + 외편 2권[❶ 가언(嘉言; 좋은 말과 격언), ❷ 선행(善行; 착한 행동)]

㉡ 쇄소(刷掃)·응대(應待)·진퇴(進退) 등 생활실천윤리로 구성

☑ 「소학」의 대체서: 박세무의 「동몽선습」, 이덕무의 「사소절」, 이이의 「격몽요결」, 안정복의 「하학지남」

☑ 「소학」을 채택한 시험제도: ❶ 사학의 승보시(陞補試), ❷ 문과(소과; 생원시와 진사시) 복시 – 학례강(學禮講), ❸ 문과(대과) 복시 – 전례강(典禮講), ❹ 무과의 전시(殿試), ❺ 잡학의 취재(取才) 시험

② 「대학(大學)」: 유교철학 → 3강령 8조목으로 구성, 성균관의 교과

3강령	명명덕(明明德), 신민(新民), 지어지선(止於至善)
8조목	격물(格物), 치지(致知), 성의(誠意), 정심(正心), 수신(修身), 제가(齊家), 치국(治國), 평천하(平天下)

(5) 교육방법
① 존심양성(存心養性): 선한 마음으로 천부(天賦)의 본성을 기름.
② 거경궁리(居敬窮理): 경(敬)의 자세로 지식을 확실히 함.

★ 유학(儒學)의 발전 과정과 우리나라와의 관계

춘추전국시대	한(漢)·당(唐)	송(宋)	명(明)	청(靑)
원시 유교	훈고학 / 사장학	주자학 (성리학, 理學)	양명학(心學)	고증학
공자(仁), 맹자(仁義)	경전의 자구 해석 / 문장 중시	이론철학	실천철학	문헌비평 (유교과학)
우리나라와의 관계	삼국시대~ 고려 전기	고려 후기~ 조선 중기	조선 중기~ (실학)	

2. 학교제도

관학	• 중앙: 성균관(고등) / 4부학당, 종학, 잡학(중등) • 지방: 향교(중등)
사학	• 서당(초등) / 서원(중등)

(1) **성균관(成均館)**: 국립 고등교육기관
  ① 교육목적: 인재 및 고급관리(선비) 양성, 유교이념(성리학)의 보급
  ② 입학 자격: 생원과 진사(소과 합격자) 각 100명(200명 정원) → 미달시 사학(四學) 성적 우수자(승보시), 음서제도(2품 이상)
  ③ 교육내용

강독	• 교재는 사서오경: 사서(대학 - 논어 - 맹자 - 중용) ➡ 오경순으로 학습 • 잡서(雜書 ⓔ 노장, 불서, 백가자집)는 독서 금지
제술	초순[의(疑)·의(義)·논(論)] ➡ 중순[부(賦)·표(表)·송(頌)] ➡ 하순[대책(對策)·기(記)]
서체	해서(楷書)만을 사용

④ 평가제도

정기시험	일고(日考)·순고(旬考)·월고(月考)·연고(年考)
성적평가	대통, 통, 약통, 조통, 불통의 5단계 평가 → 조통(粗通) 이하는 벌(罰)함.

⑤ 자치활동 인정: ㉠ 재회(유생들의 모임; 長 → 장의), ㉡ 유소(정치적 의사 표현; 長 → 소두), ㉢ 권당(단식투쟁, 시험거부), ㉣ 공재(철야농성, 수업거부), ㉤ 공관(동맹휴학)

⑥ 관련 법규

학령(學令)	성균관의 학칙(유생의 일과, 상벌, 퇴학규정) → 조선 최초의 학교 법규
원점절목(圓點節目)	출석점수 300점 이상 시 문과(대과) 응시 가능 → 학교교육의 정상화 도모
제강절목(制講節目)	성균관 유생 정원 규정 → 생원, 진사 각 100명(총 200명)
구재학규(九齋學規)	성균관 교육과정(4서 5경)의 학습 순서

(2) **사학(四學)**: 성균관 부속 중등학교
  ① 설립: 동·서·남·중부학당 설치(북부학당 ×), 100명 정원
  ② 운영
    ㉠ 「소학」은 필수 교과: 권근의 「권학사목」
    ㉡ 교관의 구임법(근속법): 30개월 간 장기 근속 → 교육의 계속성 확보
    ㉢ 문묘 없음: 순수 교육기관
  ③ 승급 제도: ㉠ 사학합제(四學合製, 소과 초시에 해당), ㉡ 승보시(陞補試, 「소학」에 능통한 자에게 소과 초시 면제)

(3) **향교(鄕校)**: 성균관과는 독립된 중등학교 → 성균관 축소형 학교
  ① 성격: 지방 재원으로 설립(공립학교), 서울을 제외한 전국에 설립(1읍 1교)
  ② 입학 자격: 양반과 양인(良人) 자제(16세 이상 40세 이하)
  ③ 기능: ㉠ 교육(성균관 진학 준비 예 명륜당), ㉡ 종교교육(문묘 있음 예 대성전), ㉢ 향풍순화(향음례, 향사례, 양노례), ㉣ 실업교육(농업, 양잠업)

④ 구성
  ㉠ 교관(教官): 학장의 교육 감독을 위해 장학관인 제독관(교양관) 파견

유자격 교관(국가 파견)	교수관(6품 이상, 정교사), 훈도관(7품 이하, 부교사)
임시 교관(지방 임용)	교도(대과에 합격하지 못한 생원과 진사), 학장(임시교사)

  ㉡ 교생(校生): 무상교육 및 군역 면제의 특권
⑤ 국가의 재정 지원: 학전(學田)
⑥ 승급 제도: 공도회(公都會, 매년 6월) → 성적 우수자에게 소과 복시 응시 기회 부여
⑦ 쇠퇴: 조선 중기 이후 서원(書院)의 등장으로 교육 기능 쇠퇴하고 종교 기능만 수행
(4) 종학(宗學): 왕실 종친 자제 교육 담당, 종부시에서 관할
(5) 잡학(雜學): 해당 관청에서 주관, 중인계급 대상 → 기술관 양성

과목	목표	담당 관청	비고 (과거)	과목	목표	담당 관청	비고
의학	의원 양성	전의감, 혜민서	의과	도학	노장사상 연구	소격서	천민 입학 허용
율학	법률 집행 관리	형조	율과	악학	악사(樂士)	장악원	천민 입학 허용
음양학	천문, 지리	관상감	음양과	화학	화공 양성	도화서	천민 입학 허용
역학	통역관	사역원	역과	유학	하급관리	예조	양반층 업무
산학	회계 관리	호조		무학	무인	병조	양반층 업무
이학 (吏學)	외교 문서 작성	승문원	태종 이후 폐지	자학	문서 정리, 교정	교서관	태종 이후 폐지

(6) **서원(書院)**: 사립 중등교육기관
  ① 설립
    ㉠ 관학(향교)의 부진에 따른 지방교육 중흥을 위해 사림(士林)이 주도
    ㉡ 최초는 백운동 서원(주세붕이 설립, 안향 추모 목적) → 명종 때 이황의 건의로 국가적 공인, '소수 서원'으로 개칭
  ② 교육목적: 선비정신의 구현, 즉 법성현(法聖賢)과 후진장학(後進獎學)
  ③ 교육적 의의
    ㉠ 전학후묘(前學後墓)의 공간

강학소(講學所)	교육(강학) 담당 → 서사(書舍), 서재(書齋), 정사(精舍)
사묘(祠廟)	명유공신(名儒功臣)에 대한 제향(祭享) → 사우(祠宇)

    ㉡ 거경궁리(居敬窮理)의 공간

거경 (居敬)	주일무적(主一無適)	홀로 앉아 명상에 잠김. → 동재와 서재
	우유함영(優遊涵泳)	자연을 소일하며 유유자적함. → 정자
궁리 (窮理)	독서궁리(讀書窮理)	책을 읽고 그 의미를 숙고함. → 동재와 서재
	격물치지(格物致知)	일이나 사물의 이치를 탐구함. → 강당

(7) **서당(書堂)**: 범계급적 사설 초등교육기관
  ① 설립: 개인 서당에서 공동체 서당으로 발전

개인 서당	유지 독영 서당(동냥공부), 훈장 자영 서당
공동체 서당	유지 조합 서당, 향촌 공영 서당(개화기 '원산학사'의 모태)

  ② 입학자격 및 구성
    ㉠ 신분상의 제한 없이 누구나 입학
    ㉡ 훈장-접장(接長)-학도로 구성
    ㉢ 접장제도: 학도 신분으로 수업 담당(보조교사제) → 영국 산업혁명기의 조교제도(monitorial system)와 유사

③ 교육 목적: 사학과 향교 입학 준비, 서민 대중의 문자교육 및 도덕교육
④ 교육내용

강독	「천자문」 ➡ 「동몽선습」 ➡ 「명심보감」 ➡ 「소학」, 4서3경(「시경」, 「서경」, 「역경」), 「사기」 등
제술	5언 절구, 7언 절구, 사율(四律), 십팔구시(十八句詩) 등
습자	해서(기본) ➡ 행서 ➡ 초서

⑤ 교재

천자문	• 문자(漢字) 학습서, 중국 양나라의 주흥사가 저술 • **정약용의 비판**: 아동의 발달단계 및 이해수준 고려 ×, 문자 배열이 비체계적 등	
	• 천자문 대체서	
	유합	최초로 편찬, 작자 미상(서거정 說), 1,523자로 구성
	신증유합	유희춘 著, 유합을 보완·편찬
	훈몽자회	최세진 著, 3,360자, 글자와 사물 대응, 한자에 한글 독음(讀音) 기록
	아학편	정약용 著, 2,000자, 유형자에서 무형자로 학습, 유별 분류체계, 4글자의 상대적 문구
동몽선습	박세무 著, 유학 내용(오륜)과 우리나라의 역사 서술	
아희원람	장혼 著, 서민들의 일상생활 내용, 백과사전적 성격 → '18세기 서당설'의 근거	

⑥ 교육방법: ㉠ 주입식·암기식 교육, ㉡ 개별학습(무학년제 → 교육과정에 따른 수준별 교육), ㉢ 전인교육, ㉣ 체벌 사용(교사 중심 교육, 아동의 흥미 중시 ×), ㉤ 계절에 따라 교육내용이 다름.
⑦ 서당 진흥책: 송준길의 「향학지규」(훈장 사기 앙양, 학도 표창)

3. 과거제도

(1) 시험종류

종류	구분	시험단계/시험과목	특징
문과	소과 • 생원과: 명경(明經) 시험 • 진사과: 제술(시·부) 시험	초시(각 700명/지역 할당) ➡ 복시(회시, 각 100명/ 사학합제·승보·공도회 에 합격한 자)	• 예조에서 주관 • 백패(白牌) 수여 • 성균관 입학시험(오늘날 의 대입수능시험)
	대과(동당시)	• 초시(240명/지역 할당) ➡ 복시(33명 선발) ➡ 전시 • 초시와 복시는 삼장제 (三長制; 초장-중장- 종장)	• 예조에서 주관 • 홍패(紅牌) 수여 • 성균관 졸업시험 (문관 등용 시험)
무과	단일과	초시(190명/지역 할당) ➡ 복시(28명) ➡ 전시	• 병조에서 주관 • 홍패 수여 • 무관 등용 시험
잡과	단일과(역과, 의과, 음양과, 율과)	초시 ➡ 복시(회시)	• 해당 관청(초시) • 해당 관청 & 예조(복시) • 기술관 등용

① 소과 생원시와 대과(문과) 복시 초장을 제외하고는 모두 제술시험임.
② 강제시비(講製是非): 대과(문과) 초시 초장의 시험방식을 경전에 대한 제술[製述 예 의의(疑義)]로 할 것인지 강경(講經)으로 할 것인지에 대한 논쟁

(2) 실시 시기

① 식년시(式年試): 정기시험, 매 3년(子·卯·午·酉年)마다, 문과·무과·잡과 모두 실시
② 특별시(特別試): 부정기 시험
   예 증광시, 별시, 알성시, 춘당시, 황감과, 도기과(원점과)

(3) 과거제도의 예외 인정

① 음서제도(문음제도; 문무관 2품 이상)
② 취재제도(하급관리 선발)
③ 천거제도(현량과)

4. 교육관련 법규

학규명(學規名)	제정 시기 및 제정자	내용
경외학교절목 (京外學校節目)	명종 원년(1546) / 예조	전국 학교에 적용 → 교육의 기회균등 사상, 교원임용, 독서일수, 상벌 등 규정
흥학절목(興學節目)	조헌령	향교 중심의 관학진흥책, 총 14조
권학사목(勸學事目)	태종 代 / 권근	「소학(小學)」 선강(先講)의 원칙 제시
향학사목(鄕學事目)	태종 代 / 권근	관학(官學)과 사학(私學)의 차별 철폐
학교사목(學校事目)	선조 15년(1582) / 이이	총 10항 → 교사와 학생에 관한 학규
학교모범(學校模範)	선조 15년(1582) / 이이	총 16항 → 학생훈육과 수양 규칙, 「학령」을 보완한 '조선시대 교육헌장'
향학지규(鄕學之規)	효종 10년(1656) / 송준길	서당교육 진흥책 → 훈장 사기 양양, 우수학도 표창
사소절(士小節)의 '동규(童規)'	이덕무	서당교육 포함한 아동교육 일반 규정 → 교육기회균등, 보통교육, 교육과정 제시

5. 교육사상가 : 성리학

(1) 권근

① 교육목적 : 인재 양성 → 인간의 행동규범을 밝히는 명인륜(明人倫)과 공(公, 정직)·근(勤, 충실)·관(寬, 인후)·신(信, 성의)의 수양지침 중시

② 교육내용 : ㉠ 「소학(小學)」 교과 중시, ㉡ 사학(私學)교육 권장(서재의 활성화 → 관학과 사학의 차별 철폐), ㉢ 근소(近小)에서 원대(遠大)로 나아가는 교육원리 제시

③ 교육방법 : 시청각적 교수법, 직관의 원리 → 「입학도설」(1390)
㉠ 대학, 중용 등 성리학 입문서
㉡ 40여 종의 교수용 도표 사용 예 천인심성합일지도(天人心性合一之圖)

④ 주요 저서 : 「수창궁재상서」(군왕 교육), 「권학사목」('소학' 선강의 원칙), 「향학사목」(사학(私學)의 중요성 강조)

(2) **이황과 이이**

구분	이황	이이
세계관 (이기론)	• 이기이원론적 주리론(이상 중시) • 이귀기천(理貴氣賤): 이 > 기	• 이기일원론적 주기론(현실 중시) • 이기지묘(理氣之妙), 이통기국(理通氣局)
인간관 (심성론)	이기호발설(理氣互發說)	기발이승일도설(氣發理乘一途說)
핵심 사상	경(敬) 사상(≒ Spranger의 도야)	성(誠) 사상
교육관	• 입지 ➡ 작성(作聖) • 거경, 궁리, 잠심자득(潛心自得) • 궁행(躬行, 개인적 실천) • 위기지학(爲己之學): 내적 인격 수양 • 지행병진(지행호진) • 발달단계에 따른 교육: 태교 ➡ 유아기(효경, 가례) ➡ 소년기(소학, 대학) ➡ 청년기(심경, 주자서절요)	• 입지 ➡ 작성(作聖) • 거경, 명지(궁리) • 역행(力行, 사회경장 사상 → 민본주의 개혁, 진보주의 생활중심교육 사상) • 위인지학(爲人之學): 외적 실천 • 지행일치(지행합일) • 독서교육 중시: 「소학」 ➡ 「대학」·「근사록」 ➡ 사서(「논어」 ➡ 「맹자」 ➡ 「중용」) ➡ 5경 ➡ 역사서·성리학서
군왕 교육	성학십도	성학집요
주요 저서	「천명도설」, 「주자대전」(교육내용으로 중시)	「소아수지」(아동교육), 「학교모범」(청소년 교육지침), 「격몽요결」(일반대중 교육, '소학'에 해당) → 평생교육 사상
영향	위정척사, 의병운동, 메이지 유신 시대의 교육이념 형성, 도산서원 설립	실학, 개화사상 → 성리학과 실학의 가교(架橋) 역할

(3) **조식**
① **교육목적**: 하학상달(下學上達)을 통한 성현(聖賢)의 경지 도달 → 실천윤리로 성(誠)·경(敬)·의(義)를 강조
② **교육원리**: ㉠ 민본주의에 의한 위민(爲民)정치의 강조, ㉡ 강직한 상소(上疏)를 통한 사림(士林)의 언로(言路) 개척, ㉢ 교육을 통한 인재 양성 중시
③ **교육방법**: ㉠ 자해자득(自解自得), ㉡ 개성 존중 수업, ㉢ 도설(圖說) 및 명문(銘文)을 활용한 교수, ㉣ 하학상달(下學上達)의 방법
④ **실천유학의 정립**: 엄격한 '출처(出處)의 윤리'에 기초한 선비정신의 표상

❷ 조선 후기의 교육 : 실학교육

1. **교육이념** : 실학(實學)
   (1) **등장배경** : ① 피폐해진 조선의 실정, ② 성리학적 세계관에 대한 성찰, ③ 양명학과 고증학의 유입, ④ 서양문물(예 서학 – 천주학)의 유입
   (2) **특징**
   ① 교육기회 개방 확대론 : 유교적 신분적 차별윤리 타파 및 교육의 기회균등 강조(단, 여성과 노예는 제외), 개인차를 고려한 능력주의 교육
   ② 학제개혁론 : 과거제 비판의 대안으로 공교육 중시의 단계적 학제개혁론을 전개 예 유형원의 4단계 학제개혁안, 홍대용의 관주도의 의무교육론
   ③ 민족지향적 교육의식 : 새로운 자아의식 각성을 통한 민족 주체성 확립 → '화이일야(華夷一也)'의 수평적 세계관 확립, 자문화의식에 따른 국사교육의 중시
   ④ 무실론(務實論)적 실학교육론 : 공리공담(空理空談)·고담준론(高談峻論)의 성리학적 학문체계를 비판, 생산과 실리실용의 실용주의 교육 중시
   (3) **교육목표** : 유교적 능력주의에 입각한 성실인, 유용인, 자주인 양성

2. **교육사상가**
   (1) **유형원** : 실학 교육사상의 토대 마련
   ① 교육목적 : 교육기회균등(신분제 타파)을 전제로 한 덕행인·능력인(utility) 양성
   ② 4단계 학제개혁안 : 서울과 지방으로 학교제도 이원화 → 중앙독점 방지, 지방 인재 육성

	초등	중등	중등	고등	서울과 지방 이원화
서울	방상 ➡	사학 ➡	중학 ➡	태학 ➡ 진사원	• 초등은 국민보통교육 • 중등 이후는 능력주의 (양반에 한함)
지방	향상 ➡	읍학 ➡	영학 ➡		

   ③ 공거제(貢擧制) : 과거제 폐지의 대안(일종의 '천거제'), 학교교육과 관리선발을 일원화 → 학교교육은 취재(取才)의 과정
   (2) **이익**
   ① 교육목적 : 양사(養士)가 목적 → 주체성 있는 역사의식인
   ② 교육이념 : 숭례(崇禮) 중시, 근검과 남녀유별(男女有別)의 이념
   ③ 교육방법 : 일신전공(日新全功)의 교육방법 – 득사(得師), 호문(好問), 서독질의(書牘質疑) → 소크라테스의 대화법

④ 교육과정 개혁:「동사강목」과「퇴계집」→ 한국학을 본 궤도에 올려놓음.
⑤ 학교제도 개혁: 4단계 학제개혁안

서민	향학(鄕學) ➡ 태학 ➡ 전강(殿講, 과거) ➡ 사제(賜第, 관리 선발)
사대부	사학(四學) ➡ 태학 ➡ 전강(殿講) ➡ 사제(賜第)

⑥ 과거제도 개혁: 과천합일제(科薦合一制) → 과거 개혁(식년시 5년마다 실시, 별시 폐지), 지방 관리의 추천(향거이선제)

(3) **이덕무**: 별명은 간서치(看書痴, 책만 보는 바보)
① 교육적 인간상: 내행수결(內行修潔; 개인 내면의 수양·성찰 및 외면적 행위의 조화)의 인간
② 주요 저서:「**사소절(士小節)**」('사람답게 사는 즐거움') 저술
  ㉠「소학(小學)」을 한국 실정에 맞게 저술한 책 → 조선시대 도덕 교과서
  ㉡ 선비, 부녀자, 아동들의 일상생활에서의 규범을 논한 책

「사전(士典)」	5권, 선비들의 윤리와 행실 → 성인교육
「부의(婦儀)」	2권, 부녀자들의 도리[성(誠), 경(敬), 예(禮), 효(孝), 근(謹), 공(恭), 화(和), 정(正), 근(勤), 검(儉), 혜(惠), 정(貞)의 12덕목 제시] → 여성교육
「동규(童規)」	1권, 일상생활에서의 아동의 예절과 수신 내용 중시 → 아동교육 • 교육의 기회균등 강조: 일반 서민 자제도 교육 • 직업과 관계없는 보통교육 강조 • 초등교육과정 제시:「훈몽자회」와「기년아람」, 연간 수업일수 300일(150일 경전교육, 150일 역사교육)

(4) **홍대용**
① 교육목적: 무실역행의 교육을 통한 도덕적·실용적 실천인 양성
② 교육제도 개혁: 기(氣)철학적 인간평등론을 바탕으로 한 신분차별 철폐와 의무교육제도의 실시 주장
  ㉠ 행정구역 개편과 모든 행정구역에 학교 설치
  ㉡ 관(官) 주도의 의무교육제도 주장: 8세 이상의 아동은 신분을 가리지 않고 초등교육기관(면단위 소재)인 재(齋)에 입학
③ 주요 저서:「주해수용(籌解需用)」→ 서양의 수학(數學)을 처음으로 소개

(5) **정약용**: 실학을 집대성
  ① 교육목적: 수기위천하인 양성 → 브라멜드(Brameld)의 사회적 자아실현인과 유사
  ② 교육원리
    ㉠ 학문의 근본으로 성의(誠意)와 신독(愼獨) 강조: 지식교육보다 정의교육 중시
    ㉡ 덕행[德行] ⓔ 孝(임금), 悌(어른), 慈(대중)]을 근본, 경술(經術), 문예(文藝), 기예(技藝) 강조
    ㉢ 국학(國學) ⓔ 고려사, 반계수록, 퇴계집과「아학편」강조
  ③ 오학론(五學論): 당시 학문적 경향 비판

성리학	공리공론(空理空論)의 이기설(理氣說)에 편중
훈고학	경전(經典)의 자의(字意)와 훈독(訓讀)에 치중
문장학	문자적 유희나 미사여구(美辭麗句)에 치중
과거학	실생활을 외면하고 사변적인 공부에만 몰입
술수학	도선의 비결(秘訣), 정감록 등의 사설(邪說)이 백성을 미혹(迷惑)시킴.

  ④ 불가독설(不可讀說):「천자문」,「사략」,「통감절요」의 독서 금지

「천자문」	문자 배열이 비체계적, 암기 위주의 학습, 아동의 이해수준 간과
「사략(史略)」	중국 역사의 요약본 → 허구적 내용(ⓔ 천황의 존재) 포함
「통감절요」	강용이 편찬한 역사서 → 중국에서도 인정하지 않음.

  ⑤ 주요 저서:「경세유표」(국가기구 개혁),「목민심서」(지방관 자질),「흠흠신서」(사법 제도 개혁)

(6) **최한기**: 실학사상과 개화사상의 가교 역할
  ① 사상: 기일원론적 기학(氣學) → 통기(通氣: 기로써 세계를 경험・인식)와 추측(감각적 경험을 분별하는 추리작용) 중시

| 기(氣) | 우주의 궁극적 실재 → 운화기(運化氣, 활동・변화하는 작용 측면), 형질기(形質氣, 운화기 활동의 결과) |
| 이(理) | 기(氣)에 예속 → 유행지리(流行之理, 객관적 자연법칙), 추측지리(推測之理, 인간의 사유활동, 공부의 기본 원리) |

② 인간관
　ⓐ **인간평등과 존엄**: 누구나 기(氣)를 바탕으로 세계를 인식하는 평등한 존재 → 추리 능력이 있어 동물보다 우수
　ⓑ **염습론(染習論)**: 경험은 지식과 사고의 근간, 유아기의 경험과 습관은 "흰 비단에 물을 들이는 것과 같다." → 후천적 노력에 의해 발전하는 존재
③ 교육관
　ⓐ **교육목적**: 인도(人道)의 구현 → 교양인과 실용인의 조화
　ⓑ **교육내용**: 경험 중심 교육 → 경험을 통해 지식 형성(행을 통해 지를 획득)
　ⓒ **교육방법**: ❶ 경험을 통한 학습(감각 ➡ 기억 ➡ 추리의 학습과정), ❷ 추측을 통한 사고력 증진, ❸ 개인차 존중
④ **특징**: ⓐ 아동교육 중시(염습론), ⓑ 생활 중심 교육, ⓒ 수학교육(만물의 근원적 출발이 되는 교과) 중시

3. 교육사적 의의와 한계

의의	① 교육을 민중의 입장에서 처음으로 사고하기 시작 ② 새로운 학문과 교육철학으로 사회구조와 지배 질서의 개편 시도 ③ 교육제도(예 과거제도)의 개선과 새로운 사회 윤리의 확립 시도 ④ 평등사상과 신학문의 수용을 통해 현대교육의 기반 마련
한계	① 교육개혁에 대한 주장이 실학자들 내부의 논의에만 그침. ② 선언적 주장에 치우쳐 사회 개혁으로 실천되지 못함.

제4절 근대 교육 ① : 개화기의 교육

❶ 갑오개혁(1894) 이후의 교육개혁

규정	내용
학무아문고시 (1894. 7.)	교육개혁에 대한 대내적 선포 • 영재교육 • 소학교와 사범학교 설립 • 교육의 기회균등 원칙 • 대학교와 전문학교 설립 취지 제시
전고국조례(1894. 8.)	과거제 폐지
홍범 14조(1895. 1.)	교육개혁에 대한 대외적 선포 : 준자제 선발 해외 파견(제11조)
교육입국조서 (1895. 2.)	① 구교육과 신교육의 분기점 : 법제화를 통한 근대적 학제 확립에 기여 • 전인교육(덕·체·지 3육론) • 교육의 기회균등(교육 의무화 계몽) • 자주적·근대적 교육과정(국사, 국문, 실용지식 보급) • 교육 구국운동(충군애국인 양성) 기치 • 중도 퇴학생 발생을 법적으로 규제(학비환입조규) ② 의의 : ㉠ 민주주의 교육이념 구현, ㉡ 교육의 사회적 기능, ㉢ 국민교육 중시

☑ 광무개혁(1897~) : 의학교, 중학교, 외국어학교, 실업학교(상공학교 등) 교육 강화

❷ 근대 학교의 성립 논쟁 및 근대 학교의 전신(前身)

1. 근대 학교의 성립 논쟁

서구교육의 이식	① 배재학당설(오천석), ② 원산학사설(신용하), ③ 식민지 교육설(식민사학자들)
자생적 근대화	18세기 서당설(정순우) → 근거 : ① 교육 주체의 변화(일반 서민이 서당 설립), ② 계층별 교육의 실시와 교육내용의 변화(예 장혼의 「아희원람」), ③ 훈장의 변화(몰락양반과 유랑지식인이 교육 담당)

2. 근대 학교의 전신(前身)

(1) **베론(성 요셉)신학당(1856)** : 최초의 서구식 학교 → 가톨릭 사제 양성
(2) **동문학(통변학교, 1883)** : 묄렌도르프(Möllendorf)가 설립 → 최초의 외국어학교, 영어통역관 양성이 목적

(3) **광혜원(1885)**: 알렌(Allen)이 설립 → 최초의 국립 의료기관(근대적 병원)
(4) **연무공원(鍊武公院, 1887)**: 군관(초급 장교) 양성 → 군사교육기관
(5) **경학원(經學院, 1887)**: 고종 24년(1887) 성균관을 개칭 → 유교교육기관

❸ 근대 학교의 전개 과정

1. 근대적 신학제의 수립: 교육입국조서 공포 이후~1905년

학교관제	제정·공포일	학교관제	제정·공포일
❶ 한성사범학교 관제	1895. 4. 16.	❽ 보조공립소학교 규칙	1896. 2. 20.
❷ 외국어학교 관제	1895. 5. 10.	❾ 의학교 관제	1899. 3. 24.
❸ 성균관 관제	1895. 7. 2.	❿ 중학교 관제	1899. 4. 4.
❹ 소학교령	1895. 7. 19.	⓫ 상공학교 관제	1899. 6. 24.
❺ 한성사범학교 규칙	1895. 7. 23.	⓬ 외국어학교 규칙	1900. 6. 27.
❻ 성균관 경학과 규칙	1895. 8. 9.	⓭ 농상공학교 관제	1904. 6. 8.
❼ 소학교 규칙 대강	1895. 8. 12.		

2. 근대 학교교육의 전개

구분		교육중점 및 특징
관학		외국어 교육, 사범교육, 실업교육
사학	민족사학	• 민족지도자 양성, 민족의식 고취, 항일 애국사상 함양 • 실학과 개화사상을 계승: 교육구국운동 전개 • 개항 당시 대부분을 차지 → 중등학교가 대부분
	기독교사학	• 교육의 기회균등 확대(여성교육, 특수교육), 교육과정 다양화 (예 노작교육, 운동회·토론회·봉사활동 등 특별활동) • 1910년 당시 전국적으로 확대되어 823개교가 설립

(1) 관학
　① **육영공원**(育英公院, 1886, Royal English School): 최초의 근대적 관학
　　㉠ 설립 목적: (외교 교섭에 필요한) 영어교수
　　㉡ 입학 대상: 귀족 자제(과거급제자, 양반고관의 자제) → 일반 평민은 제외
　　㉢ 설립 경위: 보빙대사 민영익의 건의(1884) ➡ 3명의 미국인 교사(길모어, 헐버트, 벙커) 초빙, 개교(1886) ➡ '영어학교'로 개명(Hutchison이 인수, 1893) ➡ 폐교(1894)

② 한성사범학교(1895. 4.) : 최초의 사범학교(소학교 교원 양성)
③ 소학교(1895. 7.) : 「소학교령」에 의거, 만 8~15세, 국민교육 담당
    ㉠ 관립소학교 : 한성 내 11개 학교 설립, 학부가 직접 관리
    ㉡ 공립소학교 : 전국에 설립, 관료와 주민들이 출자, 학부에서 교원 파견
④ 한성중학교(1900) : 실업교육은 공통 필수, 후에 한성고등학교로 개칭(1906)
⑤ 한성고등여학교(1908) : 예과와 본과로 구분
⑥ 성균관은 존속 : 경학과(經學科) 설치, 3년 과정의 근대적 학교로 개편
⑦ 관립 외국어학교(1895) : 일어, 영어, 한어, 아어(러시아어), 덕어(독어), 법어(불어) 학교 등 6개 학교로 분리·설립, 후에 관립 한성외국어학교로 통합(1908)
⑧ 관립 의학교(1899) : 수업연한 3년, 중학교 졸업자 이상 입학
⑨ 관립 실업교육기관 : 상공학교, 광무학교, 법관 양성소, 전무학당, 우무학당, 잠업 양성소 등 설립 → 상공학교만 학부 소관

(2) **민족사학**

① 원산학사(1883) : 최초의 근대적 학교
    ㉠ 설립 동기 : 신지식 교수, 외국의 도전(일본상인의 침투)에 대항 목적
    ㉡ 설립 경위 : 관민(덕원읍민+개화파 관료) 협동으로 설립, 서당을 개량
    ㉢ 교육과정 : 문예반과 무예반으로 운영, 초등~중학교
② 흥화학교(1895) : 민영환 설립 → 교육입국조서 이후 최초
③ 점진학교(1899) : 안창호 설립, 남녀공학의 소학교
④ 양정의숙(1905) : 엄주익 설립
⑤ 보성학교(1905) : 이용익 설립, 전문학교
⑥ 현산학교(1906, 중등), 모곡학교(1919, 초등) : 남궁억 설립 → 토론과 변론술 연마(모곡학교)
⑦ 대성학교(1907) : 안창호 설립 → 이상촌 건설
⑧ 오산학교(1907) : 이승훈 설립 → 이상촌 건설, 서민정신
⑨ 서우사범학교(1907) : 서우학회 설립 → 사범 속성학교 1년 과정

(3) **기독교 사학(선교 사학)** : ①과 ②는 감리교, ③과 ④는 장로교

① 배재학당(1885) : 아펜젤러(Appenzeller)가 설립 → 최초의 근대적 선교 사학
② 이화학당(1886) : 스크랜튼(Scranton)이 설립 → 최초의 근대적 여성교육기관
③ 경신학교(1886) : 언더우드(Underwood)가 설립, 중등학교 수준
④ 정신여학교(1887) : 엘러스(Ellers)가 설립, 기독교적 조선 여성 육성이 목적

제5절 근대 교육 ② : 일제 강점기의 교육

❶ 기본방향
(1) **관학 육성과 사학의 탄압**: 교육에 대한 중앙집권적 통제 강화
(2) **초등교육의 확대와 고등교육기회의 제한**: 조선인의 우민화(愚民化)
(3) **일본어 교육 강화**: 일본어와 일본의 문화·역사를 강제 주입 → 한국혼 말살
(4) **저급한 실업 교육 실시**: 우민화 및 경제적 침탈 강화, 교양교육 배제

❷ 조선통감부 시기(1905~1910)
(1) **보통학교령(1906)**: ① '소학교'의 명칭을 '보통학교'로 개칭, ② 수업연한을 6년에서 4년으로 단축, ③ 심상과와 고등과를 통합
(2) **사립학교령(1908)**: 민족사학 탄압이 주 목적 → 모범교육 실시
(3) **학회령(1908)**: 애국계몽운동 주도하는 학회 탄압 목적

❸ 조선총독부 시기(1910~1945)
(1) **교육정책의 변화**: 「조선교육령」의 변화과정

구분	식민지 정책	교육정책
제1차 조선교육령 (1911. 8)	무단통치기	• 성균관의 폐쇄(1911) • 「사립학교규칙」 공포(1911)·개정(1915): 민족사학 탄압 강화 • 한성사범학교 폐지 • 「서당규칙」 공포(1918): 서당 개설 인가제 • 보통학교: 6면 1교주의에서 3면 1교주의로 변화
제2차 조선교육령 (1922)	문화정책기	• 교육기간의 연장: 보통학교(4년 ➡ 6년), 고등보통학교(4년 ➡ 5년), 여자고등보통학교(3년 ➡ 4년), 실업학교(2·3년 ➡ 3·4년) • 조선인과 일본인의 공학(共學) 원칙 규정(외형상) • 조선어(국어)와 조선 역사(국사)를 필수교과로 지정 • 보통학교의 확대: '3면 1교주의'에서 '1면 1교주의'로 변화(1929) → 보통학교의 양적 확대 • (일제)사범학교 신설: 남자 6년제, 여자 5년제 • 대학 설치 규정 신설: 경성제국대학 설립(1924) → 민립대학 설립운동 봉쇄 정책

제3차 조선교육령 (1938)	황국신민화 정책기 (1936~1945)	• 민족정신 말살정책: 한글교육 사실상 폐지(심상과 → 수의과), 신사참배, 창씨개명, 궁성요배 강요 • 일본과 동일한 학제 적용: 학교명칭 개정 → '보통학교'에서 '심상소학교'로, '고등보통학교'에서 '중학교'로, '여자고등보통학교'에서 '고등여학교'로 개칭 • 국민학교령(1941) 공포: '심상소학교'를 '국민학교'로 개칭
제4차 조선교육령 (1943)	황국신민화 정책기 (대륙침략기)	• 군사목적에 합치된 교육: 수업연한의 단축(중학교, 고등여학교, 실업학교를 모두 4년으로), 대학 및 전문학교 전시체제 개편 • 사범학교 교육의 확장: 황국신민 양성 목적 실현 → 전국에 16개의 관립사범학교 설립 • 조선어와 조선역사 교육 금지

(2) **강점기 민족교육운동의 전개**

① 노동자와 농민, 도시 빈민을 위한 노동 야학 운동 전개
② 문맹퇴치 및 문자보급운동 전개: 언론기관, 조선어학회, 신간회(민족주의 진영과 사회주의 진영의 연합) 등이 주도

언론기관	동아일보의 브나로드(Vnarod ; '민중 속으로') 운동 → 문맹 타파 및 생활 개선 운동
신간회	절대독립지향의 민족결사단체 → 사회교육, 문자보급운동, 식민지교육 철폐 운동
근우회	전국적 단일 여성단체 → 남녀평등, 여성의 자유와 해방, 여성 계몽 운동 전개

③ 조선민립대학 설립운동 추진: 조선교육회가 주도 → 조선민립대학 기성회를 조직, 조선인 1인당 1원씩 1천만 원 갹출 운동 전개
④ 조선 본위 교육(조선교육회), 아동 본위 교육(방정환, 천도교), 인간 본위 교육(선교사 Fisher) 운동 전개
⑤ 과학 대중화운동 전개: 고등과학교육과 과학의 일상화 운동 → 발명학회, 과학문명 보급회, 과학지식 보급회 주도
⑥ 국학진흥운동 전개: 국어(조선어학회), 국사(민족주의 사학)

신채호	고대사 연구(「조선상고사」), 국수(國粹) 중시
박은식	국사 및 독립운동사 연구(「한국통사」, 「한국독립운동지혈사」), 국혼(國魂) 중시
정인보	「조선사연구」 저술, 민족의 '얼' 중시

⑦ 비밀결사운동(농민운동, 노동운동, 학생운동) 전개: 사회주의 진영의 교사와 학생이 주도
⑧ 서당 및 국외(간도, 블라디보스토크 등)에서의 민족교육운동: 일제는 「서당규칙」(1918)을 제정·공포하여 서당교육 탄압

(3) **교육사상가**

사상가	교육사상
남궁억	• **교육입국론(敎育立國論)**: 교육은 국가와 민족 발전의 중핵 • 모곡학교(초등), 현산학교(중등) 설립 • 「**교육월보**」 발간: 미취학 청소년을 위한 순한글로 된 통신강의록 → 사회교육 • 실업교육(노작활동), '무궁화 동산' 건설 운동
안창호	• **교육이념**: 자아혁신, 무실역행, 점진공부 → 민족개조(힘을 기르소서) • 일인일기(직업교육), 빙그레 운동(정서교육), 소크라테스식 문답법, 대공(大公)주의, 주인정신, 지력(知力)주의 강조 • 점진학교(최초의 남녀공학 소학교), 대성학교(대이상향 설계), 흥사단(무실·역행·충의·용감)
이승훈	• 서민정신과 오산정신(참과 헌신의 정신) 강조 → 성(誠)·애(愛)·경(敬) • 강명의숙(소학교), 오산학교(대이상향 설계) → 이상촌 건설 운동

(4) **일제하 교육의 영향**

문제점	식민지배의 이데올로기적 성격으로 인해 왜곡적인 교육이 진행 ① **관료주의적 교육행정**: 교육보다 행정을 우선하는 중앙집권적·관료 편의주의적 행정 ② **전체주의적 훈육**: 개인의 자유와 존엄보다 집단의 도덕과 가치를 강제 ③ **도구주의적 교육관**: 교육이 다른 목적을 위한 도구로 전락
의의	① 전통적 교육기관(예 서당)에서 근대적 학교(예 보통학교)로 학생층이 이동 ② 한국민의 교육열에 의한 보통학교교육의 확대

제6절 ▶ 현대 교육 : 해방 이후의 교육

❶ 미 군정기의 교육(1945~1948)

(1) **학무국(學務局)의 활동** : 일제의 학무국을 인수·개칭 → 산하 자문기구로 '(조선)교육심의회'와 '(조선)교육위원회'를 설치

① 홍익인간(弘益人間)의 교육이념 설정(1946. 3. 7.)
② 교수 용어로 '한국어'를 사용
③ 민주교육의 이념 보급 : 일본식 잔재 청산 목적 → 교원강습회 개최
④ 교육제도의 민주화 : 미국식 단선형 학제(6−3−3−4제) 실시 → 재정상의 어려움으로 6−6−4제를 병행 실시
⑤ 교육과정의 민주화 정책 : '새교육운동(진보주의)' 전개 → 아동 중심 교육, 경험(생활) 중심 교육 중시
⑥ 초등학교 교과서 편찬사업 및 보급에 주력
⑦ 문맹퇴치를 위하여 전국적으로 성인교육(사회교육) 실시
⑧ 초등학교의 의무교육제 실시 논의 : '의무교육 실시 요강안' 작성 → 예산상의 이유로 의무교육을 미실시(1950년부터 6년 의무교육 실시)

(2) **'국립 서울대 설치령'을 둘러싼 갈등 발생** : 민족주의 진영과 사회주의 진영 간의 논쟁

❷ 대한민국 정부 수립기의 교육

(1) **교육법의 제정·공포(1949. 12. 31.)** : 홍익인간의 교육이념 명문화
(2) **초등의무교육 실시 및 완성(1950. 6. 1.~1959)**
(3) **교육자치제 실시(1952)** : 기초자치
(4) **중학교 무시험 추첨 배정 실시(1969)**
(5) **고교 평준화 정책 실시(1974)** : 교육 여건의 평등
(6) **7. 30. 교육 개혁 조치 발표(1980)** : 과외 전면 금지, 대입 본고사 폐지, 대학졸업정원제 실시
(7) **중학교 의무교육 실시(1985, 2002~2004)** : 특수학교 및 도서벽지 (1985) ➡ 읍면지역(1992) ➡ 전국 시행(2002~2004)
(8) **시·도 교육자치제 부활(1991. 6. 20.)** : 광역자치 →「지방교육자치에 관한 법률」제정·시행

(9) **대입수능시험 실시(1994)**
(10) **5·31. 교육개혁안 발표(1995)** : 고등학교 생활기록부 도입, 학교운영위원회 설치, 교장 및 교사 초빙제 실시, 교육과정 평가원 신설
(11) **교원노조 합법화(1999. 7. 1.)** : 「교원의 노동조합 설립 및 운영 등에 관한 법률」 제정·시행
(12) **중학교 무상의무교육 실시(2002~2004)**
(13) **고등학교 무상교육 전면 시행(2021)**
(14) 「**국가교육위원회 설치 및 운영에 관한 법률**」 제정(2022)
(15) **2022 개정 교육과정 실시(2024)**

CHAPTER 03

서양교육사

제1절	고대의 교육
제2절	중세의 교육
제3절	근대의 교육①: 르네상스기(14~15C)의 인문주의 교육
제4절	근대의 교육②: 종교개혁기(16C)의 교육
제5절	근대의 교육③: 실학주의(17C)의 교육
제6절	근대의 교육④: 계몽주의(18C)의 교육
제7절	근대의 교육⑤: 신인문주의(19C)의 교육

Chapter 03 서양교육사

> **필수체크 Top point**
> 1. 그리스 시대의 교육 : 이소크라테스, 소크라테스, 플라톤, 아리스토텔레스
> 2. 실학주의 교육(17C) : 로크, 코메니우스
> 3. 계몽주의 시대의 자연주의 교육(18C) : 루소
> 4. 낭만주의 시대의 신인문주의 교육(19C) : 페스탈로치, 헤르바르트, 프뢰벨

제1절 고대의 교육

❶ 그리스의 교육

1. **특징**
  (1) **인문주의(humanism) 교육** : 인격의 조화로운 발달 도모 → 교양교육 중시
  (2) **자유교육(liberal education)** : 자유민을 위한 교육(노예, 여성은 제외) → 이성(理性)의 도야를 통한 도덕적 품성(善)의 도야
  (3) **개성 존중의 교육**
  (4) **심미주의(審美主義)** : 아름다움과 진리 추구

2. **스파르타(Sparta)와 아테네(Athene) 교육의 비교**

구분	스파르타(도리아족)	아테네(이오니아족)
근거	리쿠르구스(Lycurgus) 법전	솔론(Solon) 헌법
목적	애국적이고 용감한 군인 양성	심신(心身)이 조화로운 자유민 양성
내용	체육(체조·무용), 3R's, 음악, 시	체육(체조·무용), 3R's, 음악, 시
방법	국가 중심, 통제 위주의 엄격한 군사훈련	개성 중심, 심미적·도덕적 자유주의 교육
특징	• 보수적, 상무적, 통제적(전체주의) 교육 • 여성교육 중시	• 진보적, 인문적, 자유주의적 교육 • 여성교육 소홀

3. 교육사상가

(1) **소피스트(sophist)**
   ① 최초의 직업 교사(보수 받음, 고등교육 담당), 아테네 바깥에서 아테네로 온 외국인들, 거리의 철학자 → '지혜로운(to live well) 자(智者)'
   ② 기본 사상: ㉠ 주관적·상대적 진리관(감각적 경험과 유용성 중시), ㉡ 개인주의·실용주의 → '욕망의 자기주장'
   ③ 교육관: ㉠ 처세 및 정치적 수단으로서의 교육, ㉡ 교육내용으로 웅변술과 수사학 중시, ㉢ 주입식·암기식 교육
   ④ 대표적 사상가: 프로타고라스(Protagoras; '인간(I)은 만물의 척도'), 고르기아스(Gorgias; 불가지론, 회의론), 이소크라테스(Isocrates)

(2) **이소크라테스(Isocrates)**: 아테네 출신의 소피스트, 소크라테스의 제자
   ① 특징: 수사학교 최초 설립, 강의 - 시범 - 연습의 3단계를 통한 체계적·연속적 교육 실시
   ② 교육목적: 교양 있는 웅변가 양성 → 수사학적 인간도야(수사학의 목적은 영혼의 도야) 강조 ⓐ '말(언어)은 인격의 표현'
   ③ 의의: 소피스트 교육의 성공적 모델, 수사학 중심의 고등교육 전통 토대

(3) **소크라테스(Socrates)**: 아테네 출신의 소피스트, 거리의 교사
   ① 기본 사상
      ㉠ 인간은 보편적 이성(영혼) 소유: 이성(영혼)은 가치판단의 기준 → 교사는 '아테네의 등에(쇠파리, 영혼의 각성자)'
      ㉡ 보편적·객관적·절대적 진리관: 상대적·주관적 인식론에서 비롯된 사회 혼란은 절대적 선(善)의 본질 습득과 실천을 통해 극복 가능
   ② 교육관
      ㉠ 교육목적: 지덕복 합일(知德福合一)의 도덕적 인간 양성 → 덕(德)은 지식, 악(惡)은 무지의 결과, "덕은 가르칠 수 있다."(주지주의 & 지행합일)
      ㉡ 교육방법: 대화법(반어법+산파법)을 통한 보편적 진리 획득

반어법	소극적 대화(파괴 단계)	무의식적 무지 ➡ 의식적 무지
산파법	적극적 대화(생산 단계)	의식적 무지 ➡ 객관적 진리

      ㉢ 계발주의 교육: 교육은 지식의 주입이 아닌 사고력의 계발 과정
      ㉣ 교사는 '영혼의 각성자[아테네의 등에(쇠파리)]' & '진리의 산파(産婆)·동반자'적 존재
      ㉤ 아동은 스스로 탐구할 수 있는 능력을 갖춘 존재

(4) 플라톤(Platon)

① 기본 사상 : 이원론적 세계관(이데아 - 현상계), 이상주의(관념론)
② 교육목적 : 이데아의 실현(절대적 진리관) → 철학자가 교육적 인간상
  ㉠ 대화법(회상설, 상기설)에 의한 교육 : 분선이론(line theory, 예) 동굴의 비유)
  → 이데아에 이르는 과정

인식의 대상	가시계(可視界) : 현상		예지계(睿智界) : 실재	
	그림자	시각적 사물	수학적 지식(개념)	형상(이데아)
마음의 상태	환상 (상상, 추측)	믿음(신념)	사고(오성)	지식 (지성·이성)
	(개인적) 견해		(객관적) 지식	

  ㉡ 4주덕(지혜, 용기, 절제 + 정의) 실현을 위한 교육단계론(「국가론」)

개인	덕	사회	교육 단계	
머리(이성)	지혜	지배계급 (철학자)	(35세~) : 행정실무 경험	
			제4기(30~35세) : 변증법, 철학	
가슴(의지)	용기	수호계급 (군인)	제3기(20~30세) : 4과[음악, 기하학, 산수(수학), 천문학]	
허리 이하(욕망)	절제	생산계급 (노동자)	제2기(18~20세) : 군사훈련	
			제1기(~18세) : 체육, 음악, 3R's	
세 부분의 조화	정의	세 계급의 조화		

③ 특징 : ㉠ 최초의 여성교육 옹호자 & 공교육 지지자, ㉡ 귀족교육론(위로부터의 교육, 서민교육 부정), ㉢ 아카데미아(무상교육), ㉣ 연역적 방법
④ 의의 : 중세 교부(敎父)철학, 19C 신인문주의 교육에 영향
⑤ 플라톤(Platon)과 이소크라테스(Isocrates)의 교육사상 비교

구분	플라톤(Platon)	이소크라테스(Isocrates)
사상	이상주의 교육사상	현실주의 교육사상
교육목표	철학자 양성	(교양 있는) 웅변인 양성
교육내용	철학을 가장 중시	수사학을 가장 중시
교육방법	상기설(회상설) → 지식은 발견하는 것	표본과 모방의 교육방법을 통해 스스로 창조

☑ 이소크라테스 사상은 화이트헤드(Whitehead), 허스트(Hirst)에 영향

(5) **크세노폰(Xenophon)** : 소크라테스의 제자, 군인 출신
   ① 민주주의 체제 부정 → 스파르타식 교육에 영향
   ② 교육목적 : (사고하는 시민보다) 좋은 습관을 지닌 행동하는 시민 양성
   ③ 철학적 논쟁보다 교육의 실용적 측면을 중시

(6) **아리스토텔레스(Aristoteles)** : 플라톤의 제자
   ① 기본 사상 : 일원론적 세계관(이상은 현실 속에 내재), 현실주의(실재론)
   ② 교육관
       ㉠ 교육은 자아실현의 과정 : 가능태(matter, 질료 예 대리석)가 '운동(또는 발달)'에 의해 현실태(form, 형상 예 조각상)로 변화되는 과정
       ㉡ '행복(eudaimonia)'이 교육목적 : 교육의 3요소로 몸(본성), 습관, 이성(중용의 덕), 즉 체육, 덕육, 지육 중시
   ③ 특징 : ㉠ 여성교육 및 서민교육 부정, ㉡ 리케이온(소요학파) 대학 설립, ㉢ 귀납적 방법 중시, ㉣ '자유교육(liberal education)'의 주창자
   ④ 의의 : 중세 스콜라 철학과 17C 실학주의 교육, 20C 항존주의 철학에 영향

❷ 로마의 교육

(1) **개관** : 실용주의(실용인·웅변인 양성) 중시, 그리스 모방 및 국가 보조 교육

(2) **학교제도**
   ① 전개 과정 : 왕정시대(비형식적 생활교육 중심) ➡ 공화정시대(가정교육 중심, 학교의 등장) ➡ 제정시대(학교교육 중심)
   ② 제정시대의 학교 : 학교를 통한 세계화 지향

수준	학교	수학기간	교육내용	특징
초등	루두스(Ludus, 문자학교)	6~12세	12동판법, 3R's, 체육	사립(학생들의 수업료로 운영)
중등	문법학교 (Grammaticus) • 그리스어 문법학교 • 라틴어 문법학교	12~16세	7자유과(교양과목), 호머의 시, 문학, 역사	• 고등교육 준비 교육 • 모두 사립(국가 보조로 운영) • 제정시대 교육의 핵심
고등	• 수사학교 (Rhetor) • 철학학교 (Stoa학파) • 법률학교	16~18세	• 수사학, 라틴어, 그리스어, 문법 • 윤리학, 논리학 • 법학	• **교육목적** : 웅변가 양성 • 수사학교가 대부분을 차지 • 정부 지원과 보조금으로 운영

(3) **교육사상가**

① 키케로(Cicero) : 인문적 교양을 지닌 웅변가 양성, 성선설, 「웅변론」 저술
   → 르네상스 시대의 인문주의 교육(키케로주의)에 영향

② 퀸틸리아누스(Quintilianus) : 세계 최초의 공립학교 교사, 「웅변교수론」
   ㉠ 교육관 : ❶ 개성 존중(학생의 개인차를 고려한 교육), ❷ 학교교육 우위론(공교육 중시), ❸ 조기교육론(어릴 때의 기억이 오래감), ❹ 외국어 교육론(그리스어 교육 중시), ❺ 체벌 금지론(체벌은 자유민에 대한 모독, 교육방법에의 실패, 학생에게 열등감이나 정신적 불안을 조성하는 행위)
   ㉡ 교사론 : 체계적 교사상 제시(예 교사는 부모와 같은 따뜻한 정을 지닐 것, 스스로 악한 짓을 해서는 안 됨. 너무 엄격해서는 안 됨.)

제2절 　중세의 교육

❶ 개관

(1) **교육목적과 내용의 변화**: ① 신 중심주의, ② 주정주의(主情主義), ③ 내세주의(來世主義), ④ 세계주의
(2) **형식적인 초·중·고등교육기관 설립**
(3) **중세교육의 시대구분**: 십자군 전쟁(1096~1291)을 기준으로 전기와 후기로 구분

구분	중세 전기	중세 후기
배경 철학	교부철학 • 플라톤 철학 바탕 → 기독교 교리 체계화, 철학은 신학의 시녀 • 대표자: 아우구스티누스 (Augustinus)	스콜라 철학(번쇄철학) • 아리스토텔레스 철학 바탕 → 실추된 신앙의 권위 회복(신앙과 이성의 조화) • 대표자: 토마스 아퀴나스 (T. Aquinas)
교육	기독교 교육(종교교육 중심) • 문답학교, 고급문답학교, 본산학교, 수도원학교	비기독교 교육(세속교육 중심) • **비형식적 교육**: 기사도 교육, 도제교육 • **형식적 교육**: 시민교육, 대학교육

❷ 중세 전기의 교육: 기독교 교육

수준	학교		특징
초등	(교리) 문답학교		이교도(異敎徒)의 교화와 세례 준비
중등	고급문답학교		문답학교 교사 양성 사범학교
고등	본산학교(성당학교, 사원학교, 감독학교)		성직자 양성 대학 → 교부철학의 중심
초등~고등	수도원학교 (승암학교)	내교(고등)	수도사 양성 대학
		외교(초중등)	지역주민을 위한 교육

❸ 중세 후기의 교육: 비기독교적 세속교육

(1) **학교 외 교육**: 비형식적 교육
   ① **기사도 교육**: 기독교적 무인 양성 → 상류층 자제 대상, 4단계 교육(가정교육 ➡ 시동기 ➡ 시종기 ➡ 기사입문식)
   ② **도제교육**: 상공업에 종사하는 기술자 양성 → 시민 자제 대상, 3단계 교육(도제기 ➡ 직공기 ➡ 장인기)

(2) **학교교육**: 형식적 교육
   ① **시민학교**
      ㉠ 초·중등학교: 복선형 학제로 운영

구분	교육 대상	교육 목적	학교의 종류
초등 교육	하류 시민 계급 자제	직업 준비 교육	• 독일: 습자학교, 모국어 학교 • 영국: 조합학교(Guild school)
중등 교육	상류 시민 계급 자제	대학 준비 교육	• 독일: 라틴어 학교(Latin school) • 영국: 공중학교(Public school), 문법학교(Grammar school)

   ㉡ 교육적 의의: ❶ 교육의 자주성(교회로부터 독립), ❷ 교육의 대상이 서민까지 확대, ❸ 아래로부터의 필요에 의한 교육, ❹ 실생활 위주의 현실교육

   ② **대학**: 르네상스의 원동력 → 지적 도야 중시
      ㉠ 등장 배경: ❶ 십자군 원정 이후 동방의 사라센 문화 유입, ❷ 스콜라 철학으로 인한 학구열 고조, ❸ 도시의 발달과 시민계급 형성으로 인한 세속적인 학문의 필요성 증대
      ㉡ 특권: ❶ 면세·면역 특권, ❷ 대학 내 자치재판권, ❸ 학위수여권, ❹ 총장·학장 선출권, ❺ 자유여행권 등 향유 → 남자들만의 특권
      ㉢ 연구보다 교수 중시
         ☑ 연구중심 대학(19C): 독일 베를린 대학('고독과 자유') → 훔볼트(Humbolt)가 설립
   ③ **발달**: 단과대학(college)에서 종합대학(university)으로, 유럽 남부(이탈리아)에서 유럽 북부로 발달
      ❗ 살레르노(의학) ➡ 볼로냐(법학, 유럽대학 발달의 모델) ➡ 파리(신학) ➡ 옥스퍼드(종합대학)

제3절 근대의 교육 ① : 르네상스기(14~15C)의 인문주의 교육

☆ 근대 교육사상의 전개 과정

시대 구분	교육사상	교육사상가
르네상스 (14~15C)	(구)인문주의(Humanism) • 개인적 인문주의 • 사회적 인문주의 • 키케로주의	• 비토리노 • 에라스무스
종교개혁 (16C)	• 신교(Protestant) • 구교(Catholic)	• 루터, 칼뱅 • 로욜라, 라살
과학혁명 (17C) / 경험론	실학주의(Realism) • 인문적 실학주의 • 사회적 실학주의 • 감각적(과학적) 실학주의	• 라블레, 밀턴, 비베스 • 몽테뉴, 로크 • 코메니우스
계몽주의 (18C) / 합리론	• 자연주의 • 범애주의 • 합리주의	• 루소 • 바제도우, 잘쯔만 • 칸트, 볼테르
낭만주의, 실증주의 (19C) / 관념론	(신)인문주의 • 계발주의 • 국가주의 • 과학적 실리주의(실증주의)	• 페스탈로치, 헤르바르트, 프뢰벨 • 피히테, 크리크, 슐라이어마허 • 스펜서

❶ 개관

(1) **개념**: 고대 로마 고전(古典)의 부활(re-birth)을 통한 '인간다운 삶' 실현 → 인간해방운동

(2) **특징**: 인본주의, 개인주의, 현세주의, 이성주의, 고전주의

(3) **교육관**: 인간존중교육(전인교육), 교양교육(고전·인문·자유교육), 귀족주의 교육

교육목적	자유교육을 통한 개성 있는 인간(교양 있는 활동가)의 완성 → 전인교육
교육내용	① 고전공부를 위한 언어 교육 예 라틴어, 고대 그리스어 중시 ② 수사학 중시: 상대방을 설득하기 위한 언어적 설득력 및 표현력의 습득 ③ 체육·음악·유희 중시: 육체와 정신의 조화로운 발달 도모
교육방법	① 고전 저자들의 용례(用例)가 담긴 주석서(註釋書)를 이용한 고전교육 ② 인간적인 교육방법 예 현세 긍정적 태도, 개별적 감성, 놀이 등

제3장 서양교육사 77

❷ 유형

(1) **개인적 인문주의**: 개인적·귀족적·심미적 교육, 남부 유럽의 상류층 중심으로 전개 → 자유인 양성 ◉ 비토리노

(2) **사회적 인문주의**: 사회적·대중적·도덕(종교)적 교육, 북부 유럽의 하류층까지 확대 → 사회개혁인 양성 ◉ 에라스무스

(3) **키케로주의**: 고전 자체를 목적시, 암송 위주 → 타락한(형식화된) 인문주의

❸ 교육사상가

(1) **비토리노(Vitorino)**: 최초의 근대적 교사, 궁정학교의 교장
   ① 철저한 아동 중심주의 교육: 자유교육, 자발교육, 생활교육, 개성존중교육
   ② "학교는 즐거운 집이다": 체벌과 강제 반대

(2) **에라스무스(Erasmus)**
   ① 특징
      ㉠ 교육의 3요소(자연·훈련·연습)
      ㉡ 교사교육 최초로 주장
      ㉢ 교육의 기회균등(남녀 차별 없는 교육 실시)
      ㉣ 조기교육 중시
      ㉤ 아동 중심의 교수법
   ② 저서: 「학습방법론」, 「아동 자유교육론」, 「우신예찬(愚神禮讚)」

❹ 한계

(1) 계층 차별적인 정신운동 → 귀족계층만 대상
(2) 언어의 무비판적 모방과 형식주의(키케로주의)에 치우침.
(3) 기독교적 세계관을 탈피하지 못함.

제4절 근대의 교육 ② : 종교개혁기(16C)의 교육

❶ 개관

(1) **개념** : 교회의 타락과 부패를 개혁하려는 기독교의 개혁운동 → 성서 중심의 신앙해방운동

> cf) 종교개혁기의 교육은 성서(고전)를 통한 교육을 강조하여 인문주의 교육에 포함

(2) **교육관** : 근대적인 기독교인 양성 → 종교(합리적 신앙)와 도덕(사회적 도야)의 조화
  ① 초등교육의 의무화를 선언한 대중교육운동 → 모국어교육 중시
  ② 공교육제도의 기초 확립
  > cf) 공교육제도 확립 : 19C 국가주의 교육사조의 영향
  ③ 교사양성교육 중시(여교사의 출현) : 여성의 교육적 지위 향상

❷ 교육사상가

(1) **루터(Luther)**
  ① 교육의 국가 책임론(공교육제도 기초 확립 → 초등 의무교육)
  ② 풍부한 교육과정
  ③ 교직 중시(교사 면허제, 여교사 채용) → 고타 교육령(1642, 독일, 세계 최초의 근대적 의무교육령)

(2) **칼뱅(Calvin)** : 교사채용 시험제도 → 매사추세츠 교육령(1642, 미국)

구분	고타 교육령(1642)	매사추세츠 교육령(1642)
차이점	• 독일, 중앙집권적·전제적 성격 • 구체적 제시(지도 요령적 성격) • 시행령적 법령 • 학교 설치·유지에 관한 언급 없음. • 루터의 영향	• 미국, 지방분권적·민주적 성격 • 포괄적 제시(근본 원칙만 제시) • 헌법적 법령 • 교육세 제도, 학교 설치·유지 의무 제시 • 칼뱅의 영향
공통점	아동의 취학 의무 규정	

(3) **멜란히톤(Melanchton)**
  ① 교과서 편찬 사업
  ② 삭소니 교육령(3급 제도 → 학년 제도의 시초)
  ③ 초등교육보다 중등교육을 강조

제5절 근대의 교육 ③: 실학주의(17C)의 교육

❶ 개관

(1) **개념**: 현실의 객관적 관찰 위에 실질도야(실용성, 현실성) 중시 → 합리적 사회인(gentleman) 양성

(2) **교육관**

교육목적	실용성(utility)·실천성·현실성 중시 → 합리적 사회인 양성
교육내용	① 실용적 지식: 실생활에 필요한 교과 　　예 언어, 역사, 정치, 법률, 자연과학 등 ② 광범위한 교육과정: 백과사전적 지식(25~30개 교과목)
교육방법	① 감각교육: 실물교육(things before words), 시청각교육 ② 직관교육: 직접 경험 중시 → 기억·상상보다 여행·수행·시범·관찰·실험 중시

❷ 유형

구분	인문적 실학주의	사회적 실학주의	감각적 실학주의
특징	• 인문적·실제적 성격 • 지적·도덕적·사회적 훈련 강조 • 종교교육 강조	• 직접적인 사회생활을 통한 교육 강조 • 학교보다는 개인 가정 교사제도를 많이 이용	• 실제적·과학적 교육 및 인문교육 강조 • 학교교육 강조 • 학교 내부의 계통적 조직 강조
교육목적	고대문학 연구(고전)를 통해 현실세계의 생활 준비	• 사회적 조화 • 신사(gentleman) 양성	• 감각을 통한 올바른 지식 획득 • 과학적 지식을 통한 힘의 증진
교육내용	백과전서식 내용	여행이나 사회적 접촉(사교) 등의 실제적인 경험	• 자연현상의 연구 • 유희(遊戱) 활동
교육방법	• 개별적 교육 • 동기학습법 • 토의와 설명에 의한 독서법	이해와 판단을 중시	• 관찰에 의한 감각 훈련 • 귀납적 방법 • 실천에 의한 학습
대표자	밀턴(Milton), 비베스(Vives), 라블레(Rabelais)	몽테뉴(Montaigne), 로크(Locke)	베이컨(Bacon), 라트케(Ratke), 코메니우스(Comenius)

❸ 교육사상가

1. **인문적 실학주의**: 고전을 통한 현실 이해 및 사회생활의 적응 도모 → 고전을 수단시   cf) 키케로주의 - 고전을 목적시

   (1) **밀턴(Milton)**: 고전을 통한 종교적·현세적 도야, 「실락원」

   (2) **라블레(Rabelais)**

   ① 고전을 통한 백과사전적 지식 획득 → 자유주의 교육
   ② 주요 저서: 「팡타그뤼엘 이야기」, 「가르강튀아 이야기」

   (3) **비베스(Vives)**

   ① 교육을 심리학적 관점에서 이해하고자 했던 최초의 교육사상가: 감각 활동이 지적 활동의 첫 단계("감각은 우리의 최초의 교사이며, 마음은 감각의 집", "공부는 감각에서 시작하여 상상에 이르는 길을 따라 진행")
   ② 저서: 「소녀를 위한 공부방법」

2. **사회적 실학주의**: 고전 교육 반대, 직접 경험(예 여행, 사교)을 통한 교양 있는 사회인(신사) 양성

   (1) **몽테뉴(M. Montaigne)**

   ① 가정교사(tutor)에 의한 교육 강조 → 신사 양성이 교육 목적
   ② 삶의 지혜와 학문적 지식을 구분 → 삶의 지혜를 우선적으로 강조
   ③ "세상은 가장 훌륭한 교과서다.": 여행과 역사 공부를 통한 세계 이해 및 삶의 지혜 육성 강조

   (2) **로크(Locke)**

   ① 사상: ㉠ 수동적 심의백지설(tabula rasa → 교육 가능설), ㉡ 경험적 인식론[생득관념으로서의 이성 부정 → 외적 경험(감각)+내적 경험(성찰)], ㉢ 형식도야설(능력심리학, 교과를 도구로 일반정신능력 도야를 위한 훈련 강조 → 교과 중심 교육과정)
   ② 교육사상: 「교육론」(1693)
      ㉠ 교육목표: 체·덕·지가 조화된 교양 있는 신사(gentleman) 양성
      ㉡ 신체적 단련주의(건강 제일주의): "건강한 신체에 건전한 정신이 깃든다."
         → 경교육(hard education)
      ㉢ 사교나 여행 등 직접 경험 중시
      ㉣ 가정교사(tutor)에 의한 가정교육 중시
      ㉤ 감각, 기억, 추리의 3단계 학습과정 중시

3. **감각적(과학적) 실학주의**: 감각의 훈련(자연과학적 지식과 연구방법)을 통한 현실 생활의 지식 획득과 사회생활의 향상 도모 → '말보다 사물'(things before words)
   (1) **베이컨(Bacon)**: 귀납적 교수를 통한 4대 우상(종족·동굴·시장·극장의 우상) 타파
   (2) **라트케(Ratke)**: 실물, 표본, 그림 등 감각경험 가능한 실물학습(object lesson) 중시, 합자연의 원리에 입각한 언어교수법 주장 → 코메니우스에 영향
   (3) **코메니우스(Comenius)**: 근대교육의 아버지(「대교수학」), 시청각교육의 선구(「세계도회」) → 세계 평화 실현으로서의 교육
      ① 교육목적: 천국생활 준비(신학적 자연주의) → 플라톤(관념론)의 영향
      ② 교육대상: 전인 취학학교(보편적 학교) → 루터의 영향
      ③ 교육내용: 자연의 책(博識), 이성의 책(有德), 성경(敬虔)
      ④ 교육방법(「대교수학」): 합자연의 원리(객관적 자연주의) → 베이컨(경험론)의 영향
         ㉠ 개별교수보다 학교교육 중시: 6명씩 소집단 교수 → 독단과 편견에서 탈피
         ㉡ 훈육(訓育) 중시: "학교에서 훈육이 없으면 물 없는 물레방아와 같다."
            → 교사의 질책과 충고가 필요
         ㉢ 아동 중심 교육: "교사는 천성(天性)의 하인일 뿐 그 주인은 아니다."
         ㉣ 4단계 학교교육론: 단선형 학제론

시기(연령)	학교	특징	비고 (현대의 교육)
유아기 (1~6세)	모친학교(어머니 무릎학교)	사적(私的)인 학교 → 외적 감각의 개발	• 가정교육 • 유치원교육
아동기 (7~12세)	모국어학교: 3R's, 모국어	• 무상·의무교육 → 내적 감각(상상과 기억)의 개발 • 각 마을마다 설치	초등교육
청소년기 (13~18세)	라틴어 학교(김나지움): 7자유과	• 이해와 판단의 개발 • 각 도시마다 설치	중등학교
청년기 (19~24세)	청년학교(대학교) 및 외국여행	• 국가 및 교회 지도자 양성 → 의지의 개발 • 각 주(州)마다 설치	대학교 (선발시험 실시)

         ㉤ 평화 애호 사상: 세계 평화 실현으로서의 교육 강조
         ㉥ 통합교육(「범지학」) 및 평생교육 강조
      ⑤ 저서: 「대교수학」(1632), 「어학입문」(1631), 「세계도회」(1658)

제6절 근대의 교육 ④ : 계몽주의(18C)의 교육

❶ 개관
(1) **개념** : 이성(理性)을 통해 절대주의를 타파하고 민주주의를 확립하려는 인간 이성의 해방운동
(2) **특징** : ① 합리주의, ② 기계주의, ③ 개인주의, ④ 반역사·반국가·반민족주의, ⑤ 자연주의 → 상류층 중심 교육 중시

❷ 유형
1. 자연주의
  (1) **개념**
   ① 주관적·심리적 자연주의 : 교육은 '아동의 이해'에서 출발 → 전통적 교육(교사 중심 교육)에서 새교육(아동 중심 교육)으로의 코페르니쿠스적 전환의 계기
   ② 원시적 자연주의 : 타락한 문명사회 극복을 위한 선(善)한 본성의 회복 중시 → "자연으로 돌아가라."
  (2) **대표적 사상가** : 루소(Rousseau)
   ① 특징
    ㉠ 교육 가능설 : "인간은 교육에 의해 성장한다." → 교육은 아동의 자발적 조성 작용
    ㉡ 합자연의 원리 : 주관적·심리적 자연주의(예 유전적 차이, 개인적 차이, 연령 차이, 성별 차이에 따른 교육) → 아동의 흥미·욕구, 발달단계 등 중시
    ㉢ 주정주의(主情主義) : 먼저 느끼는 교육 → 낭만주의
    ㉣ 소극적 교육 : 사회악으로부터 아동의 선성(善性)을 보호, 아동이 필요와 흥미를 느낄 때 교육 예 학습(교육)보다 발달을 중시하는 교육
    ㉤ 교육은 (아동의) 현재생활 그 자체
    ㉥ 경험 중심 교육 : 언어(지식)보다 경험을 중시
    ㉦ 아동 중심 교육 : 아동은 성인의 축소판이 아님. → 교육은 '아동의 이해'로부터 출발
    ㉧ 교사의 역할 : 정원사(庭園師) → 안내자, 보조자

② 「에밀(Emile)」의 교육사상
　㉠ 교육목적: 고상한 야인(noble savage, 도덕적 자유인) → 선성(善性) 회복(원시적 자연주의), 일반도야(인간도야)
　㉡ 교육원리: ❶ 성선설, ❷ 교육 3요소(자연·인간·사물), ❸ 주관적(심리적) 자연주의(아동의 흥미, 욕구 중시)

구성	발달단계	교육 중점	세부 내용
제1편	유아기(1~2세) → 동물적 시기	신체단련	• 사는 것은 활동하는 것이다. • 지육과 덕육은 불필요, 친모(親母)가 직접 양육 • 자유로운 신체활동에 대한 일체의 구속 거부 → 맨발, 냉수목욕, 견디는 훈련
제2편	아동기(3~12세) → 야만인의 시기	감각교육 → 소극적 교육의 시기	• 5감각기관(눈, 귀, 코, 혀, 피부)의 단련 • 언어의 습득 → 독서 금지, 사회로부터 격리 • 자연벌: 실학적 단련주의(자연벌)
제3편	소년기(13~15세) → 농부의 시기	지식교육	• 지적 호기심을 이용한 자기활동: 필요 ➡ 활동 ➡ 경험 ➡ 지식 • 실질도야: 생활에 유용한 것 교수 → 노작교육 • 독서 불필요: 「로빈슨 크루소」
제4편	청년기(16~20세) → 합리적 사고의 시기	도덕·종교교육 → 적극적 교육의 시기	• 사회생활 준비: 「플루타크 영웅전」 → 사회 타락 과정을 이해 • 훈화교육 금지 • 인간관계와 사회제도에 대한 지식 습득과 성충동 억제 교육
제5편	결혼기 → 사회인의 시기	여성교육론 (男女別學)	현모양처 강조, 소극적, 무용론의 입장: 여자의 1차 임무는 남자를 즐겁게 하는 것

③ 교육사적 의의와 한계

교육사적 의의	한계(비판점)
• 교육을 내적·자연적 과정(성장)으로 이해 • 아동심리에 대한 이해 강조 • 지식교육보다 감정 도야 중시 • 시민 도야나 직업 도야보다 일반 도야 강조 • 대안교육에 대한 논의의 출발 제공	• 사회·학교교육 경시 • 자유주의적 방임주의 경향 • 국가주의 교육체제 부정 • '자연'의 개념이 불명확 (예 흥미, 자유)

2. **범애주의**: 세계주의, 현실적 실리주의 교육
   (1) **개념**
      ① 루소(Rousseau)의 사상+기독교적 인류애 실현 → 보편교육론
      ② 학교교육의 개혁운동 → 학교제도 개혁(국가의 학교관리)에 선구적 역할
   (2) **특징**
      ① 교과의 유용성(어린이들의 삶에 유용한 교육내용)
      ② 즐겁고 행복하게 배울 수 있는 교육방법(놀이 & 여행, 견학, 실물, 회화 등 직관교수)
      ③ 정열을 가지고 참고 인내할 줄 아는 교사상
   (3) **대표자**
      ① 바제도우(Basedow): 초등교육의 개혁과 교재의 근본적인 개정을 시도
         ㉠ 「초등교수서」 저술: 코메니우스의 「세계도회」와 루소의 자연주의 사상의 영향 → 18C의 세계도회
         ㉡ 범애학교 설립: 종파적으로 중립된 기숙학교 → 아동의 수준에 맞는 교육, 실물에 관한 지식, 실제적 활동(유희, 운동, 수공)을 학교교과에 도입, 모국어의 중시, 교과의 유용성 강조
      ② 잘쯔만(Saltzman): 범애학교 교사 → 동로(同勞)조합(슈네펜탈 학교)

3. **합리주의**
   (1) **개념**: 계몽주의는 곧 합리주의 → 이성(理性)의 도야를 통한 전통적 권위에서의 해방 추구
   (2) **대표적 사상가**: 칸트(I. Kant)
      ① 인간관: 인간은 자연인(욕구·충동·감정에 지배)과 이성인(이성에 따라 자유의지를 행사)의 이중적 존재 → 인간 자신의 내면적 도덕률을 따를 때 인간다운 존재 구현

② 교육관: 도덕적 자연주의 → 루소의 자연주의 + 합리주의(도덕주의)
　㉠ 교육만능설: "인간은 오직 교육에 의해서만 인간이 될 수 있다."
　㉡ 교육의 인격성(도덕성) 중시: 교육은 본능적 존재를 당위적 존재로 변화
　㉢ 교육보편설: 교육은 초국가적·초시대적 사업 → 인간의 도덕성 함양이 목적
　㉣ 교육의 형식: ❶ 양육(자연적 성장 과정) ➡ ❷ 훈육(자연에 내재된 야만성 제거) ➡ ❸ 교화(教化; 기초능력의 도야) ➡ ❹ 개화(開化; 사회예절의 교육) ➡ ❺ 도덕화(도덕성 함양)

제7절 근대의 교육 ⑤: 신인문주의(19C)의 교육

❶ 개관

(1) **개념**: 18C 계몽주의에 대한 반동에서 출발, 낭만주의가 교육에 반영
　① 정의적 측면(주정주의)을 바탕으로 인간 본성의 조화로운 발달 도모
　② 역사, 민족, 국가를 중심으로 고대 그리스(플라톤)의 이상 실현 도모

(2) **특징**
　① 계몽주의와 비교

계몽주의	이성 중시	합리주의	기계적 세계관	개인주의	상류층 중심 교육
신인문주의	감정+이성	낭만주의	유기적 세계관	국가주의, 민족주의	대중 지향 교육

　② 14C 인문주의와 비교

구인문주의	로마 문화	형식 중시 (언어, 문장)	고전의 기계적 모방 (예) 키케로주의	모방적, 이상적
신인문주의	그리스 문화	내용 중시 (세계관, 인생관)	고전의 자각적인 비판 (예) 플라톤의 이데아	자각적, 비판적, 현실적

(3) 유형

구분	개념	대표자
계발주의	심리학적 원리에 입각, 교육방법을 인간발달법칙에 합치	페스탈로치(Pestalozzi), 헤르바르트(Herbart), 프뢰벨(Fröbel)
국가주의	교육의 국가 관리, 공교육제도 확립	피히테(Fichte), 호레이스 만(Horace Mann)
과학적 실리주의	과학적 지식을 통한 실생활 준비, 인류의 행복 실현 → 현대 교육과정 형성	스펜서(Spencer)

☑ 루소(J. J. Rousseau)의 '자연' 개념을 페스탈로치(J. H. Pestalozzi)는 3H(Head, Heart, Hand), 헤르바르트(Herbart)는 다면적 흥미, 프뢰벨(Fröbel)은 신성(자기활동성, 창조성)으로 파악하였다.

❷ 계발주의

1. **개념** : 루소(Rousseau)의 자연주의 사상의 영향 및 계승 → 심리학적 원리에 입각, 교육방법을 인간발달법칙에 합치

2. **대표자**

(1) **페스탈로치(Pestalozzi)** : 교성(敎聖) → 사회적 계발주의

① 교육목적 : 3H(Heart, Head, Hand)의 조화, 즉 전인교육 실현을 통해 불평등한 사회개혁 → 능력심리학에 토대
② 교육내용 : 수(數)·형(形)·어(語) → 실물교육, 직관교육
③ 교육방법
　㉠ 합자연의 원리 : 사회적(도덕적) 자연주의

자발성의 원리	아동의 능력을 스스로 내부로부터 계발 → 주입식 교육 배제
방법의 원리	점진적 발달의 원리(심성 발전의 법칙) : 발달단계에 따른 교수 ⑩ (도덕성 도야) 무율 ➡ 타율 ➡ 자율, (지적 도야) 수 ➡ 형 ➡ 어
사회의 원리	생활공동체(안방교육)의 원리 : 개인의 교육은 사회생활을 통해서만 가능 → 가정교육의 사회화 ⑩ 모자(母子)관계가 모든 교육관계의 기초
통합의 원리	조화적 발전의 원리(도덕성 중시의 원리) : 3H의 조화 → 덕(Heart)·지(Head)·체(技, Hand)의 조화로운 계발, 특히 덕육(Heart, 德育)을 제일 중시

　㉡ 직관의 원리 : 막연한 감각인상에서 명확한 관념으로 진행
　㉢ 노작교육의 원리 : 직접 경험을 통한 학습 → 전인교육의 실천 원리

④ 특징 : ㉠ 아래로부터의 교육(민중교육, 평등교육), ㉡ 가정교육과 학교교육 및 사회교육 중시, ㉢ 적극적 교육론, ㉣ 생활도야론, ㉤ 개인과 사회의 조화로운 발달 강조, ㉥ 교사의 적극적 역할론
⑤ 저서 : 「은자(隱者)의 황혼」(평등교육 이념 강조), 「린하르트와 게르트루트」(생활도야론 전개, 어머니로서의 교사상 제시)
⑥ 교육적 의의 : ㉠ 보통교육, ㉡ 사회적 이상주의 교육(Natorp), ㉢ 퀸시 운동(Parker, 페스탈로치의 참된 교육으로의 회귀 운동)과 오스웨고 운동(Scheldon, 교사교육 운동), ㉣ 생활교육, ㉤ 노작교육

(2) **헤르바르트(Herbart)** : 심리적 계발주의
① 교육학의 체계 확립 : (사변적) 교육학의 아버지
  ㉠ 교육의 개념 : 교육은 통각(統覺, association) → 통각은 관념(표상)과 관념(표상)의 연합
  ㉡ 교육목적 : 도덕적 품성, 즉 5도념의 도야 → 칸트(Kant)의 영향

내면적 자유	도덕적 의지와 도덕적 판단의 일치
완전성	의지의 완전성이 실현된 상태 → 의지의 강력, 충실, 조화 상태
호의(好意)	타인의 행복을 자기 의지의 대상으로 삼는 것
정의(正義)	두 개의 의지가 상호 양보하고 조화를 이룬 상태
보상(報償 또는 균형)	의지의 결과로 생긴 행동에 대하여 책임을 지는 것

  ㉢ 교육내용과 방법 : 표상심리학 → 표상(image)에서 마음(사고권)으로 발전
② 교육내용 : 다면적 흥미(interest)의 조화로운 계발 강조 → 흥미는 교육의 실질적 목표(사고권의 형성) 달성을 위한 수단

개념	교육적 활동을 적극적으로 하게 마음이 일어나는 것
속성	❶ 영속성, ❷ 직접성, ❸ 다면성
성립 조건	전심(專心, concentration)과 치사(致思, correlation)를 통해 형성
종류*	❶ 지적(인식적) 흥미 : 사물에 대한 흥미 → 경험적 흥미, 사변적 흥미, 예술적 흥미 ❷ 정의적(교제적) 흥미 : 인간에 대한 흥미 → 공감적 흥미, 사회적 흥미, 종교적 흥미

* 신체(활동)적 흥미가 없어 주지주의적(사변적)이란 비판을 받음.

③ 교육방법

관리	교수를 위한 준비 → 소극적 관리, 적극적 관리
교수	교재(서적)를 매개로 한 교육목적 달성을 위한 활동 ❶ 교육적 교수 : 교육목적(도덕적 품성도야) 달성 → 명료, 연합, 계통, 방법 ❷ 비교육적 교수 : 지식과 기능만 전달
훈련(훈육)	교재 없이 교육목적 달성을 위한 직접적 활동 ◉ 보존적 훈련(교사의 시범·모범)], 규정적 훈련(규칙 준수), 결정적 훈련(자율성), 후원적 훈련(교사의 후원)

☆ **교육적 교수 4단계** : 명료 ➡ 연합 ➡ 계통 ➡ 방법

교수 단계	의미	정신 작용
명료(clearness)	대상에 대한 뚜렷한 인식, 개개의 관념의 명확한 구별 → 정적 전심	전심(專心) : 일정한 대상에 몰입되어 명확한 관념을 파악하는 것
연합(association)	신·구 관념의 결합 → 동적 전심	
계통(system)	연합된 관념을 체계적으로 조직 → 정적 치사	치사(致思) : 파악된 개념을 통합하여 반성을 통해 통일하는 작용
방법(method)	체계화된 지식을 활용하고 응용 → 동적 치사	

(3) **프뢰벨(Fröbel)** : 종교적(신성) 계발주의 → 유치원(Kindergarten)의 창시

① 교육목적 : 아동의 신성(神性 ◉ 창조성, 활동성) 계발
② 교육내용 : 종교, 자연, 언어, 수학, 예술 등 5개 영역 중시
③ 교육방법

통일의 원리	신·인간·자연의 조화
자기활동의 원리	아동의 자발적인 동기·흥미·힘에 의한 활동 중시

놀이와 작업의 원리	• 놀잇감(은물)을 통한 작업적 놀이와 운동적 놀이
	  (◉ 행진, 뛰기, 율동)
	• 은물(恩物, gabe) : 철학적 의미를 지닌 상징적 도구
	  (◉ 공, 6면체, 원통)

연속적 발달의 원리	발달에는 단절이나 비약이 없다. → 발달의 출발점은 유아교육

④ 교육적 의의
  ㉠ 플라톤의 관념론, 루소의 소극적 교육론, 코메니우스의 '어머니 무릎 학교'에 영향 받음.
  ㉡ 몬테소리의 '아동의 집' 창설에 영향을 줌.
⑤ 비판: 교육방법론을 지나치게 형이상학(관념론)적 기초 위에 수립함.

❸ 국가주의 교육

1. **개념**: 국가의 존속과 발전을 교육목적으로 하는 교육 → 교육의 국가관리, 의무교육, 공교육제도의 발전(최초의 의무교육제도 실시: 프로이센)에 기여

2. **대표자**

(1) **피히테(Fichte)**: 자기활동을 통한 자유 획득이 교육목적
  ① 국민적 이기주의 극복을 위한 개인주의 배격 및 국가에 의한, 국가를 위한 국민교육 주장 → 「독일 국민에게 고함」(1807~1808)
  ② 도덕적 개조(덕육)를 통한 국가 구제: ㉠ 학교교육 의무화, ㉡ 국고에 의한 교육비 부담, ㉢ 국민공통 교육과정 개설, ㉣ 남녀공학 실시 주장

(2) **훔볼트(Humbolt)**
  ① 초등학교제도의 정비와 중등교육 개혁, 복선형 학제의 정착
  ② 베를린대학 창설 → '고독과 자유'의 근대적 대학이념 보급

(3) **호레이스만(Horace Mann)**: 미국 공교육의 아버지
  ① 학교교육은 위대한 평등장치: 「12년보」 발간 ➡ 빈약한 교육환경 개선, 일반 대중을 위한 공립보통학교 설립, 남녀·빈부의 차 없는 교육 실시
  ② 미국 최초의 근대적 의무교육제도 성립에 기여: 교육은 인간의 기본권

❹ 과학적 실리주의(실증주의)

(1) **개념**: 과학적 지식을 통한 실생활 준비, 인류의 행복 실현 → 과학교육론
(2) **대표자**: 스펜서(Spencer)
   ① **교육목적**: 지상에서 완전한 생활 실현 → 생활준비설
   ② **교육내용**: 체·덕·지의 3육론 → 현대적 교육과정 제시

직접적인 자기 보존에 필요한 지식 (생명의 안전과 건강을 위한 지식)	생리학, 위생학 → 체육
간접적인 자기 보존에 필요한 지식 (생필품 확보를 위한 지식)	논리학, 수학, 천문학, 생물학, 사회학 → 직업교육, 자연과학, 사회과학
자녀의 양육과 교육에 필요한 지식	가사, 육아법, 심리학
정치적·사회적 관계 유지에 필요한 지식	역사학, 공민학 → 시민교육
여가생활에 필요한 지식	문학, 미술 → 예술

   ③ **교육방법**: 자연의 법칙에 따르는 체계적인 과학의 방법
   ④ **의의**: ㉠ 국가 교육체제 도입 반대(교육은 본질상 개인의 관심사), ㉡ 사회유기체설(미국 프래그머티즘에 영향)

오현준 교육학
끝짱노트

CHAPTER 04

교육철학

제1절	교육철학의 기초
제2절	전통철학과 교육
제3절	현대의 교육철학①: 20세기 전반
제4절	현대의 교육철학②: 20세기 후반

Chapter 04 교육철학

> **필수체크 Top point**
> 1. **교육철학의 기능**: 분석적 기능, 사변적 기능, 규범적 기능, 통합적 기능
> 2. **지식의 종류**: 명제적 지식(사실적, 규범적, 논리적), 방법적 지식
> 3. **현대의 교육사조(20C 전반)**: 진보주의, 본질주의, 항존주의, 재건주의
> 4. **현대의 교육사조(20C 후반)**: 실존주의, 분석철학, 비판이론, 포스트모더니즘

제1절 교육철학의 기초

❶ 교육철학의 영역과 기능

(1) 철학의 영역
① 존재론(사변철학): 궁극적 **실재**(존재의 근원)를 탐구 → 'What is real?'
② 인식론: **진리(지식, 앎)**의 본질과 근거를 탐구 → 'What is true?'
③ 가치론(규범철학): **가치**(예 선악, 미추)의 본질과 근거를 탐구 → 'What is valuable?'
④ 논리학: 사고 과정의 타당성 검증 및 사고의 규칙성 탐구 예 논리실증주의, 분석철학

(2) 교육 철학의 기능

분석적 기능	언어의 의미를 명료화(예 애매성·모호성 제거, 맥락과 전제 분석) → 1차적 기능
규범적(평가적) 기능	어떤 기준에 비추어 교육적 대상(예 실천·이론·주장)에 대한 가치 판단 및 당위, 만족도 규명
사변적(구성적) 기능	① 교육목적 설정, ② 교육문제 해결의 대안 제시 → 중핵적 기능
통합적(종합적) 기능	① 교육현상을 보는 서로 다른 관점을 연결시켜 통합적인 안목 형성, ② 교육의 일관성 유지 → 고유한 기능

❷ 지식의 이해

(1) **지식의 종류**: 지식의 표현 형태에 따라 라일(Ryle)이 구분

구분	명제적 지식	방법적 지식
유사개념	선언적 지식, 정적 지식, 명시지(Polany), 언어정보(Gagné)	절차적 지식, 묵시적 지식, 역동적 지식, 암묵지(Polany), 지적 기능(Gagné)
표현형태	"~임을 안다"(X가 P임을 안다, Know that P)로 표현	"~할 줄 안다"(Know how)로 표현
개념	어떤 명제가 진(眞)임을 아는 지식	어떤 과제의 절차와 방법에 대한 지식
특징	• 특정한 사상(事象)에 관계된 신념(belief)에 해당하는 지식 • 무엇을 알고 있는가와 관련된 지식 • 반드시 언어로 표현된다. • 탐구결과(또는 내용)로서의 지식(예 물고기)	• 특정한 능력(ability)을 기르는 데 사용되는 지식 • 무엇을 할 수 있는가와 관련된 지식 • 반드시 언어로 표현될 필요는 없다. • 탐구과정으로서의 지식(예 물고기 잡는 방법)
학교교육	전통적 강의법에서 중시	문제해결학습, 발견학습, 탐구학습, 구성주의, 수행평가 등에서 중시
성립조건	신념조건, 진리조건, 증거조건(Platon) + 방법조건	
종류	사실적(경험적) 지식, 규범적 지식, 논리적 지식	
저장형태	도식(schema ; 명제, 직선적 순서, 심상, 각본)으로 저장	산출(production)로 저장 → 조건-행위규칙(if A, then B)
상호관계	방법적 지식이 명제적 지식을 포함한다.	

(2) **지식을 잘 가르친다는 것의 의미**

① 탐구결과(예 결과로서의 지식, 중간 언어)가 아니라 탐구의 과정(예 과정으로서의 지식, 교과언어)으로 가르쳐야 한다.
② 지식은 그것의 성격에 충실하게 가르쳐야 한다.
   - 예 경험적 지식은 경험적 지식답게, 규범적 지식은 규범적 지식답게, 논리적 지식은 논리적 지식답게 교수
③ 지식의 성립조건(예 신념, 진리, 증거, 방법 조건)에 맞게 가르쳐야 한다.
   → 지적 정직성(intellectual honesty, 지적 윤리성)의 문제

제2절 전통철학과 교육

❶ 프래그머티즘(Pragmatism, 실용주의)

(1) **개념**
  ① 19세기 후반 미국에서 등장한 현대철학: 경험론, 공리주의, 진화론의 결합
  ② 행동과 경험, 실용(pragma)에 중점을 두는 철학 → 진보주의 교육사상의 이론적 배경

(2) **철학 원리**
  ① 경험과 변화가 유일한 실재: '모든 것은 변한다.'
  ② 상대적 진리관 또는 가치관: 지식의 현실 적합성, 가치의 유용성 중시
  ③ 생물학적 또는 사회적 인간관(충동, 습관, 지성)
  ④ 생활양식(life style)으로서의 민주주의
  ⑤ 비판적 지성, 즉 반성적 사고(reflective thinking) 중시: 지식은 문제해결의 도구

(3) **대표자**

퍼스(Peirce)	추상적 개념의 의미를 확인하는 실증적 방법 중시 → 논리학(철학)
제임스(James)	개념의 결과가 초래하는 삶의 유용성 중시 → 기능주의 심리학
듀이(J. Dewey)	철학적 탐구의 원리로 반성적 사고를 중시 → 철학사상으로 집대성

❷ 듀이(J. Dewey)의 교육사상

(1) **교육관**: ① 교육은 생활이다. ② 교육은 성장이다. ③ 교육은 경험의 계속적 재구성 과정이다. ④ 교육은 사회적 과정이다. ⑤ 교육은 학생들의 자발적 활동과 능동적 참여 과정이다. ⑥ 교육은 전인적 과정이다.

(2) **경험**: 환경과의 상호작용과정에서 직면하는 문제해결과정 → 반성적 사고는 문제해결의 도구
  ① 경험의 원리: ㉠ 경험의 획득(상호작용성), ㉡ 경험의 성장(계속성)
  ② 교육적 경험의 준거: ㉠ 지속성, ㉡ 바람직함(가치와 의미 지향), ㉢ 통합성, ㉣ 후속 경험에의 영향력(통제력)

(3) **흥미**: 학생의 현재 능력과 교사가 설정한 목표 사이에 있는 것 → 목표달성의 수단, 학생이 몰입해 있는 상태

(4) **저서**:「나의 교육신조(1897)」,「학교와 사회(1899)」,「민주주의와 교육(1916)」,「경험과 교육(1938)」

제3절 현대의 교육철학 ①: 20세기 전반

1 20세기 전반 미국의 교육사조

(1) 교육사조의 전개 과정

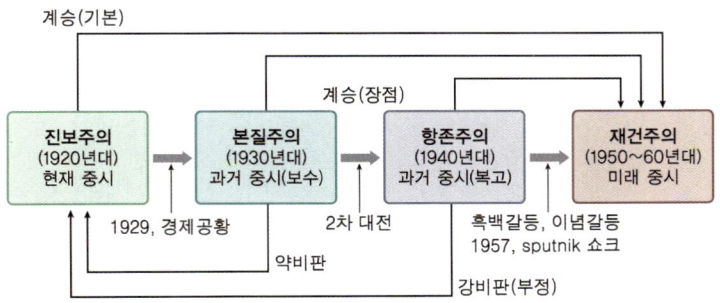

(2) 교육사조 비교

구분	진보주의	본질주의	항존주의 (영원주의)	재건주의
1. 시기	1920년대	1930년대	1930~1940년대	1950~1960년대
2. 개념	전통교육의 문제점을 극복하기 위한 교육개혁운동 (신교육운동)	진보주의의 교육적 한계를 극복하려는 교육개혁운동	• 진보주의를 전면 부정 • 현대문명의 위기극복을 위한 참된 인간성 회복 교육	사회문화적 위기를 교육을 통해 극복하려는 사상
3. 철학배경	자연주의(아동중심사상)+프래그머티즘(유용성)	• 단일한 철학적 배경은 없다. • 진보주의(교육방법)와 항존주의(교육내용)의 절충적 입장 • 민주주의 체제 수호 철학	관념론, 실재론, 스콜라철학 → 복고적·고전적 인문주의, 신토미즘('문화로부터의 역행'이라는 비판을 받음)	진보주의(듀이의 사상을 사회중심주의로 계승) 토대+본질주의(계통학습)와 항존주의(합리성)
4. 전개과정	실험학교(1896), 진보주의 교육협회(PEA, 1918), 8년 연구, 구안법, 지역사회학교	미국 교육의 향상을 위한 본질파 위원회(1938), 기초교육위원회, 매사추세츠 우즈호울 회의(1959)	허친스(Hutchins)의 시카고 플랜, 아들러(Adler)의 파이데이아 교육과정	경제공황의 위기적 상황에서 전위적 사상가 출현, 브라멜드(Brameld)에 의해 체계화

5. 대표자	듀이(J. Dewey), 파커(Parker), 킬패트릭(Kilpatrick), 올센(Olsen)	데미아쉬케비치(Demiashkevich), 배글리(Bagley), 브리드(Breed, 양극이론), 브리그스(Briggs)	허친스(Hutchins), 아들러(Adler), 커닝햄(Cunningham), 마리땡(Maritain)	브라멜드(Brameld), 카운츠(Counts), 러그(Rugg)
6. 주장	• 아동 개인의 필요 충족(meeting individual needs) • 경험을 통한 학습(learning by doing)	• 교육은 인류가 쌓아 놓은 과거의 문화유산에서 가장 기본적이며 '본질적인 것(essentials)'을 간추려서 다음 세대에 전달함으로써 역사 발전의 원동력을 기르는 것이다. • 사려 깊게 교육받은 인간이라면 누구나가 알아야 할 본질적인 요소가 있다.	• "이 하늘 아래 새로운 것은 하나도 없다"(전도서 1장 9절) • "영원불변하는 진리의 세계로 돌아가자" • "인간의 본질(이성)은 불변하기 때문에 교육의 본질(이성의 도야)도 불변한다."	• 학교는 새롭고 더 평등한 사회 창조를 위해 지도적 역할을 수행해야 한다. • 교육을 수단으로 현 사회를 개혁하고 새로운 사회질서를 수립해야 한다.
7. 교육원리	① 아동의 현재 생활중시 ② 지식은 문제해결의 도구 ③ 상대적 진리관·가치관	① 과거의 본질적 문화유산 중시, 미래생활 대비 교육 ② 교사의 통제와 주도성 중시 (아동의 자발성은 인정) ③ 학습의 훈련성 강조 ④ 교과의 철저한 이수 강조 ⑤ 사회적 요구에 부응하는 교육	① 인간본성의 동일성(이성적 존재) ② 교육은 인간을 영원불변하는 진리에 적응시키는 일 ③ 교육은 생활 그 자체나 모방이 아닌 미래의 이상적 생활의 준비 ④ 이성(지성)의 도야를 위한 자유교양교육 중시	① 교육개혁을 통한 사회문화의 재건 ② 복지사회 이상 추구 ③ 아동·교육·학교 등은 사회적·문화적인 힘에 의하여 재구성되어야 한다. ④ 미래지향적인 학교교육
8. 교육목적	① 현재 생활에 적응할 수 있는 전인 양성 ② 성장: 경험의 계속적 재구성	① 인류의 본질적인 문화유산 전달 ② 미래 생활 준비로서의 교육	이성(지성)의 도야를 통한 참된 인간성(도덕성)의 회복	개인의 사회적 자아실현(= 정약용의 수기 위천하인)과 사회의 민주적 개혁

9. 교육내용	현실생활의 경험(실질도야) → 경험중심 교육과정	① 전기: 교과중심 교육과정 ② 후기: 학문중심 교육과정	고전[『위대한 책들(The Great Books)』], 교양교육 → 교과중심 교육과정	사회적 자아실현을 위해 가치있는 경험들 → 행동과학적 경험 중시
10. 교육내용 조직원리	심리적 배열	① 전기: 논리적 배열 ② 후기: 절충적 배열	논리적 배열	절충적 배열(심리적 배열 + 논리적 배열)
11. 교육방법	문제해결학습, 구안법, 협동학습	강의법, 발견학습, 탐구학습	교사중심 수업	협력학습, 지역사회 연계 활동
12. 영향 (의의)	① 해방 이후의 새교육운동 ② 민주주의 교육 이념 보급 ③ 재개념주의 교육과정 운동 ④ 구성주의 학습 ⑤ 열린교육	① 기초로의 회귀 운동(1980년대) ② 문화적 문해 중시 ③ 기준교육과정 운동 ④ NCLB(낙오학생방지법) ⑤ 수월성 향상을 위한 교육 강조	① 실존주의 철학에 영향을 줌. ② 1980년대 신보수주의자들의 주장(고전읽기 강조) ③ 절대적 가치를 상실하고 방황하는 시대에 인간 삶의 지표를 제시	① 현대사회의 문화적 위기 속에서 교육을 통해 새롭고 민주적인 세계를 수립할 수 있다는 낙관론 ② 미래사회에 대한 개혁적 전망 제시
13. 비판	① 교육의 사회적 요구 무시 ② 1차적 지식의 중요성 간과 ③ 가치의 절대성·교육의 방향성 상실	① 문화의 동적 관점 무시(문화적 보수성) ② 절대적 진리에는 소홀 ③ 미래의 전망과 사회혁신의 자세가 결여	① 주지주의적 엘리트 교육, 귀족적 교육, 상류층 교육 ② 전인교육에 위배 ③ 자유시민 육성에 부적절함 ④ 고전을 통한 교육은 인문주의에 빠지기 쉬움	① 교육의 역할과 민주주의에 대한 지나친 기대 ② 미래사회의 바람직한 가치관에 대한 논증 결여 ③ 행동과학을 지나치게 중시 ④ 지나치게 미래지향적

❷ 진보주의(Progressivism)

(1) **개념**: 전통적 교육에 대해 반기(反旗)를 들고 자연주의와 프래그머티즘을 철학적 기초로 한 교육개혁운동(신교육운동) → 듀이(J. Dewey) 사상을 아동(개인) 중심주의로 계승

(2) **슬로건**
① 아동 개인의 필요 충족(meeting individual needs)
② 경험을 통한 학습(learning by doing)

(3) **교육원리**

> 1. 교육은 아동의 현재생활 그 자체이다.
> 2. 지식(반성적 사고)은 실생활의 문제해결을 위한 도구이다: 도구주의(instrument-alism)
> 3. 상대적 진리관·가치관: 지식은 정적(靜的)인 것이 아니라 지속적 변화상황에서 능동적으로 활용할 도구
> 4. 교육방법은 교과내용의 주입보다는 문제해결식 학습이어야 한다.
> 5. 교사는 조력자·안내자이다.
> 6. 학교는 경쟁의 장이 아니라 협동하는 공동체사회이다.

(4) **교육적 의의와 한계**

교육적 의의	한계(문제점)
• 아동 중심 교육운동 추구 • 민주주의 교육이념 보급 • 재개념주의 교육과정 운동(교육과정의 사회적·정치적 함의에 관심)에 영향 • 구성주의 학습에 영향	• 1차적 지식(예 3R's)의 중요성 간과 → 기초학력의 저하 초래 • 교육의 사회적 기능과 요구를 무시 • 가치의 절대성, 미래에 대한 준비로서의 교육, 교육의 방향성 등 상실 • 주장과 언동의 과격성

❸ 본질주의(Essentialism)

(1) **개념**
① 진보주의의 폐단을 (약)비판하고, 그 교육적 한계를 극복하고자 대두된 사상
② 진보주의와 항존주의 사이의 절충적 철학: 교육내용은 항존주의에, 교육방법은 진보주의에 가까움.

(2) 슬로건
　① "교육은 인류가 쌓아 놓은 과거의 문화유산에서 가장 기본적이며 '본질적인 것(essentials)'을 간추려서 다음 세대에 전달함으로써 역사 발전의 원동력을 기르는 것이다." → 문화전승이 교육의 주된 목적
　② "사려 깊게 교육받은 인간이라면 누구나 알아야 할 본질적인 요소(예 3R's, 민주주의의 우월성)가 있다."

(3) 교육원리

> 1. 인류의 본질적인 문화전수가 교육의 주된 목적이다.
> 2. 교육의 주도권은 아동이 아니라 성숙된 교사에게 있다 : 교사의 권위 회복 → 아동의 자발성은 인정
> 3. 학습은 싫어도 해야 하며, 이를 위해 단련과 도야가 필요하다 : 아동의 흥미보다 노력과 훈련·탐구 중시, 학교의 전통적인 학문적 훈련방식(계통학습) 강조
> 4. 교육과정의 핵심은 소정의 교과를 철저하게 이수하고 자기 것으로 만드는 일이다.
> 5. 교육은 사회적 요구와 관심을 중심으로 행해져야 한다.

(4) 교육적 의의와 한계

교육적 의의	한계(문제점)
• 기초로의 회귀운동(Back to the basics movement)의 토대 : 교육과정 개혁운동 • 미국의 기준 교육과정 운동(standard movement)에 영향 : 국가수준의 교육수준과 성취수준을 통일성 추구 • 미국의 'NCLB법(No Child Left Behind, 낙오학생 방지법)'에 영향 : 표준화 성취검사(3~12학년) 실시(2001) • 미국의 'ESSA법(Every Student Succeeds Act, 모든 학생 성공법)'에 영향 : 학교자율성 강화(2015) • 교육을 공학적으로 보는 현대의 주류적 교육관에 영향 : 수월성 강조	① 진보주의의 비판 • 항상 변화하는 문화의 동적 관점을 무시 • 지적 진보성과 창의성을 저해할 우려 • 사회의 비인간화 문제 해결에 한계 • 민주시민의 자질 향상에는 부적합 • 지나친 교사 중심의 수업으로 학생의 자발적인 참여와 학습동기를 경시 ② 항존주의의 비판 • 기본적인 지식·기술 전수에만 치중하여 절대적 진리나 종교교육에 소홀 ③ 재건주의의 비판 • 미래 사회에 대한 전망과 사회혁신의 자세가 부족

❹ 항존주의(Perennialism) : 영원주의

(1) 개념
① 진보주의를 (강)비판하고 전면 부정하면서 등장한 교육사조
② 교육의 본질은 절대적 진리를 통해 인간의 불변적 본질인 이성 계발과 참된 도덕성(인간성) 회복을 주장

(2) 슬로건
① "이 하늘 아래 새로운 것은 하나도 없다."(전도서 1장 9절)
② "영원불변하는 진리의 세계로 돌아가자."
③ "인간의 본질(이성)은 불변하기 때문에 교육의 본질(이성의 도야)도 불변한다."

(3) 교육원리

> 1. 인간은 서로 다른 환경에 놓여 있다 하더라도 그 본성(이성)은 언제 어디서나 동일하다. 따라서 교육(이성의 도야)도 언제 어디서나 동일해야 한다. → 인간·교육의 불변성(동일성)
> 2. 이성(理性)은 인간의 최고 속성이다.
> 3. 교육의 과업은 인간을 현실세계에 적응시키는 일이 아니라, 영원불변하는 진리에 인간을 적응시키는 일이다.
> 4. 교육은 생활 그 자체나 모방이 아니라 미래의 이상적 생활의 준비다.
> 5. 학생들은 세계의 영원성에 익숙하게 하는 기본적인 과목들을 배워야 한다. → 기본적으로 이성의 훈련과 지성의 계발을 위한 자유교육, 교양교육 중시
> 6. 학생들은 문학, 철학, 역사, 과학과 같이 여러 시대를 거쳐 인간의 위대한 소망과 성취를 나타낸 위대한 고전들(The Great Books)을 읽어야 한다.

(4) 교육적 의의와 한계

교육적 의의	한계(문제점)
• 실존주의 철학에 영향(인격교육 중시) • 물질화된 현대 사회에 인간의 본질인 이성과 절대적 가치 추구를 통해 인간 삶의 지표를 확고히 제시	• 주지주의적 엘리트(귀족) 교육 • 지·덕·체의 전인교육에 소홀 • 자유시민 육성에 저해 • 고전을 통한 교육은 인문주의에 매몰

❺ 재건주의(Reconstructionism)

(1) **개념**
① 진보주의를 계승(듀이 사상을 사회중심주의로 계승)하고 본질주의(계통학습)와 항존주의(합리성) 장점을 수용
② 사회문화적 위기(⑩ 인종 갈등, 사상의 혼란, 권위 상실, 불평등, 확실성의 부재)를 교육을 통해 재구성·극복하려는 교육사조

(2) **슬로건**
① "학교는 새롭고 더 평등한 사회창조를 위해 지도적 역할을 수행해야 한다."
② "교육을 수단으로 현 사회를 개혁하고 새로운 사회질서를 수립해야 한다."
③ "학생·교육·학교 등은 사회적·문화적인 힘에 의하여 재구성되어야 한다."

(3) **교육원리**

> 1. 교육은 문화의 기본적 가치를 실현시키는 새로운 사회질서를 창조하는 일에 전념해야 하며, 동시에 현대 세계의 사회적·경제적 세력과 조화를 이루어야 한다. → 교육개혁을 통한 사회문화의 재건 강조
> 2. 새로운 사회는 진정으로 민주적인 사회가 되어야 하며, 이러한 사회는 민주적인 방법으로 실현되어야 한다. → 부(富)의 공정한 재분배가 이루어지는 복지사회 추구
> 3. 아동, 학교, 교육 등은 사회적·문화적 세력에 의해 확고하게 조건지어진다. → 교육목적으로 사회적 자아실현인 추구
> 4. 교사는 재건주의자들이 제시하는 새로운 사회건설의 긴급성과 타당성을 학생들에게 민주적인 방법(⑩ 참여와 의사소통, 토론 등)으로 확신시켜 주어야 한다.
> 5. 학교는 학생들의 미래를 준비하도록 도와주는 미래지향적 교육을 해야 한다.
> 6. 교육의 목적과 수단은 문화적 위기를 극복할 수 있도록 철저하게 개조되어야 하고, 행동과학의 연구가 발견해낸 제 원리들에 맞아야 한다.

(4) **교육적 의의와 한계**

교육적 의의	한계(문제점)
• 교육의 힘에 대한 신뢰 • 이상사회로서 복지사회 추구 • 교육을 통한 사회문화적 위기 극복 중시	• 교육의 역할과 민주주의에 대한 지나친 기대 • 미래 사회의 가치관에 대한 논증 결여 • 행동과학에 대한 지나친 신뢰 • 현실의 문제 해결을 등한시

제4절 현대의 교육철학 ②: 20세기 후반

❶ 교육사조의 전개 과정

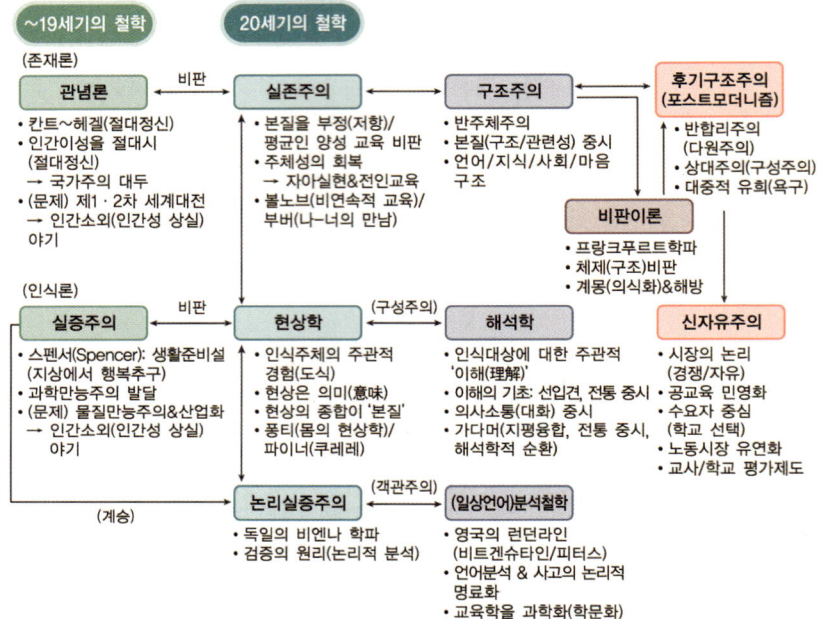

❷ 실존주의(실존적 현상학)

(1) 개념

① 현대문명이 결과한 비인간화·인간소외 현상(예 1·2차 세계대전과 후기 산업사회의 물질만능화) 극복을 위한 인간성 회복 주장

② 전체성·보편성을 부정하고 자율적(주체적) 존재로서의 인간을 주장

(2) 슬로건

① 실존은 자유다: 적극적 자유 중시(선택, 행동, 책임)

② 실존(existence)은 본질(essence)에 선행한다.

③ 실존은 주체성이다: 주체성(선택, 행동, 책임) 실현을 통한 도덕성 회복

④ 주체성이 진리다: 진리는 주관적 구성물 → 현상학적 인식론 경향

(3) 특징
   ① 개체성(개성) 존중 : 본질보다 실존의 우위성, 보편보다 개체를 중시
   ② 전인성 중시 : 실존은 지·덕·체가 조화를 이룬 통합적 존재로서의 개인
   ③ 존재 상황의 불합리성(예 고독, 죽음, 불안, 부조리 등) : 불안에 대한 태도 및 의미 추구 중시
   ④ 개인적 삶의 자유와 책임 : 인간은 절대적 자유를 지닌 주체적 존재
   ⑤ '공감적 관여'(상호 주관성, inter-subjectivity) 중시 : 우연이지만 전인적 만남(encounter)을 통한 진정한 사회 형성

(4) 교육 원리
   ① 개성 중시 교육 : 소극적 교육론 → 평균인 양성 교육 비판
   ② 자아실현과 전인 형성 교육 : 지식은 자아실현의 수단, 정의적 교육 중시
   ③ 비연속적·단속적 교육(만남으로서의 교육) 중시 : 참된 교육은 삶의 불합리하고 부정적인 측면도 포함 → 잠재적 교육과정 중시
   ④ 인격교육 강조 : 자유, 선택, 책임을 통한 도덕성 회복 중시
   ⑤ 교사는 만남을 예비하는 사람

(5) 대표자
   ① 볼노브(Bollnow) : 비연속적·단속적 교육(예 위기, 만남, 각성, 충고, 상담, 모험과 좌절) 중시 → "만남은 교육에 선행한다."
   ② 부버(Buber) : ㉠ 하시디즘(성속일여 운동), ㉡ 만남의 교육(대화법 → '나와 그것'의 만남에서 '나와 너'의 만남으로 전환), ㉢ 성격 도야를 통한 인격교육(인간임을 인간됨으로 변화), ㉣ 세계 자체가 교육의 장, ㉤ 교육은 非에로스적인 것(우연적 교육), ㉥ 포용으로서의 교육

(6) 교육적 의의와 한계

교육적 의의	한계(문제점)
• 교육에서 비연속적 형성 가능성에 주목 • 개성 존중과 자아실현, 전인교육 추구 • 새로운 교사교육 요구 • 삶의 어두운 측면을 교육영역에 포함 • 인간의 실존에 대한 각성과 진정한 만남의 중요성 강조 • 교과목으로서 인문학과 예술을 강조	• 연속적 교육과 의도적 교육과정을 경시 • 만남을 통한 비약적인 변화는 일반적인 교육방식으로 보기는 어려움. • 인간의 사회적 존재 양상의 측면을 객관적으로 분석하지 못함. → 비판이론의 비판 • 이론적 명확성이 부족하고 주관성이 강함. → 분석철학의 비판

❸ 현상학

(1) **개념**
① 현상의 본질을 이성적으로 탐구하려는 학문
→ 인식 과정을 탐구
② 현상(現象)은 경험적 대상이 의식에 나타난 구체적 모습
③ 현상학은 사물 그 자체에 대한 학문이 아니라 경험적 현상에 관한 학문

▲ 르네 마그리트

(2) **특징**
① 본질·직관 중시 : 본질은 직관에 의해 파악·구성된다.
② 인식에 대한 이원론적 관점(실증적·자연과학적 인식론) 부정 : 인식주체와 인식대상의 통합 지향, 현상학적 환원(물질세계의 사물이 의식세계의 사물, 즉 의미로 전환) 중시 → 인식의 주관성·상대성 중시
③ 보편적 진리관 부정 : 주관이 대상을 의식한다. 인식 주체를 떠난 객관적 지식은 불가능하다. 객관적 실체는 우리의 의식 작용의 구성적 산물이다.

(3) **대표자**
① 메를로 퐁티(M. Ponty) : 「지각의 탁월성(Primacy of perception)」
  ㉠ 지식 추구에 있어서의 이원론적 입장 비판 : 인간 존재와 대상 세계의 분리는 지식을 추상화함. → 모든 인식행위에 있어서 지각의 우위 주장
  ㉡ 인식 문제를 지각의 문제로 파악, 지각세계와 반성세계를 구분 → 지각세계는 주관과 객관이 공존하는 전반성적(prereflective) 세계로 이해
  ㉢ '세계 내 존재'로서의 인간은 신체를 통해 세계를 지각하고 체험하는 주체 : 인식 수단으로서 신체적 지각 중시 → 몸의 현상학, 전반성적·실존적 의식 중시
  ㉣ 구체적 경험을 중시 : '사고와 지식'(반성적·논리적 의식)은 아동기의 생활세계에 대한 구체적 경험에 토대
② 랑에펠트(M. J. Langeveld) : 어린이의 존재학(현상학), 「어린이의 인간학」
③ 폴라니(M. Polanyi) : 인격적 지식의 존재론적 위계 → 지식을 명시지(명제적 지식)와 암묵지(방법적 지식)로 구분, 암묵지를 중시

④ 반덴버그(Van den Berg) : 교육적 존재론 → 교수는 교사, 학생, 세계와의 교육적 만남을 통해 교사와 학생의 존재성을 확립하는 과정
⑤ 마이어 드라베(K. Meyer-Drawe)와 뢰슬러(Roestler) : 학습을 주제로 한 현상학 → 학습의 비주제성(언어보다는 실행 그 자체), 재학습, 비연속성 중시
⑥ 반 마넨(M. van Manen) : 체험적 글쓰기 중시 → 현상학적 방법론
⑦ 스프래들리(J. Spradley) : 문화기술연구 → 참여관찰과 심층면접을 통한 질적 연구 중시

❹ 해석학

(1) 개념
① '이해(理解, understanding)'의 문제를 다루는 철학
② 시·공간적으로 떨어져 있는 인간 정신의 모든 소산(예 문헌, 텍스트, 언어, 의사소통, 대화, 메시지, 인간 행위의 의미 등)을 널리 이해하는 해석과 그 해석적 방법(이해의 기술), 그리고 거기에서 파생되는 철학적 문제를 다루는 학문

(2) 특징
① 의미 부여 행위자(이해하는 존재)로서 인간의 주체성 강조
② 텍스트 해석에 있어 사회나 집단의 문화적·역사적 맥락(context) 중시
③ '전통(傳統)'과 '선이해(先理解)'는 이해의 기반
④ 교육은 이해에 목적을 둔 대화의 과정, 학습은 텍스트를 해석하는 것

(3) 대표자
① 하이데거(Heidegger) : 모든 이해의 근원으로 선이해(preunderstanding, '미리 가짐', '미리 봄')를 중시 → 인식의 주관성 강조
② 가다머(Gadamer) : 철학적 해석학 → 「진리와 방법(Truth and Method)」
  ㉠ 이해의 기반으로서 선입견(先入見)과 전통(傳統)을 중시
  ㉡ 지평융합(fusion of horizon)으로서의 이해 : 텍스트나 사건이 지닌 역사성과 독자의 역사성을 통합, 즉 과거의 지평과 현재의 지평을 통합하는 과정
  ㉢ 영향과 작용의 해석학적 순환 과정의 역사를 강조 : 현재는 과거에 '영향'을 주고, 과거가 현재에 '작용'하는 순환하는 역사 → '영향과 작용의 역사'

❺ 분석철학

(1) **개념**
   ① 언어와 개념에 사물의 본질이 내재, 언어분석이 철학의 사명
   ② 사고의 논리적 명료화가 철학의 목적

(2) **특징**: ① 사고의 명확성, ② 추리의 일관성, ③ 지식의 확실성과 객관성, ④ 의도적 행위의 합리성, ⑤ 도덕적 합리성 중시

(3) **교육적 의의와 한계**

교육적 의의	한계(문제점)
• 교육문제도 언어의 문제 • 교육학의 과학화에 기여 • 교육에 있어서 생각과 말의 중요성 부각	• 교육이념의 중요성 간과 • 바람직한 세계관을 제시하지 못함. • 정의적 차원의 교육적 가치 간과

❻ 비판이론: 해방적 교육학

(1) **개념**: 프랑크푸르트 학파의 사회철학 → 현대사회의 문제는 개인이 아닌 체제(자본주의 & 공산주의)의 문제

☑ '비판'은 '부정'(Hegel), '정당성의 검증'(Kant)을 뜻함.

(2) **특징**: ① 이론에의 몰두, ② 복수이론, ③ 과학적(실증적) 접근 거부(교육의 가치지향성 중시), ④ 계몽(체제의 억압과 모순을 폭로), ⑤ 해방(자율적 인간과 이상 사회 실현), ⑥ 마르크스 이론 수정(토대결정론 비판 → 상부구조의 자율성 중시), ⑦ 자본주의 비판(도구적 이성), ⑧ 문화와 언어에 대한 관심

(3) **대표자**: 아도르노(Adorno), 호르크하이머(Horkheimer, 「계몽의 변증법」), 마르쿠제(Marcuse), 하버마스(Habermas), 프레이리(Freire), 지루(Giroux)

   ① 하버마스(Habermas)
      ㉠ 사회체제의 문제: 의사소통의 억압
      ㉡ 극복 방안: 이상적 담화상황(의사소통적 이성) 중시 → ❶ 주체(말하는 사람)의 '진실성', ❷ 객체(말하는 내용)의 '진리성', ❸ 상호주관성(대화하는 사람과의 관계)의 '이해가능성', ❹ 담화행위(말하는 행위 그 자체)의 '규범적 정당성'이 갖춰진 상태
   ② 프레이리(Freire): 「페다고지(Pedagogy)」(1968)
      ㉠ 불합리한 체제 분석 및 비판능력인 의식화 교육 중시
      ㉡ '은행저금식 교육'을 비판하고 '비판적 문해(문제제기식 교육)' 중시

(4) **교육론**
① **교육목적**: 자율적·의식화된 인간상 구현 및 이상사회(복지사회) 건설
② **교육내용**: 정치, 인문, 여성해방, 사회과학 교육, 이상사회 구상 중시
③ **교육방법**
  ㉠ 학교와 사회의 관계 회복(사회문제 중심으로 학교교육 진행)
  ㉡ 학습자의 자율성·주체성·능동성 존중
  ㉢ 사회 갈등의 현장(예 농성·데모·파업 등) 견학
  ㉣ 사회적 친교(親交) 강화
  ㉤ 갈등 상황에 대한 문헌접근

(5) **교육적 의의와 한계**

교육적 의의	한계(문제점)
• 실증주의 문제점(예 가치중립성) 규명 • 사회비판의 규범적 토대 마련 → '의사소통적 합리성' 개념 정립 • 이성에 기초한 대화를 통한 문제해결 강조 • 학교 현장 교육개선에 기여 • 학교교육의 도구적 기능(사회 불평등 구조의 재생산)을 규명	• 학교교육의 순기능(예 문화전승, 자아실현에 기여)을 평가절하 • 교육을 지나치게 사회·정치·경제의 논리에 따라 해석하는 경향

❼ **포스트모더니즘(Postmodernism)**: 후기구조주의, 탈구조주의, 해체주의

(1) **개념**: 서양의 근대적 정신과 문화 그리고 근대사회의 구조와 체제가 재구성되는 과정을 설명하는 이론적·사상적 경향
  ☑ 포스트(post-)는 '계승(again)' 또는 '단절(after, against)'을 뜻함.

(2) **특징**
① **반합리주의**(2원론적 경계의 해체): 이성적·주체적 자아는 허구적 자아 → 우연적·분열적·타율적·모순적 자아 중시
② **상대적 인식론(반정초주의)**: 진리의 객관성·보편타당성·소여성(所與性) 부정 → 진리의 가치부하설, 우연성, 상호 비교 불가능설, 다원성과 해체설 강조
③ 반권위주의, 반전통주의: 민주적 방법 중시
④ 탈정형화·탈정전화를 추구하는 문화다원주의
⑤ 대중들의 유희적 행복감을 향유하는 문화
⑥ 주체적 자아가 해체되는 문화 중시: 열린 자아인 추구

⑦ 절대적 진리보다 국지적 진리 옹호, 지식의 조화성 강조
⑧ 대서사(거대 담론)보다 소서사(작은 이야기) 중시

(3) **대표자**

① 데리다(Derrida) : 해체(解體)와 차연(差延)

해체 (deconstruction)	• 우리 안에 형성된 개념적 질서를 깨뜨리는 일 • 어떤 말이나 텍스트를 자신의 뜻대로 해석하는 것이 아니라 다른 말이나 텍스트와 연결하여 새로운 의미를 파악함.
차연 (차이, difference)	• 모든 텍스트의 의미가 시간적으로 끊임없이 지연되는 일 → 모든 텍스트의 의미는 고정적이지 않고 시간에 따라 변화함. • 사람들 사이의 서로 다름, 각 주체들 간의 차이

☑ 이항대립(이분법적 구분) 극복 : 데리다(Derrida)는 해체와 차연을 통해 진짜와 가짜, 들뢰즈(Deleuze)는 리좀을 통해 중심과 주변, 푸코(Michel Foucault)는 에피스테메를 통해 정상과 비정상의 대립 극복

② 리오타르(Lyotard) : 소서사(작은 이야기) → 보편화된 거대담론(예 진보, 해방, 복지)보다 지엽적·국지적 지식(예 자기 가정·직장·지역사회) 중시

③ 들뢰즈(Deleuze) : 차이·다양성 → 리좀(불확실성, 다양성), 노마드(욕망의 다양성, 유목민의 삶)

④ 푸코(Michel Foucault)의 훈육론

 ㉠ 지식과 권력은 밀접한 관계(지식의 상대성) : 근대 국가는 폭력이 아닌 지식*(일반적인 앎 전체)을 통해 권력을 유지(예 「광기(狂氣)의 역사」)
  → 다양한 훈육(규율)을 통해 국민을 사육

  ☑ 지식(에피스테메, episteme) : 특정 시대·문화·맥락에서 지식을 구성하고 규제하는 무의식적 규칙과 구조 → 지식은 객관적·보편적 산물이 아니라 특정 시대와 문화의 산물임.

 ㉡ 훈육을 위한 도구 : 관찰(감시), 규범적 판단, 시험(검사)

관찰(감시)	규율의 효과적 행사를 위해 그 구성원들을 관찰·감시 → 학교는 그 구성원들을 효과적으로 감시하도록 설계된 원형감옥(panopticon)과 유사
규범적 판단	모든 규율체제는 일정한 규범을 정하고 이에 위반되었을 때 처벌을 가하는 방식으로 구성원을 통제
시험(검사)	모든 사람들을 동일한 사람과 다른 사람으로 구분하기 위하여 계산 가능한 모습으로 분석하는 방법 → 시험을 통해 인간을 규격화, 정상인과 비정상인으로 구분, 기존 질서에 순응적인 인간 양성

(4) **교육원리**
① 공교육의 재개념화 : 대안교육, 열린교육 중시
② 전통적·획일적 지식관에서 탈피 : 영 교육과정, 구성주의 학습 강조
③ 교사 중심의 획일적 교수방법에서 탈피 : 열린 교육 방법, '해석적 읽기'보다 '해체적 쓰기' 중시, 창의력 계발, 대화 프로그램 중시, 협동학습 중시
④ 학습자의 능동성 중시
⑤ 수행평가 중시 : 이론과 실천의 조화

(5) **교육적 의의와 한계**

의의	① 교육에 대한 획일적·고정적 사고의 틀에서 탈피 → 구성주의 인식론 ② 주지주의 교육과 전통교육의 문제점을 부각 ③ 학교교육에서 과학적 지식에 의해 소외되어 왔던 일상적 지식을 중시
한계	① 전통교육을 대치할 만한 대안적 이론을 제시하지 못함. → (극복 노력) 자유주의와 공동체주의의 논쟁 ② 다양한 교육적 가치에 대한 합의가 어려움. ③ 교육에 대한 전체 방향이나 비전 상실 ④ 도덕적 주장의 정당성을 부정하고, 교육의 비인간화 야기

**오현준 교육학
끝짱노트**

CHAPTER 05

교육과정

제1절	교육과정 기초
제2절	교육과정 개발과 연구
제3절	교육과정 운영
제4절	교육과정 유형
제5절	우리나라의 교육과정

Chapter 05 교육과정

> **필수체크 Top point**
> 1. **교육과정 개발모형**: 타일러(Tyler), 워커(Walker), 스킬벡(Skilbeck), 위긴스와 맥타이(Wiggins & McTighe)
> 2. **교육과정 연구**: 교육과정 재개념화
> 3. **교육과정의 유형(Ⅰ)**: 교과 중심, 경험 중심, 학문 중심, 인간 중심 교육과정, 통합적 교육과정
> 4. **교육과정의 유형(Ⅱ)**: 잠재적 교육과정, 영 교육과정
> 5. 2022 개정 교육과정

제1절 교육과정 기초

교육과정 개발의 역사

- 1918 보비트(Bobbitt) 「교육과정(Curriculum)」 → '교육과정' 용어 최초 사용
- 1949 타일러(Tyler) 「교육과정과 수업의 기본원리」 → 목표중심 개발 모형
- 1956 블룸(Bloom) 「교육목표분류학: 핸드북1 인지적 영역」 → 교육목표 상세화
- 1960 브루너(Bruner) 「교육의 과정(The Process of Education)」 → 학문중심교육과정
- 1962 타바(Taba) 「교육과정 개발: 이론과 실제」 → 교사중심 개발모형 제시
- 1968 잭슨(Jackson) 「(아동의) 교실생활」 → 잠재적 교육과정
- 1969/1970 슈왑(Schwab) 「실제성: 교육과정을 위한 언어, School Review」 → 교육과정 실제모형
- 1971 워커(Walker) 「교육과정 개발을 위한 자연스러운 모델」 → 숙의모형
- 1975 파이너(Pinar) 「교육과정 이론화: 재개념주의자」 → 교육과정 재개념화
- 1979 아이즈너(Eisner) 「교육적 상상력」 → 교육과정 이해모형, 영교육과정
- 1984 스킬벡(Skilbeck) 「학교중심 교육과정 개발(SBCD)」
- 2001/2005 위긴스와 맥타이(Wiggins & Mctighe) 「이해중심 교육과정(Understanding by Design)」 → 역방향 설계

❶ 교육과정 개념

(1) **어원적 의미**: 라틴어 '쿠레레(Currere)'에서 유래 → 동 '뛴다', '달린다'(race itself), 명 경주로(course of race)

① 전통적 개념: 마차 경주에서 말들이 따라 달려야 하는 정해진 길(race course, course of race)

② 현대적 개념: 경주에서 말들이 정해진 길을 따라 달리면서 갖는 체험의 과정, 경주활동 그 자체, 교육경험을 통한 개인의 의미형성 과정(race itself)
  - 예 "교육과정은 그 어원인 쿠레레에 복귀해야 한다."(W. F. Pinar)

(2) **학자들의 개념 모형**

① 글래톤(Glattorn)의 모형: 교육의 진행과정에 따른 분류

의도된 교육과정 (written curriculum)	공약된 목표로서의 교육과정 → 문서화된 교육과정 예 교육부(국가교육위원회) 고시 교육과정 기준과 내용, 시·도 교육청 고시 교육과정 편성·운영지침, 교육지원청 교육과정 편성·운영 장학자료, 학교교육계획
전개된 교육과정 (taught curriculum)	수업 속에 반영된 교육과정 → 교사에 의해 교실수업에서 실제로 가르쳐진 교육과정, 본교육과정
실현된 교육과정 (learned curriculum)	학습성과로서의 교육과정 → 학생들이 실제로 학습한 교육과정, 학생들이 배운 최종 결과(잠재적 교육과정도 포함)
평가된 교육과정 (tested curriculum)	다양한 유형의 평가를 통하여 측정되는 교육과정 예 중간고사, 기말고사, 지필평가, 선발고사, 대입수능시험 등

☑ '전개된 교육과정, 실현된 교육과정, 평가된 교육과정'을 '실제적 교육과정'이라고 함.

② 아이즈너(Eisner)의 모형: 공식화 정도, 교육과정 층위(層位)에 따른 분류

표면적 교육과정 (explicit curriculum)	제1의 교육과정: 형식적인 공적 문서 속에 기술되어 있는 교육과정 → 공식적 교육과정
잠재적 교육과정 (latent curriculum)	제2의 교육과정: 학생들이 은연중에 배우는 교육과정
영 교육과정 (null curriculum)	제3의 교육과정: 가르치지 않은(배제된) 교육과정 → 학생들이 공식적 교육과정을 배우는 동안에 놓치게 되는 기회학습 내용

❷ 교육과정 논의의 출발

(1) **스펜서(Spencer)** : 지상에서 완전한 생활준비를 위한 교육과정 5대 영역 제시
→ 현대 교육과정 논의의 출발
예 체육 / 사회과학·자연과학 / 가사·심리학 / 공민학 / 문학·예술

(2) **보비트(Bobbitt)** : 교육과정(curriculum) 용어를 처음으로 사용(1918) → 테일러(Taylor)의 과학적 관리론을 교육과정에 도입 예 학교를 공장에 비유
① 학교는 이상적인 어른(ideal adults)을 준비하기 위한 기관 → 활동분석법(동작연구, 시간연구)
② 교육과정은 이상적인 어른의 활동(예 언어, 건강, 종교, 시민활동 등) → 활동 중심 교육과정

제2절 교육과정 개발과 연구

❶ 교육과정 개발모형

1. 타일러(Tyler)의 합리적 모형 -「교육과정과 수업의 기본원리」(1949)

(1) **특징** : ① 목표중심 모형, ② 결과중심 모형, ③ 평가중심 모형, ④ 처방적 모형, ⑤ 선형적 모형, ⑥ 연역적 모형(교과 ➡ 단원), ⑦ 탈가치적(가치중립적) 모형, ⑧ 수단-목표 모형

(2) **개발 절차** : ① 교육목표 설정 ➡ ② 학습경험 선정 ➡ ③ 학습경험 조직 ➡ ④ 평가

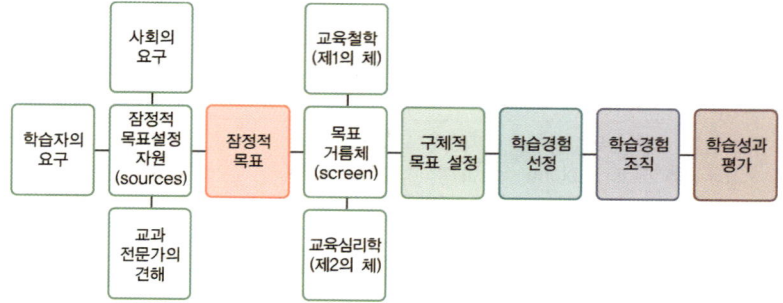

① 교육목표 설정
㉠ 잠정적 목표설정 자원 : ❶ 학습자의 심리적 요구(예 필요·흥미), ❷ 사회적 요구와 가치, ❸ 교과전문가(예 교사)의 견해

- ⓒ 목표거름체 : 교육철학(제1의 체), 학습심리학(제2의 체)
- ⓒ 구체적 목표 진술 : 이원목표분류[내용 & (도착점) 행동] → 포괄성(폭넓은 변화), 일관성(무모순성), 실현가능성 있게 진술
② 학습경험(교육내용)의 선정

기회의 원리	목표 달성의 경험을 제공해야 한다. → 합목적성의 원리
만족의 원리	학생들이 만족을 느낄 수 있는 경험이어야 한다. → 동기유발
(학습)가능성의 원리	학습자의 현재 발달 수준에서 경험 가능한 것이어야 한다.
(일목표) 다경험의 원리	하나의 목표달성을 위해 여러 가지 학습경험을 제공해야 한다.
(일경험) 다성과의 원리	하나의 학습경험을 통해 다양한 학습결과를 유발해야 한다.

③ 학습경험의 조직

구분	유형	의미	적용
수직적 조직원리 (sequence, 순서)	계속성 (continuity)	동일 내용의 동일 수준 반복(단순 반복)	중요 개념·원리·사실 학습, 태도 학습, 운동기능학습
	계열성 (sequence)	동일 내용의 다른 수준 반복(질적 심화·양적 확대)	나선형 교육과정
수평적 조직원리 (scope, 범위 - 특정 시점의 폭과 깊이)	통합성 (integration)	서로 다른 교육 내용 간의 상호 관련성 → 교육내용 간의 중복·누락·상극 등의 모순 방지	3학년 수학과 사회의 관계

④ 평가 : 교육목표 달성 정도 확인 → 총괄평가, 절대평가

(3) **장점과 단점**

장점	단점
• 폭넓은 유용성이 있다. • 교육과정 개발자나 수업 계획자가 이를 따라 하기가 쉽다(처방적 모형). • 교육과정과 수업을 구분하지 않고 통합적으로 '목표 - 경험 선정 - 경험 조직 - 평가'를 포괄하는 광범위한 종합성을 띠고 있다.	• 수업 진행 과정 중에 새롭게 생겨나는 부수적·확산적 목표(예 표현적 결과)의 중요성을 간과하였다. → Eisner의 비판 • 내용을 목표 달성을 위한 수단으로 전락시킨 면이 있다. → Bruner의 비판 • 실제 교육과정 개발에서 일어나는 많은 복잡한 것들에 대한 기술을 경시하였다. → Walker의 비판

2. 타바(H. Taba)의 확장모형 ―「교육과정 개발: 이론과 실제」(1962)

(1) **특징**: ① 교사 중심 모형, ② 처방적 모형, ③ 귀납적 모형(단원 ➡ 교과)

(2) **교육과정 개발모형**

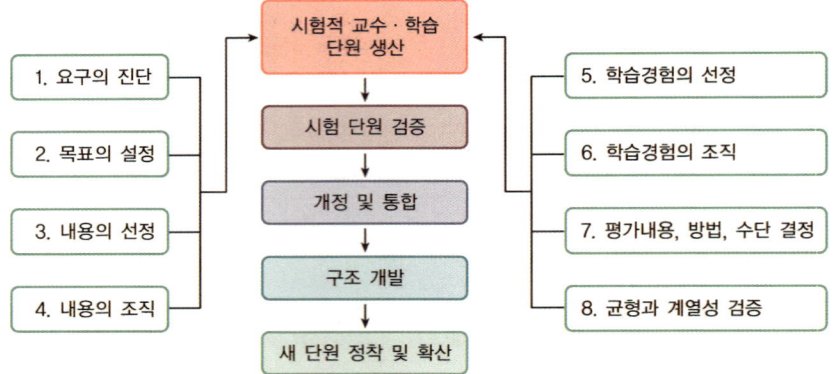

(3) **타일러(Tyler) 모형과의 비교**

타일러(Tyler)	타바(Taba)
• 학습자, 사회, 교과의 요구 분석	• 학습자의 요구 분석
• 연역적 모형(전체 교과 ➡ 단원)	• 귀납적 모형(단원 ➡ 전체 교과)
• 4단계 개발 절차	• 타일러보다 세분화된 절차(9단계)
• 교수-학습활동을 단계에서 제외	• 교수-학습활동을 단계에 포함
• 내용과 경험을 학습경험으로 단선화	• 교육내용과 학습경험을 이원화

3. 워커(Walker)의 숙의(熟議)모형: 실제적 개발모형(1971)

(1) **개요**: 현실적인 장면에서 교육과정을 개발 → ① 숙의(deliberation) 모형, ② 자연스러운(naturalistic) 개발 모형, ③ 기술적(descriptive) 모형, ④ 과정 지향적 모형, ⑤ 역동적 모형, ⑥ 전문가들이 참여하고 비용과 자금이 풍부한 국가 수준의 대규모 교육과정 개발에 적용 가능한 모형

(2) **개발 과정**

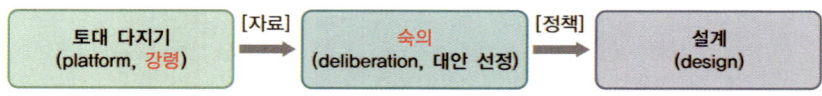

① 토대 다지기(platform)
  ㉠ 교육과정 개발에 참여한 사람들의 기본입장(강령) 검토를 통한 토대 (토론의 기준, 합의의 발판) 구축

ⓒ 강령(platform): 개발자들이 지닌 아이디어, 관점, 선호성, 가치, 신념 등으로 이루어진 선행 경향성
② 숙의(deliberation): 최선의 대안을 선정
  ㉠ 교육과정 개발자들의 의견이 타협되고 조정되는 과정
  ㉡ 합리적 숙의의 경우: ❶ 주어진 교육과정 문제를 설득력 있고 타당한 방법으로 논의, ❷ 각 대안의 장점과 그 토대가 되는 지식의 타당성 검증, ❸ 관련된 모든 집단의 입장과 가치 탐색, ❹ 공정하고 균형 잡힌 시각과 판단, ❺ 가장 유망한 교육과정 실천 대안을 검토·선정하는 일
  ㉢ 비합리적 숙의(바람직하지 못한 숙의)의 사례

파당적 숙의	특정 집단의 견해만 반영되는 경우
제한적 숙의	몇몇 요인만 과도하게 부각되는 경우
한정적 숙의	숙의의 대상에 대한 근본적인 재검토 및 재규정이 불가능해진 경우
유사적 숙의	구체적인 실천 계획이 없이 목적, 이상, 기본 원칙, 철학 등만 나열하는 경우
공청회(forum)	거친 수준에서 정보나 의견을 교환하는 경우

③ 설계(design): 교육 프로그램의 상세한 계획을 수립

(3) **타일러(Tyler) 모형과의 비교**

타일러(Tyler)	워커(Walker)
• 어느 수준에나 활용 가능한 합리적 모형 • 처방적 모형 • 선형적 모형 • 목표설정 단계를 세분화하지 않음.	• 비교적 대규모 교육과정 개발에 적용 • 기술적(서술적) 모형 • 역동적(상호작용적) 모형 • 목표설정단계를 강령, 숙의, 설계로 세분화함.

(4) **장점과 단점**

장점	단점
• 교육과정을 계획하는 동안 실제로 일어나는 것을 정확하게 묘사 → 실제적 모형 • 강령·숙의하기 위해 대화에 상당한 시간이 필요함을 강조 • 특수한 상황에 맞춘 교육과정 설계 필요성을 강조 • 합의를 이루지 못했을 경우에 교육과정이 어떻게 진행될 수 있는지를 잘 진술	• 소규모(예 학교) 교육과정 설계에는 적절하지 않을 수 있음. • 참여자가 강령을 설정하고 숙의하는 데 상당한 시간이 필요함. • 교육과정 계획에만 초점이 맞춰 있어 그 이후 문제에 대해서는 언급이 없음. • 목표설정 단계에만 집중하고, 내용 선정 및 조직, 수업, 평가 등에 대한 언급이 없음.

4. 스킬벡(Skilbeck)의 학교 중심 교육과정 개발모형(SBCD, 1984)

(1) **특징**: ① 상호 작용적(역동적) 모형, ② 학교 현장을 반영한 현실적이고 실행 가능성이 높은 모형, ③ 학생과 교사의 개별적 특성을 고려한 모형

(2) **개발 과정**: '상황 분석'이 가장 특징적인 단계임.

상황 분석	• 학교 외적 요인: ① 학부모의 기대감, 지역사회의 가치, 변화하는 인간관계, 이데올로기 등과 같은 사회문화적 변화, ② 교육체제의 요구, ③ 변화하는 교과의 성격, ④ 교사 지원체제 등 • 학교 내적 요인: ① 학생의 적성·능력·교육적 요구, ② 교사의 가치관·태도·기능·지식·경험, ③ 학교의 환경과 정치적 구조, 공작실·실험실 등과 같은 시설(학교풍토와 자료 자원), ④ 교육과정 내에 존재하는 문제점 등
목표 설정	예상되는 학습결과를 진술함으로써 교사와 학생의 행동을 강화할 수 있는 목표를 설정 → 교육적 행위의 방향을 제시하기 위한 가치나 판단을 포함
프로그램 구축	① 교수-학습 활동의 설계, ② 수단-자료(예 자원, 교재 등)의 구비, ③ 적절한 시설 환경(예 실험실, 특별실 등)의 설계, ④ 인적 구성과 역할 부여, ⑤ 시간표 짜기 등
판단(해석)과 실행	교육과정의 변화를 일으키는 문제를 판단하고 실행함.
모니터링, 피드백, 평가, 재구성	① 모니터링, ② 의사소통 체계의 설계, ③ 평가 절차의 준비, ④ 지속적인 평가 문제, ⑤ 연속적인 과정의 재구성이나 확정 등

(3) **타일러(Tyler)와 스킬벡(Skilbeck) 모형의 비교**

타일러(Tyler)	스킬벡(Skilbeck)
• '학습자, 사회, 교과의 요구 분석'의 과정을 교육과정 단계로 설정하지 않음. • 직선적·선형적 모형 • 보편적·일반적 모형 • 4단계 개발 절차 • 어느 수준에서도 활용 가능한 모형	• '학습자, 사회, 교과의 요구 분석'의 과정을 교육과정 단계(상황분석)로 설정함. • 역동적·상호작용적 모형 • 현실적·실행가능한 모형 • 5단계 개발 절차 • 학교 수준 개발 모형

5. 아이즈너(Eisner)의 예술적 접근모형(1979)

(1) **개요**: 이해 패러다임

(2) **특징**
  ① 영 교육과정 중시: 학교교육에서 배제된 교육과정
  ② 교육과정 개발자는 교사: 교사의 예술성(교육적 상상력) 중시 → 교육실제에 대한 비선형적 접근(거미줄을 치는 작업)
  ③ 교육목표의 다양화: 행동 목표, 문제해결 목표, 표현적 결과

행동 목표	• 학생의 입장에서 행동 용어로 진술 • 수업 전 진술, 정답이 미리 정해짐. • 양적 평가, 결과의 평가, 준거지향 평가 이용
문제해결 목표	• 일정한 조건 내에서 문제(비구조화·실제적 문제)의 해결책을 발견 　예 200만원으로 학급문고 100권 만들기 • 수업 전 진술, 정답이 미리 정해져 있지 않음. • 질적 평가, 결과 및 과정의 평가, 교육적 감식안 및 교육비평 사용
표현적 결과	• 조건이나 정답 없음. • 사전 설정하지 않고 교육활동 도중에 또는 후에 형성 가능 • 질적 평가, 결과 및 과정의 평가, 교육적 감식안 및 교육비평 사용

  ④ 교육적 감식안(심미안)과 교육비평: 교육과정에 대한 평가

교육적 감식안	교과에 대한 학생들의 수행 사이의 미묘한 차이를 구별할 수 있는 전문적·주관적인 능력
교육비평	미묘한 차이를 비전문가가 이해할 수 있도록 언어로 표현하는 공적인 능력

  ⑤ 질적 연구 지향: 법칙 발견 ×, 다양한 실제에 대한 이해 모색 → 문화기술지 (참여관찰, 심층면접)

6. 위긴스와 맥타이(Wiggins & McTighe)의 후진 설계 모형(backward design, 2005)

(1) **개념**: 거꾸로 설계 모형, 역방향 설계 모형 → '학생의 이해력을 신장'하는 교육과정 설계(understanding by design) 모형

(2) **구성 절차**: ① 바라는 결과의 확인(Desired results identification; 목표 설정)
  ➡ ② 수락할 만한 증거의 결정(Determine acceptable evidence; 평가 계획)
  ➡ ③ 학습경험과 수업의 계획(Plan learning experience & instruction; 수업 계획)

① 교육목표 설정: 바라는 결과의 내용은 '영속한 이해(enduring understanding)'
   ㉠ 객관주의적 사고로, 학습자들이 비록 상세한 것을 잊어버린 후에도 머릿속에 남아 있는 '큰 개념(Big idea 예 교과의 기본 개념·원리, 일반적·핵심적 아이디어)' 혹은 '중요한 이해' → 브루너(Bruner)의 지식의 구조에 해당
   ㉡ 이해는 설명, 해석, 적용, 관점, 공감, 자기지식의 6가지 측면을 포괄

정도	내용
설명(explain)	현상, 사실을 조직적으로 설명하기, 관련짓기, 실례 제공하기 → 왜 & 어떻게
해석(interpret)	의미 있는 스토리 말하기, 적절한 번역 제공하기, 자신의 말로 의미 해석하기 → 정보, 자료, 텍스트의 의미, 추론, 행간의 의미 파악
적용 (apply & adjust)	실질적인 맥락에 적용하여 사용하기 → 다른 상황과 응용
관점 (have perspective)	관점을 전환, 다양한 관점 고려, 비판적 자세로 바라보기
공감(show empathy)	타인의 관점에서 바라보기
자기지식 (have self-knowledge)	메타인지적 인식 보여주기, 습관 자각하기, 학습과 경험의 의미 숙고하기 → 학습에 대한 성찰과 반영

   ㉢ 이해는 다양한 수준에서 설정: 드레이크(Drake)의 KDB(Know-Do-Be) 이론에 근거 → 빅 아이디어를 중심으로 교과내용이 지식(Know, 앎)과 기능(Do, 함), 인성(Be, 됨)을 균형 있게 갖춘 통합단원을 구성
② 평가계획 수립: 학생이 교과내용을 이해했다는 수락할 만한 증거 결정
   ㉠ 수행과제(Performance Tasks) 결정: 수행과제 설계 포함 요소를 GRASPS 모델을 활용 설계 → GRASPS는 Goal(목표), Role(역할), Audience(청중), Situation(상황), Performance(실행), Standards(기준)임.
   ㉡ 학생의 '이해'를 확인할 수 있는 '다른 이해의 증거(평가; Other Evidence)'를 계획: 수행과제로 평가되지 않는 단원 목표를 평가
      예 퀴즈, 시험, 관찰, 숙제, 토의·토론, 체크리스트, 대화, 선다형, 논술·서술형, 비공식적 점검 등
   ㉢ 평가의 준거를 결정하고, 루브릭(Rubric) 제작

③ 학습경험과 수업의 계획(수업계획) : 'WHERE TO의 원리'

W(단원의 방향과 목적)	교사의 기대수준과 학습방향 제시(Where are we headed?)
H(주의환기와 흥미 유지)	학습자들의 도전의식과 관심 유도(Hook the students)
E(탐구하고 경험하기)	수행과제 투입 및 주제 탐구(Explore & Equip)
R(반성하기, 다시 생각하기, 개정하기)	높은 성취수준 수행 여부 점검(Review, Rethink & Revise)
E(작품과 향상도를 평가하기)	성취 증거 발표 및 전시(Exhibition & Evaluation)
T(학습자에게 맞추기, 그리고 작품을 각 개인에 맞게 개별화하기)	학습자의 서로 다른 요구와 흥미, 능력에 맞추기(Tailor)
O(효과적인 학습을 위한 내용조직 및 계열화)	최적의 효과성을 위해 조직하기(Organize)

(3) 백워드 설계 시 유의사항 : 쌍둥이 죄악(twin sins)
  ① 활동 중심 수업(activity-focused teaching)
    ㉠ 개념 : 직접 체험하는 활동을 통해 학생의 교육 효과를 극대화하는 방법
    ㉡ 문제점 : ❶ 활동 그 자체에만 관심을 두기 때문에 사고력 발달(mindson)과는 거리가 있음, ❷ 활동 후 학생의 이해로 남는 빅 아이디어(Big Idea)가 없는 경우가 많음.
    ㉢ 극복방안 : 단원 목표 달성을 위한 빅 아이디어와 핵심 질문에 부합하는 활동이 중심이 되도록 설계
  ② 진도빼기 수업(coverage-focused teaching)
    ㉠ 개념 : 교사가 교과서의 내용을 빠짐없이 설명하고 가르치는 수업, 교과서의 방대한 내용 설명에 치우친 수업
    ㉡ 문제점 : ❶ 교과내용에 대한 충분한 분석 없이 가르침, ❷ 내용 설명에만 치우쳐 빅 아이디어에 대한 충분한 이해가 부족함, ❸ 학생 이해의 증거인 학생의 실생활과 연계 없는 교수활동이 전개됨.
    ㉢ 극복방안 : 빅 아디어를 중심으로 교과내용을 재구성하고, 실생활과 연계된 학생의 활동 중심 수업을 전개함.

(4) 특징
① 타일러의 합리적 모형을 바탕으로 브루너의 모형을 결합한 모형임.
② 목표, 내용, 평가가 일치하는 교육과정 설계가 가능함.
③ 성취평가제(절대평가제)에 대비한 수업 운영
④ 목표 설정과 평가계획을 통합한 설계를 통해 교육에 대한 책무성을 강조

❷ 교육과정 연구(교육과정학)

(1) **교육과정 연구의 전개 과정**: 파이너(Pinar)의 「교육과정 이론화: 재개념주의자(Curriculum Theorizing: The Reconceptualist)」(1975)

교육과정학	개발모형	특징	대표자
전통주의 (1920~1960)	이론적 개발모형(합리적·체제적 접근)	• 이론화와 실천화 중시 • 가치 중립성 추구 → 탈역사, 탈정치, 탈윤리 • 체제와 상호 작용 중시(기술적, 관료주의) • 실용주의에 기초	• 보비트 • 타일러 • 타바
개념-경험주의 (1960~1970)	실제적 개발모형(지적·학구적 접근) → 경성교육과정(사회과학)	• 이론화와 실천화 중시(실천화를 더 강조) • 가치 중립성 추구 → 탈역사, 탈정치, 탈윤리 • 자연과학적 연구방법 중시(논리, 탐구방법) • 논리 실증주의에 기초	• 슈왑 • 워커 • 브루너
재개념주의 (1970's~)	예술적 개발모형(인본적·심미적 접근) → 연성교육과정(인문과학)	• 이론과 실천보다 이념, 목적, 본질 지향성 • 가치 추구성 → 기술성, 과학성, 객관성 거부 • 신교육사회학의 이론적 접근 • 교육과정 '이해' 패러다임	• 아이즈너 • 파이너 • 지루 • 애플

(2) **재개념주의**
  ① 개념: 전통적 교육과정 접근방법의 한계를 비판하고 교육과정 이해에 관심을 가진 교육과정 사회학자들의 관점
  ② 특징
    ㉠ 교육과정 이해 패러다임: 이론과 실천보다 이념, 목적, 본질 지향성 중시
    ㉡ 가치(이데올로기) 지향적 관점 중시
    ㉢ 교육과정 사회학의 이론적 관점: 특정 이데올로기부터 학생들 삶의 해방 추구
  ③ 대표자: 파이너(Pinar) 애플(Apple), 지루(Giroux), 아이즈너(Eisner) 등

(3) **파이너(Pinar)의 실존적 재개념화**: 쿠레레(currere) 방법론
  ① 교육과정학 탐구의 실존적 재개념화: 교육과정 연구를 '교육과정 개발'이 아닌 '교육과정 이해'로 패러다임 전환
  ② 교육과정 연구 목적: 인간의 실존적 해방 → 추상화·이론화·표준화된 개인의 삶에서 벗어나 직접적·구체적·실존적 개인의 경험을 회복
    ㉠ 쿠레레(currere)의 의미 → 교육과정은 실존적 체험과 반성, 개인의 인생행로에 대한 해석
      예 "교육과정은 그 어원인 쿠레레에 복귀해야 한다."
    ㉡ 쿠레레 방법론: 개별적 경험의 특별한 의미 이해를 위한 정신분석적 4단계

단계	의미
회귀 (소급)	과거를 현재화하는 단계 → 자신의 실존적 경험을 회상하면서 기억을 확장하고, 과거의 경험에 관한 정보를 수집하고, 최대한 생동감 있게 묘사하는 단계
전진	미래에 대한 논의 단계 → 자유연상 기법을 통해 아직 현실화되지 않은 자신의 미래의 모습을 상상해 보는 단계
분석	현상학적 방법을 통해 회귀와 전진을 거친 후에 현재로 다시 돌아오는 단계 → 과거, 미래, 현재를 연결하고 있는 복잡한 관계를 분석하는 과정으로, 과거의 교육적 경험으로 인해 형성된 자신의 삶을 분석하는 단계
종합	생생한 현실로 돌아가 내면의 목소리에 귀를 기울이고, 자기에게 주어진 현재의 의미를 자문하는 단계

제3절 교육과정 운영

❶ 교육과정 운영(실행)의 개념
개발된 교육과정을 학교와 교실에서 실천에 옮기는 과정

❷ 교육과정 운영 이론

(1) 스나이더(Snyder)의 교육과정 운영 관점(1992)

구분	교육과정 운영 개념	내용
충실도 관점 (이행)	계획된 교육과정	• 법으로 정한 의무를 행동에 옮김, 외부 전문가(개발자)의 요구에 맞추어 성과를 내기 위하여 행동하는 것 ⓔ 중앙집권적 교육과정 • 교사는 수동적·소극적 역할 담당
생성 관점	창조된 교육과정	• 자발적인 행위를 통하여 무엇을 만들어 가는 과정 • 교사는 주체적·능동적 역할 담당: 학생들을 위하여 학교와 교실의 복잡·특수한 환경에 맞추어 교육과정을 운영 ⓔ 지방분권적 교육과정
상호 적응 관점	조정된 교육과정	• 외부 전문가(개발자)에 의해 개발된 교육과정이 학교나 교실 상황에서 운영자에 의해 조정될 수 있다고 보는 것 ⓔ 절충형 교육과정 • 외부 전문가와 학교 내부의 교육과정 운영 담당자 간의 상호작용 → 정치적 관점

(2) 홀(Hall)의 교사의 관심에 기초한 교육과정 적용 모형(CBAM; Concerns-Based Adaption Model)

① 교육과정에 대한 교사의 관심 수준 7단계

관심별 단계		관심수준의 표현정도
무관심	(1단계) 0. 지각적 관심 (awareness)	새 교육과정에 대해 관심이 없음.
자신에 대한 관심	(2단계) 1. 정보적 관심 (information)	새 교육과정에 대해 대체적인 것(ⓔ 특징, 효과)을 알고 싶어함.
	(3단계) 2. 개인적 관심 (personal)	새 교육과정 실행이 자신과 주변에 어떤 영향을 끼치는지 알고 싶어함.
업무에 대한 관심	(4단계) 3. 운영적 관심 (management)	새 교육과정의 운영과 관리에 관심이 있음.

	(5단계) 4. 결과적 관심 (consequence)	새 교육과정 실행이 학생들에게 미치는 영향에 관심
결과에 대한 관심	(6단계) 5. 협동적 관심 (collaboration)	새 교육과정 실행을 위해 다른 교사들과 협동·조정에 관심
	(7단계) 6. 개선적 관심 (refocusing)	새 교육과정 수정(보완)을 통해 더 좋은 결과를 가져 올 방법에 대한 관심 → 강화적 관심

② 교사의 관심 수준에 기초한 교육과정 운영 수준(level of use) 8단계
  ❶ [수준 0] 실행하지 않는 단계(Non-Use)
  ❷ [수준 I] 초보적 입문 단계(Orientation): 교육과정 혁신에 대한 정보 인식 및 필요조건 탐색
  ❸ [수준 II] 준비 단계(Preperation): 실행을 위한 준비
  ❹ [수준 III] 기계적 실행 단계(Mechanical use): 단기적 실행에 초점
  ❺ [수준 IV] 일상화 단계(Routine): 안정화된 실행
  ❻ [수준 V] 정교화 단계(Refinement): 교육과정 혁신이 학생에게 미치는 영향 숙지 및 혁신을 실행
  ❼ [수준 VI] 통합화 단계(Integration): 자신과 동료들의 활동을 통합
  ❽ [수준 VII] 개선 단계(Renewal): 현행 교육과정 혁신의 대안 및 새 목표 탐색

❸ 교육과정 운영 실제

(1) 모형도

교육목표의 설정 → 학습경험의 선정 → 학습경험의 조직 → 평가

(2) 교육목표 설정
  ① 타일러(Tyler): 2원 목표 분류 → 내용(지식) 차원, 행동(인지과정) 차원
  ② 블룸(Bloom): 교육목표 분류학 → 행동적 영역의 목표를 인지적 영역(Bloom, 1956), 정의적 영역(Bloom & Krathwohl, 1964), 심리운동적 영역(Harrow, 1972)으로 세분화

인지적 영역	지식, 이해력, 적용력, 분석력, 종합력, 평가력 → 복합성(복잡성)의 원칙
정의적 영역	감수, 반응, 가치화, 조직화, 인격화 → 내면화의 원칙
신체적 영역	반사적 운동, 초보적 운동, 운동지각능력, 신체적 운동기능, 숙련된 운동, 동작적 의사소통

㉠ **인지적 영역**의 목표 분류 : **복잡성**의 원칙

지식(Knowledge)	이미 배운 내용을 기억했다가 재생할 수 있는 능력
이해력 (Comprehension)	지식을 바탕으로 자료의 의미를 파악하는 능력 ◉ 번역(translation), 해석(interpretation), 추리(extrapolation)
적용력 (Application)	추상 개념을 기초로 새로운 문제 사태에 사용하여 문제를 해결할 수 있는(problem solving) 능력
분석력 (Analysis)	주어진 자료를 구성부분으로 분해하고 부분 간의 상호관계와 그것이 조직되어 있는 방법을 발견하는 능력 ◉ 요소분석, 관계분석, 조직원리의 분석
종합력 (Synthesis)	여러 개의 요소나 부분을 전체가 하나가 되도록 묶는 능력(≒ 창의력) ◉ 독특한 의사전달방법의 창안 능력, 조작의 계획 및 절차의 창안 능력, 추상적 관계의 추출 능력
평가력 (Evaluation)	어떤 준거나 규준을 활용하여 자료의 가치를 판단하는 능력 ◉ 내적 준거에 의한 평가, 외적 준거에 의한 평가

㉡ **정의적 영역**의 목표 분류 : **내면화**의 원칙

감수 (感受, Receiving, 수용)	어떤 현상이나 자극에 대하여 수동적인 반응을 보이는 것
반응 (反應, Responding)	주의집중을 넘어 특정 현상이나 자극에 대해 어떤 활동적·적극적인 반응을 보임, 적극적 반응(≒ 흥미)
가치화 (Valuing)	어떤 사물이나 현상·행동에 대하여 그 의미와 가치를 부여하여 내면화하는 행동 ◉ 가치의 수용, 가치의 선호, 가치의 확신
조직화 (Organizing)	여러 가지 가치의 비교와 연관을 통해 가치를 종합하고 자기 나름대로 일관성 있는 가치체계를 확립하는 단계 ◉ 가치의 개념화, 가치체계의 조직
인격화 (Characterization, 성격화)	가치체계를 바탕으로 지속적이고 일관성 있고 확고한 행동이나 생활양식으로 발전하여, 그의 인격의 일부로 내면화되는 단계 ◉ 일반화된 행동태세, 인격화

☑ 개인에게 습관화된 생활양식(life style)을 '성격', 사회 구성원들이 공유하는 생활양식을 '문화'라고 함.

(3) **교육내용의 선정과 조직**
  ① 현대 교육내용 선정 원리

전이(파급효과)의 원리	전이가 높은 교육내용(예 기본개념, 원리)일 것
타당성의 원리	교육내용이 일반목표 달성에 도움을 주는 것이어야 할 것
중요성의 원리	학문을 구성하는 가장 중요한 것을 교육내용으로 선정할 것
유용성의 원리	생활에 유용한 내용으로 선정할 것
교수·학습 가능성의 원리	교수자에게는 가르칠 수 있는 내용이어야 하고, 학습자에게는 배울 수 있는 내용이어야 할 것
내적·외적 관련성의 원리	선정되는 내용들은 그 학문 분야 내에서 다른 내용들과 상호 유기적 관계를 형성하고 있어야 할 것

  ② 현대 교육내용 조직 원리
    ㉠ 수직적 조직원리 : 시간의 연속성을 토대로 교육내용을 연관되게 배치하여 수업의 효율성을 높이는 것 예 계속성, 연속성, 계열성, 균형성

연속성 (continuity)	수직적 연계성 → 이전에 배운 내용과 앞으로 배울 내용의 관계성, 특정 학습의 종결점이 다음 학습의 출발점과 잘 맞물리도록 조직
계열성 (sequence)	교육내용을 가르치는 순서 → 어떤 내용을 먼저 가르치고 어떤 내용을 나중에 가르칠 것인가를 결정하는 것 예 연대순 방법, 주제별 방법, 단순에서 복잡으로의 방법, 전체에서 부분으로의 방법, 논리적 선행요건 방법, 추상성의 증가에 의한 방법, 학생들의 발달단계에 의한 방법

    ㉡ 수평적 조직원리 : 같거나 비슷한 시간대에 연관성 있는 교육내용을 배치하여 학습의 효율성을 도모하는 것
       예 스코프(scope), 통합성, 균형성, 건전성(보편타당성), 다양성

스코프 (scope, 범위)	특정한 시점에서 학생들이 배우게 될 내용의 폭(교과목의 이름)과 깊이(교과별 배당시수)
통합성(integration)	서로 관련 있는 내용들을 동시에 혹은 비슷한 시간대에 배열하는 것 → 수평적 연계성(계속성)
균형성(balance)	• 수평적·수직적 차원에서 여러 학습경험들이 어느 한 쪽으로 치우침이 없어야 함. 예 지·덕·체의 조화로운 발달 도모 • 수업전략 : 융통성 있는 수업시간계획(block time), 집단교수(team teaching)
건전성(보편타당성)	건전한 민주시민으로서 지녀야 할 경험(예 가치관, 태도)으로 조직
다양성(개인차)	학생들의 다양한 흥미, 필요, 능력에 부합될 것

(4) 교수·학습의 과정

(5) 교육과정 평가

스터플빔(Stufflebeam)의 CIPP모형	① 맥락(Context)평가(요구평가) ② 투입(Input)평가 ③ 과정(Process)평가 ④ 산출(Product)평가
부참(Beauchamp)의 교육과정 평가	① **교육과정 개발과정에 대한 평가(맥락)**: 교육과정 개발의 절차와 참여인사가 어떠했는지를 평가 ② **교육과정 설계에 대한 평가(설계)**: 교육목표 설정, 교육내용 선정·조직, 교육과정 구성의 체제 및 목표와 내용의 진술 등을 평가 ③ **교사들의 교육과정 운영에 대한 평가(실행)**: 교수전략과 실제적인 교수활동을 평가 ④ **학생들의 학습성과에 대한 평가(성과)**: 인지적·정의적·기능적인 행동변화 정도를 평가

제4절 교육과정 유형

❶ 공식적(의도적) 교육과정: 제1의 교육과정

1. 교육과정 결정의 3요소: 교과, 학습자, 사회

교과(학문)	① 교과중심 교육과정, ② 학문중심 교육과정, ③ 성취지향 교육과정
학습자(개인)	① 경험중심 교육과정, ② 인간중심 교육과정, ③ 인지주의 교육과정, ④ 구성주의 교육과정
사회	① 생활적응 교육과정, ② 직업준비 교육과정, ③ 중핵교육과정, ④ 사회개조 교육과정

2. 교육과정 유형: 교육과정 역사 또는 전개과정에 따른 구분

✧ 교과중심, 경험중심, 학문중심, 인간중심 교육과정의 비교

구분	교과중심 교육과정	경험중심 교육과정	학문중심 교육과정	인간중심 교육과정
연대	1920년대 이전까지	1930~1950's	1960~1970's	1970~1980's
교육 목적	문화유산의 전달, 이성의 계발	생활인(적응인) 양성, 성장	탐구력 배양, 지적 수월성 도모	전인적 인간 형성, 자아실현
철학 배경	(구)본질주의, 항존주의	진보주의	구조주의, (신)본질주의, 인지심리학 (Piaget)	실존주의, 현상학, 인본주의 심리학
특징	• 교사 중심 교육 • 논리적·체계적 학습 • 계통학습 • 지적 영역의 학습	• 아동 중심 교육 • 문제해결력 함양 • 과외활동 중시 • 전인교육 중시	• 탐구과정과 방법 중시 • 지식의 구조 중시 • 나선형 교육과정 • 핵심적 확신, 대담한 가설	• 잠재적 교육과정 중시 • 통합 교육과정 중시 • 인간주의적 교사 (수용, 공감적 이해, 진정성) • 학교 환경의 인간화
유형	분과형, 상관형, 융합형, 광역형	활동형, 생활형, 생성형, 중핵형	나선형	
교육 내용	문화유산 + 기본 지식(3R's), 진리	생활 경험 (광의의 경험)	지식의 구조	포괄적 내용(지·덕·체), 실존적 경험
교육 과정 조직	분과형 (논리적 배열)	통합형 (심리적 배열)	나선형 (절충형 배열)	균형성, 필요충족성, 다면충족성
교육 방법	강의법(반복적 교수를 통한 지식 주입)	문제해결학습 (Dewey), 구안법(Kilpatrick)	발견법(Bruner), 탐구법	성장
정의	교수요목 (教授要目)	계획된 경험	지식 탐구과정의 조직(지식의 구조)	경험의 총체 (의도적 + 비의도적 경험)
전이 이론	형식도야설	동일요소설	일반화설(동일원리설), 형태이조설	

(1) 교과중심 교육과정
① 개념: 학교의 지도하에 학생이 배우는 모든 교과와 교재
   예 서양의 7자유과, 동양의 6예, 교수요목(syllabus)
② 특징: ㉠ 교사 중심 교육과정, ㉡ 전통적·보편적 교육과정, ㉢ 형식도야설, ㉣ 본질주의와 항존주의에서 중시, ㉤ 일률적인 교재 학습
③ 유형: ㉠ 분과(교과) 교육과정, ㉡ 상관(관련) 교육과정, ㉢ 융합(통합) 교육과정(간학문적 설계, 공통내용별 통합 → 교과 간 경계선이 약화), ㉣ 광역 교육과정(다학문적 설계, 교과목별 또는 주제별 통합 → 교과 간 경계선 유지)
④ 장점과 단점

장점	단점
• 지식의 전달이 용이(체계적 조직) • 문화유산의 전달이 용이 • 초임교사도 쉽게 운영 가능 • 교수-학습활동에의 통제가 용이 • 교육평가 및 측정에 용이 • 교육과정의 중앙집권적 통제가 용이 • 사전 계획성으로 인해 교사, 학생, 학부모들에게 안정감을 제공	• 학생들의 필요·흥미 무시 • 고등정신 능력 함양 곤란 • 수동적 학습태도 형성 • 민주적 태도나 가치 형성 곤란 • 단편적인 지식 주입 • 경쟁적 풍토 조장(상대평가의 경우) • 실제 생활문제와의 유리 및 비실용적 지식 전달

(2) **경험중심 교육과정**
① 개념: 학교의 지도하에 학생들이 가지게 되는 모든 경험 → 의도적 경험
② 특징: ㉠ 아동 중심 교육과정, ㉡ 경험·생활 중시, ㉢ 동일요소설, ㉣ 진보주의에서 중시, ㉤ 생활인(적응인)의 육성 또는 성장, ㉥ 교과 못지않게 교과외 활동(예 동아리활동, 봉사활동) 중시
③ 유형

활동중심 교육과정	학습자의 흥미나 요구에 기초 예 구안법(Kilpatrick)
생활영역 교육과정	생활 또는 사회기능 중심 예 가정생활, 이웃생활, 학교생활
생성(현성) 교육과정	사전 계획 없이 교육현장에서 교사와 학생이 함께 구성 → '만들어 가는 교육과정'
중핵(필수) 교육과정	중심 과정+주변 과정, 교과의 선을 없애고 학습자 요구 및 사회문제 중심 설계 → 탈학문적 설계에 해당

④ 장점과 단점

장점	단점
• 학습자의 흥미와 필요가 자발적 활동을 촉진 • 현실적이고 실제적인 생활문제를 해결할 수 있는 능력 함양 • 민주시민으로서의 자질 함양 용이 • 학교와 지역사회와의 유대 강화 • 개인차에 따르는 학습 용이 • 급격한 사회 변화에 적응하는 인간 육성 용이	• 학생의 기초학력 저하 초래 • 교육시간의 경제성을 무시 • 교육과정 분류의 준거가 명확하지 못함. • 사전에 계획하지 않기 때문에 행정적 통제가 어려움. • 조직상의 논리적인 체계가 부족함. • 직접경험에서 얻어진 원리나 사실을 새로운 장면에 적용하기 어려움.

(3) 학문중심 교육과정

① 개념 : 학문은 '(특정)교과의 내용', 즉 '지식의 구조' → 피아제(Piaget)의 인지발달이론, 후기본질주의와 구조주의 교육철학에 기초

> 🔖 **브루너(Bruner)의 확신과 가설**: 「The Process of Education」(1960)
> 1. 핵심적 확신 : 학자들이 하는 일이나 학생들이 하는 일이나 모든 지식활동은 근본적으로 동일하다. → 발견(탐구) 중시
> 2. 대담한 가설 : 어떤 발달단계에 있는 어떤 아동에게도 가르칠 수 있다. → '표현방식(표상화) 이론'

② 특징

  ㉠ 교육목적 : 유목화(categorization, 개념화) 능력 신장 → 지적 수월성(intellectual excellence) 향상

> "시대는 각각 독특한 형태의 꿈을 안고 있으며 이 꿈이 교육의 모양을 결정한다. 오늘날 우리 시대의 특징이라고 할 만한 것은 무엇인가? 그것은 질적으로 우수한 교육, 지적 성취를 위한 교육에 대한 관심이 넓게 새로이 고조되고 있다는 것이다."
> – 「교육의 과정(The Process of Education)」(1960) 서론

ⓛ **교육내용** : '지식의 구조(structure of knowledge)'

개념	어떤 교과의 '기본 개념과 기본 원리', '일반적 아이디어', 탐구과정, 학자들이 하는 일, 교과언어(subject language) 예 우산, 향성(向性), 삼각형
특징	❶ 교육과정 조직: 나선형 교육과정(계열성의 원리), ❷ 교수·학습방법: 발견학습(교사의 지시 최소화, 학습자가 스스로 답을 발견 → 학습방법의 학습), ❸ 학습전이: 일반화설(동일원리설), 형태이조설(구조적 전이설), ❹ 학습동기: 내재적 동기(예 발견의 기쁨), ❺ 문제해결과정에서 직관적(통찰적) 사고 중시
요건	❶ 표현방식[작동적(enactive) ➡ 영상적(iconic) ➡ 상징적(symbolic)], ❷ 경제성(기억해야 할 정보의 양이 적다), ❸ 생성력(전이가 높다)
장점	❶ 학습내용에 대한 쉬운 이해, ❷ 장기적 파지(기억), ❸ 높은 전이가(파급효과), ❹ 초등지식과 고등지식 간의 간격 축소

③ 장점과 단점

장점	단점
• 지식과 기술의 폭발적 증가에 대처(지식의 경제성 중시) • 장기적 파지(기억) • 고등정신능력 함양: 지적 수월성 확보 • 초등지식과 고등지식 간의 간격 축소 • 높은 학습 전이(파급효과)가 가능 • 탐구(발견) 과정에서 나타나는 창의적 사고를 통해 교육의 질 향상	• 정의적 교육에 소홀 • 우수한 학생에게 유리한 '소수 정예주의 교육과정' → 학교교육의 비인간화 초래 • 특정 교과(예 과학, 수학)를 우선한 교과 간 분절현상으로 교육과정 전반 균형 상실 • 순수 지식만을 강조함으로써 학교 밖의 실생활과 유리됨. • 교사가 지식의 구조를 충분히 이해하기 어려움.

(4) **인간중심 교육과정**

① 개념: 학생들이 학교생활을 하는 동안에 가지게 되는 모든(의도적＋비의도적) 경험

② 특징: ㉠ 실존주의 철학과 인본주의 심리학에 기초, ㉡ 교육 목적은 자아실현 및 전인적 인간 양성, ㉢ 잠재적 교육과정 중시, ㉣ 통합적 교육과정 중시, ㉤ 학교 환경의 인간화 중시, ㉥ 인간주의적 교사(무조건적 존중, 공감적 이해, 진정성)를 요구

③ 장점과 단점

장점	단점
• 전인교육을 통한 전인적 성장 가능 • 학습자의 개별적인 자기성장 조장 • 학습자의 긍정적 자아개념 형성 • 교수·학습 과정에서 개방적·자율적 분위기 조성 • 교육과 교육환경의 인간화에 기여	• 교사들의 투철한 교육관 확립 요구 • 행정적 조건 정비(예 과밀학급 개선, 경쟁적 입시풍토 개선)가 선행되어야 함. • 개인의 성장만을 중시하고 교육과 사회와의 관계를 경시할 수 있음. • 개념이 모호하고 이론 자체가 미비함.

(5) **통합적 교육과정**

① 개념 : 단원 및 경험의 통합 중시 → 학습 내용보다는 학습 과정을, 지식 체계보다는 지적 활동을, 논리보다는 학습자 심리를 강조

② 효과 : ㉠ 지식의 효율성 증대, ㉡ 학습자의 발달수준과 필요 존중 및 전인적 발달 촉진, ㉢ 사회문제 해결에 효율적 대처

③ 유형
  ㉠ 인그람(Ingram) : 수직적 통합, 수평적 통합, 교육과정 통합 → 평생교육적 관점 중시
  ㉡ 드레이크(Drake) : 다학문적 통합, 간학문적 통합, 탈학문적 통합 → 교육과정 통합의 관점 중시

다학문적 통합	• 하나의 주제를 상호 독립적인 개별 교과의 측면에서 통합적으로 다루는 형태 예 광역 교육과정 • 각 교과는 상호 독립적이면서 하나의 주제를 여러 각도에서 접근하는 방법 → 각 교과의 독립성(정체성) 유지
간학문적 통합	• 여러 교과들에 공통적인 내용(예 주제, 개념, 문제, 방법, 기능 등)을 중심으로 각 교과의 내용을 재구성하는 방법 예 융합 교육과정 • 개념, 방법, 절차 등의 유사성을 공통분모로 새롭게 교과나 학문을 결합하는 통합임 → 각 교과 간의 독립성이 약화됨
탈학문적 통합	• 교과 외적인 주제(예 학습자의 흥미, 사회문제 등)를 중심으로 교과의 구조를 무시하고 자유로이 통합하는 형태 예 중핵 교육과정 • 교과의 경계가 완전히 사라지는 통합방식임. → 교과 독립성 소멸

❷ **잠재적 교육과정(latent curriculum)** : 제2의 교육과정

(1) **개념** : 숨은(hidden), 비공식적(informal) 교육과정 → 잭슨(P. W. Jackson)의 「교실의 생활(Life in classroom)」(1968)

① 학교에서 의도하지 않았던 학습결과를 초래하는 교육과정
  ㉠ 의도와는 다른 결과 ◉ 과학시간 조별 실험 활동하면서 친구 간에 사이가 나빠짐.
  ㉡ 의도 안 했는데 학습 ◉ 우리 반 영어 선생님 때문에 영어 과목이 좋아짐.
② 학교의 상황을 통하여 학생들이 은연중(隱然中)에 가지게 되는 경험의 총체

(2) **잠재적 교육의 장(원천)**

① 학교의 생태 : 잭슨(Jackson) → 군집성(crowd), 상찬(평가, praise), 권력관계(power)

군집성	서로 다른 계층의 학생들이 모여 학교생활을 통해 상호 간에 어울리는 방법을 배운다.
상찬 (賞讚, 평가)	학생들은 상호 간 또는 교사 평가를 관찰학습 함으로써 살아가는 방법을 배운다.
권력관계	학생은 학교에서 교사와 학교 권위에 적응하는 것을 배운다.

② 학교의 장[물리적 조건, 학교제도 및 행정조직, 사회·심리적 상황(◉ 학교 풍토와 문화)], 인적 구성요소(◉ 학교행정가, 교사, 학생, 학부모)
③ 사회 환경

(3) **특징** : ① 정의적 영역(◉ 태도, 가치관 형성 등)과 관련, ② 학교교육의 전 상황과 관련(교사가 제일 중요), ③ 바람직하지 못한 내용도 학습

표면적 교육과정	의도적·계획적 으로 학습	인지적 영역 학습	단기적 학습	바람직한 내용 학습
잠재적 교육과정	무의도적으로 학습	정의적 영역 학습	장기적 학습	바람직한 내용과 바람직하지 못한 내용 모두 학습

(4) **교육적 의의**

① 교육과정의 개념 확장 : 개발(의도·계획) ➡ 이해(결과·산출)
② 교육평가의 개념 확장 : 목표 중심 평가 ➡ 탈목표 중심 평가
③ 학교교육에 대한 당위적 진술보다 사실적 진술에 관심 : 학교교육의 이해 증진을 위해 질적 연구(문화기술지) 확산
④ 학교교육과 교육과정 효율성 제고에 기여 : 공식적 교육과정과 잠재적 교육과정이 조화를 이룰 때 학교교육의 효과성 증가

❸ 영(零) 교육과정(null curriculum) : 제3의 교육과정

(1) **개념** : 배제된 교육과정 → 아이즈너(Eisner)의 「교육적 상상력」(1979)

① (교육과정 개발) '법적인 구속력이 있는 공적인 문서에 포함되지 않은' : 배울 만한 가치가 있는데도 불구하고 공적인 문서에 빠진 교육내용

> **예** 음악 교과서에 클래식은 포함되었으나 대중음악은 빠짐, 교육과정에 철학·심리학을 배제

② (교육과정 실행) '학습할 기회가 없는' : 공식적 교육과정에 포함되어 있으나 교사에 의해 가르쳐지지 않은 모든 내용

③ 학생들이 공식적 교육과정 동안에 놓치게 되는 기회학습내용

(2) **발생 원인** : 교육과정 개발자 또는 실행자(교사)의 ① 타성(惰性)이나 고정관념(편견), ② 의욕 부족, ③ 무지(無知)

(3) **특징**

① 교육과정을 인본주의적·심미적 관점에서 접근
② 공식적 교육과정의 필연적 부산물
③ '교육과정 사회학'의 접근방법
④ 잠재적 교육과정의 특수한 형태로 이해되기도 함.

(4) **잠재적 교육과정과 영 교육과정의 비교**

구분	잠재적 교육과정	영 교육과정
의도성 측면	학교에서 의도하지 않은 교육과정	학교에서 의도적으로 배제한 교육과정
기능면	교육환경의 잠재적 기능에 초점을 둠.	학습기회의 박탈에 초점을 둠.
공통점	① 공식적 교육과정에 명시되어 있지 않음, ② 공식적 교육과정의 필연적 부산물, ③ 공식적 교육과정을 비판, ④ 교육과정 이해 패러다임	

제5절 우리나라의 교육과정

❶ 교육과정 개발 방식: 중앙집권형과 지방분권형

구분	중앙집권형	지방분권형
장점	• 전국적으로 통일된 교육과정(전국적·공통적 교육과정) • 학교급 및 학교 간 교육과정의 연계성 충족 • 질 높은 수준의 교육과정 개발(RDD 모형; 연구·개발·보급 모형) • 국가와 사회적 대변혁 시기에 총체적 대응에 도움.	• 지역과 학교의 특수성에 부합하는 다양한 교육과정 개발 • 교사들의 참여로 전문성 신장(교육과정 사소화 문제 극복) • 상황 변화에 신속하고 유연한 대응 • 민주적인 교육풍토 조성 • 학습자의 자발적 학습 촉진
단점	• 교육과정 운영의 획일화·경직화 • 권위주의적 교육풍토 조성 • 즉각적인 수정의 어려움. • 교사배제 교육과정으로 교육과정 사소화 문제 발생 • 지역, 학교, 학습자의 특수성에 부합하는 다양한 교육과정 운영의 어려움.	• 질 높은 교육과정 개발의 어려움. • 학교급 및 학교 간 교육과정 연계성 부족 • 교육개혁의 전파가 어려움. • 지역, 학교 간 격차가 심화될 가능성이 높음.

❷ 우리나라 교육과정의 전개 과정

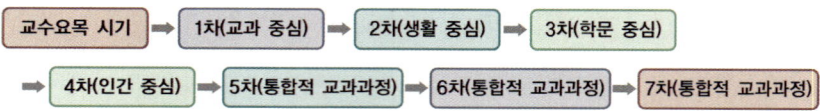

교수요목 시기 → 1차(교과 중심) → 2차(생활 중심) → 3차(학문 중심) → 4차(인간 중심) → 5차(통합적 교과과정) → 6차(통합적 교과과정) → 7차(통합적 교과과정)

교육과정 구분		편제 및 특징
교수요목기 (1946~1954)		교수요목(syllabus): 교과 지도내용을 상세히 기술한 문서 → 각 교과별 단원명과 내용요소·이수시간 수 제시
제1차 교육과정 (1954~1963) -교과중심 교육과정	의미	교과과정: 각 교과목 및 기타 교육활동의 편제
	편제	교과활동, 특별활동
	특징	• '교과과정'이란 용어 사용('교육과정' 용어 ×) • 특별활동의 최초 편성 • 생활 중심의 단원 학습

제2차 교육과정 (1963~1973) - 생활(경험) 중심 교육과정 ※ 1969년 부분 개정	의미	교육과정: 학생들이 학교의 지도하에 경험하는 모든 학습활동의 총체
	편제	교과활동, 특별활동, 반공도덕활동
	특징	• '교과과정'에서 '교육과정'으로 명칭 변경 • 총론(학교급별)과 각론(과목별, 특별활동별)으로 편성 • 특별활동 영역 구분: 학급활동, 학생회 활동, 클럽활동, 학교행사 • 고등학교 교육과정에 '단위제' 도입 → 50분 기준(1교시) 17주 학습량 • 제1차 유치원 교육과정 편성(1969)
제3차 교육과정 (1973~1981) - 학문 중심 교육과정	편제	교과활동, 특별활동
	특징	• 기본 방향: 국민교육헌장의 이념 구현 • '지식의 구조' 중시 • '도덕'과 및 '국사'과를 독립 교과로 신설(중학교), 자유 선택과목 신설(고교)
제4차 교육과정 (1981~1987) - 인간 중심 교육과정	편제	교과활동, 특별활동
	특징	• 교육과정 개발의 전문화 도모(KEDI에 위탁) • 통합 교육과정의 개념 도입(초 1·2): 바른생활(국어 + 사회 + 도덕), 슬기로운 생활(산수 + 자연), 즐거운 생활(체육 + 음악 + 미술) → 교과 통합 • 중학교: 진로교육 개념의 도입, 자유선택과목 신설
제5차 교육과정 (1987~1992) - 통합적 교육과정	편제	교과활동, 특별활동
	특징	• 기초교육의 강화: 국어·산수(초), 과학(중) • 초 1~2학년 통합교과에서 국어, 산수를 분과 독립 • 초 1학년에 '우리들은 1학년' 추가 • 통합 교육과정의 시행: 교과 중심 + 경험 중심 + 학문 중심 + 인간 중심의 영역별 통합 → 교육과정 통합 • 1교과 다교과서 체제 도입(초등학교): 국어(말하기·듣기, 읽기), 산수(산수, 산수익힘책)
제6차 교육과정 (1992~1997) - 통합적 교육과정 ※ 1995년 부분 개정	편제	교과활동, 학교재량시간(초 3~6년), 특별활동
	중점	교육과정 결정의 분권화, 교육과정 구조의 다양화, 교육과정 내용의 적정화, 교육과정 운영의 효율화 → 중앙-주변 모형 (center-periphery model: CPM)
	특징	• 교육과정 결정의 분권화(국가, 지역, 학교 수준 교육과정) • 초등학교: 교과 전담 교사제(3~6학년, 체육, 음악, 미술, 영어), 영어교육 실시(초3, 1997년), 산수를 수학으로 개칭 • 중학교: 필수교과 축소(13 ➡ 11교과) • 고등학교: 보통교과와 전문교과의 구분

제7차 교육과정	편제	교과활동, 재량활동(교과 재량, 창의적 재량), 특별활동(자치활동, 적응활동, 계발활동, 봉사활동, 행사활동)
	특징	① 국민공통 기본교육과정: 1~10학년(초1-고1) → 교과, 재량활동, 특별활동으로 편성 　• 수준별 교육과정(단계형, 심화보충형) ② 학생선택중심 교육과정 도입: 고 2·3(11, 12년) → 교과, 특별활동으로 편성 　• 교과군 개념: 제1교과군(인문·사회), 제2교과군(과학·기술), 제3교과군(예·체능), 제4교과군(외국어), 교양과목군 → 과목선택형 수준별 교육과정
2007 개정 교육과정	편제	교과, 재량활동, 특별활동
	특징	• 고등학교 선택중심 교육과정 개선: 선택과목군 6개로 확대 (예·체능 과목군 ➡ 체육 과목군, 예술 과목군) • 수준별 교육과정에서 수준별 수업으로 전환 • 계기교육에 대한 근거 마련
2009 개정 교육과정 (미래형 교육과정)	편제	교과활동, 창의적 체험활동(자율활동, 동아리활동, 봉사활동, 진로활동)
	특징	• 공통교육과정(초1~중3)과 선택교육과정(고1~고3)으로 편성 • 학기당 이수 교과목 수 축소(8개 과목 이하) 　- 학년군 설정: 초(1~2/3~4/5~6), 중(1~3), 고(1~3) 　　→ 집중이수 원활 　- 교과(군) 설정: 초·중학교는 신설, 고교는 재분류 → 초 1·2(5개), 초3~6(7개), 중(8개), 고(기초, 탐구, 체육·예술, 생활·교양 등 4개 영역, 8개 교과군) • 교과목별 20% 범위 내에서 수업시수 자율 증감 허용 • 창의적 체험활동 편성: 특별활동과 창의적 재량활동을 통합 • (초) '우리들은 1학년' 폐지 → '창의적 체험활동'에 반영 • (중) 선택과목에 '진로와 직업' 교과 추가 • (고) 고교 모든 교과 선택(단, 국어, 수학, 영어는 필수)
2013 개정 교육과정	특징	• 교과(군)별 수업 시수를 20% 범위 내에서 증감 운영 가능 [단, 체육, 예술(음악/미술) 교과목은 기준 수업 시수 감축 편성 불가] • 중학교 '학교 스포츠클럽 활동'을 편성·운영 　- '창의적 체험활동'의 '동아리활동'으로 편성 　- 학년별 연간 34~68시간(총 136시간) 운영, 매 학기 편성 　- 교과(군)별 시수의 20% 범위 내에서 감축하거나, 창의적 체험활동 시수를 순증(純增)하여 확보

❸ 교육과정 운영

(1) **법적 근거**: 「초·중등교육법」 제23조(교육과정)
(2) **운영체제**: 국가, 지역, 학교 수준의 교육과정
   ① 국가교육위원회: 국가 수준의 교육과정 기준과 내용에 관한 기본사항 결정
   - ☑ 교육감: 지역실정에 맞는 기준과 내용 결정
   - ☑ 국가교육위원회의 관장 사무: ❶ 국가교육발전계획 수립(매 10년), ❷ 국가교육과정의 기준과 내용 고시, ❸ 교육정책에 대한 국민의견 수렴·조정
   ② 교육부장관: 교육과정 운영 지원계획 수립·시행
   ③ 시·도 교육청: 지역 수준의 교육과정 편성·운영지침 작성 제시
   ④ 교육지원청: 학교 교육과정 편성·운영 장학자료 작성 제시
   ⑤ 학교: 학교 수준의 교육과정 편성·운영
      ㉠ 학교 수준의 교육과정의 의미: 해당 학교의 구체적인 실행 과정, 해당 학교의 교육운영 세부 시행계획
      ㉡ 편성·운영 절차

준비 (계획)	1. 학교 교육과정위원회 조직과 편성계획 수립 2. **국가교육과정 기준과 지침의 내용 분석**: ① 국가교육위원회 고시 교육과정 기준과 내용, 교육청 지침 및 교육지원청 장학자료 분석, ② 관계 법령, 교육시책, 지표, 과제의 분석 3. **각종 실태조사 분석과 시사점 추출**: ① 교직원 현황, 학교여건, 학생과 학부모 실태, 지역사회 특성 조사 및 분석, ② 교원·학생·학부모의 요구 조사 및 분석, ③ 전년도 교과, 창의적 체험활동 등의 운영실태 평가 및 분석
편성	4. **학교 교육과정 편성·운영의 기본 방향 설정**: ① 학교장의 경영철학 및 학교 교육목표 설정, ② 교과, 영역, 학년별 교육중점 제시 5. **학교 교육과정 시안 작성**: ① 편제와 시간배당, 수업일수 및 시수 결정, ② 교과, 창의적 체험활동 시간의 운영계획 수립, ③ 생활지도 계획 수립, ④ 교과전담 운영, 특별교실 및 운동장 활용 계획, ⑤ 기타 학교 운영 전반에 필요한 계획 수립 6. **학교 교육과정 시안의 심의 및 확정**: ① 시안의 심의, 검토 분석, ② 시안의 수정 및 보완 7. **개별화 교육과정의 작성**: ① 개별화 교육운영위원회 조직, ② 공통기본 교육과정 적응 곤란 학생 선별, ③ 학생 및 학부모의 요구 반영 8. **교수·학습 지도계획 수립**: ① 교육내용 결정, ② 교육방법 결정, ③ 학습형태 및 학습조직 결정, ④ 학습매체의 선정
운영	9. **학교 교육과정의 운영**: ① 지속적인 연수 실시, 교내 자율장학의 활성화, ② 운영과정의 문제점에 대한 탄력적 대처, ③ 장학협의를 통한 교육과정의 수정·운영, ④ 학교조직의 재구조화
평가	10. **학교 교육과정의 평가와 개선**: 내년도 교육과정 개선을 위한 의사결정

❹ 2015 개정 교육과정 : 미래형 교육과정, 역량중심 교육과정

(1) **추구하는 인간상**

① 홍익인간의 교육 이념과 인간상(❶ 자주적인 사람, ❷ 창의적인 사람, ❸ 교양 있는 사람, ❹ 더불어 사는 사람)을 바탕으로, 미래 사회가 요구하는 핵심역량을 함양하여 바른 인성을 갖춘 '창의융합형 인재'를 양성하는 데에 중점을 둠.

② **핵심역량**

> 1. 자아정체성과 자신감을 가지고 자신의 삶과 진로에 필요한 기초 능력과 자질을 갖추어 자기주도적으로 살아갈 수 있는 자기관리 역량
> 2. 문제를 합리적으로 해결하기 위하여 다양한 영역의 지식과 정보를 처리하고 활용할 수 있는 지식정보처리 역량
> 3. 폭넓은 기초 지식을 바탕으로 다양한 전문 분야의 지식, 기술, 경험을 융합적으로 활용하여 새로운 것을 창출하는 창의적 사고 역량
> 4. 인간에 대한 공감적 이해와 문화적 감수성을 바탕으로 삶의 의미와 가치를 발견하고 향유하는 심미적 감성 역량
> 5. 다양한 상황에서 자신의 생각과 감정을 효과적으로 표현하고 다른 사람의 의견을 경청하며 존중하는 의사소통 역량
> 6. 지역·국가·세계 공동체의 구성원에게 요구되는 가치와 태도를 가지고 공동체 발전에 적극적으로 참여하는 공동체 역량

(2) **개정의 주요내용**

① 인문·사회적 소양 함양과 인성교육 강화 : 예술·체육교육 활성화, '통합사회' 과목 신설

② 과학기술에 대한 소양을 함양 : '통합과학' 과목 신설, 소프트웨어(SW) 교육 강화 → 2018년 중학교 「정보」 교과에 연간 34시간 의무화, 2019년 초등학교 5, 6학년 「실과」 교과에 연간 17시간 의무화

③ 안전의식을 내면화할 수 있도록 안전 교과(초1 - '안전한 생활') 또는 단원 신설(초3 이상)

④ 고교 교과(군)별 필수이수 단위 : 국어, 수학, 영어, 한국사, 통합사회 10단위, 통합과학(과학탐구실험 포함) 12단위

⑤ 교육과정에 부합하는 수능 및 대입 제도 도입 검토

(3) **초·중·고 학교급별 개정의 중점**: 총론 중심 개정
  ① 초등학교: 유아 교육과정(누리과정)과 연계를 강화하고, 창의적 체험활동 영역에 수업시수를 주당 1시간 늘려 확보된 시수는 '안전한 생활' 교과 등으로 운영
  ② 중학교: 자유학기제(2016년 도입)의 운영 근거를 마련
  ③ 고등학교: 모든 학생이 배워야 할 필수내용으로 '공통과목'을 구성하여 기초소양을 함양할 수 있게 하되 내용과 수준을 적정화

  > ㉠ 학생이 적성과 진로에 따라 맞춤형으로 교육받을 수 있도록 선택과목으로 '일반선택'과 '진로선택' 개설
  > ㉡ 공통과목은 국어·영어·수학·사회·과학으로 하되, 사회/과학은 '통합사회' 및 '통합과학' 개발
  > ㉢ 기초교과(국어, 수학, 영어, 한국사)의 이수단위를 교과 총이수단위의 50%를 넘지 않게 함, 특성화고 교육과정은 국가직무능력표준(NCS)와 연계

(4) **학교 급별 교육과정 편성·운영의 기준(기본사항)**
  ① 공통 교육과정(초1~중3)과 선택중심 교육과정(고1~3) 편성·운영
  ② 학년군 설정: 학년 간 상호연계와 협력 → 학교교육과정 유연한 편성·운영
  ③ 교과군 재분류(공통 교육과정의 교과): 교육 목적상의 근접성, 학문 탐구 대상 또는 방법상의 인접성, 생활양식에서의 연관성 등 고려
  ④ 선택중심 교육과정의 교과: 기초영역 학습 강화 + 진로 및 적성에 맞는 학습 가능 → 4개의 교과영역 구분 & 교과(군)별 필수 이수단위 제시
  ⑤ 고등학교 교과: 보통교과와 전문교과로 구분 → 보통교과에 공통과목 개설(예 공통사회, 공통과학) & 모든 학생 이수
  ⑥ 집중이수 실시: 학습 부담 적정화 & 의미 있는 학습활동
  ⑦ 창의적 체험활동: 학생의 소질과 잠재력 계발 및 공동체 의식 함양
  ⑧ 범교과 학습 주제(예 인성교육, 진로교육, 민주시민교육, 인권교육, 다문화교육, 통일교육, 환경교육 등)는 교육활동 전반에 걸쳐 통합적 교수
  ⑨ 학교는 필요에 따라 계기 교육 실시

❺ 2022 개정 교육과정: 교육부고시 제2022-33호

1. **주제**: 더 나은 미래, 모두를 위한 교육
2. **추진체계**: 국민과 함께하는 교육과정
3. **비전**: 포용성과 창의성을 갖춘 주도적인 사람
4. **개정 방향**
   (1) 미래 사회에 대응할 수 있는 능력과 기초 소양 및 자신의 학습과 삶에 대한 주도성 강화
   (2) 학생들의 개개인의 인격적 성장을 지원하고 구성원 모두의 행복을 위한 공동체 의식 강화
   (3) 학생들이 자신의 진로와 학습을 주도적으로 설계하고, 적절한 시기에 학습할 수 있는 학습자 맞춤형 교육과정 마련
   (4) 학생이 주도성을 기초로 역량을 기를 수 있는 교과 교육과정 마련

5. **개정 중점**
   (1) 미래 사회가 요구하는 역량 함양이 가능한 교육과정
   (2) 학습자의 삶과 성장을 지원하는 맞춤형 교육과정
   (3) 지역·학교 교육과정 자율성 확대 및 책임 교육 구현
   (4) 디지털·인공지능(AI) 교육환경에 맞는 교수·학습 및 평가체제 구축

6. **학교급별 개정 사항(총론)**
   (1) **공통 사항**
   ① 추구하는 인간상과 교육목표
     ㉠ 추구하는 인간상: ❶ 자기 주도적인 사람, ❷ 창의적인 사람, ❸ 교양 있는 사람, ❹ 더불어 사는 사람
     ㉡ 핵심가치

자기 주도성	창의와 혁신	포용성과 시민성
주체성, 책임감, 적극적 태도	문제해결, 융합적 사고, 도전	배려, 소통, 협력, 공감, 공동체 의식

   ㉢ 핵심역량: ❶ 자기관리 역량, ❷ 지식정보처리 역량, ❸ 창의적 사고 역량, ❹ 심미적 감성 역량, ❺ 협력적 소통 역량, ❻ 공동체 역량
   ㉣ 교육목표: 학교급별 학생 발달단계 및 학습 수준 등을 고려하고 교육적 인간상, 핵심역량과 연계하여 교육 목표 체계화

② 미래 사회 및 환경변화에 대응하는 교육내용 강화
  ㉠ **교육목표**: 환경·생태교육(생태전환교육), 민주시민교육 등을 교육목표에 반영 ➡ 모든 교과와 연계하여 교육
  ㉡ **기초소양**: 여러 교과를 학습하는 데 기반이 되는 언어, 수리, 디지털 소양 등을 기초소양으로 강조하고 총론과 교과에 반영 ➡ 디지털 소양[(초) 학교자율시간+실과 34시간, (중) 학교자율시간+정보 68시간 (고) 정보교과 신설과 선택과목 개설 등]
③ 분권화를 바탕으로 한 학교 교육과정 자율성 확대: 학교자율시간 편성·운영
  → 지역 연계 및 다양하고 특색 있는 교육과정 운영
  ㉠ 초·중학교 교과(군)별 및 창의적 체험활동의 20% 범위에서 시수 증감(단, 체육, 예술(음악/미술) 교과는 기준 수업 시수 감축 편성·운영 불가)
  ㉡ (초) 3~6학년별로 학교자율시간 편성·운영 **예** 3학년(지역연계생태환경, 디지털 기초소양), 4학년(지속 가능한 미래, 우리고장 알기), 5학년(지역과 시민, 지역 속 문화탐방), 6학년(인공지능과 로봇, 역사로 보는 지역)
  ㉢ 지역과 학교의 여건 및 학생의 필요에 따라 학교가 결정하되, 학생의 선택권을 고려하여 다양한 과목을 개설·운영 → 시·도 교육감 지침 준수
  ㉣ 학교 여건에 따라 연간 34주를 기준으로 한 교과별 및 창의적 체험활동 수업 시간의 학기별 1주의 수업 시간을 확보하여 운영
④ 학교급 전환시기의 진로연계교육 강화
  ㉠ 학교급 간 교과 내용 연계와 진로 설계, 학습 방법 및 생활 적응 등을 지원하기 위한 진로연계학기 신설: 상급학교 진학하기 전(초6, 중3, 고3) 2학기 중 일부 기간을 활용하여 진로연계학기 운영

⭐ **진로연계 학기 운영 예시**

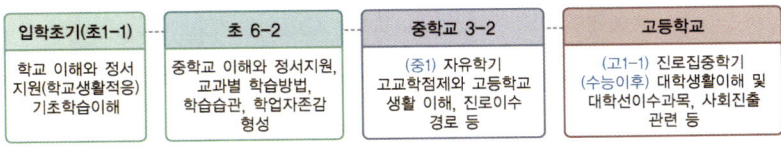

입학초기(초1-1)	초 6-2	중학교 3-2	고등학교
학교 이해와 정서 지원(학교생활적응) 기초학습이해	중학교 이해와 정서지원, 교과별 학습방법, 학습습관, 학업자존감 형성	(중1) 자유학기 고교학점제와 고등학교 생활 이해, 진로이수 경로 등	(고1-1) 진로집중학기 (수능이후) 대학생활이해 및 대학선이수과목, 사회진출 관련 등

⑤ **창의적 체험활동** 개선: 자율자치 활동, 동아리 활동, 진로 활동 3개 영역으로 재구조화 ➡ 봉사활동은 동아리 및 진로 활동으로 통합
⑥ **안전교육 개선**: '안전한 생활' 교과 폐지
  ㉠ 초1~2학년: 기존의 '안전한 생활' 성취기준, 내용요소를 통합교과로 재구조화하여 교과와 연계한 생활 중심 안전교육 강조

| 안전한 생활 (64시간) | → 개선 | 바른 생활 (16시간) | + | 슬기로운 생활 (32시간) | + | 즐거운 생활 (16시간) |

ⓒ 초 3학년 이후 : 과학, 체육, 실과, 보건 등 관련 교과(목)의 '안전' 대단원을 통해 전 학교급에 걸친 체계적인 안전교육 실시

⑦ 범교과 학습 주제 개선 : 범교과 학습 주제는 관련 주제를 교과와 창의적 체험활동 등 교육 활동 전반에 걸쳐 통합적으로 다루도록 하고, 지역사회 및 가정과 연계하여 지도

> 안전·건강 교육, 인성 교육, 진로 교육, 민주시민 교육, 인권 교육, 다문화 교육, 통일 교육, 독도 교육, 경제·금융 교육, 환경·지속가능발전 교육

(2) **초등학교**
① 입학 초기 적응 활동 개선(1학년) : 입학초기 학교 적응 활동(창의적 체험활동 34시간)+국어시간 활용하여 한글 해득 교육 강화(한글 해득 및 익힘 시간 34시간)
② 한글 해득 및 익힘 학습(1~2학년) : 한글 익힘 수준에 따른 맞춤형 교육과 놀이와 연계한 한글 익힘 학습 실시 ➡ 교과 학습 도입 초기부터 학습 격차 발생을 예방하여 기초학습의 토대 마련
③ 신체활동 강화(1~2학년) : '즐거운 생활' 교과를 재구조화하여 학생들의 발달단계에 맞는 실내외놀이 및 신체활동 내용을 강화 ➡ 주 2회 이상 실외 놀이 및 신체활동을 운영(144시간)

(3) **중학교**
① 자유학기제 편성·운영 개선
   ㉠ 자유학년제 폐지 ➡ 자유학기제(1학년 1/2학기 중 선택)와 진로연계 학기(3학년 2학기)로 운영
   ㉡ 자유학기활동 개선 : 주제선택 및 진로탐색활동 2개 영역으로 개편 ➡ 102시간 운영
② 학교스포츠클럽 활동 개선 : 동아리 활동으로 매 학기 운영 ➡ 연간 34시간 총 102시간 운영

(4) **고등학교**
① 고교학점제 기반 맞춤형 교육과정 구현 : 수업량 적정화(1학점은 50분 기준 16회 이수 수업량) 및 총 이수학점을 204단위에서 192학점으로 적정화 ➡ 교과 174학점[필수이수학점 84학점+자율이수학점 90학점]+창의적 체험활동 18학점

교과 영역	2020 개정			2022 개정		
	교과(군)	공통과목 (단위)	필수 이수단위	교과(군)	공통과목 (학점)	필수 이수학점
기초	국어	국어(8)	10	국어	국어(8)	8
	수학	수학(8)	10	수학	수학(8)	8
	영어	영어(8)	10	영어	영어(8)	8
	한국사	한국사(6)	6	사회 (역사/도덕 포함)	한국사(6)	6
탐구	사회 (역사/도덕 포함)	통합사회(8)	10		통합사회(8)	8
	과학	통합과학(8) 과학탐구실험(2)	12	과학	통합과학(8) 과학탐구실험(2)	10
체육 예술	체육		10	체육		10
	예술 (음악/미술)		10	예술 (음악/미술)		10
생활 교양	기술·가정/ 제2외국어/ 한문/교양		16	기술·가정/정보/ 제2외국어/ 한문/교양		16
	소계		94	소계		84
	자율편성 단위		86	자율 이수학점		90
	창의적 체험활동		24(408시간)	창의적 체험활동		18(288시간)
	총 이수단위		204	총 이수학점		192

☑ 학기 단위로 과목 편성하되, 기본 이수학점은 4학점으로 운영. 단, 과학탐구실험은 2학점으로 운영

② 교과목 재구조화 : 융합선택과목 신설
  ㉠ 교과는 보통교과와 전문교과로 운영
  ㉡ 보통교과는 공통 과목과 선택 과목으로 구분, 선택 과목은 일반 선택 과목, 진로 선택 과목, 융합 선택 과목으로 구분

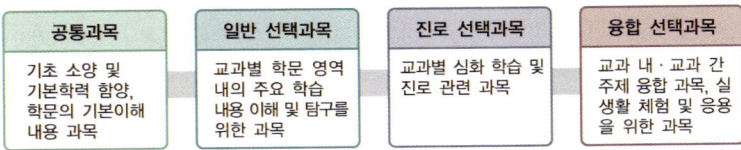

공통과목	일반 선택과목	진로 선택과목	융합 선택과목
기초 소양 및 기본학력 함양, 학문의 기본이해 내용 과목	교과별 학문 영역 내의 주요 학습 내용 이해 및 탐구를 위한 과목	교과별 심화 학습 및 진로 관련 과목	교과 내·교과 간 주제 융합 과목, 실생활 체험 및 응용을 위한 과목

  ㉢ 전문 교과는 전문 공통 과목, 전공 일반 과목, 전공 실무 과목으로 구분
③ 학생의 진로와 적성을 고려한 학습기회 확대
  ㉠ (특수목적고등학교) 전문교과Ⅰ에서 보통교과로 재구조화하여 일반고에서도 선택 가능
  ㉡ 학교단위 과목개설이 어려운 소인수 과목의 경우 온·오프라인 공동교육과정 운영

④ 직업계고 교육과정 개선: 전문교과Ⅱ를 전문교과로 재구성, 교과(군) 재구조화, 전문공통 과목 세분화
⑤ 고교학점제에 부합하는 성장 중심 평가체제 구축: 과목 이수기준(수업 횟수 2/3 이상 출석, 학업성취율 40% 이상) 충족 시 학점 취득, 미이수자 발생 시 보충 이수 지원 ➡ 3년간 192학점 이상 취득하면 졸업

7. 교육과정 적용 시기

2024	2025	2026	2027
초1·2	초3·4	초5·6	
	중1, 고1	중2, 고2	중3, 고3

8. 2015 개정 교육과정 대비 신구 대조표

구분			주요 내용	
			2015 개정	2022 개정
총론	교육과정 개정 방향		• 창의융합형 인재 양성 • 모든 학생이 인문·사회·과학기술에 대한 기초 소양 함양 • 학습량 적정화, 교수·학습 및 평가 방법 개선을 통한 핵심역량 함양 교육 • 교육과정과 수능·대입제도 연계, 교원 연수 등 교육 전반 개선	• <u>포용성과 창의성을 갖춘 주도적인 사람</u> • 모든 학생이 <u>언어·수리·디지털</u> 소양에 대한 기초 소양 함양 • 학습량 적정화, 교수·학습 및 평가 방법 개선을 통한 역량 함양 교육 • 교육과정과 수능·대입제도 연계, 교원 연수 등 교육 전반 개선
	공통 사항	핵심 역량 반영	• 총론 '추구하는 인간상' 부문에 6개 핵심역량 제시 • 교과별 교과 역량을 제시하고 역량 함양을 위한 성취기준 개발 ☑ 일반화된 지식, 핵심개념, 내용요소, 기능	• **총론 '추구하는 인간상' 개선**: 자주적인 사람 → 자기주도적인 사람 • **총론 6개 핵심역량 개선**: 의사소통 역량 → 협력적 소통 역량 • 교과 역량을 목표로 구체화하고 역량 함양을 위한 내용체계 개선, <u>핵심 아이디어</u> 중심으로 적정화 ☑ (개선) 지식·이해, 과정·기능, 가치·태도
		역량 함양 강화	• 연극교육 활성화 - (초·중) 국어 연극 단원 신설 - (고) '연극' 과목 일반선택으로 개설 • 독서교육 활성화	• <u>디지털 기초소양, 자기주도성, 지속가능성, 포용성과 시민성, 창의와 혁신</u> 등 미래사회 요구 역량 지향

	소프트웨어 교육 강화	• (초) 교과(실과) 내용을 SW 기초 소양교육으로 개편 • (중) 과학 / 기술·가정 / 정보 교과 신설 • (고) '정보' 과목을 심화선택에서 일반선택 전환, SW 중심 개편	모든 교과교육을 통한 디지털 기초 소양 함양 • (초) 실과+학교 자율시간 등을 활용하여 34시간 이상 편성 • (중) 정보과+학교 자율시간 등을 활용하여 68시간 이상 편성 • (고) 교과 신설, 다양한 진로 및 융합선택과목 신설(데이터과학, 소프트웨어와 생활 등)
	안전 교육 강화	• 안전 교과 또는 단원 신설 - (초 1~2) 「안전한 생활」 신설 (64시간) - (초 3~고3) 관련 교과에 단원 신설	• 체험·실습형 안전교육으로 개선 - (초 1~2) 통합교과 주제와 연계(64시간) - (초 3~고3) 다중밀집도 안전을 포함하여 체험·실습형 교육 요소 강화
	범교과 학습 주제 개선	• 10개 범교과 학습 주제로 재구조화	• 10개 범교과 학습 주제로 유지 ☑ (초·중등교육법 개정) 교육과정 영향 사전협의하도록 관련 법 개정
	창의적 체험 활동	• 창의적 체험활동 내실화 - 자율활동, 동아리활동, 봉사활동, 진로활동(4개)	• 창의적 체험활동 영역 개선(3개) - 자율·자치활동, 동아리활동, 진로활동 ☑ 봉사활동은 동아리 활동 영역에 편성되어 있으며, 모든 활동과 연계 가능
고등학교	공통 과목 신설 및 이수 단위	• 공통과목 및 선택과목으로 구성 • (선택과목) 일반선택과 진로선택 - 진로선택 및 전문교과를 통한 맞춤형 교육, 수월성 교육 실시	• 공통과목 및 선택과목으로 구성 • 선택과목은 일반선택과 진로선택, 융합선택으로 구분 - 다양한 진로선택 및 융합선택 과목재구조화를 통한 맞춤형 교육
	특목고 과목	• 보통교과에서 분리하여 전문교과로 제시	• 전문교과 보통교과로 통합(학생 선택권 확대), 진로선택과 융합선택으로 구분, 수월성 교육 실시
	편성 운영 기준	• 필수이수단위 94단위, 자율편성 단위 86학점, 총 204단위 • 선택과목의 기본단위 5단위(일반선택 2단위증감, 진로선택 3단위 증감가능)	• 필수이수학점 84학점, 자율이수학점 90학점, 창의적 체험활동 18학점 → 총 192학점 • 선택과목의 기본학점 4학점(1학점 내 증감가능)

	특성화고 교육과정	• 총론(보통교과)과 NCS 교과의 연계	• 국가직무능력표준 기반 교육과정 분류체계 유지 • 신산업 및 융합기술 분야 인력양성 수요 반영
	중학교	• 중학교 '교육과정 편성·운영의 중점'에 자유학기제 교육과정 운영 지침 제시	• 자유학기제 영역, 시수 적정화 ☑ (시수) 170시간→ 102시간 ☑ (영역) 4개→ 2개(주제선택, 진로탐색) • 학교스포츠클럽활동 시수적정화 ☑ (시수) 136시간→ 102시간
	초등학교	• 주당 1시간 증배, '안전한 생활' 신설 − 창의적 체험활동에서 체험중심 교육으로 실시 • 초등학교 교육과정과 누리과정의 연계 강화(한글교육 강화)	• 입학초기적응활동 개선 − 창의적 체험활동 중심으로 실시 • 기초문해력강화, 한글해득 강화를 위한 국어 34시간 증배 • 누리과정의 연계 강화(즐거운생활 내 신체활동 강화)
교과교육과정 개정 방향		• 총론과 교과교육과정의 유기적 연계 강화 • 교과교육과정 개정 기본방향 제시 − 핵심개념 중심의 학습량 적정화 − 핵심역량을 반영 − 학생참여중심 교수·학습방법 개선 − 과정중심 평가 확대	• 총론과 교과교육과정의 유기적 연계 강화 • 교과교육과정 개정 기본방향 제시 − 핵심아이디어 중심의 학습량 적정화 − 교과역량 교과 목표로 구체화 − 학생참여중심, 학생주도형 교수·학습방법 개선(비판적 질문, 글쓰기 등) − 학습의 과정을 중시하는 평가, 개별 맞춤형 피드백 강화
지원체제	교과서	• 흥미롭고 재미있는 질 높은 교과서 개발	• 실생활 맥락에서 학습자의 자기주도성과 소통협력을 이끄는 교과서 개발
	대입제도 및 교원	• 교육과정에 부합하는 수능 및 대입 제도 도입 검토 − 수능 3년 예고제에 따라 '17년까지 '21학년도 수능 제도 확정 • 교원양성기관 질 제고, 연수 확대	• 교육과정에 부합하는 대입 제도 도입 검토 − '24년까지 '28학년도 대입제도 개편안 확정·발표 • 교원양성기관 질 제고, 연수 확대

CHAPTER 06

교육심리학

제1절	발달이론
제2절	발달의 개인차
제3절	학습이론
제4절	학습의 개인차

Chapter 06 교육심리학

필수체크 Top point

1. **인지발달이론**: 피아제(Piaget)의 인지적 구성주의, 비고츠키(Vygotsky)의 사회문화적 구성주의
2. **성격 발달이론**: 프로이트(Freud)의 심리성적 이론, 에릭슨(Erikson)의 심리사회적 이론
3. **도덕성 발달이론**: 콜버그(Kohlberg)의 3수준 6단계 이론, 길리건(Gilligan)의 페미니즘적 윤리관
4. **지능**: 가드너(Gardner)의 다중지능, 스턴버그(Sternberg)의 삼원지능
5. **창의력**: 구성요인(유창성, 융통성, 독창성), 계발기법(브레인스토밍, 시넥틱스법, PMI)
6. **인지양식**: 장의존형과 장독립형, 속응형과 숙고형
7. **동기**: 귀인이론, 자기결정성 이론, 기대-가치 이론, 목표이론, 자기가치 이론, 켈러(Keller)의 ARCS
8. **행동주의 학습이론**: 파블로프(Pavlov)의 수동적 조건화, 스키너(Skinner)의 조작적 조건화
9. **인지주의 학습이론**
   ① 형태주의 학습이론: 베르트하이머(Wertheimer)의 가현운동, 쾰러(Köhler)의 통찰설, 레빈(Lewin)의 장이론, 톨만(Tolman)의 기호-형태설
   ② 정보처리 이론: 정보 저장소, 정보처리 과정, 메타인지
10. **사회학습이론(사회인지이론)**: 반두라(Bandura)의 관찰학습
11. **전이이론**: 형식도야설, 동일요소설, 일반화설, 형태이조설, 메타인지설
12. **방어기제**: 합리화, 투사, 동일시, 치환, 보상, 승화, 반동 형성, 억압, 부정, 고착, 퇴행

제1절 발달이론

❶ 발달(development)

(1) 개념
　① 인간의 전 생애(수정~죽음 이전)에 걸쳐 일어나는 모든 변화
　② 상승적 변화와 퇴행적 변화, 양적 변화와 질적 변화를 모두 포괄
　③ 발달의 영향 요인: 유전(성숙)+성장+학습

(2) **발달의 주요 원리**

분화통합성	발달은 '미분화 ➡ 분화 ➡ 통합화'의 과정을 통하여 체제화
연속성(점진성)	발달에는 비약이 없으며, 점진적·연속적으로 이루어짐.
상호작용성	발달은 유전(소질)과 환경(학습)의 상호작용의 결과
상호관련성	각 발달영역(⑩ 신체적·사회적·정신적 영역) 간에는 상호 영향을 미침. → 보상 원리가 적용되지 않음.
예언곤란성	연령 증가에 따라 발달 경향성을 예측하기가 어려움.
순서성	발달은 일정한 방향과 순서가 있음. ⑩ 전체 ➡ 부분, 머리(頭) ➡ 발끝(尾), 중앙 ➡ 밖, 중추신경 ➡ 말초신경, 구조 ➡ 기능
주기성과 불규칙성	장기적 발달은 계속적인 과정이나, 단기적인 발달은 일정하지 않음. ⑩ 발달단계의 순서는 불변, 발달단계의 도달 속도는 가변
개별성	발달에는 개인차(⑩ 개인 내적 차이, 개인 간 차이)가 있음.

(3) **발달연구** : 브론펜브레너(U. Bronfenbrenner)의 생태학적 이론
   ① 개요 : '맥락 속의 발달(development-in-context)' 혹은 '발달의 생태학(ecology of development)' → 유전과 환경의 상호작용 중시
   ② 인간발달의 환경체계 : '러시아 민속인형(마트료시카, Matroshka)의 비유'

공간 체계	미시체계	아동이 직접적으로(1차적으로) 접하는 환경 ⑩ 가정, 유치원, 학교, 또래집단, 놀이터
	중간체계	미시체계들 간의 상호관계, 즉 환경들 간의 관계, 아동이 적극적으로 참여하는 두 개 또는 더 많은 수의 환경들 간의 상호관계 ⑩ 가정과 학교의 관계, 가정과 또래 집단의 관계
	외(부)체계	아동이 직접적으로 접촉하지는 않지만 아동에게 간접적으로(2차적으로) 영향을 미치는 사회적 환경 ⑩ 이웃, 친척, 부모의 직장, 대중매체, 사회복지기관
	거시체계	미시체계, 중간체계, 외체계를 모두 포함 → 아동이 살고 있는 문화적 환경 전체 ⑩ 사회적 가치, 법, 관습, 태도
시간체계 (연대체계)		개인의 일생 동안에 걸쳐 일어나는 변화와 사회·역사적인 환경의 변화 ⑩ 부모가 이혼한 시점, 동생이 태어난 시점, 결혼관의 변화

(4) 발달단계이론 비교

영역	주창자	0~18개월 2(세)	18개월~ 3(4)세	3(4)~6(7)세 유치원	6(7)~12(11)세 초(저)	12(11)~18(14)세 초(고) & 중고교
인지	Piaget	감각 운동기	전개념기	직관적 사고기	구체적 조작기	형식적 조작기
			└─ 전조작기 ─┘			
성격	Freud (심리성적 이론)	구강기 (Id)	항문기 (Ego)	남근기 (Super-ego)	잠복기	생식기 (성기기)
	Erikson (심리사회 이론)	기본적 신뢰 vs(희망) 불신감	자율성 vs(의지) 수치심	주도성 vs(목적) 죄책감	근면성 (성취감) vs(능력) 열등감	자아정체감 (모라토리움) vs(충실) 역할 혼미
		성인초기 친밀감 vs(사랑) 고립감	성인중기 생산성 vs(배려) 침체성	성인후기 자아통일 vs(지혜) 절망감		
도덕성	Kohlberg (3수준 6단계)	(1) 벌과 복종에 의한 도덕성 (2) 자기중심의 욕구충족을 위한 수단			(3) 대인관계의 조화 (4) 법과 질서 준수	(5) 사회계약 및 법률 복종 (6) 양심 및 보편적 원리
		I (인습이전 - 전도덕기, 무율)			II (인습 - 타율)	III (인습이후 - 자율)

❷ 피아제(Piaget)의 인지발달이론

1. **개요**: 개인적 구성주의, 인지적(내생적) 구성주의, 급진적 구성주의
(1) **발생적 인식론(유전적 인식론)**: 지식(인식론)의 기원(발생) 탐구 → 관찰과 면접에 의한 임상적 방법을 통해 연구
(2) **인지적 구성주의**: ① 아동과 물리적 환경과의 상호작용을 통해 지식을 구성, ② 사고 > 언어, ③ 행동 ➡ 사고 ➡ 언어

(3) **핵심기제**: ① 평형화(equilibrium), ② 성숙(인지발달의 한계 제공), ③ 물리적 환경(인지도식 획득), ④ 사회적 전수(동질집단과의 상호작용 중시) → 도식 점검)

2. 인지기능과 인지구조

(1) **인지기능**: 환경에 적응하려는 선천적 불변의 경향성 → '평형화(equilibrium)'를 위한 적응과 조직화를 중시

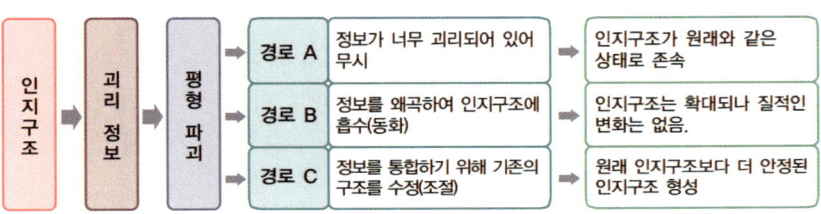

평형화(equilibrium) → 인지발달의 핵심기제		인간이 생존하기 위하여 자신의 내부 구조를 일정하게 유지하려는 본능적 경향성, 인지 갈등(불균형)을 극복하는 과정 → 평형화의 결과로 도식을 형성 ① 높은 수준의 평형화: 적응과 조직화로 구성 ② 낮은 수준의 평형화: 동화와 조절의 균형 상태
순응(적응) → 외적 측면	동화	• 환경자극을 기존의 틀(schema) 속으로 변형·흡수(≒ 포섭) • 도식의 양적 팽창 예 '강아지' 도식을 가진 유아가 '고양이'를 보고 '강아지'라고 말한다.
	조절	• 자신이 지닌 기존의 틀(도식)을 새로운 환경자극에 알맞게 수정 • 도식의 질적 변화 예 '강아지' 도식을 가진 유아가 '고양이'를 보고 '고양이'라고 말한다.
조직화 → 내적 측면		지식이나 정보를 순서화·체계화하여 상위범주로 통합하는 활동 예 개, 고양이, 사자, 호랑이를 포유류의 하위범주로 생각한다.

(2) **인지구조**: 인지발달은 인지구조의 질적 변화 과정(포섭적 팽창)

① 도식(schema)
   ㉠ 아동이 환경과 상호 작용을 하는 과정에서 구성한 행동 또는 사고의 조직화된 패턴, 과거 경험의 축적으로 만들어진 심리적인 틀
   ㉡ 도식을 통해 환경에 대해서 어떻게 반응할 것인지가 결정됨.
      예 행동도식(감각운동기), 상징도식(전조작기), 조작도식(구체적·형식적 조작기)
   ☑ 도식(schema)은 개인의 주관적 경험을 일반화(추상화)한 것이며, 개념(concept)은 사회 구성원들이 공유하는 일반화된 내용을 의미함. 예 학교라는 도식은 "선생님이 가르치고 친구들과 노는 곳"

② 인지구조(schemata)
　　㉠ 도식이 환경과 상호 작용을 통해 점차 성장하면서 개념적 차원으로 형성된 것 → 여러 개의 도식이 서로 연결되어 조직화된 전체적인 틀 ◍ 감각운동기(인지구조)는 빨기도식, 흔들기도식, 던지기도식 등의 결합으로 형성됨.
　　㉡ 세계에 대한 '이해의 틀'로, 세계에 대한 지각과 이해를 결정함.

3. 인지발달단계별 특징

(1) 개요
① 인지발달은 개인과 환경의 상호 작용의 결과
② 인지발달 기제: ㉠ 성숙(인지발달의 한계 제공), ㉡ 물리적 환경(도식의 획득), ㉢ 사회적 전수(비슷한 또래와의 상호 작용을 통해 도식의 점검 및 수정), ㉣ 평형화(핵심적 인지기능)
③ 인지발달단계 순서는 모든 문화권을 초월하여 불변(속도의 개인차는 인정)
　　→ 인지발달의 보편론(결정론)

> 🔨 **발달단계(developmental stage)**
> 1. 불변적 순서성(발달의 결정론 → 발달속도의 개인차는 인정)
> 2. 질적인 상이성(相異性)
> 3. 사고의 일반적인 속성(특정 단계 아동의 보편적인 속성)
> 4. 위계적 통합성(포섭적 팽창)
> 5. 모든 문화에 걸친 보편성(발달의 보편론)

(2) 인지발달단계별 인지적 특성
① 감각운동기(sensory-motor period ; 0 ~ 2세)

개념	**지능이 행동으로 표현**: 감각과 운동을 통해 외부세계 수용(행동 > 사고) → 대상의 획득 ◍ 3차에 걸친 순환반응
특징	❶ 목적 지향적 행동 ❷ **대상영속성(대상항구성**, 4 ~ 12개월): 표상능력의 획득, 사고발생의 지표, 감각-동작에서 감각-표상-동작으로의 전환 ❸ **지연모방**: 관찰학습을 통해 모델의 행동에 대한 표상 획득 ❹ 18개월 이후 행동하기 전에 사고하기 시작

② 전조작기(pre-operational period ; 2~7세)

개념	개념이나 사고발달이 불완전한 단계: 전개념기+직관적 사고기 → 상징(언어)의 획득 • 전개념: 불완전하고 비논리적 개념 • 직관적 사고(지각에 의한 사고): 사고발달이 불완전한 단계, 지각 > 사고

특징	❶ 가상놀이: 상징적 사고 예 소꿉놀이
	❷ 물활론적 사고(인상학적 사고): 생명이 없는 대상에 생명을 부여하는 비논리적 사고
	❸ 언어발달: 언어의 과잉 일반화, 자기중심적(비사회적) 언어
	   예 집단독백
	❹ 중심화(집중화): 분명하게 지각되는 한 면에만 초점
	❺ 자기중심적 사고: 다른 사람의 관점에서 생각하지 못함.
	   cf 세 산(山) 모형 실험
	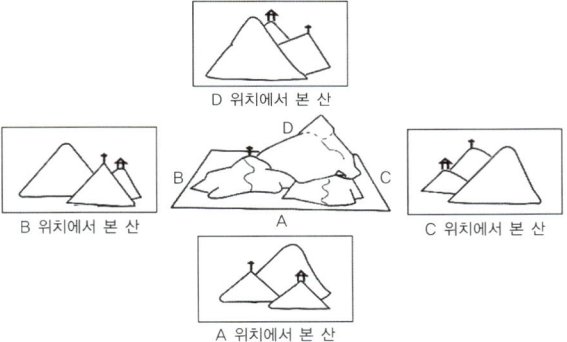
	세 산(山) 모형 실험(자기중심적 사고)
	❻ 불가역적 사고: 보존성 개념 획득 ×
	❼ 변환적 추론(환위추론): 특수 사례에서 특수 사례로 진행되는 오류
	❽ 전도추리: 전체와 부분, 상위개념과 하위개념을 혼동
	❾ 비전이성(비전환성): 변환능력(전이능력)의 제한
	❿ 꿈의 실재론: 꿈과 현실을 혼동
	⓫ 인공론적 사고: 사물과 현상을 사람의 필요에 의한 결과로 파악
	⓬ 상태적 사고: 과정을 무시하는 사고
	⓭ 전인과적 추리: 인과관계에 대한 추론능력의 제한

③ 구체적 조작기(concrete operational period ; 7 ~ 11세)

개념	관찰이나 실험 등 구체적 사물에 한해 논리적으로 사고 → 현실의 획득
특징	❶ 논리적 사고(객관적 사고, 귀납적 사고) : 개념을 문자 그대로 이해 ❷ 탈중심화 : 사물과 현상의 여러 측면을 고려 → 조망수용능력 획득, 언어의 사회화 ❸ 중다 분류(위계적 유목화) : 2개 이상 기준을 사용, 사물 분류 → 유목화 능력 발달 ❹ 중다 서열화 : 여러 기준(예 크기, 무게 등)을 사용, 사물을 차례대로 배열 ❺ 가역적 사고 : 사고 과정을 거꾸로 되밟아 가는 능력, 보존성(물체의 위치·모양이 달라져도 수·양 등 본질은 변함이 없다) 개념 획득 cf 비이커 실험 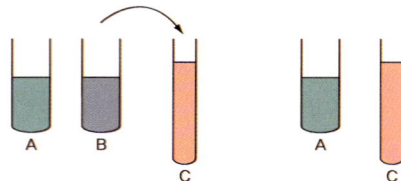 ☑ 수평적 위계화 : 동일한 가역성의 원리에 기초, 과제 형태에 따라 조작의 습득 시기가 달라지는 현상 　　예 수(6~7세), 질량(7~8세), 면적(8~9세), 무게(9~10세), 부피(14~15세) ❻ 전이적 추론 : A와 B를 비교하고, B와 C를 비교한 후에 A와 C의 관계를 추론 ❼ 공간적 추론 : 한 장소에서 다른 장소까지 갈 수 있는 방법을 제시 ❽ 비교 : 부분과 전체의 개념 이해 　　예 사과와 과일 중에서 과일이 더 크다.

④ 형식적 조작기(formal operational period ; 11~15세)

개념	언어나 기호라는 형식을 통해 사고 → 사고의 획득(현실과 추상의 구별)
특징	❶ 추상적 사고(반성적 추상화) : 내적 성찰, 개념의 추상적 의미를 이해 ❷ 가설·연역적 사고 : 가설을 설정하고 검증·결론을 도출 → 이상주의적 사고 　　예 가상적 청중에 대한 과민반응, 개인적 신화, 불사신 신화와 같은 자기중심적 사고 ❸ 조합적 사고(문제해결적·융합적 사고) : 다양한 해결책을 궁리 　　cf 색깔조합실험 ❹ 명제적 사고 : 명제들 사이의 관계에 대해 논리적 추론 　　예 삼단논법 ❺ 체계적 사고 : 각 변인을 분리하여 사고 ❻ 논리적 사고 : 과거·현재·미래를 연결하여 추론 → 3차원적 사고

4. 교육적 시사점과 한계

교육적 시사점	한계(비판)
① 아동의 인지발달단계에 기초하여 교육 ② 아동의 자발성 중시 : '꼬마과학자' ③ 교육은 인지구조의 변화과정 : 인지 부조화(인지갈등, 비평형화) 전략 ④ 교육목표 : (각 발달단계에 적합한) 사고력 신장 ⑤ (발달단계에 부합한) 교육과정 계열화 ⑥ 또래(동질집단)와의 사회적 상호작용 촉진 : 수준별 수업 → 인지 도식 검증 ⑦ 발견학습(Bruner), 구안법(Kilpatrick), 구성주의 학습에 영향	① 전조작기 아동의 인지발달을 과소평가 ② 형식적 조작기의 인지발달을 과대평가 ③ 인지능력과 수행능력 간 차이를 무시 ④ 인지발달과 정서발달 간 관계 고려 × ⑤ 인지발달에 있어 사회와 문화적 영향을 고려 × → 비고츠키의 탐구주제 ⑥ 발달단계 간 이행을 설명 × → 신피아제 이론가들(예 P. Leone, Case)의 관심사 ⑦ 정서성이 포함된 인지발달(예 문학, 예술)을 언급 × ⑧ 임상연구의 한계(표집 수의 제한)

❸ 비고츠키(Vygotsky)의 인지발달이론

(1) **개요** : 사회문화적 구성주의, 변증법적(맥락적) 구성주의

① **사회적 존재로서의 인간관** : 인지발달은 타인(예 성인, 뛰어난 동료)과의 사회적 상호 작용, 즉 사회학습의 결과
② **인지발달은 사회문화적 맥락의 영향을 받음** : 마르크스(Marx) 유물론에 토대
→ "물질(사회문화적 환경)이 인간의 의식(정신)을 결정한다."
③ 인지발달은 기본 정신기능(예 주의집중, 기억)이 고등정신기능(예 추리력, 추상적 사고)으로 발달하는 과정
④ 인지발달은 변증법적 교류에 의해 이루어짐.
⑤ **언어발달이 인지발달의 직접적인 기제** : 언어발달이 사고발달에 선행
  ㉠ 언어발달 과정 : ❶ 원시적(자연적) 단계 ➡ ❷ 순수 심리 단계(언어와 사고가 결합, 사회적 언어 출현) ➡ ❸ 자기중심적 언어(사적대화 : 혼잣말 & 유성언어) ➡ ❹ 내적 언어(사고, 즉 혼잣말 & 무성언어)

ⓒ 자기중심적 언어(사적 대화)에 대한 피아제와 비고츠키 주장 비교

구분	주요 특징
피아제 (Piaget)	• 전조작기의 자기중심적 사고(비논리적 사고)에서 비롯된 비사회적 언어 • 논리적 사고발달을 통해 자기중심적 언어가 점차 사라짐.
비고츠키 (Vygotsky)	• 자기지시 및 자기조절 사고의 수단 : 중요목표 달성 시, 장애물 발생 시 급증 → 문제해결을 위한 도구 • 사고발달을 촉진하는 지적 적응 수단 • 자기중심적 언어(독백)가 내적 언어로 진행되면서 논리적 사고가 발달

(2) 인지발달의 핵심 기제

① 내면화(internalization, 점유) : 사회적 과정이 심리적 과정으로 전이 → 언어를 통한 개인 간의 사회적 과정(mediation, 매개)이 아동 내부에서 심리적·주관적으로 재구성되는 과정

② 근접발달영역(ZPD) : 유사발달영역
  ㉠ 아동이 혼자 힘으로도 문제를 해결할 수 있는 '실제적 발달 수준(지루함)'과 타인(예 성인, 뛰어난 동료)의 도움을 받으면 해낼 수 있는 '잠재적 발달 수준(불가능함)' 사이 영역 → 아동의 현 인지수준에 인접해 있는 바로 위의 발달 수준
  ㉡ 성인이나 뛰어난 동료의 도움(scaffolding)을 통해 발달

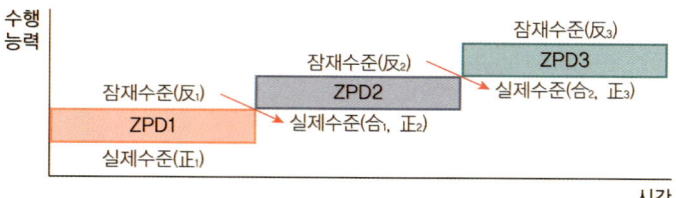

☑ 잠재수준이 실제수준으로 변화하면서 인지발달이 이루어짐.

③ 비계설정(scaffolding, 발판)

개념	학습의 초기 단계에서 교사가 아동의 학습을 돕기 위해 사용하는 다양한 방법과 전략
목적	독자적으로 학습하기 어려운 지식이나 기능의 학습을 돕는 것 → 아동이 지식을 내면화하여 독자적으로 사용할 수 있을 때까지 내면화 과정을 지지해 주는 것
방법	❶ 시범 보이기, ❷ 기초 기능 개발하기, ❸ 모델 제공하기, ❹ 오류 교정하기, ❺ 틀린 개념을 발견하고 수정하기, ❻ 동기 유발하기, ❼ 구체적·현실적 목표 제시하기, ❽ 피드백 제공하기, ❾ 절차 설명하기, ❿ 질문하기, ⓫ 수업자료 조정하기, ⓬ 소리 내어 생각하기, ⓭ 길잡이나 힌트(조언과 단서, prompt) 제공하기
구성 요소	❶ 협동적(공동적)인 문제해결, ❷ 상호주관성(intersubjectivity), ❸ 따뜻한 반응(예 칭찬, 격려 등), ❹ 자기조절 증진시키기, ❺ 심리적 도구(예 언어, 기억, 주의집중 등)와 기술적 도구(예 인터넷, 계산기 등) 활용, ❻ 근접발달영역 안에 머물기
유의 사항	❶ 초기 단계에서는 많은 도움을 제공하다가 점점 지원을 줄여 나감(fading), ❷ 완전한 해답을 제공하지 말 것, ❸ 근접발달영역 안에 부합되는 과제를 제시할 것

④ 역동적 평가(dynamic assessment)
  ㉠ 평가자(교사)와 학생 간의 역동적 상호작용을 중시하는 평가
  ㉡ 진행 중인 학생의 발달과정을 이해함으로써 미래에 나타날 발달 가능성을 평가 예 표준적 접근, 임상적(비표준적) 접근

✦ **고정적 평가와 역동적 평가의 비교**

구분	고정적 평가(Piaget)	역동적 평가(Vygotsky)
평가목적	교육목표 달성도 평가	향상도 평가
평가내용	학습결과 중시	학습결과 및 학습과정 중시
평가방법	• 정답한 반응수 중시 • 일회적·부분적 평가	• 응답의 과정이나 이유도 중시 • 지속적·종합적 평가(준거지향 평가)
평가상황	• 획일적이고 표준화된 상황 • 탈맥락적인 상황	• 다양하고 융통성 있는 상황 • 맥락적인 상황
평가시기	특정 시점(주로 도착점행동)	교수-학습 전 과정
평가결과 활용	선발·분류·배치	학습활동 개선 및 교육적 지도·조언
교수·학습활동	교수·학습과 평가활동 분리	교수-학습과 평가활동 통합

(3) **교육적 시사**
    ① 교육환경(인적 환경)이 인지발달에 중요
    ② 학습이 인지발달에 선행
    ③ 교사는 안내자·조언자
    ④ 미래 지향적 교육
    ⑤ 역동적 평가
    ⑥ 장애아 통합교육 중시[포이에르슈타인(Feuerstein)의 중재학습]

(4) **피아제 이론과의 비교**
    ① 공통점 : ㉠ 발달은 상호 작용적(역동적) 과정, ㉡ 능동적 학습자, ㉢ 지식은 구성적 산물
    ② 차이점

구분	피아제(Piaget)	비고츠키(Vygotsky)
지식관	개인적(인지적, 내재적) 구성주의	사회적(문화적, 맥락적, 변증법적) 구성주의
환경관	물리적 환경에 관심	역사적·사회적·문화적 환경에 관심
아동관	학습자가 발달에 주체적 역할(꼬마 과학자)	사회적 영향이 발달에 주요한 역할 (사회적 존재)
구조의 형성	평형화를 중시(개인 내적 과정)	내면화를 중시(대인적 과정에 의한 개인 간 의미 구성)
사고와 언어	사고(인지발달)가 언어에 반영	사고와 언어는 독립 ➡ 연합 ➡ 언어가 사고에 반영
발달적 진화	발달의 보편적·불변적 계열 → 결정론적 발달관	사회구조와 유기체 구조 간의 역동적 산물 → 발달단계 변화 가능
발달 양태	발달의 포섭적 팽창	발달의 나선적 팽창(심화·확대)
개인차	발달의 개인차에 관심 없음.	발달의 개인차에 관심 있음.
발달과 학습	발달이 학습에 선행	학습이 발달에 선행
상호 작용	다른 아동(또래)과의 상호 작용 → 아동 스스로 인지적 갈등 극복	유능한 아동이나 어른과의 상호 작용 → 타인에 의한 사회경험의 내면화
평가	정적 평가	역동적 평가
학습	현재 지향적 접근 → 현재 아동의 발달단계에 맞는 내용 제시	미래 지향적 접근 → 현재 발달수준보다 조금 앞서는 내용 제시
교사 역할	안내자(환경 조성자)	촉진자(성장 조력자)

③ 지식 구성에 대한 관점 비교

구분	피아제(Piaget)	비고츠키(Vygotsky)
기본적인 물음	모든 문화에서 새로운 지식은 어떻게 만들어지는가?	특정 문화 내에서 지식의 도구가 어떻게 전달되는가?
지식형성 과정	개인 내적 지식이 사회적 지식으로 확대 또는 외면화된다.	사회적 지식이 개인 내적 지식으로 내면화된다.
언어의 역할	상징적 사고의 발달을 돕지만, 지적 기능 수준을 질적으로 높여 주지는 않는다.	사고, 문화전달, 자기조절을 위한 필수적 기제 → 지적 기능 수준을 질적으로 높여 준다.
사회적 상호 작용	도식을 검증하고 확인하는 수단을 제공한다. → 동질집단	언어를 습득하고 생각을 문화적으로 교환하는 수단을 제공한다. → 이질집단
학습자에 대한 관점	사물과 개념(물리적 환경)을 적극적으로 조작한다.	사회적 맥락과 상호 작용에 적극적이다.
교수에 주는 시사점	평형화를 깨뜨리는 경험(비평형화)을 계획하라.	발판을 제공하라. 상호 작용을 안내하라.

❹ 성격발달이론

☑ 성격(personality)은 한 인간이 환경에 적응해 나가는 과정에서 비교적 일관성 있게 나타나는 개인 특유의 행동 및 사고양식을 말함. → 독특성・일관성・적응성・전체성을 지님.

1. 프로이트(Freud)의 성격발달이론

(1) **개요**: 심리성적이론(성적결정론), 심층심리학(무의식결정론), 메타심리학, 원초아(Id) 심리학 → 정신분석이론

(2) **성격의 구조**: 정신은 전체적인 성격을 의미 → 빙산이론

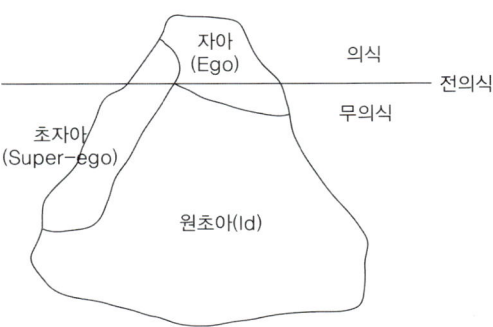

성격의 구조	역할과 의미	지배 원리	형성 시기	특징
원초아 (id, 원본능)	심리적 에너지의 원천 —Eros & Thanatos	• 쾌락(Eros) • 열반 (Thanatos)	생득적으 로 형성 (구강기)	• 생물학적 자아 • 1차 과정 사고
자아(ego)	• id와 superego의 중 재자(조정자) • 성격의 합리적 부분	현실	id로부터 형성 (항문기)	• 심리적 자아 • 성격의 집행관 • 2차 과정 사고
초자아 (super-ego)	• 도덕적 규제와 판단, 현실보다 이상 추구 • 학습된 도덕성 • 양심과 자아이상	• 도덕·윤리 • 양심	후천적으 로 학습 (남근기)	• 사회적·도덕적 자아 • 성격의 심판관 • 1차 과정 사고

(3) **성격발달단계**: 구강기(id) ➡ 항문기(ego) ➡ 남근기(super-ego) ➡ 잠복기 ➡ 생식기

① 개요
  ㉠ 리비도(libido)의 발생부위와 충족방식에 따라 성격발달단계를 유형화: 성적 욕구 충족시 다음 단계로 이행 → 욕구 불만 또는 과잉 충족시 성격적 고착(異常 성격) 발생
  ㉡ 성격의 기본 구조가 5~6세 이전에 완성, 그 이후는 기본 구조가 정교화

② 성격발달단계별 특징
  ㉠ 구강기: 구강적 쾌락 제공자에 대한 애착 형성, 원초아(id)가 발달
    → 'I get' 단계

구강 빨기 단계	과식, 흡연, 과음, 다변(多辯) 등, 의존적 성격
구강 깨물기 단계	손톱 깨물기, 남 비꼬기 등 적대적이고 호전적 성격
욕구 충족의 경험	낙천적 성격 형성 → 긍정적 신뢰감 형성

  ㉡ 항문기: 배변 훈련을 통해 대인 간 갈등 해결의 원형 형성, 자아(ego)가 발달 → 'I control' 단계

배변 훈련 엄격시 (항문 보유적 성격)	대소변 통제에 대한 불안 형성 → 결벽증, 지나친 규율 준수, 인색, 강박, 수전노, 융통성 없는 소극적 성격
배변 훈련 허술시 (항문 방출적 성격)	대변을 부적절하게 보는 공격적 성향 → 무절제, 기분파, 반사회적 행동 경향
욕구 충족의 경험	독창성, 창조성, 생산성, 자신과 사회의 원만한 관계 형성

ⓒ **남근기**: 성적 갈등(complex) 과정에서 초자아(super-ego) 형성
→ 'I am a Man' 단계, 성격발달의 결정적 시기

오이디푸스 콤플렉스	남아의 어머니에 대한 애정 갈구 현상: 아버지에 대한 적대감 ➡ 거세 불안증 ➡ 동일시(동성애) ➡ 성역할(남성다움) 습득 ➡ 초자아 형성
일렉트라 콤플렉스	여아의 아버지에 대한 애정 갈구 현상: 어머니에 대한 원망 ➡ 남근 선망 ➡ 동일시(동성애) ➡ 성역할(여성다움) 습득 ➡ 초자아 형성

ⓓ **잠복기**: 성적(이성애적) 관심 없음. 동성친구와의 학습, 지적 활동 왕성
→ 초등학교 입학 시기
ⓔ **생식기**: 이성애(Hetero-sexuality) → 부모로부터 독립 욕구가 출현*
 * 홀링워쓰(Hollingworth)는 심리적 이유기(離乳期)라고 부름.

(4) **교육적 의의**: ① 초기 경험(조기교육)의 중요성, ② 성격의 무의식적 결정 요인 강조
(5) **비판점**: ① 수동적 존재로서의 인간, ② 문화적 특수성 경시, ③ 여성에 대한 편견, ④ 과학적 정확성이 결여, ⑤ 상황 변인이 성격 형성에 미치는 영향 무시

2. 에릭슨(Erikson)의 성격발달이론: 심리사회적 이론 → 「아동기와 사회」(1950)

(1) **개요**: 심리사회적 이론(대상관계 이론) → 최초로 아동 정신분석 시도, 성인기의 발달단계를 최초로 구분, 성격·정서·사회성 발달의 통합
(2) **특징**: ① 발달의 결정적 시기(심리·사회적 위기 또는 발달과업), ② 양극이론(긍정 > 부정 → '창조적 균형'), ③ 자아(ego)심리학, ④ 전 생애를 통한 발달(8단계), ⑤ 점성설*(점진적 분화의 원리 → 후성설)
 * 발달은 타고난 기본계획(ground plan)을 바탕으로 각 부분들이 저마다 적절한 시기에 형성된다.

(3) **성격발달단계**

심리-사회적 위기	프로이트 (Freud)	덕목	특징
기본적 신뢰 vs. 불신감	구강기	희망	부모로부터의 사랑이 일관적·지속적·동질적일 때 기본적 신뢰 형성 → 성격발달의 토대 형성
자율성 vs. 수치심(의심)	항문기	의지	혼자 걷기, 배변 훈련 등 자신의 요구와 부모의 요구가 조화를 이룰 때 자율성 발달

주도성 vs. 죄책감	남근기	목적		놀이와 자기가 선택한 목표 행위가 격려를 받을 때 주도성 형성
근면성 vs. 열등감	잠복기	능력		가정일보다 학교에서의 성취에 관심, 인정받을 때 근면성(성취감) 형성 → 자아 개념 형성기
자아정체감 vs. 역할 혼미	생식기	충실		급속한 신체 변화와 사회적 요구에 따라 새로운 자아를 탐색, 내적 동질성 확보 시 정체감 형성 → 심리적 유예기(모라토리움)
친밀감 vs. 고립감		사랑		친구나 애인, 동료 간 관계 만족 시 친근감 형성
생산성 vs. 침체성		배려		후세대의 성공적 발달을 돕는 것이 최대 관심
자아 통일 vs. 절망감	↓	지혜		지나온 생애에 대한 성찰의 시기

☑ 점성설에 따르면 1~7단계는 성격적 특징이 '분화'되어 형성되며, 8단계는 분화된 특성이 '통합'되는 단계임.

(4) 프로이트와의 비교

프로이트(Freud)	에릭슨(Erikson)
• **심리성적 발달이론**: id심리학 • 가족관계 중시 → 엄마의 영향 강조 • 리비도의 방향 전환 • 무의식 • 발달의 부정적인 면 → 이상(異常)심리학 • 청년기 이후 발달 무시: 5단계 • 과거지향적 접근	• **심리사회적 발달이론**: ego심리학 • 사회적 대인관계 중시 • 개인에 대한 가족과 사회의 영향 • 의식 • 발달의 긍정적인 면 → 양극 이론 • **전 생애를 통한 계속적 발달**: 8단계 • 미래지향적 접근

(5) 교육적 시사점

유치원 아동	자기주도적인 활동을 최대한 허용, 아동들의 주도성 형성
초등학교 학생	도전적 경험과 지지, 피드백을 제공하여 유능감 형성 지원 @ 현실적 목표 설정 및 실행 기회 제공, 적당한 실수에 대해 관대하게 대하기
중·고등 학교 학생	열린 마음으로 학생들 스스로 문제 해결할 수 있도록 격려하고, 사춘기의 불확실성을 공감하며, 허용 가능한 행동 범위의 한계를 확실하게 규정 → 확고하고 애정 어린 지원 제공 @ 직업선택과 성인의 역할에 대한 많은 모델 제시, 학생의 개인 문제 해결 조력, 청소년들의 일시적인 유행에 대해 인내심 갖기, 학생들의 잘못에 대해 실제적 피드백 제공

(6) 에릭슨 이론에 대한 비판
① 성격, 정서 및 사회성 발달에서 (특정) 문화가 차지하는 역할을 간과
② 남성 중심적 연구: 여성의 경우 친밀감이 정체감 형성과 함께 또는 이전에 형성
③ 정체감 형성 시기의 부적절성: 대부분의 사람들에게 있어 정체감은 고등학교 시절이 아니라 그 이후에 형성 → 메일만(Meilman, 1979)의 횡단연구 결과 (12~18세는 정체감 혼미가, 21~24세는 정체감 성취가 많음.)

(7) 마르샤(marcia)의 자아정체감의 상태
① 자아정체감(identity): '나는 누구인가?'에 대한 해답으로 자기의 고유성을 깨닫고 유지해 가려는 노력 → 자기 자신에 대한 통합성, 연속성, 조화성, 독립성을 지닐 때 형성(Erikson)
② 마르샤(Marcia, 1980)의 자아정체감 상태(지위)

자아정체감의 상태	위기 (탐색)	참여 (몰입)	특징	비고
정체감 혼미 (혼돈, 확산)	없다.	없다.	청소년기 초기 또는 비행청소년의 상태 → '부정적 정체성' 형성 가능	건강하지 못한 상태
정체감 폐쇄 (유실, 조기완료)	없다.	있다. (남의 정체감)	모범생의 상태(권위에 맹종), 피터팬 증후군, 위기 경험시 극단적 선택(예 자살)	
정체감 유예 (모라토리움)	있다.	없다.	정체감 형성을 위한 내적 투쟁 전개	건강한 상태
정체감 성취 (확립, 형성)	있다.	있다.	가장 이상적인 상태	

③ 에릭슨(Erikson)과 마르샤(Marcia)의 비교

에릭슨(E. Erikson)	마르샤(J. Marcia)
전 생애에 걸친 자아정체성의 발달을 강조	청소년기의 자아정체감 상태에 초점을 둠.
발달단계 이론	자아정체감의 상태(또는 지위) 이론
'정체감 유예(모라토리움)'를 부정적 의미로 이해	'정체감 유예'를 긍정적 의미로 이해(정체감 형성의 전제조건)

❺ 도덕성 발달이론

1. 콜버그(Kohlberg)의 도덕성 발달단계이론

(1) **개요**: 피아제(Piaget)의 인지 발달을 성인기까지 확대

① 도덕성 발달에 대한 인지적 접근: 피아제(Piaget)의 인지발달이론, 롤즈(Rawls)의 「정의론」, 듀이(J. Dewey)의 「민주주의와 교육」에 영향

  ㉠ 도덕성이란 도덕적 판단의 구조, 즉 도덕적 추론(reasoning) 능력

  | 도덕적 근거 또는 이유(원리 & 사실) | ➡ | 도덕적 주장(판단) |

  ㉡ 도덕발달의 주요 기제: 인지 갈등 → 도덕적 갈등 상황
    ◉ 하인츠의 딜레마(Heinz's dilemma)
  ㉢ 인지발달은 도덕발달의 필수조건: 인지발달은 도달 가능한 도덕발달을 한정함.

② 도덕성 발달의 보편론(결정론)

③ 관습(慣習)을 기준으로 도덕적 발달단계수준을 3수준 6단계로 구분

(2) **도덕성 발달단계**: 3수준 6단계

☑ 수준(level)은 도덕 판단의 '관점'을, 단계(developmental stage)는 도덕 판단의 '근거' 또는 '이유', 즉 '도식'을 의미함. → 제1수준은 전조작기 이후, 제2수준은 구체적 조작기 이후, 제3수준은 형식적 조작기 이후에 형성됨.

① 제1수준(인습 이전): 전도덕기(무율성) → 힘(자기중심성)의 윤리

1단계	벌과 복종에 의한 도덕성(주관화 - 처벌 회피 지향): 행위의 물리적 결과만으로 판단하여 행동 → 처벌 안 받으면 옳은 행위, 힘이 곧 정의, 적자생존(適者生存) 원리 ◉ 큰 물고기가 작은 물고기를 잡아먹는다. [응답 반응] "약을 훔치는 것은 옳다. 아내를 죽게 내버려 두면 신으로부터 벌을 받기 때문이다."
2단계	자기중심의 욕구 충족을 위한 수단으로서의 도덕성(상대화 - 칭찬받기 위한 도덕성): 개인적(상대적) 쾌락주의 지향, 도구적 상대주의, 1:1 시장의 원리가 지배 → 옳은 일은 자신을 가장 행복하게 해주는 일 ◉ 가언명령(假言命令), "네가 내 등을 긁어 주면 내가 네 등을 긁어 줄게.", "눈에는 눈, 이에는 이" [응답 반응] "약을 훔치는 것은 옳지 않다. 만약 자기가 교도소에 간다면 부인의 생명을 구하는 게 무슨 소용이 있겠는가?"

② 제2수준(인습 수준) : 타율도덕기 → 타인의 윤리

3단계	대인관계에서의 조화를 위한 도덕성(객체화 – 비난 회피 지향) : 착한 아이(good-boy) 지향, 사회적 조화와 타인의 승인 중시 → 여성들의 도덕성(배려)의 단계, 청소년의 도덕성의 단계
	[응답 반응] "약을 훔치는 것은 옳다. 그것은 좋은 남편으로서 해야 할 일이다. 아내가 죽도록 내버려 둔다면 주위 사람들로부터 비난을 받을 것이다."
4단계	법과 질서를 준수하는 도덕성(사회화 – 질서 지향) : 법(법률 조항 예 십계명)은 절대적, 개인 문제보다 사회적 의무감 중시, 권위와 현존 사회질서 지향
	[응답 반응] "약을 훔치는 것은 옳지 않다. 아내를 살리려면 하는 수 없지만 그래도 훔치는 것은 나쁘다. 개인의 감정이나 상황에 관계없이 규칙은 지켜야만 한다."

③ 제3수준(인습 이후) : 자율도덕기 → 원리의 윤리

5단계	사회계약 및 법률 복종으로서의 도덕성(일반화 – 사회계약, 법칙주의 지향) : '좋은(이상적인) 사회'(법의 정신과 민주적 제정 절차) 지향, 법과 질서도 가변적(법의 예외성 인정), 공공복리 증진을 위한 공평자의 입장(공리주의적 사고 예 최대 다수의 최대 행복), 가치기준의 일반화·세계화
	[응답 반응] "훔치는 것이 나쁘다고 하기 전에 전체 상황을 감안해야 한다. 이 경우 훔치는 것은 분명 나쁘지만, 이 상황에선 누구라도 약을 훔칠 수밖에 없을 것이다."
6단계	양심 및 보편적 도덕원리에 대한 확신으로서의 도덕성(궁극화 – 원리 지향) : 윤리관의 최고 경지(예 황금률, 정언명령), 실정법(實定法)보다는 자연법(도덕, 양심) 중시 → 논리적 일관성, 추론의 행동화
	[응답 반응] "법을 준수하는 것과 생명을 구하는 것 중에서 선택을 하라면 법을 어기더라도 생명을 구하는 것이 더 높은 수준의 도덕적 행동이다."

(3) 교육적 시사점
① 교육목표 : 추상적인 도덕원리에 대한 추론 능력의 발달
② 교육방법 : 도덕적 인지 갈등(인지적 비평형화) 유발
③ 정의의 공동체 접근 : 잠재적 교육과정을 통해 도덕성 형성

(4) 비판
① 도덕적 판단 능력과 도덕적 행위의 일치성 문제
② 문화적 편향성 : 인습 이후 수준은 서구 사회의 가치를 반영
③ 남성 중심적 도덕성 : 정의(justice)의 윤리
　　cf 페미니즘적 도덕성 : 길리건 – 배려(care)의 윤리
④ 도덕 발달단계의 구분이 명확치 않음.

⑤ 발달단계가 일정불변이라고 하나 도덕 발달의 퇴행도 발생
⑥ 인습 이후 수준(5·6단계)에 도달하는 사람이 극소수 → 5단계는 10%, 6단계는 극히 소수

2. 길리건(Gilligan)의 도덕성 발달단계이론

(1) **개요**: 여성들의 도덕성 발달이론 → 페미니즘적 윤리관, 「다른 목소리로」(1982)

(2) **내용**: 2개의 과도기와 3개의 발달단계

① 발달단계: ❶ 이기적 단계(자기 지향 단계) - (과도기; 이기심에서 책임감으로) - ❷ 이타적 단계(모성적 도덕성의 단계) - (과도기; 선에서 진실로) - ❸ 상호 공존적 단계(상호 호혜적 단계, 비폭력적 단계)

② 특징
  ㉠ 실제적 갈등 상황(하버드 프로젝트, 임신중절 결정 연구)
  ㉡ '배려(care)' 또는 '보살핌'의 윤리 중시
  ㉢ 정의적 요소도 고려

(3) **콜버그와 길리건의 이론 비교**

콜버그(Kohlberg)	길리건(Gilligan)
• 남성적 도덕성: 84명의 남아들 대상	• 페미니즘적 윤리관
• Heinz의 딜레마: 재산 vs. 생명	• 하버드 프로젝트
• 인간관계보다 개인을 중시: 자율성 중시	• 개인보다 인간관계를 중시: 애착 중시
• 권리의 도덕(morality of rights)	• 책임의 도덕(morality of responsibility)
• 정의(공정성, 타인 권리 불간섭)의 윤리	• 보살핌(배려, 상호 의존적 인간관계)의 윤리
• 형식적·추상적 해결책 중시	• 맥락적·이야기적(서사적) 해결책 중시
• 권리와 규칙에 대한 이해가 발달의 중심	• 책임과 인간관계에 대한 이해가 발달의 중심

❻ 사회성 발달 이론

(1) **사회적 조망수용능력(social perspective takong ability)**

① 사회적 관계를 이해하는 사회인지(social cognition) 능력으로, 타인의 사고와 의도, 정서를 이해하는 능력
  📌 역할 취득(role taking), 역지사지(易地思之), 공감(empathy)
② 사회적 조망수용능력은 감정적 조망수용능력과 인지적 조망수용능력을 포함
③ 사회적 대인관계에서 나타나는 탈중심화 능력으로, 다른 사람의 입장이나 생각, 사고, 지각, 정서, 행동 등을 추론해서 이해하는 능력(Piaget)
  📌 세 산 모형 실험(공간적 조망수용능력)
④ 자신과 타인의 사회 심리적 조망들을 조정하는 능력

(2) 셀만(R. Selman)의 사회적 조망수용능력의 발달단계

사회성 발달단계	특징	인지발달 단계
0단계 자기중심적 관점 수용 단계 (3~6세: egocentric viewpoint / 자기중심적 미분화 단계) 나=남	타인을 자기중심적으로 보기 때문에 다른 사람도 자신의 견해와 동일한 견해를 갖는다고 지각한다.	전조작기
1단계 주관적 조망 수용 단계 (6~8세: social-information subjective perspective taking / 차별적 조망 수용 단계, 사회정보적 단계) 나≥남	동일한 상황에 대한 타인의 조망이 자신의 조망과 다를 수 있다는 것은 이해하지만 아직도 자기의 입장에서 이해하려고 한다.	구체적 조작기 (초기)
2단계 자기반성적 조망 수용 단계 (8~10세: self-reflective perspective taking / 상호 교호적 조망 수용 단계) 나+남 (비동시적)	다른 사람의 입장이 되어서 그 사람의 의도와 목적, 행동을 이해할 수 있으나 이러한 과정을 동시 상호적으로 하지는 못한다.	구체적 조작기 (후기)
3단계 상호적 조망 수용 단계 (10~12세: mutual perspective taking / 제3자 조망 수용 단계) 나+남 (동시적 & 제3자)	동시 상호적으로 자기와 타인의 조망을 각각 이해할 수 있으며, 제3자의 입장에서 객관적으로 생각할 수 있다.	형식적 조작기 (초기)
4단계 사회적 조망 수용 단계 (12~15세: social and conventional system perspective taking / 심층적 조망 수용 단계) 나+남+제3자+사회	동일한 상황에 대해 자기와 타인을 포함하여 개인은 물론 집단과 전체 사회체계의 조망을 이해하는 최상의 사회인지능력을 획득한다.	형식적 조작기 (후기)

❼ 해비거스트(Havighurst)의 발달과업이론

(1) **개념**: 인간의 각 발달단계에서 반드시 성취해야 할 일, 개인의 특정한 발달단계에서 배우지 않으면 안 되는 과제(developemental tasks)

(2) **특징**
① 평생발달론적 관점에서 발달과업을 제시: 전 생애를 6단계로 구분 제시
② 에릭슨(Erikson)의 심리사회적 이론에 기초(발달의 긍정적 측면만 기술)
③ 각 발달단계는 계열성과 결정적 시기가 있음.

(3) 발달단계별 발달과업

발달단계	발달과업
영아기 및 유아기 (0~6세)	보행 배우기, 딱딱한 음식 먹기, 언어 습득하기, 성별 구분 및 성역할 개념 알기, 생리적 안정 유지하는 법 배우기, 사회적 환경에 대한 간단한 개념 형성하기, 부모·형제자매·타인과의 정서적 관계 배우기, 선악을 구별하고 양심을 형성하기
아동기 (6~12세)	일상놀이에 필요한 신체 기능 익히기, 자신에 대한 건전한 태도 형성하기, 3R's의 기본 기술 배우기, 또래친구와 사귀는 법 배우기, 일상생활에 필요한 개념과 기초 기능 배우기, 적절한 성역할 배우기, 양심·도덕·가치기준 발달시키기, 사회집단과 제도에 대한 태도 형성하기
청(소)년기 (12~18세)	성숙한 남녀관계 형성하기, 자기 신체를 수용하고 신체를 효과적으로 조정하기, 남녀 간의 사회적 역할 학습하기, 부모나 다른 성인으로부터 정서적으로 독립하기, 경제적 독립의 필요성 느끼기, 직업 준비하기, 시민생활에 필요한 지식과 태도 기르기, 결혼과 가정생활 준비하기, 사회적으로 책임 있는 행동 실천하기, 가치체계와 윤리관 확립하기
성인 초기 (성년기, 18~30세)	배우자 선택하기, 가정생활 시작하기, 자녀 양육하기, 가정 관리하기, 직업 선택하기, 시민으로서의 의무 완수하기, 친밀한 사회집단 형성하기
성인 중기 (중년기, 30~55세)	시민의 사회적 의무 다하기, 생활의 경제적 표준 설정·유지하기, 청소년 자녀 훈육 및 선도하기, 적절한 여가활동 하기, 배우자와 인격적 관계 맺기, 중년기의 생리적 변화에 적응하기, 노부모 봉양하기
성인 후기 (노년기, 55세~사망)	체력 감퇴와 건강에 적응하기, 은퇴와 수입 감소에 적응하기, 배우자의 사망에 적응하기, 동년배와 친밀한 유대 맺기, 사회적·시민적 의무 이행하기, 만족스러운 생활조건 구비하기

(4) 교육적 시사점
① 교육 목표설정에 필요한 준거 제공
② 평생교육의 내용과 교육목표 설정
③ 교육의 결정적 시기 정보 제공
④ 학습준비도 결정

제2절 발달의 개인차

❶ 지능(Intelligence)

1. 개념

① 환경이나 어떤 문제사태에 직면하여 환경에 적응하고 문제를 해결하는 능력
② 고등정신능력(Spearman), 정신적 적응능력(Sternberg), 학습능력(Dearbon), 종합적 능력(Wechsler), 추상적인 것(예 상징, 개념, 원리)과 새로운 사태를 학습하고 사용하는 능력(Gage & Berliner)

2. 지능이론

단일지능	구조적 접근 (요인분석적 접근) → 심리측정론적 접근	① 비네(Binet)의 3요인설 : 방향성(direction), 적응(adaptation), 비판능력(criticism) ② 스피어만(Spearman)의 2요인설(일반요인설) : 일반요인, 특수요인 ③ 손다이크(Thorndike)의 다요인설 : 기계적 지능, 사회적 지능, 추상적 지능(CAVD ; 문장완성력, 산수추리력, 어휘력, 명령과 지시수행능력) ④ 서스톤(Thurstone)의 군집요인설(중다요인설) : 7개의 군집요인인 기본정신능력(PMA) → 추리력, 기억력, 수리력, 지각속도, 공간시각능력, 언어이해력, 언어유창성 ⑤ 길포드(Guilford)의 지능구조모형(복합요인설) : 내용(5) × 조작(6) × 결과(6)차원의 3차원적 접근, 180개 복합요인설 → 창의력은 조작차원 중 생산적 사고력의 하위차원인 확산적 사고에 해당
	위계적 접근	카텔(Cattell)의 2형태설 : 일반지능(유동지능과 결정지능, 2층)과 특수지능(PMA 등 40여 개의 요인, 1층)
복수지능 (지능의 범위 확대)	지능의 개별성 (구조적 접근)	가드너(Gardner)의 다중지능이론 : 언어지능, 논리수학적 지능, 음악지능, 신체운동지능, 공간적 지능, 대인관계지능, 개인내적 지능, 자연관찰지능, 실존지능
	지능의 연결성 (과정적 접근)	스턴버그(Sternberg)의 삼원지능이론 : 성분적 지능, 경험적 지능, 맥락적 지능 → 성공지능

(1) 스피어만(Spearman)의 2요인설(G요인설)

① 지능: 일반요인과 특수요인이 결합하여 인지적 과제를 수행하는 능력

② 지능의 구성 요인

일반요인 (General factor)	• 생득적이며 모든 정신 기능에 작용하는 일반적인 정신 능력(예 이해력, 관계추출력) → 양적(量的)이어서 지능검사로 측정 가능 • 지능이 높은 아동은 일반적으로 거의 모든 형태의 문제를 잘 푸는 경향 예 팔방미인, 다재다능 • 일반요인의 개인차는 경험의 포착, 관계의 유출, 상관인의 유출 등과 같은 세 가지의 '질적인 인지원리'를 사용하는 능력의 차이와 관련
특수요인 (Specific factor)	특수한 학습이나 경험, 특정한 과제의 문제해결에만 작용하는 능력 예 언어이해력, 수이해력

(2) 서스톤(Thurstone)의 군집요인설(중다요인론): 기본정신능력(PMA)

① 지능은 일반요인이 아니라 상호독립적 기본정신능력(PMA) 7요인으로 구성

② 7개의 군집요인: 인간의 기본정신능력(PMA: Primary Mental Abilities)

추리력(reasoning factor)	여러 가지에 적합한 원리를 발견해 내는 능력 → 유추문제나 완성검사를 통해 측정 가능
기억력(memory factor)	정보를 저장하였다가 재생해 내는 능력 → 회상검사
수리력 (numerical factor)	계산하는 데 필요한 능력 → 수학적 문제해결 검사
지각속도 (perceptual speed factor)	빠르게 지시를 이해하고 사태를 파악하는 능력 → 무엇들 간의 차이를 구별하는 능력을 재는 검사로 측정 가능
공간시각능력 (spatial visualization factor)	공간을 시각화하는 능력 → 대상을 정신적으로 회전하는 것을 요구하는 검사를 통해 측정 가능
언어이해력 (verbal comprehension factor)	말의 이해·추리·사용에 관한 능력 → 어휘력 검사, 독해력 검사
언어유창성(word fluency)	단어를 신속하게 산출해 낼 수 있는 능력

(3) 길포드(Guilford)의 지능구조모형(SOI, Structure Of Intellect)

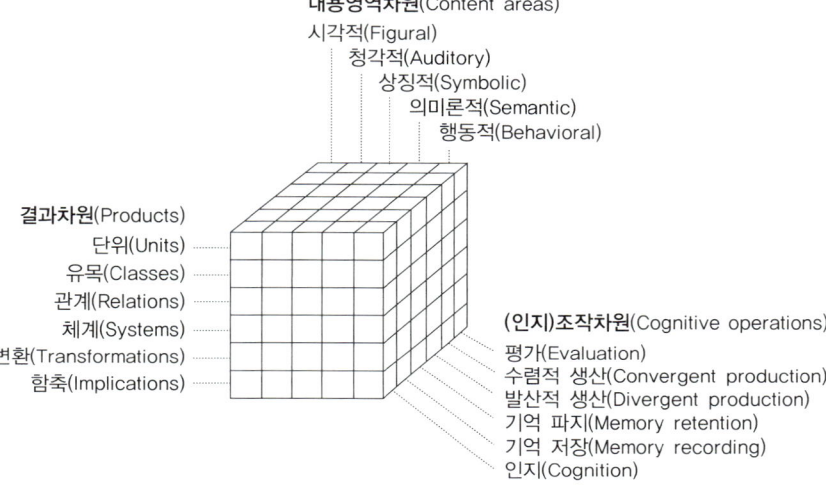

① 서스톤(Thurstone)의 기본정신능력을 확장·발전
② 3차원적 접근 : S-O-R 이론에 기초하여 지능을 내용(5) × 조작(6) × 결과(6) 차원의 조합으로 설명 → 복합요인설(120~180개 요인설)
  ㉠ 내용차원(contents) : 지식의 일반적 종류, 정신적 활동의 자료 → 시각적·청각적·상징적·의미론적·행동적 차원
  ㉡ 조작차원(operation) : 정신활동

기억력	기억 저장	기억 기록(부호화) → 단기기억
	기억 파지	기억 유지 → 장기기억
사고력	인지적 사고력	여러 가지 지식과 정보의 발견 및 인지와 관련된 사고력
	생산적 사고력 / 수렴적 (집중적) 사고력	이미 알고 있는 지식이나 기억된 정보에서 어떤 지식을 도출하는 능력 → 여러 가지 가능성 중에 최선의 답을 선택하는 능력
	생산적 사고력 / 확산적 (발산적) 사고력	이미 알고 있거나 기억된 지식 이외에 새로운 지식을 창출하는 능력 → 창의력
	평가적 사고력	기억되고 인지되어 생산된 지식과 정보의 정당성을 판단하는 능력

ⓒ 결과차원(product) : 단위, 유목, 관계, 체계, 변환, 함축(적용)

단위	지식과 정보의 형태
유목	어떤 공통적 특징을 지닌 일련의 사물의 집합 예 척추동물
관계	두 사물 간의 관련성 예 지구와 달의 비교
체계	상호 관련된 여러 부분의 복합적 조직 예 십진법
변환	지식과 정보를 다른 모양으로 표현하는 것 예 1.5 = 3/2
함축(적용)	어떤 지식이나 정보가 함축하고 있는 뜻 예 인플레이션

(4) **카텔(Cattell)의 2형태설(2층이론)** : 위계적 모형설

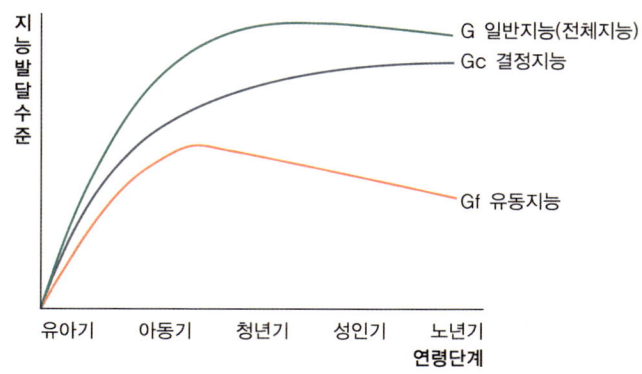

① 서스톤(Thurstone)이 가정한 기본정신능력(PMA)에 영향을 주는 지능요인을 유동지능과 결정지능으로 구분
② 위계적 모형설 : 상층부에는 일반요인, 하층부에는 특수요인으로 구성

유동지능(gf, fluid general intelligence)	• 선천적 요인(예 유전, 성숙 등 생리적 요인)에 의해 영향을 받는 지능 → 뇌 발달과 비례하는 능력 예 기억력, 지각력, 속도, 일반적 추리력 • 모든 문화권에서의 보편적인 능력으로 탈문화적 내용에 해당 • 청소년기까지는 발달하나 그 이후부터는 점차 쇠퇴
결정지능(gc, crystallized general intelligence)	• 환경적 요인(예 경험, 학습)에 의해 영향을 받는 지능 → 문화적 환경과 경험에 의해 발달하는 능력 예 언어이해력, 수리력, 상식, 일반지식 • 경험이나 교육의 영향을 받아 획득한 능력으로, 문화적 내용에 해당 • 청소년기 이후에도 계속 유지되거나 상승

③ 혼(Horn) : 유동지능(Gf)과 결정지능(Gc)을 종합하여 '전체적(일반적) 지능(G)' 제시

(5) **가드너(Gardner)의 다중지능이론(MI)** : 「마음의 틀」(1983), 「인간지능의 새로운 이해」(1999)

> ☑ 「미래를 위한 5가지 마음(Five Minds for the Future, 2006)」: 현대 사회에서의 성공적인 삶을 위해 각 개인이 갖추어야 할 필수적인 역량과 태도로 다섯 가지 마음 자세를 제시 → ❶ 훈련된 마음(Disciplined Mind), ❷ 통합하는 마음(Synthesizing Mind), ❸ 창조적인 마음(Creating Mind), ❹ 존중하는 마음(Respectful Mind), ❺ 윤리적인 마음(Ethical Mind)

① 개념: 지능은 삶을 영위하는 능력(지능 = 재능), 한 문화권 혹은 여러 문화권에서 가치 있다고 인정되는 문제를 해결하고 산물을 창조해 내는 능력
② 특징: ㉠ 독립된 여러 지능으로 구성, ㉡ 지능은 상호 작용, ㉢ 지능은 훈련을 통해 계발, ㉣ 지능발달의 개별성, ㉤ 수행평가 등 다양한 방법을 통해 측정
③ 연구방법: 주관적 요인 분석(subjective factor analysis) → 개인의 주관적 경험과 생각을 분석
  > 예 뇌의 특정 부위 차지, 비범한 능력을 지닌 사람들의 존재, 능력의 독자적인 발달사, 진화사, 지능에 핵심이 되는 활동의 존재, 인지-실험적 증거, 심리 측정학적 증거, 상징체계의 부호화
④ 지능의 종류: 핵심능력, 관련 직업의 예, 유명인 및 교수전략

언어적 지능	단어의 의미와 소리에 대한 민감성, 문장 구성의 숙련, 언어 사용방법의 통달 예 시인, 연설가, 교사 / Eliot → 브레인스토밍, 이야기 꾸며 말하기(storytelling)
논리-수학적 지능	대상과 상징, 그것의 용법 및 용법 간의 관계 이해, 추상적 사고력, 문제 이해능력 예 수학자, 과학자 / Einstein → 소크라테스 문답법, 체계적으로 생각하기
음악적 지능	음과 음절에 대한 민감성, 음과 음절을 리듬이나 구조로 결합하는 방법과 음악의 정서적 측면 이해 예 음악가, 작곡가 / Stravinsky → 노래하기, 리듬치기
공간적 지능	시각적 정보의 정확한 지각, 지각 내용의 변형능력, 시각경험의 재생능력, 균형·구성에 대한 민감성, 유사한 양식을 감식하는 능력 예 예술가, 항해사, 기술자, 건축가, 외과의사 / Picasso → 그림, 그래프 또는 심상(image)으로 그려보기
신체-운동적 지능	감정이나 의도를 표현하기 위해 신체를 숙련되게 사용하고 사물을 능숙하게 다루는 능력 예 무용가, 운동선수, 배우 / Graham → 몸동작으로 말하기, 연극으로 표현하기
대인관계 지능 (인간친화 지능)	타인의 기분·기질·동기·의도를 파악하고 변별하는 능력, 타인에 대한 지식에 따라 행동할 수 있는 잠재능력 예 정치가, 종교인, 사업가, 행정가, 부모, 교사 / Gandhi → 협동학습

제6장 교육심리학

개인 내적 지능 (자기성찰, 개인 이해 지능)	자신에 대한 이해, 통찰, 통제능력 예 소설가, 임상가 / Freud → 수업 중 잠깐(1분) 명상하기, 자신의 목표 설정하기
자연관찰 지능	동식물이나 주변 사물을 관찰하여 공통점과 차이점을 분석하는 능력 예 동물행동학자, 지리학자, 탐험가 / Darwin → 곤충이나 식물의 특징 관찰하기
실존지능 (영적인 지능)	• 인간의 존재 이유, 삶과 죽음, 희로애락, 인간의 본성 및 가치에 대해 철학적·종교적 사고를 할 수 있는 능력 예 종교인, 철학자 • 뇌에 해당 부위(brain center)가 없고, 아동기에는 거의 출현 × → 반쪽 지능

⑤ 교육적 의의
  ㉠ 학생의 개인차를 고려한 맞춤형 교육(다품종 소량 교육)
  ㉡ 학교교육 내용의 다양화 예 Key School, PIFS, Art Propel
  ㉢ 교사는 학생-교육과정 연계자(broker)
  ㉣ 통합교과 운영 예 Key School
  ㉤ 지능 측정방법의 다양화: 수행평가, 관찰학습 예 스펙트럼 교실
  ㉥ 수업 도입전략(entry point): 학교학습의 목표인 이해력 신장을 위한 수업의 도입전략 7가지 제시 예 서술적 도입, 논리적 도입, 수량적 도입, 근원적(실존적) 도입, 미학적 도입, 경험적 도입, 협력적 도입전략

⑥ 이론에 대한 비판
  ㉠ 지능으로 인정받지 못한 영역들(예 음악 지능, 자연 지능)이 존재
  ㉡ 중앙집중적인 작업기억 체계(centralized working memory system)의 역할을 설명하지 못함.
  ㉢ 이론과 적용을 타당화할 만한 연구 미흡

(6) 스턴버그(Sternberg)의 삼원지능이론
  ① 개요: 「IQ를 넘어서」(1985)
    ㉠ 지적 행동이 일어나는 사고과정의 분석을 활용하여 지능을 파악한 정보처리적 접근방법
    ㉡ 지능: 삶에 적합한 환경을 의도적으로 선택하거나 조성하고, 그 환경에 적응하는 능력 → 보다 완전한 지능이 되기 위해서는 개인(IQ), 행동(창의력), 상황(적용력) 등 세 가지 요소를 모두 고려해야 함.
    ㉢ 성공지능(SQ): 성분적 지능(AI)과 경험적 지능(CI), 맥락적 지능(PI)을 잘 활용하는 능력 → 자신의 강점을 충분히 활용하는 동시에 약점을 극복

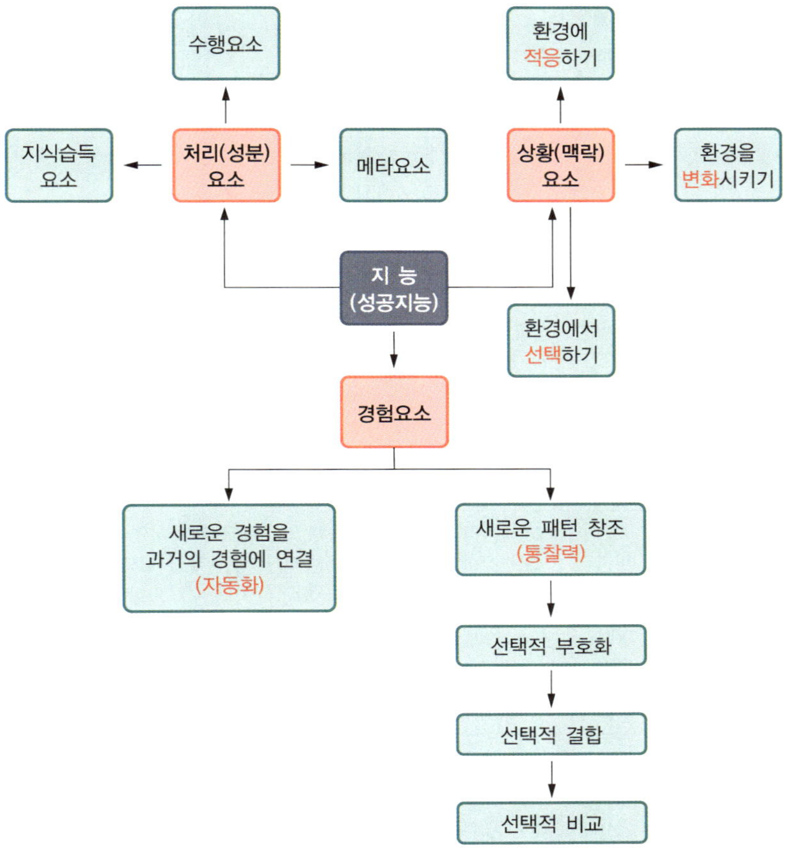

② 성공지능의 구성 요소
  ㉠ 성분적 지능(AI, Analytic Intelligence): 분석적 능력, 전통적 지능

개념		새로운 지식을 획득하고 그 지식을 논리적인 문제해결에 적용하는 것 → 종래의 IQ, 암기 재능과 밀접한 관련
구성 요소	메타요소 (상위요소 ≒ 경영자)	문제해결을 계획, 점검, 평가하는 고등정신 과정
	수행요소 (≒ 실무자)	메타요소의 지시를 받아 문제를 해결하는 과정
	지식획득요소 (≒ 학습자)	문제를 해결할 수 있는 방법을 학습하는 과정
결과		분석적 능력 → 분석, 판단, 평가, 비교, 대조하는 능력

ⓛ 경험적 지능(CI, Creative Intelligence) : 창의력, 통찰력

개념		새로운 과제를 처리하는 '통찰력'이나 익숙한 과제를 자동적으로 수행하는 '자동화' 능력
구성 요소	선택적 부호화	다양한 정보에서 적절한 정보를 결정하는 과정 예 플레밍(Flemming)의 페니실린 발견
	선택적 결합	정보들을 통합된 전체로 구성하는 과정 예 다윈(Darwin)의 진화론
	선택적 비교	새로운 정보와 기억 속에 저장된 정보 사이의 관계를 비교하는 과정 예 케플러(Kepler)의 시계의 동작을 보고 천체운동 유추
결과		창의적 능력 → 창조, 발견, 발명, 상상, 탐색하는 능력

ⓒ 맥락적 지능(PI, Practical Intelligence) : 상황적 지능, 실용 지능

개념	• 외부환경에 대응하는 능력 → 학교교육과는 무관, 일상의 경험에 의해 획득 예 일상의 문제해결능력, 실제적인 적응능력, 사회적 유능성 • 전통적 지능검사의 IQ나 학업성적과는 무관한 능력 → '암시적 지능'
구성 요소	현실상황에 ❶ '적응'하거나 환경을 ❷ '선택'하고 ❸ '변형(조성)'하는 능력
결과	실제적 능력 → 실행, 적용, 사용, 수행하는 능력

③ 교육적 적용 : 교과 수업을 활용 → 삼원지능 향상을 위한 사고 전략 실천

내용영역	분석적 사고	창의적 사고	실제적 사고
수학	44를 이진수로 표현하기	피타고라스 정리에 대한 이해를 측정하는 검사문항 만들어 보기	기하학이 건설에 어떻게 활용될 수 있는지 생각해 보기
국어	로미오와 줄리엣이 비극으로 간주되는 이유 말하기	로미오와 줄리엣을 희극으로 만들어 보기	로미오와 줄리엣 연극을 선전하는 TV 홍보물 제작하기

☑ 스턴버그(R. J. Sternberg)의 영재성 개념(WICs 모형) : 수준 높은 '전문성(expertise)'을 발휘하는 사람 → 지혜(wisdom), 지적 능력(intelligence), 창의성(creativity)이 뛰어나고, 이 세 요소를 통합하여 만들어 내는 능력(synthesized)

④ 가드너(Gardner)와의 비교

가드너(Gardner)	스턴버그(Sternberg)
• 지능의 독립적 구조(영역)를 중시 • 상호 독립적인 여러 개의 지능으로 구성	• 정보처리이론적 관점에서 지능의 작용 과정(인지 과정) 중시 • 서로 관련을 맺고 있는 3개의 하위요인으로 구성
• 사회·문화적 맥락을 고려하여 지능을 이해 • 수업이나 훈련을 통해 지능 개발 가능 • 강점 지능의 활용과 약점 지능의 교정·보완 중시 • 지능을 여러 개의 복합적 능력으로 파악	

(7) 샐로비(Salovey)와 메이어(Mayer)의 감성지능(EI)
① 개념 : 자신과 타인의 감정을 정확히 지각·인식·표현하는 능력 → IQ와는 별개 능력
② 구성요소 : 대인관계지능과 개인내적 지능으로 구성

개인 내적 지능	❶ 감정지각능력, ❷ 감정조절능력, ❸ 동기부여능력
대인관계지능	❶ 공감(empathy)능력, ❷ 인간관계 기술능력(사회적 기술 능력)

3. 지능검사

(1) 개인용 지능검사

① 지능검사의 시작과 전개

비네-시몬 검사(1905)	• 최초의 지능검사, 언어성 검사 → 학습부진아 변별 목적 • 정신연령(MA)을 이용 → 연령척도로 표시
스텐포드- 비네 검사 (1916)	• 현대 지능검사의 기초, 터만(Terman)이 개발 • 언어성 검사, IQ 최초 산출 → 학업성취도 예언 • 제4판 : 3수준 위계모형, 웩슬러 지능검사 체제로 전환, DIQ 사용 (평균 100, 표준편차 16)
웩슬러 지능검사	• 언어성 검사와 비언어성(동작성) 검사로 구성 • DIQ 사용(평균 100, 표준편차 15) • 종류 : WAIS(성인용, 16세~90세), WISC(아동용, 6세~16세 11개월), WPPSI(취학 전 아동용, 2세 6개월~7세 7개월)

② 한국판 웩슬러 지능검사 제5판(K-WISC Ⅴ)
　㉠ 5개 기본지표, 5개 추가지표 척도, 16개 소검사로 구성: 합산점수(전체 IQ)와 5개의 기본지표 점수, 5개 추가지표 점수 제공 → 양적 점수

5개 기본지표척도	언어이해지표, 시공간지표, 유동추론지표, 작업기억지표, 처리속도지표
5개 추가지표척도	양적추론지표, 청각작업기억지표, 비언어지표, 일반능력지표, 인지효율지표
16개 소검사	• 10개 기본검사: 공통성, 어휘, 토막 짜기, 퍼즐, 행렬추리, 무게 비교, 숫자, 그림 기억, 기호 쓰기, 동형 찾기 • 6개 소검사: 상식, 이해, 공통그림 찾기, 산수, 순차연결, 선택

　㉡ 지능이론, 인지발달, 신경발달, 인지신경과학 및 학습과정에 대한 심리학 연구에 기초하여 제작
③ 문화공정성 지능검사: 언어성 검사의 문화적 편향성 극복

SOMPA (다문화적 다원 사정 체제)	• 머서(Mercer)가 개발, 5~11세 대상, WISC를 보완 • 사회문화적 요인과 건강, 학습능력 등 9개 척도 평가 • 학생 사정 부분과 부모 면담 부분으로 구분 시행	
K-ABC 검사	• 아동용 검사(2~12세) → 아동의 학습잠재력과 성취도 측정 검사, 언어사와 동작성 검사로 구성 • 처리과정 중심 검사: 좌뇌와 우뇌의 기능 검사, 인지처리과정 척도(순차 처리 속도, 동시 처리 속도)와 지식습득도 척도로 구성 → 평균이 100, 표준편차가 15인 편차지능지수(DIQ) 사용	
UNIT(동작성 보편 지능검사)	• 브랙큰과 맥컬럼(Bracken & McCallum)이 개발 • 특수교육 대상자와 정신장애 진단에 유용	
CPMT(색채 누진행렬 지능검사)	• 스피어만(Spearman)의 지능이론을 토대로 레이븐(Raven)이 제작 • 세트당 12문항씩 총 3세트 36문항으로 구성	
	CPMT (색채 누진행렬 검사)	유아 및 노인 대상
	SPMT (표준 누진행렬 검사)	아동 및 성인 대상
	SPMT PLUS	SPMT보다 난도를 높인 검사
	APMT	청소년 이상의 영재성 판별 검사

(2) **집단용 지능검사**: 속도 검사

군인 알파검사 및 군인 베타검사	• 여커즈(Yerkes)가 군인 업무 변별 목적으로 개발 → 최초의 집단용 지능검사 • 알파검사는 언어성, 베타검사는 비언어성(도형·동작성) 검사
쿨만-앤더슨(Kuhlman -Anderson) 지능검사	• 언어성 검사(9개의 시리즈로 구성) • 피험자는 자기 능력에 적당한 시리즈를 선택해 검사 실시
군인 일반분류 검사 (AGCT)	제2차 세계대전 중 군인의 선발과 배치를 위해 제작 → 백분위 점수와 표준점수로 산출
간편 지능검사	우리나라 최초의 집단 지능검사

(3) **지능지수**

① 정신연령(MA): 비네(Binet)가 최초 사용

② 비율지능지수(IQ): 정신연령(MA)과 생활연령(CA)의 비 → $\frac{MA}{CA} \times 100$

③ 편차지능지수(DIQ): 평균 100, 표준편차 15인 표준점수

(4) **지능지수 해석 시 유의사항**

① 지능지수는 개인의 상대적 지적 수준을 나타냄. → 지능지수는 규준점수
② 지능지수는 개인의 지적 능력을 나타내 주는 하나의 지표: 지능과 지능지수는 동일한 것이 아니다.
③ 지능지수가 동일하더라도 하위요인은 다를 수 있음. → ㉠ 하위요인 간 격차가 크면 학습장애 가능성, ㉡ 하위요인을 알 때 지능검사의 활용도(실용도) 높아짐.
④ 지능지수는 단일 점수보다 점수 범위로 이해 → 측정의 표준오차(참값이 위치할 범위)로 접근

  예 IQ 120이 아니라 105~135로 이해(표준편차 15, 68% 신뢰수준인 경우)

⑤ 지능지수는 학업성적과 높은 상관($\gamma = 0.50$)이 있지만 절대적인 척도는 아님. → 지능 대신에 교사의 수업방법, 가정배경 등 가외변인도 고려
⑥ 지능지수만을 가지고 개개인에 대하여 중요한 결정을 내리지 말 것
⑦ 지능지수는 개인의 일생 동안 상당한 정도로 변화 → 카텔(Cattell)의 결정지능
⑧ 지능지수는 비교적 한정된 지적 능력만 측정 → 잠재능력, 인간관계 기술, 창의력, 심미적 능력 등은 측정하지 못함.
⑨ 대부분의 지능검사는 문화적으로 편향됨. → 문화 공정성 검사(예 SOMPA, K-ABC, UNIT, CPMT 등) 사용

> ⚖️ **플린 효과(Flynn Effect, 1984)**
> - 개념 : 시간의 흐름에 따라, 즉 세대가 반복될수록 지능지수(IQ)가 증가하는 현상 → 신세대는 구세대보다 IQ가 높다(똑똑함의 증가 ×).
> - 시사점 : 지능검사 도구를 시대에 맞게 재규준화해야 함.

❷ 창의력(creativity)

(1) **개념**
① 확산적 또는 발산적 사고력(Guilford)
② 종합력(Bloom)
③ 경험적 지능(Sternberg)
④ 수평적 사고력(de Bono)
⑤ 연상적 사고(Freud)
⑥ '새로우면서도(novelty) 유용하고 적절한(useful & appropriate)' 가치를 지니는 것을 생성해 내는 능력(Amabile)
⑦ 인지적, 정의적, 생리적, 심지어 사회적, 맥락적 요소를 포괄하는 하나의 체계(Csikszentmihalyi)

(2) **구성요인**
① 인지적 요인 : 길포드(Guilford)

유창성 (fluency)	• 양의 다양성, 제한된 시간에 많은 양의 반응능력 • 각기 다른 반응의 총 개수　예 단어연상검사
융통성 (유연성, flexibility)	• 질의 다양성, 낡은 사고를 버리고 새로운 생각을 채택하는 능력 • 각기 다른 반응범주의 총 개수　예 용도검사
독창성 (참신성, originality)	• 사고의 결과로 나타나는 반응의 색다름, 신기함 • 신기한 반응(통계적으로 5% 미만)을 제시한 사람 수 　예 이야기 완성 검사
정교성 (elaboration)	사고의 깊이, 결점을 보완하는 능력　예 도형찾기검사
조직성 (organization)	사태를 기능적으로 관련짓는 능력, 재구조화 능력 　예 문제작성검사
지각의 개방성 (sensibility)	문제상황에 대하여 민감하게 사실대로의 지각을 할 수 있는 능력 　예 이상한 것을 친밀한 것으로 생각해 보기

② 정의적 요인: 성격적 특성

길포드 (Guilford)	① 새롭고 복잡하고 어려운 문제를 선호하는 경향, ② 모호성을 견디는 역량, ③ 실패에 대한 불안이 적고 위험부담을 즐기는 경향, ④ 관행에 동조하기를 거부하는 경향, ⑤ 자신의 경험에 대한 개방성
에머빌 (Amabile)	영역 관련 기술(특정 영역 관련 재능 예 노래, 조각기술)+창의성 관련 기술+과제 동기(내적 동기)
칙센트미하이 (Csikszentmihalyi)	성격적으로 서로 반대되는 양면성(兩面性) 예 공격적이면서도 협조적임, 외향적이면서도 내향적임, 활기차면서도 조용한 휴식을 즐김, 상상과 공상을 하면서도 때로는 매우 현실적인 모습을 보임, 개혁적이고 보수적임.

(3) **창의력 계발기법**

① 브레인스토밍(Brainstorming): 두뇌 폭풍 일으키기 → 오스본(Osborn)이 창안
  ㉠ 기본 전제: ❶ 누구나 창의력 소유, ❷ 집단사고 활용
  ㉡ 기본 원리

비판금지 (비판유보)	아이디어에 대한 비판은 아이디어의 산출을 억제할 수 있으므로 일체 비판이나 평가하지 않는다.
양산(量産)	아이디어의 질(質)에 관계없이 가능한 많은 아이디어를 산출하도록 한다. → 다다익선(多多益善), 유창성
자유분방	과거의 지식, 경험, 전통 등에 구애받지 않고 어떤 아이디어라도 거리낌 없이 내놓을 수 있도록 자유분방한 분위기를 조성해야 한다.
결합과 개선	기존의 아이디어에 새로운 아이디어를 결합시켜 새로운 아이디어를 산출한다. → 독창성

② 시넥틱스 교수법(Gordon법): 고든(W. Gordon)이 창안
  ㉠ 비합리적·정의적 요소 중시, 무의식의 의식화 기법 → 사고의 민감성 개발 전략(발견적 문제해결법)
    ☑ 발견법(heuristics)은 약한 전략을, 연산법(algorithm)은 강한 전략을 의미함.
  ㉡ 유추(analogy) 활용: 서로 관련이 없어 보이는 요소들을 '비유'로 연결하는 연습을 통해 새로운 생각을 창출

대인유추 (personal analogy)	사람을 특정 사물로 비유하여 가정하기 예 네가 만일 새롭게 고안된 병따개라면 어떤 모양이 되고 싶은가?
직접유추 (direct analogy)	두 가지 사물, 아이디어, 현상, 개념들 간의 직접적인 단순 비교하기 예 신문과 인생은 어떤 면에서 서로 비슷한지 그 실례를 들어보기

상징적 유추 (symbolic analogy)	두 개의 모순되어 보이는, 상반된 의미를 가진 단어를 가지고 특정 현상을 기술하기 예 뚱뚱하고 날씬한 사람, 아군과 적군, 잔인한 친절
환상적 유추 (fantastic analogy)	현실세계를 넘어서는 상상을 통해 유추함으로써 문제를 해결하기 예 날아가는 양탄자, 좀비(zombie), 시간여행

③ PMI 기법과 여섯 가지 사고모자 기법: 드 보노(de Bono)가 주장
  ㉠ 형태심리학의 영향: 한 번에 한 가지의 사고만 하도록 함으로써 창의적 사고를 촉진하려는 방법
  ㉡ 문제나 대상에 대한 사고를 다각도로 확대하는 방법

PMI 기법	P(긍정), M(부정), I(재미있고 중립적인 면)
여섯 가지 사고모자 기법	❶ 백색(객관적·사실적 사고), ❷ 적색(감정적 사고), ❸ 흑색(논리적 부정), ❹ 황색(논리적 긍정), ❺ 녹색(수평적 사고), ❻ 청색(메타인지적 사고)

④ SCAMPER 기법: 에버를(Eberle)이 창안
  ㉠ 특정 대상이나 특정 문제에서 출발해서 그것을 변형시키는 방법
  ㉡ 체크리스트기법의 한 유형: 대체하기(Substitute), 결합하기(Combine), 적용하기(Adapt), 수정하기(Modify), 다르게 활용하기(Put to other uses), 제거하기(Eliminate), 반대로 또는 재배열하기(Reverse or rearrange)

❸ 인지양식(cognitive style)

(1) **개념**: 가치중립적 개념으로 지능과 성격의 조합적 개념
  ① 정보처리 방식의 개인차 → 학습유형, 학습방식, 학습선호도 유형
  ② 학생 개인이 학습·문제해결·정보처리에 이용하는 독특한 사고방식이나 행동양식

(2) 유형
① 장의존형-장독립형 인지양식: 위트킨(Witkin) → 정보지각방식에 따른 구분
   ㉠ 분류 방법: 잠입도형검사(EFT; 숨은그림찾기)로 측정
      예 검사점수가 높으면 장독립형
   ㉡ 특성 비교: 조나센(Jonassen)

장독립형(Field-independence)	장의존형(Field-dependence)
내적 대상에 의존하는 성향으로, 주변의 장의 영향을 별로 받지 않고 지각하는 인지양식	외부적 대상(주변의 장)에 의존하는 성향으로, 지각 대상을 전체로서 지각하는 인지양식
• 분석적·논리적·추상적 지각 • 내적 지향 → 비사교적 • 구조를 스스로 창출 → 비구조화된 자료 학습 선호 • 비선형적인 하이퍼미디어 학습에 적합 • 학문중심 교육과정에 유리 • 개인적 성향 → 대인관계에 냉담, 강의법 선호 • 사회적 정보나 배경 무시 • 내적 동기 유발 → 외부 비판에 적게 영향 받음. • 수학, 자연과학 선호 → 수학자, 물리학자, 건축가, 외과의사와 같은 직업 선호	• 전체적·직관적 지각 • 외부적 지향 → 사교적 • 기존의 구조를 수용 → 구조화된 자료 학습 선호 • 선형적인 CAI 학습에 적합 • 인간중심 교육과정에 유리 • 사회적 성향 → 대인관계 중시, 토의법 선호 • 사회적 정보나 배경에 관심 • 외적 동기 유발 → 외부 비판에 많이 영향 받음. • 사회 관련 분야 선호 → 사회사업가, 카운슬러, 판매원, 정치가와 같은 직업 선호

   ㉢ 학생들의 동기 유발 방법

장독립형(Field independence)	장의존형(Field dependence)
• 점수를 통해서 • 경쟁을 통해서 • 활동의 선택, 개인적 목표에 대한 표를 통해서 • 과제가 얼마나 유용한지 그들에게 보여 줌으로써 • 자신의 구조를 디자인할 자유를 줌으로써	• 언어적 칭찬을 통해서 • 교사를 돕는 것을 통해서 • 외적 보상을 통해서(별, 스티커, 상) • 다른 사람들에게 과제의 가치를 보여 줌으로써 • 윤곽과 구조를 제시함으로써

② 속응형(충동형)-숙고형(반성형) 인지양식: 카건(Kagan) → 반응잠시 및 정답률에 따른 구분
   ㉠ 분류 방법: 유사도형결함검사(MFFT; 같은 그림 찾기)로 측정

ⓛ 특징 비교

속응형(impulsivity, 충동형)	숙고형(reflectivity, 반성형)
문제해결을 위해 가설을 설정하고 검증하는 과정에서 신중하게 생각하지 않는 유형	문제 해결을 위해 가설을 설정하고 그것의 타당성을 검토하는 과정에서 신중하게 생각하는 유형
• 사고보다 행동이 앞선다. • 문제에 대한 반응잠시가 짧고 반응속도가 빠르지만 반응오류가 많아 학업성취도가 낮다.	• 행동보다 사고가 앞선다. • 문제에 대한 반응잠시가 길고 반응속도는 느리지만, 반응오류가 적어 학업성취도가 높다.
활동적/불안적/감각적/총체적/산만/흥분/보상에 민감/미래 중심/학업성취도 낮음.	사변적/사려적/언어적/분석적/집중/침착/보상에 둔감/현재 중심/학업성취도 높음.
교수전략: ❶ 마이켄바움(Michenbaum)의 인지적 자기교수(사적 언어 활용), ❷ 훑어보기 전략 활용	교수전략: 시간 내에 과제 완성을 위해 어려운 문제는 건너뛰게 하는 전략 활용

③ 콜브(Kolb)의 학습유형: 정보지각방식과 정보처리방식에 따른 구분

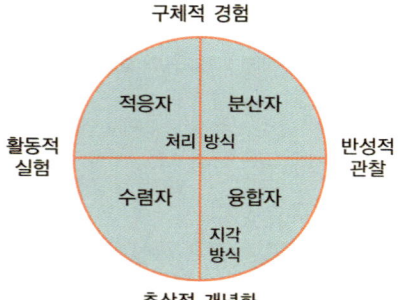

구분		정보 지각 방식	
		구체적 경험	추상적 개념화
정보 처리 방식	반성적 관찰	분산자(Diverger, 확산자): 구체적인 경험을 통해 지각하고 반성적으로 관찰하며 정보를 처리하는 형 → 상상력이 뛰어나고 아이디어 풍부	융합자(Assimilator, 동화자): 추상적으로 개념화하여 지각하고, 반성적으로 관찰하며 정보를 처리하는 형 → 논리성과 치밀성이 뛰어나고 귀납적 추리와 이론화가 강함.
	활동적 경험	적응자(Accomodator, 조절자): 구체적인 경험을 통해 지각하고 활동적인 상황을 통해 정보를 처리하는 형 → 계획 실행이 탁월, 새로운 경험을 추구, 지도력 탁월	수렴자(Converger): 추상적으로 개념화하여 지각하고, 활동적으로 실험하면서 정보를 처리하는 형 → 가설 연역적 추론이 뛰어나고 이론을 실제에 잘 적용함.

(3) **교육적 시사점**
① 교사: 학습자의 인지양식을 고려, 교수방법의 다양화
② 학습자: 자신의 메타인지를 활용, 효과적인 학습양식 발견

❹ 동기(motivation)

1. 개요

(1) **개념**: 개체의 행동을 유발하는 심리적 에너지
(2) **기능**: ① 행동 유발(시발적 또는 발생적 기능), ② 행동의 촉진 및 유지(강화적 기능), ③ 목표 지향(지향적 또는 방향적 기능)
(3) 동기와 학업성취도와의 상관은 0.45 정도이다.
(4) **유형**
   ① 결핍동기(결핍욕구)와 성장동기(성장욕구): 매슬로우(Maslow)

성장동기	❺ 자아실현 욕구, 지적 욕구, 심미적 욕구
결핍동기	❶ 생리적 욕구, ❷ 안전·보호 욕구, ❸ 애정·소속·사회적 욕구, ❹ 존경 욕구

   ② 내재적 동기와 외재적 동기

내재적 동기	• 활동 그 자체가 보상인 동기, 학습자 내부에서 비롯되는 동기 ◎ 흥미, 지적 호기심, 성취감, 자기 만족감 • 인지주의, 인본주의, 사회학습이론에서 중시 → 장기적 효과
외재적 동기	• 과제수행의 결과 또는 학습자 외부에서 비롯되는 동기 ◎ 상과 벌, 뚜렷한 학습목표 제시, 경쟁심 자극, 학습 결과 제시 • 행동주의, 사회학습이론에서 중시 → 단기적 효과
내재적 동기와 외재적 동기의 관계 (인지평가이론)	• 외재적 보상이 내재적 동기를 감소시키는 현상: 지나친 보상이 역효과를 야기하는 현상(과잉 정당화 효과) → 보상이 (외적) 통제(control)로 인식될 때 발생 ◎ '하던 굿도 멍석 깔아 놓으면 안 한다.', '제사보다는 젯밥' • 외재적 보상이 내재적 동기를 증가시키는 현상: 보상이 향상적·긍정적 정보(information)로 인식될 때 발생 ◎ 연봉이 향상되면 더욱 일에 집중함.

③ 성취동기
  ㉠ 개념: 도전적이고 어려운 과제에 대한 성공적 수행 욕구, 학업성취 욕구(학교에서 좋은 성적을 받고자 하는 욕구)
  ㉡ 앳킨슨(Atkinson): 성취동기를 '성공 추구 동기(Ms)'와 '실패 회피 동기(Maf)'로 구분

구분		실패 회피 동기 > 성공 추구 동기	실패 회피 동기 < 성공 추구 동기
학습 경험	성공	동기 증가↑	동기 감소↓
	실패	동기 감소↓	동기 증가↑
학습과제 선택		어려운 과제 또는 아주 쉬운 선택	중간 난이도의 과제 선택

  ㉢ 성취인의 행동 특성(McClelland): ❶ 업무 지향성, ❷ 적절한 모험심, ❸ 성취 가능성에 대한 자신감, ❹ 혁신적인 활동성, ❺ 자기 책임감, ❻ 결과를 알고 싶어하는 성향, ❼ 미래 지향적 성향
  ㉣ 성취동기를 증가시키는 특성: ❶ 내재적 동기, ❷ 학습목표(숙달목표) 추구, ❸ 과제 개입형 참여, ❹ 노력으로 귀인, ❺ 능력에 대한 증가적 모형

2. 동기이론

(1) 바이너(Weiner)의 인과적 귀인이론(attribution theory)
  ① 개념: 성공과 실패에 대한 원인 돌리기 → 인지적 접근(상대주의)
    ☑ 귀인화는 후속되는 학업적 노력, 정의적 경험, 미래 학습에서의 성공과 실패에 대한 기대 등에 영향을 줌.
  ② 원인의 3가지 차원: 소재, 안정성, 통제가능성(책임감)

안정성	소재	내부	외부
안정	통제 가능	평소의 노력	교사의 편견
	통제 불가능	능력	과제 난이도
불안정	통제 가능	(즉시적) 노력	타인의 도움
	통제 불가능	기분	재수(운)

  ③ 귀인 변경(재귀인화) 프로그램
    ㉠ 개념: 능력 귀인 ➡ 노력 귀인

성공자	• 성공 시 능력 → 긍정적 자아 개념 형성 • 실패 시 노력(내적 - 불안정적 - 통제 가능한 원인)
실패자	• 성공 시 노력 • 실패 시 능력 → 학습된 무기력(Seligman), 부정적 자아 개념 형성

ⓒ 학습된 무기력(learned helplessness) : 계속되는 학업 실패와 좌절의 경험을 통해 노력해도 성공할 수 없다고 느끼는 자포자기 상태 → 학생이 실패의 원인을 자신의 능력 부족(내적 – 안정적 – 통제 불가능한 원인)으로 귀인할 때 발생
  ⓒ 단계별 시행 전략 : 노력 귀인 ➡ 전략 귀인 ➡ 포기 귀인
(2) 반두라(Bandura)의 **자아효능감** 이론(self-efficacy theory)
  ① 개념 : 어떤 과제를 수행할 수 있다는 능력에 대한 신념
  ② 유발 방법 : ㉠ 직접적인 성공경험(절정경험), ㉡ 대리적 경험(성공기대), ㉢ 언어에 의한 설득과 격려, ㉣ 정서적 안정감
(3) 데시(Deci)의 **자기결정이론**(Self-Determination theory)
  ① 개념
    ㉠ 무엇을 어떻게 할 것인지에 대한 자신의 선택이나 자기통제의 욕구(자율성의 욕구)
    ㉡ 자신의 의지(will)를 활용하는 과정
    ㉢ 외부 보상이나 압력보다는 자신의 바람이 자신의 행동을 결정하기를 바라는 욕구
  ② 특징
    ㉠ 기본적 욕구(유능감, 통제욕구, 친화욕구)가 충족될 때 형성
    ㉡ 내재적 동기는 자기결정의 경험에 기초한다.
    ㉢ 내재적 동기의 형성과정 : 무동기 ➡ 외재적 동기 ➡ 내재적 동기
  ③ 자기결정이론의 하위이론
    ㉠ 기본적 욕구설(BNT ; Basic Needs Theory) : 자기결정성은 다음 세 가지 기본적 욕구를 충족시켜 주는 자율적 환경에서 높음.

유능감 (competence, 성취 욕구)	• 환경에 효과적으로 기능하는 능력 → 도전과 호기심에 의해 유발 • 능력 동기, 성취동기, 자기효능감과 유사
통제 욕구(need for control or autonomy, 자율성 욕구)	• 필요할 때 환경을 바꾸는 능력 • 통제의 책임소재, 개인적 원인(personal cause)과 유사
관계(relatedness) 욕구	• 사회적 환경 속에서 다른 사람들과 연관되어 있다는 느낌 → 자신이 사랑과 존경을 받을 가치가 있다는 느낌 • 소속감 욕구, 친애 욕구, 친화 욕구와 유사

ⓛ 귀인 성향설(COT ; Causality Orientation Theory) : 귀인양식이 자율적 성향(autonomy orientation)인 학생이 자기결정성이 높음.
ⓒ 인지평가설(CET ; Cognitive Evaluation Theory) : 외적 보상을 외부 통제(control)로 인지(평가)할 때 내적 동기는 감소(과잉정당화 효과)하고, 능력의 인정과 향상이라는 긍정적 정보(information)로 평가할 때 내적 동기는 증가함.
ⓔ 유기체 통합설(OIT ; Organismic Integration Theory) : 내면화의 정도에 따라 인간의 동기는 무동기, 외재적 동기, 내재적 동기의 순으로 형성

동기 유형	조절 방식	인과 소재	관련 조절 과정
무동기	무조절	없음.	무의도성, 무가치성, 무능력, 통제의지 결여, 학습된 무기력
외재적 동기	외적 조절	외적	외적 제한에 따름. 순응, 대응, 외적인 보상과 처벌의 강조
	내사(부과)된 조절	약간 외적	자기 통제, 자아 개입, 내적인 보상과 처벌, 자기 자신 또는 타인으로부터의 인정에 초점을 둠.
	동일시(확인)된 조절	약간 내적	개인이 중요하다고 여겨 가치를 둠. 활동이 중요하다고 의식적으로 인식함. 목표를 스스로 인정함.
	통합된 조절	내적	목표의 위계적 통합, 일치, 자각
내재적 동기	내적 조절	내적	흥미, 즐거움, 내재적 만족, 몰입, 절정 경험

④ 자기결정성 인식에 영향을 주는 요인(Deci & Ryan)

자기결정성과 내적 동기 증가 요인	❶ 선택(choice)할 수 있을 때, ❷ 외적 보상(extrinsic reward)이 자기 능력의 인정과 향상이라는 정보(information)로 인식될 때
자기결정성과 내적 동기 감소 요인	❶ 위협과 마감 시한(threat & deadlines), ❷ 외적 보상(extrinsic reward)이 통제(control)로 인식될 때, ❸ 통제적인 표현(controlling statement), ❹ 감독과 평가(surveillance & evaluation)

(4) **기대 × 가치이론(expectancy × value theory)**
   ① 개념: 인간은 자신이 성공할 것이라는 기대에 그 성공에 대해 개인이 부여하는 가치를 곱한 값만큼 동기화된다고 보는 이론
   ② 모형도: 앳킨슨(Atkinson)

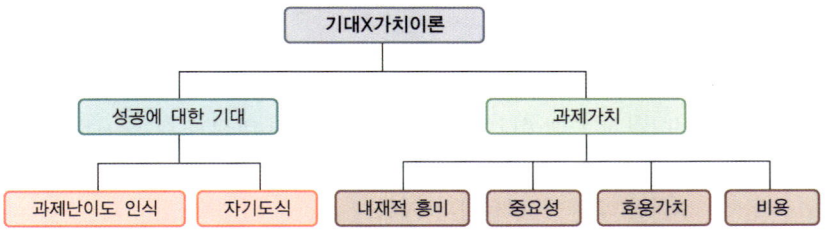

   ☑ 브룸(Vroom)의 기대이론: 성과기대 × 보상기대 × 유인가(매력성)

(5) **목표이론**: 목표지향이론, 성취목표이론
   ① 개념: 목표(goals)는 개인이 이루고자 하는 성과 또는 성취하려는 욕망
   ② 목표 유형

목표 유형	예시	특징
숙달 접근 목표	르네상스가 미국 역사에 미친 영향 이해하기	과제 이해, 즉 학습과정 및 학습활동 자체에 초점을 둔다.
숙달 회피 목표	완벽주의적인 학생이 과제와 관련하여 어떠한 오류도 범하거나 잘못하는 것을 피하기	이론적으로 존재하는지의 여부는 명확하지 않으나, 자신이 세워 놓은 높은 기준 때문에 걱정하는 것이다.
수행 접근 목표	르네상스 시대에 대한 에세이 반에서 가장 잘 쓰기, 남보다 능력 있어 보이기	개인이 타인을 이기려고 노력하고 자신의 능력과 우월성을 증명하려고 동기화되는 것이다.
수행 회피 목표 (실패 회피 목표)	선생님과 다른 학생 앞에서 능력 없어 보이는 것 피하기	개인이 능력이 없어 보이는 것을 회피하기 위하여 부정적으로 동기화되는 것으로, 자기장애 전략을 사용하는 것과 관련된다.
사회적 책임감 목표	믿음직하고 책임감 있어 보이기	타인과의 관계에서 자기 몫을 다하는 것과 관련이 있다.
사회적 목표	친구 사귀기, 선생님의 동의를 구하기, 친구 지지하기	타인과의 관계에서 형성된다.
과제 회피 목표	최소한의 노력으로 숙제 다하기, 쉬운 과제 선택하기	과제가 쉽거나 별다른 노력 없이 수행할 수 있는 과제를 선택하는 것과 관련이 있다.

③ 수행목표에 비해 숙달목표(학습목표)가 가지는 장점
  ㉠ 학습자가 통제 가능
  ㉡ 목표 달성 실패 시 노력 또는 전략 변경 가능
④ 숙달목표 지향 방안
  ㉠ 학생의 근접발달영역 안에 있는 과제 제시
  ㉡ 실제적 과제 제시
  ㉢ 과제 및 활동에 대한 선택권 부여
  ㉣ 언어적 피드백이나 보상 시 개인의 능력 향상과 학습 진전 그리고 숙달에 초점 맞추기
  ㉤ 소집단 협동학습의 기회 제공
  ㉥ 타인과의 비교 평가보다 자기비교 평가하기(자기참조평가) 등

(6) **자기가치이론(self-worth theory)** : 자아존중감(자존감) 이론
  ① 개념 : 자기 자신에 대한 정서나 감정적 반응, 혹은 자기 자신에 대한 평가
  ② 자기가치 보호 전략 : 자기장애(self-handicapping) 전략

미루기	"더 할 수 있는데, 난 밤에만 공부가 잘 돼."
변명하기	선생님이 못 가르쳤거나 시험이 어려웠다고 말하기
걱정	"내용은 이해했는데 너무 긴장해서 시험을 못 봤어."
노력하지 않았다는 것 강조하기	시험공부를 열심히 하지 않았다는 것을 강조하기
비현실적으로 목표 설정하기	포부수준을 비합리적으로 높게 설정함으로써 실패의 원인을 과제의 어려움으로 돌릴 수 있기 때문이다.

(7) **켈러(Keller)의 학습동기 유발 전략(ARCS 모델)**

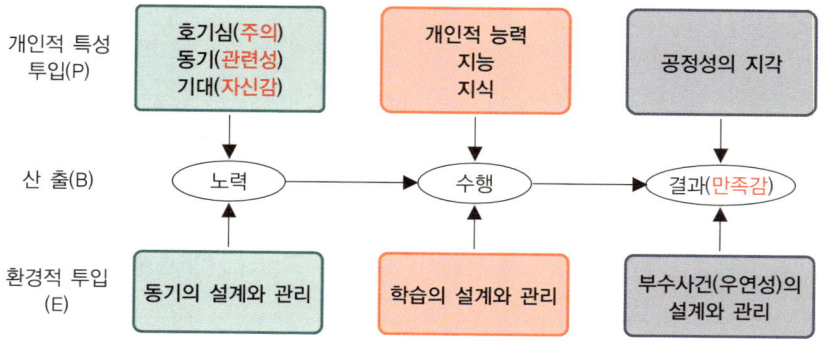

주의집중 (attention)	지각적 각성(주의환기)	시청각 효과, 비일상적 사건 제시
	탐구적 각성	문제해결 장려, 신비감 제공
	다양성(변화성)	교수방법의 혼합, 교수자료의 변화
관련성 (relevance)	목적지향성	실용적 목표 제시, 목적 선택 가능성 부여, 목적지향적인 학습 활용
	필요나 동기와의 부합	학업성취 여부의 기록체제 활용, 비경쟁적인 학습상황 선택 가능
	친밀성	친밀한 사건·인물·사례 활용
자신감 (confidence)	성공기대(학습의 필요조건) 제시	수업목표와 구조 제시, 평가기준 및 피드백 제시, 시험의 조건 확인
	성공체험(성공기회)	다양한 수준의 난이도 제공, 쉬운 것에서 어려운 것으로 과제 제시
	자기 책임(자기 조절감)	학습속도 조절 가능, 원하는 부분에로 회귀 가능, 선택 가능하고 다양한 과제의 난이도 제공
만족감 (satisfaction)	내재적(자연적) 보상	연습문제를 통한 적용 기회 제공, 모의상황을 통한 적용 기회 제공
	외재적(인위적) 보상	적절한 강화계획의 활용, 선택적 보상체제 활용, 정답 보상 강조
	공정성	수업목표와 내용의 일관성 유지, 연습과 시험내용의 일치

제3절 학습이론

☆ 학습이론의 비교

구분	행동주의 학습이론	인지주의 학습이론	인본주의 학습이론
인간관	자극(환경)에 반응하는 수동적 존재 → 환경결정론	인지구조를 재구성하는 능동적 존재	전인적 존재
학습목표	인간행동의 계획적 변화	인지의 비연속적 변화(통찰)	자아실현, 전인형성
학습관	자극과 반응의 연합을 통한 관찰 가능한 행동의 변화	인지구조(인지지도, 장)의 변화(구조화, 재체계화)	지·정·의가 결합된 유의미한 실존적 경험
학습용어	조건화, 연합, 시행착오	장(field), 인지구조, 인지지도, 통찰	만남, 성장, 의미
학습원리	구체적 목표 설정, 출발점 행동 진단, 외적 동기 유발, 반복적 학습, 적절한 강화, 프로그램 학습, 동일요소설	내적 동기 유발, 학습자의 인지 수준에 맞게 지식의 구조 제시(표현방식이론), 발견학습, 동일원리설, 형태이조설	교육의 적합성(맞춤형 교육), 정의적 측면 중시(잠재적 교육과정), 자기주도적 학습, 유의미학습(지적 + 정의적), 자기참조평가
대표자	파블로프(Pavlov) 왓슨(Watson) 쏜다이크(Thorndike) 스키너(Skinner)	베르트하이머(Wertheimer) 퀄러(Köhler) 레빈(Lewin) 톨만(Tolman) 피아제(Piaget)	매슬로우(Maslow) 올포트(Allport) 콤즈(Combs) 로저스(Rogers)

❶ 행동주의 학습이론

1. 파블로프(Pavlov)의 고전적 조건화 이론

(1) **개요**: ① 수동적 조건화설, ② S형 조건화설, ③ 자극대치이론(UCS ➡ CS), ④ 감응(感應) 학습 <예> 개의 타액 분비 실험(Tower of silence)

(2) **조건화(학습) 과정**: 중립자극에 대한 새로운 반응의 형성 과정

조건화 이전	• UCS(무조건자극 <예> 고기) ➡ UCR(무조건반응 <예> 타액 분비) • NS(중립자극 <예> 종소리) ➡ 반응 없음.
조건화 중	NS(<예> 종소리) + UCS(<예> 고기) ➡ UCR(<예> 타액 분비)
조건화 이후	CS(조건자극 <예> 종소리) ➡ CR(조건반응 <예> 타액 분비)

(3) 조건화 과정의 학습 현상

자극일반화	조건자극과 유사한 자극에 대해 동일한 반응이 나타나는 현상 → 자극의 유사성에 대한 반응 ⑩ 흰 가운 증후군, 수학 시험에 대한 불안이 과학 시험에도 나타남.
자극변별	조건자극에만 조건반응이, 다른 자극에는 조건반응이 나타나지 않는 현상 → 자극의 차이점에 대한 반응 ⑩ 수학 시험에 대한 불안이 과학 시험에는 나타나지 않음.
소거(소멸)	조건반응이 점차 약화되는 현상. 조건화 이전의 상태로 되돌아가는 현상 → 조건자극 뒤에 무조건자극을 제시하지 않을 때 발생
제지(금지)	조건자극과 다른 자극을 동시에 제시할 때 조건반응이 감소하는 현상
자발적 회복	일정 시간 경과 후 조건자극이 제시되면 소거된 조건반응이 다시 나타나는 현상
재조건 형성	소거된 조건반응을 다시 조건화 → 조건자극과 무조건자극을 계속 연합 제시
2차적(고차적) 조건화	조건화 형성 후 조건자극을 무조건자극으로, 조건반응을 무조건반응으로 하여 또 다른 중립자극에 대한 조건반응을 형성하는 현상

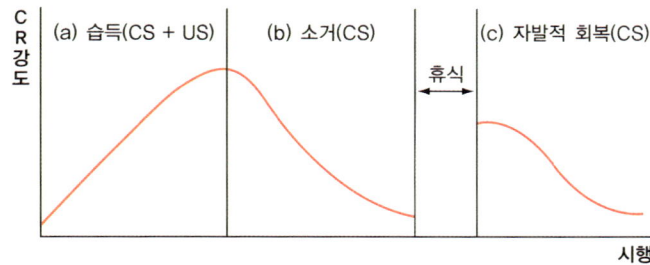

(4) 학습의 원리

시간의 원리	조건자극이 무조건자극보다 조금 앞서서 또는 동시에 제시되어야 한다.
강도의 원리	먼저 준 무조건자극의 강도에 비해 후속 자극이 적어도 같거나 강해야 한다.
일관성의 원리	조건반응이 일어날 때까지 질적으로 같은 조건자극을 제시해야 한다.
계속성의 원리	자극과 반응의 결합횟수가 많을수록 조건화가 잘된다. → 연습(빈도)의 법칙

(5) **교육적 적용**
   ① 정서적 반응(예 불안, 공포)의 학습: 왓슨(Watson)의 알버트(Albert) 실험
   ② 시험 불안: CS(시험) + UCS(실패) ➡ UCR(불안)

   > 1. **조건화 이전**: UCS(실패) ➡ UCR(실패에 대한 불안)
   >   NS(시험) ➡ (불안) 반응 없음.
   > 2. **조건화 중**: NS(시험) + UCS(실패) ➡ UCR(불안)
   > 3. **조건화 이후**: CS(시험) ➡ CR(시험에 대한 불안)

   ③ 광고: CS(상품) + UCS(유명 모델) ➡ UCR(즐거움)
   ④ 부적응 행동의 교정: 체계적 둔감화(systematic desensitization)
      ㉠ 개념: 역조건 형성을 이용하여 공포 자극에 (상상을 통해) 점진적으로 노출시켜 공포를 소거시키는 방법
      ㉡ 방법: 불안위계목록 작성 ➡ (근육 긴장) 이완 훈련 ➡ 상상하면서 이완하기

(6) **교육적 시사점**
   ① 학교나 교과학습을 긍정적 정서와 관련시킬 것
   ② 학습이 부정적인 정서와 연합되지 않도록 유의할 것
   ③ 특정 학습과제가 불안을 유발할 경우 학생들이 이완되었을 때 점진적으로 천천히 제시할 것
   ④ 학생들이 적절하게 일반화하고 변별하도록 가르칠 것
   ⑤ 학생들이 고전적으로 조건 형성된 불안을 극복하도록 도움을 줄 것

2. **쏜다이크(Thorndike)의 시행착오설(trial and error theory)**: 결합설, S-R이론, 도구적 조건화이론

(1) **개념**: 시행횟수가 증가함에 따라 목표에 도달하는 시간이 짧아지는 학습
   → 시행(trials)이 반응위계(response hierachy)상의 최상위 수준으로 올라가는 학습 예 고양이 문제상자 탈출 실험

(2) **학습원리**: ① 연습의 법칙(후속 연구에서 폐기), ② 효과의 법칙(가장 중시),
③ 준비성의 법칙

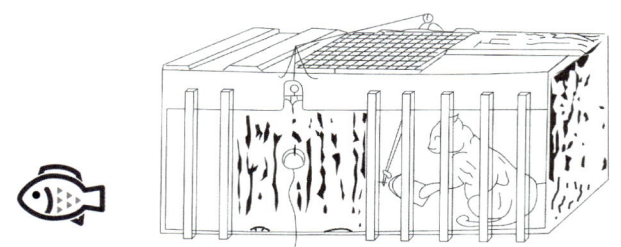

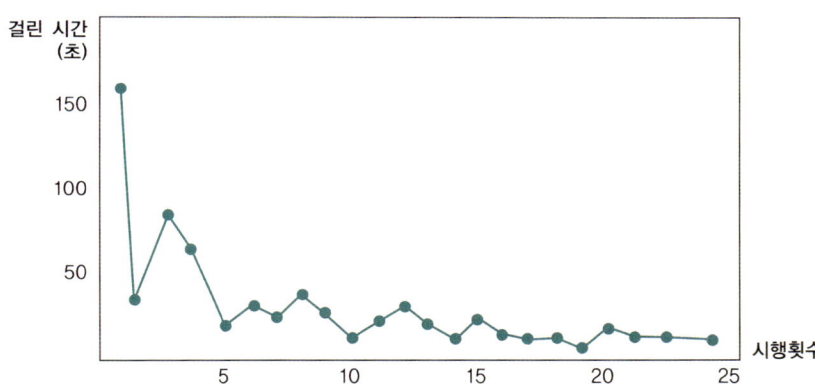

3. **스키너(Skinner)의 작동적 조건화설**: 조작적(능동적) 조건화설 → 「Walden Ⅱ」(1948)
   (1) **개요**: ① R형 조건화설, ② 도구적 조건화설, ③ 반응변용이론
   - 예 쥐와 비둘기의 스키너 상자(Skinner box) 실험
   ① 개념: 조작반응(operant behavior)을 조건화시키는 절차 → '효과(만족)의 법칙'(강화) 활용, 유기체의 우연적·능동적 반응의 반응확률을 변화시키는 일

② 파블로프(Pavlov) 이론과의 비교

특징	고전적 조건화(Pavlov)	작동적 조건화(Skinner)
목적	중립자극에 대한 새로운 반응 형성	반응확률의 증가 또는 감소.
자극-반응 순서	자극이 반응 앞에 온다.	반응이 강화(효과) 앞에 온다.
자극의 역할	반응이 인출(eliciting)된다.	반응이 방출(emitting)된다.
자극의 적용성	특수한 자극은 특수한 반응을 일으킨다.	특수한 반응을 일으키는 특수한 자극이 없다.
조건화 과정	한 자극(NS, CS)이 다른 자극(UCS)을 대치한다.	자극의 대치는 일어나지 않는다.
내용	정서적·불수의적 행동이 학습된다. → 자율신경계의 행동	목적지향적·의도적 행동이 학습된다. → 중추신경계의 행동
형태	S(CS)-S(UCS)형	R-S형

③ 조건형성의 원리 : ㉠ 강화의 원리, ㉡ 즉시강화의 원리, ㉢ 자극통제의 원리(자극변별, 자극일반화, 환경적 조건, 단서 제공), ㉣ 행동조성, ㉤ 행동연쇄, ㉥ 소거의 원리

(2) **강화(Reinforcement)와 벌(punishment)**

분류		강화자(reinforcer)	
		쾌(快)자극	불쾌(不快)자극
제시 방식	반응 후 제시 (수여)	정적 강화 ⑩ 칭찬, 프리맥의 원리, 토큰강화 (토큰경제)	제1유형의 벌(수여성 벌) ⑩ 꾸중하기, 반성문 쓰기
	반응 후 제거 (박탈)	제2유형의 벌(제거성 벌) ⑩ Time-out, 반응대가	부적 강화 ⑩ 회피학습

구분	강화(reinforcement)	벌(punishment)
개념	특정 행동반응의 빈도를 촉진(증가)시키는 절차	특정 행동반응의 빈도를 억제(감소)시키는 절차
방법	• 정적 강화 : 행동 후 (쾌)자극을 제시 ⑩ 칭찬, 프리맥의 원리, 토큰 강화 • 부적 강화 : 행동 후 (불쾌)자극을 제거 ⑩ 회피학습, 숙제를 열심히 해오는 학생에게 싫어하는 화장실 청소를 면제해 줌.	• 정적 벌 : 행동 후 (불쾌)자극을 제시 ⑩ 체벌, 꾸중하기 • 부적 벌 : 행동 후 (쾌)자극을 제거 ⑩ 타임아웃, 반응대가 cf 소거 : 행동 후 (쾌)자극을 유보 또는 생략

조건	• 강화는 자주 주어야 한다. • 강화는 반드시 반응을 한 후에 주어야 한다. • 강화는 반응 후 즉시 제시해야 한다. • 강화는 반응에 수반되어야(contingent on) 한다. 즉, 바람직한 반응을 할 때만 강화를 주어야 한다.	• 벌은 처벌적이어야 한다. 즉 벌은 반응을 약화시키는 기능이 있어야 한다. • 행동이 끝난 즉시 처벌해야 한다. • 처벌 후 보상을 주지 말아야 한다. • 대안적인 행동(바람직한 행동)을 분명하게 제시해야 한다. • 일관성이 있게 처벌해야 한다.

(3) **강화계획**
① 개념: 강화조건의 패턴화 → 학습자의 반응에 대해 언제 어떻게 강화를 줄 것인가를 정한 규칙이나 프로그램
② 유형
  ㉠ 계속적 강화(전체 강화): 매 행동마다 강화물을 제공하는 방법 → 학습의 초기단계, 특정 행동의 학습에 효과적
  ㉡ 간헐적 강화(부분 강화): 정반응 중에서 일부 반응에만 강화를 주는 방법 → 학습의 후기단계, 학습된 행동의 유지에 효과적

간격강화 (시간 기준)	고정간격 강화	정해진 시간마다 한 번씩 강화 예 정기고사, 월급, 매 30초 후 첫 번째 정반응에 강화
	변동간격 강화	평균 시간마다 한 번씩 강화 예 수시고사, 평균 30초 간격으로 정반응을 강화하되, 무작위로 강화
비율강화 (빈도/ 횟수 기준)	고정비율 강화	정해진 횟수(빈도)의 반응을 할 때마다 한 번씩 강화 예 성과급, 매 5번째 정반응에 강화
	변동비율 강화	평균 횟수의 반응을 할 때마다 한 번씩 강화 예 도박, 평균 5번째 정반응에 강화하되, 무작위로 강화

③ 강화계획의 효과
  ㉠ 반응 확률의 강도: 간헐강화 > 계속강화, 비율강화 > 간격강화, 변동강화 > 고정강화
  ㉡ 반응 확률이 높게 나타나는 순서: 변동비율강화 > 고정비율강화 > 변동간격강화 > 고정간격강화

(4) **행동수정 기법(응용행동분석)**
① 개념: 개인의 특정 행동을 변화시키기 위해 체계적으로 행동주의 원리를 적용하는 과정
② 적용 절차: ❶ 목표행동을 결정하기 ➡ ❷ 목표행동의 기초선 측정하기 ➡ ❸ 강화인을 선택하기(필요 시 처벌인도 선택) ➡ ❹ 목표행동의 변화 측정하기 ➡ ❺ 행동이 향상되면 강화인의 빈도를 점점 줄이기(fading)

③ 행동수정기법 유형
  ㉠ 바람직한 행동의 증가 방법

프리맥(Premack)의 원리	• "보다 선호하는 행동(빈도수가 높은 행동)이 보다 덜 선호하는 행동(빈도수가 낮은 행동)보다 강화효과가 크다."는 원리 → 활동강화물 활용, 정적 강화의 한 방법, '할머니의 법칙'이라고도 함. • 강한 자극을 이용하여 약한 반응을 촉진하는 정적 강화 방법 • 불쾌자극(A)을 먼저 제시하고, 쾌자극(B)를 나중에 제시(If A, then B) 예 싫어하는 수학숙제를 먼저 하면, 좋아하는 만화영화를 보게 해준다.
토큰(token) 강화(경제)	• 상표를 모아 더 큰 강화자극으로 대체 → 상징적 강화물 활용 • 효과: 심적 포화 방지, 강화의 시간적 지연 예방, 간편하게 강화, 성과 차이를 반영하여 등급별로 강화(예 VIP, VVIP)
행동조형 (behavior shaping)	• 강화를 이용해서 목표행동을 점진적으로 형성하는 기법 → 특정 행동 습득 예 발표하기(목표행동): ① 교사와 eye-contact ➡ ② 손들기 ➡ ③ 발표하기 • 원리: 과제분석(점진적 접근 → 계열성의 원리), 강화(차별 강화, 정적 강화, 계속적 강화)

  ㉡ 문제행동의 교정(감소) 방법

타임아웃 (time-out, 일시적 격리)	정적 강화를 받을 수 있는 기회를 박탈하거나 강화 장면에서 추방하는 방법 → 부적 벌에 해당 예 떠드는 학생을 5분 간 싫어하는 복도로 내 보내기
반응대가 (response cost)	바람직하지 않은 행동을 할 때마다 정적 강화물을 회수하는 절차 예 과제 미제출 시 감점하기, 교통법규 위반 시에 부과되는 벌금
심적 포화 (satiation)	싫증이 날 때까지 문제행동을 반복하도록 하는 방법 예 수업 중 쪽지 돌리기를 좋아하는 학생에게 큰 종이에 가득하도록 쓰게 하는 방법
상반행동강화	문제가 되는 행동과 반대되는 바람직한 행동을 찾아 강화하는 방법 예 수업 중 소란스러운 학생을 조용히 할 때 강화함.
소거 (extinction)	문제행동에 주어지던 강화를 중단하는 절차, 강화가 주어지기 전의 기초선 비율(baseline rate)로 되돌아가는 현상 예 울고 보채는 아이를 무시하기

(5) **작동적 조건화의 교육적 적용**: ① 프로그램 학습(PI), ② 완전학습, ③ 개별화 교수 체제(PSI), ④ 컴퓨터 보조 학습(CAI), ⑤ 수업목표의 명세적 진술, ⑥ 행동수정이론

❷ 인지주의 학습이론

1. 형태주의 학습이론

(1) **개요**
① **개념**: 인간 정신의 내재적인 조직화 경향과 전체적인 성질을 강조하는 인지심리학의 초기 접근 → 행동을 자극—반응의 연합으로 환원하려는 행동주의와 정신과정을 구성요소로 분석하려는 구조주의에 반발하여 독일에서 출현
② **대표자**: 베르트하이머(Wertheimer), 쾰러(Köhler), 코프카(Koffka)
③ **기본 가정**
  ㉠ 지각(perception)은 실재(현실)와 다르다. ⓔ 운동착시현상
  ㉡ 전체는 부분의 합보다 크다(전체주의). ⓔ 파이현상
  ㉢ 유기체는 경험을 능동적으로 구조화하고 조직한다. 즉, 형태(Gestalt, 조직화된 전체)는 유기체가 능동적으로 구성한 것이다.
  ㉣ 유기체는 경험을 특정 방식으로 조직하는 경향성이 있다. ⓔ 지각의 법칙
  ㉤ 학습은 간결과 의미의 법칙을 따른다.
  ㉥ 문제해결은 시행착오의 과정이 아니라 문제장면의 재구조화와 통찰을 통해 이루어진다.

(2) **베르트하이머(Wertheimer)의 형태이론**: 인간의 지각(perception) 연구
① **파이(φ) 현상**: 가현운동(假現運動), 두 개의 정지 불빛을 점멸하면 움직이는 운동으로 지각 → 운동 착시 현상(주관적 지각, 유의미 학습)

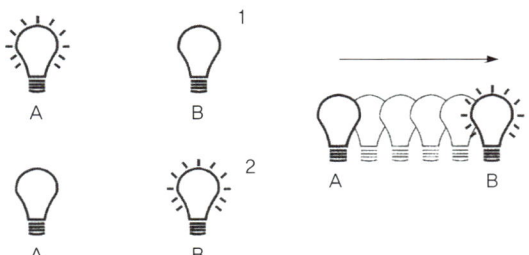

② **전경(前景)과 배경(背景)의 원리**(지각의 제1법칙): 유기체마다 전경과 배경을 다르게 지각 ⓔ 루빈(Rubin)의 컵
③ **프래그난츠* 법칙**(지각의 제2법칙): 인간이 사물을 전체적으로 조화롭게 지각하려는 경향
  * 의미(significance)라기 보다는 의미 있는 연결망(network, pattern or organized form)을 뜻함.

▲ 루빈(Rubin)의 컵

완전성 (폐쇄성)	어떤 사물을 지각할 때 사물이 비교적 완전하지 않더라도 불완전한 것이 아니라 완전한 것으로 지각하려 한다.
유사성	그 사물의 속성(예 크기, 모양, 색상 등)에 따라 유사한 것끼리 의미 있게 묶어서 지각하려고 한다.
근접성	멀리 떨어져 있는 것보다 가까이에 있는 것을 묶어 의미 있게 지각하려고 한다.
간결성 (단순성)	단순성의 원리 → 복잡한 사물을 지각할 때 가급적 단순화시켜 조직하여 지각하려고 한다.
연속성 (계속성)	공통방향의 원리 → 같은 방향으로 패턴이나 흐름을 형성하는 자극요소들을 서로 연결된 것처럼 연속적인 직선이나 도형으로 지각한다.

(3) **쾰러(W. Köhler)의 통찰설**
① 학습: 전체적인 관계를 파악하는 통찰(insight)에 의해 이루어지는 문제해결적 행동의 변용과정 → 학습은 행동적 현상이 아니라 인지적 현상
② **통찰**(insight): 아하 현상(A − Ha phenomenon), 관계학습
   예 침팬지(sultan)의 바나나 실험

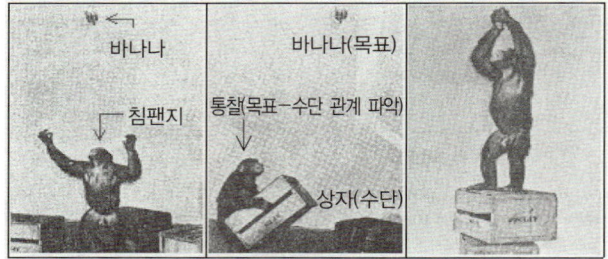

   ㉠ 어느 순간에 문제상황에 대한 해결책, 즉 관계 구조가 갑자기 떠올라 '아하(A−Ha)'라고 말하는 것 → 갑작스럽게 일어나는 비약적 사고 과정
   ㉡ 상황을 구성하는 다양한 요소들 간(또는 수단과 목적 간)의 관계 파악능력
   ㉢ 경험적 사실을 재구성하는 인지구조의 전환과정
③ 통찰의 과정: 전체의 파악 ➡ 분석 ➡ 종합(재구조화)
④ **통찰의 효과**: ① 완전하고 다른 상황에 전이가 쉬움. ② 수행상 오차가 없고 원활함. ③ 효과가 상당 기간 유지됨.

(4) 레빈(Lewin)의 장(場)이론(field theory)
① 학습은 장(場, 심리적 인지구조)의 변화과정
② 개인의 행동(behavior)은 개체(person)와 심리적 환경(environment)과의 상호작용 결과

$$B = f(P \cdot E) \quad [B: 행동, P: 개인, E: 인지적 \cdot 심리적 환경]$$

③ 지각의 특징: ㉠ 상대성(주관성), ㉡ 유의성(valence), ㉢ 현시성(現時性)

(5) 톨만(Tolman)의 기호 - 형태설(Sign-Gestalt Theory)
① S(수단, sign)-S(목표, signification) 이론: 목적적 행동주의, 인지적 행동주의, 기호학습설
  ㉠ 학습은 자극-반응의 결합이 아니라, 기호(sign)-형태(Gestalt)-기대(expectation)의 형성, 즉 학습자가 수단과 목표의 의미 관계, 즉 인지구조를 알고 인지지도(cognitive map)를 형성하는 과정
    예 쥐의 미로 찾기 실험

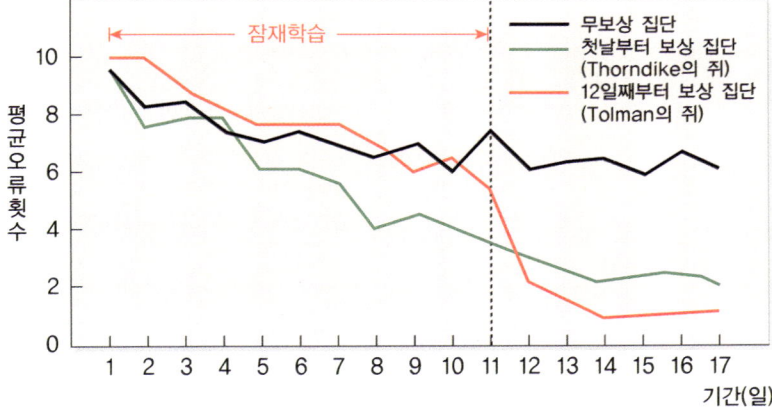

② 학습 현상

잠재학습 (latent learning)	• 유기체에 잠재되어 있지만 행동으로 나타나지 않는 학습 • 강화 없이도 학습이 일어난다. → '보상'은 수행변인(학습변인 ×)
장소학습 (place learning)	• 목표물이 어디에 있는가에 대한 장소를 학습하는 것 • 장소에 대한 인지지도를 형성하여 획득된 과정
보상기대 (reward expectancy)	학습은 보상기대 형성 과정: '이렇게 하면 이런 결과(보상)가 나타날 것'이라는 기대를 형성하는 과정

2. 정보처리 학습이론

(1) 개요

① 개념: 인간의 사고과정(인지)을 컴퓨터의 정보처리과정에 비유
② 구성요소: ㉠ 정보저장소(정보저장고), ㉡ 인지처리과정, ㉢ 메타인지

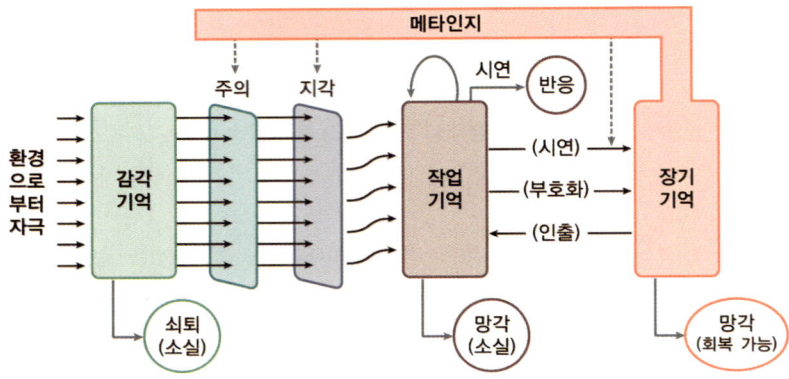

(2) 정보저장소

구분	감각등록기	단기기억	장기기억
유사 명칭	감각기억	작업기억, 1차적 기억	2차적 기억
개념	외부정보의 최초 저장소 → 영상기억과 잔향기억으로 구성	활성화 상태의 기억 → 중앙집행기, 음운고리, 시공간 스케치판으로 구성	단기기억에서 적절히 처리된 정보를 영구적으로 저장하는 기억
정보의 투입	외부자극	주의집중, 지각	부호화
저장용량	무제한	제한(7 ± 2 chunk)	무제한
정보 지속시간	순간적(1~4초 이내)	일시적(20~30초 이내)	무제한
정보원	외부환경	감각기억과 장기기억	단기기억에서의 전이
부호 형태	원래의 물리적 형태	이중부호(언어적, 시각적)	일화적, 의미적
정보 형태	영상기억(시각정보), 잔향기억(청각정보)	활성화 정보(음운적)	학습된 정보(유의미성) 예 명시적 기억(도식), 절차적 기억(산출)
정보 상실	소멸(쇠퇴)	치환 또는 소멸(쇠퇴)	인출 실패(설단현상)
컴퓨터/두뇌활동		RAM, CPU / 의식	HARD, USB, 외장하드, 클라우드 / 사고(思考)

(3) **인지과정**: 정보처리과정

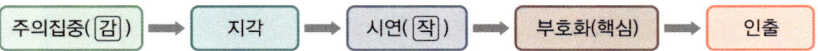

① 주의집중(attention): 투입된 정보자극에 선택적으로 반응하기
  ㉠ 관련 현상

칵테일파티 효과	수많은 대화 중에 자신이 관심을 갖는 정보만을 골라 들을 수 있는 현상
레스토프효과	평범한 것보다 특이한 것을 잘 기억하는 현상

  ㉡ 주의집중 전략: 시범, 불일치 사건, 도표, 그림, 문제 제시, 사고를 자극하는 질문 제시, 강조, 호명(呼名) 등
② **지각**(perception): 감각을 통해 수용된 외부자극에 대하여 개인적(주관적) 의미 부여하기
③ **시연**(rehearsal): 정보를 계속적으로 반복하는 일

기계적 시연 (1차적 시연)	정보를 그 형태와 관계없이 계속적으로 반복하는 과정(암송)
정교화 시연 (2차적 시연)	투입된 정보를 장기기억 속의 정보에 연결시키는 과정 → 작동기억에서 장기기억으로 정보를 이동시키는 과정

④ **부호화**(encoding): 새로운 정보를 장기기억 속에 저장되어 있는 정보와 관련짓는 인지전략 → 정보의 유의미화를 통한 정보의 장기적인 파지전략

정교화 (elaboration)	새로운 정보에 의미를 추가하거나 그 정보를 기존 지식과 연결하여 의미를 부여하는 전략 예 논리적 추론, 연결적 결합, 예시, 세부사항, 문답법, 노트필기, 요약하기, 유추(analogy), 기억술 활용하기
조직화 (organization)	별개의 정보들에 질서를 부여하여 기억하는 것 예 도표 작성, 개요 작성, 위계도 작성, 개념도, 청킹(chunking), 유목화
맥락화 (context)	정보를 장소, 특정한 날에 느꼈던 감정, 함께 있었던 사람 등과 같은 물리적·정서적 맥락과 함께 학습하는 것 예 어제 수학 시간에 배운 공식이 집에서 생각나지 않다가 학교에 오니 생각이 났다(장소적 맥락). 슬플 때 암기한 것이 슬플 때 잘 기억난다(정서적 맥락).
초과반복학습	완전학습 수준 이상으로 학습을 계속하는 것
심상 형성	정보를 시각적인 형태로 변형하는 과정 → 이중부호화

자기참조적 부호화	정보가 자신과 어떻게 관련이 있는지를 결정하는 것을 수반하는 부호화
기억술	장소법, 핵심 단어법, 두문자법, 문장 작성법, 연결법, 운율법 등
활동(activity)	학습자가 직접 참여하는 적극적 활동을 활용

⑤ 인출(retrieval): 장기기억 속의 정보 탐색 및 재생 과정
  ㉠ 설단현상(tip or top of the tongue): 인출 실패 현상 → ❶ 장기기억에 저장된 정보가 체계적이지 못할 때, ❷ 인출단서를 찾지 못했을 때 발생
  ㉡ 부호화 특수성(맥락 효과): 인출조건이 부호화 조건과 일치할수록 인출이 촉진된다.
    예 '연습은 실전처럼', 잠수부 기억력 실험, 상황학습, 상태 의존 학습

(4) 메타인지(meta-cognition): 초인지, 상위인지
  ① 개념: 플라벨(Flavell)
    ㉠ 인지에 대한 인지(cognition about cognition)
    ㉡ 자신의 인지(認知) 또는 사고(思考)에 관한 지식
    ㉢ 사고하는 방법에 대한 사고활동(thinking about thinking)
  ② 구성요소

절차적 지식	무엇을 어떻게 해야 할지를 아는 것
조건적 지식	과제해결의 조건에 관한 지식, 언제 해야 할지를 아는 것
인지적 지식(감시)	절차적 지식이나 조건적 지식 등의 상위인지능력을 사용하는 것

  ③ 주요 기능: 계획, 점검, 평가

계획(planning)	과제해결에 필요한 전 과정을 어떻게 해야 할지 결정하는 것
점검 (감찰, monitoring)	현재 자신이 제대로 과제를 하고 있는가에 대한 인식
평가(evaluation)	사고 및 학습의 과정과 결과에 대해 판단을 내리는 것

(5) **작업기억의 한계용량 극복**: 인지부하이론(Cognitive Load Theory)

청킹(chunking) → 군단위화, 절편화, 결집, (의미)덩이짓기	• 분리된 항목들을 보다 의미 있는 큰 묶음으로 조합하는 것 • 정보의 개별적 단위를 보다 크고 의미 있는 단위로 묶는 것 ⑩ 10개의 수 '0, 4, 1, 3, 4, 5, 9, 9, 8, 7'을 041, 345, 9987로 묶기 • 관련 이론: 파스칼 레온(Pascual-Leone)의 구성적 조작자 이론 → 정보처리공간의 증가로 보는 절대적 증가모형
자동화 (automatization)	• 자각이나 의식적인 노력 없이(무의식적으로) 수행할 수 있는 정신적 조작의 사용 → '자동적 전이'와 유사 ⑩ 걸음 걷기, 운전하기 • 자동화하면 조작공간은 감소하고 저장공간은 증가한다. • 관련 이론: 케이즈(Case)의 실행제어 구조이론 → 정보처리의 효율성(processing efficiency)으로 보는 기능적 증가모형
이중처리 (dual processing)	• 시각과 청각의 두 구성요소가 작동기억에서 함께 정보 처리하는 방법 • 관련 이론: 파이비오(Paivio)의 이중부호화 이론

(6) **학습전략(learning strategies)**
① 개념: 인지전략(⑩ 시연, 정교화) + 메타인지전략(⑩ 이해 점검)
② 학습전략 모델(SQ4R 모델): 개관(Survey or Preview) ➡ 질문(Question) ➡ 읽기(Read) ➡ 숙고(Reflect) ➡ 암송(Recite) ➡ 검토(Review)

(7) **망각(忘却, forgetting)**
① 개념: 기억 속에 저장되어 있는 정보를 인출, 회상, 재인하지 못하는 현상
② 망각의 원인: 감각기억에서는 정보의 쇠퇴(decay), 작업기억에서는 쇠퇴와 치환(displacement), 장기기억에서는 간섭(interference)과 인출실패로 발생
③ 망각의 원인을 설명하는 학설

원인	망각의 유형	의미
간섭	순행간섭	선행학습내용이 후행학습내용의 기억을 방해한다. → 부적전이와 유사
	역행간섭	후행학습내용이 선행학습내용의 기억을 방해한다.
가용성(可用性) 상실	소멸	기억흔적이 시간의 경과로 소멸되어 망각이 일어난다.
	왜곡(재체제화)	기억흔적이 왜곡(재구성)되어 망각이 일어난다.

접근가능성 상실	인출실패 (단서의존적 망각)	정보가 장기기억에 존재하지만, 단서가 없어서 인출되지 못한다. → 설단현상
	억압 (동기화된 망각)	불쾌한 경험이 무의식 속으로 추방되어 의식화 되지 못한다.
	동기(욕구) 관련	해결된 동기(욕구)는 망각되고 미해결된 동기는 기억된다. 예 자이가닉 효과(Zeigarnick effect)

④ 망각과 파지(retention)
  ㉠ 에빙하우스(Ebbinghaus)의 망각곡선: 무의미 철자 연구 → 학습 직후 망각률(약 41.8%)이 제일 높고, 1일 경과 후(66.3%), 2일 경과 후(77.2%) 점차 낮아짐.
  ㉡ 리안(Ryan)의 학습자료 종류에 따른 망각곡선: 무의미한 음절 > 산문 > 운문 > 개념과 논리적 원리의 순으로 망각률이 높다.

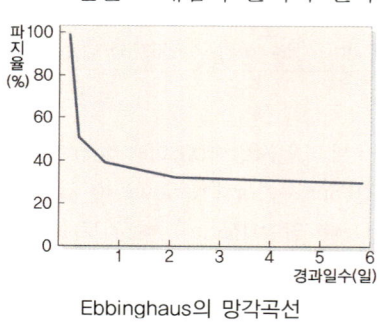

Ebbinghaus의 망각곡선 Ryan의 망각곡선

❸ 사회학습이론(사회인지이론)

(1) **개요**: 반두라(Bandura)의 관찰학습
  ① 사회학습: 인간 행동의 학습은 실험실 상황이 아닌 사회생활, 즉 다른 사람들과의 상호작용의 결과이다.
  ② 인지적 행동주의(사회인지이론)
    ㉠ 행동주의 원리를 이용해서 모방을 통한 인간의 사회학습을 설명하면서도 인지과정(예 인간행동의 목적지향성, 상징화, 기대)의 중요성을 인정
    ㉡ 행동주의에서 인지이론으로 넘어가는 과도기 이론으로 평가
  ③ 모델링(modeling) 또는 관찰학습: 사회인지이론의 핵심 → 인간학습은 실제 모델이나 상징적 모델(예 소설 속의 가상적 인물, TV 프로그램의 주인공)에 대한 관찰과 모방을 통해 이루어진다.
    ㉠ 모델에 대한 관찰을 통해 일어나는 행동적·인지적·정의적 변화 → "Teaching is to show."

ⓒ 모델링의 유형

인지적 모델링	모델의 시범을 모델의 생각과 행동에 대한 언어적 설명과 함께 보여 주는 과정 → 학습자가 전문가의 사고를 배울 수 있게 해 주는 모델링
직접 모델링	모델의 행동을 단순하게 모방하려는 시도이다. ⑩ 1학년 아동은 교사와 똑같은 필체로 글자를 쓴다.
상징적 모델링	책, 연극, 영화 또는 TV에 등장하는 주인공들의 행동을 모방한다. ⑩ 10대는 인기 있는 TV 프로에 나오는 연예인처럼 옷을 입는다.
종합적 모델링	관찰한 행동의 부분들을 종합함으로써 행동을 발전시킨다. ⑩ 형이 책을 꺼내기 위해 의자를 사용하는 것과 엄마가 찬장문을 여는 것을 보고, 의자를 사용해 혼자 서서 찬장문을 연다.
자기 모델링	자기 자신의 행동을 관찰하고 반성한 결과로 일어나는 모방이다. ⑩ 자기장학

ⓒ 모델링의 효과: ❶ 새로운 행동의 학습, ❷ 억제를 변화시키기(파급효과), ❸ 이미 학습한 행동의 촉진, ❹ 정서 유발(정서적 각성 효과)

④ 대리적 강화(간접적 강화): 관찰자는 자신의 행동에 대해서 직접적인 강화를 받지 않더라도 모델이 보상이나 벌을 받는 것을 관찰함으로써 마치 자신이 강화를 받은 것처럼 행동한다.

⑤ 학습은 자기조절(self-regulation)의 과정: 모델의 행동이 관찰자의 행동을 통제하는 것이 아니라 관찰자 자신의 내적인 인지적 규제(자기 규제)에 의해 학습이 일어난다.

⑥ 자기효능감(self-efficacy) 형성 과정: 관찰학습의 목적 → 특정 영역의 과제를 수행할 수 있다는 자기 능력에 대한 신념

(2) 특징

① 학습(인지적 과정)과 수행은 다르다.: 학습은 행동의 변화가 아니라 인지의 변화임. → 강화는 학습이 아닌 학습의 결과, 즉 수행을 촉진

② 강화 없이도 학습이 일어날 수 있다.

③ 강화의 다양성 인정: 직접 강화, 간접강화, 자기강화 등

(3) 학습 절차

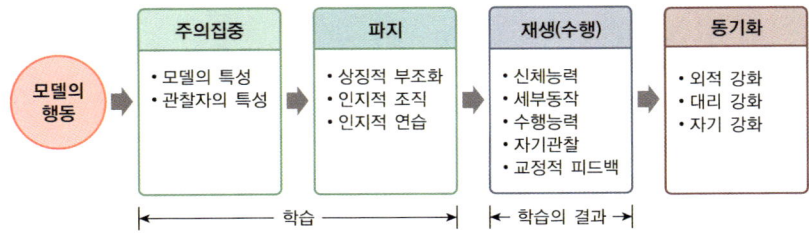

주의집중	모방하려는 모델의 행동에 주의를 집중하는 단계로, 모델의 특성(예 모델의 형태, 모델의 능력·지위·수·유사성)과 관찰자의 특성(예 발달단계)에 영향을 받는다.
파지	흔히 모델을 관찰한 후 어느 정도 시간이 지난 다음에 모델을 모방하기 때문에 모델의 행동을 상징적으로 기억하는 단계이다.
재생	모방하려는 것을 실제행동으로 옮겨보는 단계이다.
동기화 (강화)	강화를 통해 행동의 동기를 높여주는 단계로, 강화는 관찰자로 하여금 모델과 같이 행동하면 자기도 강화를 받는다는 기대를 갖게 하고, 학습의 수행으로 유인하는 구실을 한다.

(4) **스키너와 반두라의 비교**

구분	스키너(Skinner)	반두라(Bandura)
인간행동의 결정요인	기계론적 환경결정론	상호작용론 : 인간행동은 개체(인지 특성)와 행동, 환경이 상호작용한 결과
기본가정	인간의 자기통제능력 부정	인간의 자기통제능력 긍정
강화와 학습	외적 강화가 수반되어야 학습 가능	외적 강화 없이 학습 가능
경험과 학습	직접경험을 통한 학습	직접경험 및 간접경험을 통한 학습
강화와 처벌에 대한 해석	강화인과 처벌인을 행동의 직접적인 원인으로 봄. (강화 ➡ 행동)	강화인과 처벌인은 기대를 갖게 한다고 봄. → 행동의 간접적 원인(강화 ➡ 기대 ➡ 행동)
강화 유형	직접 강화(처벌) 중시	직접 강화, 대리 강화, 자기 강화 중시
학습의 개념	관찰 가능한 외적 행동의 변화	인지구조의 변화(행동 잠재력의 변화)
공통점	• 경험이 학습의 중요한 요인임에 동의함. • 행동에 대한 설명에서 강화와 처벌의 개념을 포함함. • 학습을 촉진하기 위해 피드백이 중요함에 동의함.	

(5) **교수·학습의 원리** : 교육적 적용 가능성
　① 적당한 모델과의 동일시를 할 수 있는 기회를 제공할 것
　② 모델 행동에 대한 기능적 가치를 부여하여 주의를 집중시킬 것
　③ 학습자의 인지(인지능력)와 기능(운동기술) 면을 함께 가르칠 것
　④ 자기조절(self-control)과 자기효능감(self-efficacy) 향상을 위한 학급 환경을 조성할 것
　⑤ 높은 교사효능감(teacher efficacy)과 교수효능감(teaching efficacy)을 가질 것
　⑥ 질 높은 대중 매체를 활용한 수업을 전개할 것

❹ 인본주의 학습이론

(1) 개요
  ① 실존주의 철학과 인본주의 심리학에 토대: ㉠ 인간은 통합된 존재, ㉡ 잠재성 소유, ㉢ 자유의지 소유, ㉣ 성선설(性善說)적 인간관
  ② 교육목적: 자아실현과 전인교육
  ③ 대표자

매슬로우(Maslow)	욕구위계론
올포트(Allport)	특성(trait) 이론, 기능적 자율화(원래는 어떤 목적 달성 수단에 불과하던 것이 그 자체가 목적이 되는 현상)
콤즈(Combs)	인간주의적 교사: 수용(무조건적 존중), 공감적 이해, 진정성
로저스(Rogers)	실현경향성의 욕구, 비지시적 상담이론

(2) **학습 원리**: ① 자기주도적 학습, ② 학습방법에 대한 학습, ③ 자기평가, ④ 정의적 측면 중시, ⑤ 인간적 환경 조성(잠재적 교육과정), ⑥ 맞춤형 수업(학습양식)

(3) **비판**: ① 중심 개념의 모호성, ② 결론이 사변적임, ③ 이론이 과학이기보다는 상식에 가까움, ④ 개별 교사의 능력에 의해 교육의 효과가 좌우됨.

제4절 학습의 개인차

❶ 전이(轉移, transfer)

(1) **개념**: 선행학습이 후행학습에 미치는 영향 → 파급효과, 일반화

(2) 전이의 유형

긍정적 전이	선행학습이 후행학습을 촉진하는 경우
부정적 전이	선행학습이 후행학습을 방해하는 경우 → 순행간섭과 유사
영전이	선행학습이 후행학습에 아무런 영향을 주지 않는 경우
수평적 전이	선행학습 과제와 후행학습 과제의 수준이 비슷한 경우에 발생 → 통합성
수직적 전이	선행학습이 후행학습의 기초가 될 때 발생 → 계열성
특수적 전이	선행학습과 후행학습이 구체적 유사성이 있을 때 발생 예 동일요소설
일반적 전이	선행학습과 후행학습이 유사성이 없을 때 발생

의식적 전이	선행학습 내용을 의도적으로 인출하여 적용할 때 발생 ① **전향적 전이**: 선행학습이 후행학습에 영향을 미침. ② **역행적 전이**: 후행학습이 선행학습에 영향을 미침.
무의식적 전이	선행학습 내용이 후행학습이 자동적으로 적용될 때 발생

(3) **전이이론**

전이 유형	주창자	내용	영향
형식도야설	Locke	교과(형식)를 통해 일반정신능력을 훈련시킬 때 자연적(자동적) 전이 발생	교과중심 교육과정
동일요소설	Thorndike	동일한 요소가 있을 때, (결과의) 유사성이 클 때 전이 발생	경험중심 교육과정
일반화설 (동일원리설)	Judd	• 일반원리나 법칙을 알 때, 일정한 학습장면에서 조직적으로 개괄화 또는 일반화해서 다른 장면에 적용할 때 전이 발생 • 수중표적 맞히기 실험(굴절의 원리)	학문중심 교육과정
형태이조설 (구조적 전이설)	Koffka	• 일반화설의 확장 • 어떤 장면 또는 학습자료의 역학적 관계 (수단과 목적의 관계)를 이해할 때 전이 발생 → 통찰(insight) • 쾰러(Köhler)의 닭 모이 실험	• 학문중심 교육과정 • 발견학습 (Bruner)

(4) **전이에 영향을 주는 요소**

① 유사성의 요인: 선행학습과 후행학습 간의 유사성(예 장면의 유사성, 원리의 유사성)이 높을수록 전이가 잘 일어난다.
② 학습정도의 요인: 선행학습이 철저할 때 전이가 잘 일어난다.
③ 시간적 간격의 요인: 시간 간격이 좁을수록(두 학습 사이의 경과시간이 짧을수록) 전이가 잘 일어난다.
④ 학습자의 지능요인: 학습자의 지능이 높을수록 전이효과가 크다.
⑤ 학습자의 태도요인: 학습자의 태도가 적극적일수록 전이효과가 크다.
⑥ 학습방법의 요인: 학습방법에 따라 전이효과가 다르게 나타난다.
⑦ 학습원리의 요인: 개별적 사실보다 학습원리를 잘 파악할수록 전이효과가 크다.
⑧ 학습시간 요인: 학습시간이 충분할수록 전이가 잘 일어난다.
⑨ 유의미학습은 기계적 학습보다 전이를 촉진한다.
⑩ 학습과제가 특정 교과에만 관련되는 것이 아니라 다양한 상황과 관련될 때 전이가 촉진된다.

⑪ 다양한 사례와 충분한 연습기회를 제공할수록 전이가 촉진된다.
⑫ 메타인지가 높을수록 전이가 촉진된다.

❷ 부적응과 방어기제

1. 부적응(maladjustment)

(1) **개념**: 주어진 환경조건에 적절히 적응하지 못하는 비정상의 상태

(2) **부적응의 징후**: 스트레스(stress) 예 욕구불만, 갈등, 불안, 압박감

① 욕구불만(frustration, 욕구좌절): 욕구의 결핍 상태나 불균형 상태에서 오는 정신적 긴장 상태

② 갈등(conflict): 상반되는 여러 욕구가 동시에 대립할 때 선택이 망설여지는 심리 상태

접근·접근갈등	두 개의 긍정적 욕구가 동시에 대립하는 경우 예 부르뎅의 나귀, 행복한 고민
회피·회피갈등	두 개의 부정적 욕구가 동시에 대립하는 경우 예 딜레마, 사면초가
접근·회피갈등	어떤 자극이 긍정적이면서 동시에 부정적인 경우의 심리적 갈등 → 양극성을 띤 갈등
이중접근·회피갈등	긍정적·부정적 가치를 동시에 포함하고 있는 두 가지 욕구 간의 갈등 → 가장 복잡하면서도 흔한 갈등

2. 대처전략(coping strategies): 부적응 극복 방법

(1) **개념**: 욕구불만이나 갈등을 해결해 긴장을 해소하려는 구체적인 대처전략

(2) **유형**

	종류\의미	문제를 정의하고 대안을 탐색하며 대안들을 평가한 다음 가장 적절한 대안을 선택하여 실천하는 전략
문제중심 대처전략	환경지향적 전략	외부 환경압력·장애물·자원·절차 등을 바꾸기 위해 사용하는 전략 예 기계가 고장났을 때 그 원인을 분석한 다음 고치는 것
	내부지향적 전략	자기 자신의 동기적 및 인지적 변화를 지향하는 전략 예 포부수준 조정, 자기관여 수준 변경, 새로운 행동기준 개발
정서중심 대처전략		상황 자체를 변화시키기보다는 그 상황에서 경험하는 정서적 고통을 경감시키려는 전략 예 회피, 최소화, 거리 두기, 선택적 주의, 긍정적 비교, 사건의 긍정적 의미 탐색, 사건의 의미 재평가, 운동, 명상, 음주, 분노 발산, 방어기제 활동 등

3. 방어기제(defence mechanism)

종류	내용	예
합리화 (rationalization)	자신의 행동을 그럴 듯한, 그러나 부정확한 핑계를 사용하여 받아들여질 수 있게 행동을 재해석하는 것 → ① 여우와 신포도형 합리화, ② 달콤한 레몬형 합리화	이솝우화에서 포도를 딸 수 없었던 여우가 포도가 실 것이라고 결론 내렸던 것
보상 (compensation)	자신의 결함이나 무능, 약점을 장점으로 보충하여 본래의 열등감으로부터 자아를 보호하려는 기제	성적이 낮은 아이가 자신 있는 운동을 열심히 하는 것
승화 (sublimation)	수용될 수 없는 (성적) 충동이 사회적으로 받아들여질 수 있는 충동으로 대체되는 것	타인에 대한 공격성이 권투선수가 되어 훌륭한 시합을 하는 것으로 대체되는 것
반동형성 (reactionformation)	개인의 내면에서 수용할 수 없는 충동을 정반대로 적극적으로 표현하는 것	위협적인 성적 충동에 사로잡혀 있던 사람이 정반대로 포르노그래피를 맹렬하게 비판하는 것
투사 (projection)	자신이 갖고 있는 좋지 않은 충동을 다른 사람이 가지고 있다고 원인을 돌리는 것 → 주관의 객관화 현상	내가 그를 미워하는 것이 아니라 그가 나를 미워한다고 표현하는 것
동일시 (identification)	무의식적으로 다른 사람의 특성을 내면화하는 과정, 타인이나 집단의 가치나 태도를 자랑하거나 따라하기 → 객관의 주관화 현상	남아는 아버지의 생각과 행동을 따라함으로써 남성다움을 학습하는 것, 학생들이 연예인의 행동과 패션을 흉내내는 것
전위(치환) (displacement)	어떤 대상에게 원초아의 충동을 표현하기가 부적절하면 그러한 충동을 다른 대상으로 대체하는 것	아빠에게 꾸중을 들은 아이가 적대감을 아빠에게 표현하지 못하고 동생을 괴롭히는 것
퇴행 (regression)	위협적인 현실에 직면하여 덜 불안을 느꼈던, 그리고 책임감이 적었던 이전 발달단계의 행동을 하는 것	아이가 학교에 가야 한다는 위협에 직면하여 잠자리에서 오줌을 싸는 것
고착 (fixation)	심리적인 성장에서 다음 단계로 발달하지 못하고 현행 단계에 그대로 머물러 있는 현상	5학년 때 부모의 이혼으로 심리적인 발달단계가 5학년 수준에 머물러 있는 것
억압 (repression)	자아가 심리적으로 위협적인 내용을 의식 밖으로 밀어내거나 혹은 그러한 자료를 의식하지 않으려는 적극적인 노력	자신을 학대하는 부모에 대한 뿌리 깊은 적대감을 알아차리지 못하는 것
부정 (denial)	현실에서 일어났던 위협적·외상적인 사건을 받아들이지 않고 거절하는 것	부모가 사랑하는 자녀의 죽음을 계속해서 믿지 않으려 하는 것

CHAPTER 07

교수·학습이론

제1절 교수·학습의 기초
제2절 교수설계
제3절 교수·학습 방법
제4절 교수이론

Chapter 07 교수·학습이론

> **필수체크 Top point**
> 1. **수업효과에 영향을 주는 변인**: 피그말리온 효과(교사의 기대)
> 2. **교수설계모형**: 절차모형(Glaser), 체제모형(ADDIE, Dick & Carey), 미시설계모형(Merrill), 거시설계모형(Reigeluth)
> 3. **교수학습방법**: 토의법, 협동학습, 개별화 수업
> 4. **교수이론**: 학교학습모형(Carroll), 발견학습(Bruner), 유의미 수용학습(Ausubel), 목표별 수업(Gagné)
> 5. **구성주의 학습이론**: 인지적 도제이론, 인지적 유연성이론, 상황학습, 정황학습, 문제중심학습, 상보적 교수

제1절 교수·학습의 기초

❶ 교수(instruction)와 학습(learning)

(1) **개념**
① 교수: 교사가 수업을 설계, 계획, 실행, 관리, 평가하는 활동
② 학습: 학습자에게 일어난 모든 행동의 변화 → ㉠ 후천적인 변화(본능, 무조건 반응 ×), ㉡ 인위적(예 연습, 경험, 노력)인 변화(성장, 성숙 ×), ㉢ 지속적인 변화(약물이나 사고, 벼락치기 공부 ×)

(2) **교수와 학습의 비교**

교수	독립변인(원인)	일정한 목표 有	일의적(一意的)	규범적·처방적 (prescriptive)
학습	종속변인(결과)	목표 有 또는 목표 無	다의적(多意的)	기술적·서술적 (descriptive)

(3) **교수이론과 학습이론의 비교**: 브루너(Bruner)

구분	성격	독립변인	종속변인	가설
학습 이론	기술적 (서술적)	• 교수조건 a • 교수방법 A	교수성과 a	a라는 조건하에서 A라는 교수방법을 실행하면 a라는 성과가 나타날 것이다.
교수 이론	처방적	• 교수조건 a • 교수성과 a	교수방법 A	a라는 조건하에서 a라는 성과를 얻으려면 A라는 교수방법을 사용해야 한다.

☑ 학습이론은 '학습자가 어떻게 배우는가?'에, 교수이론은 '교사가 어떻게 가르쳐야 하는가?'에 초점을 둔다.

(4) **교수·학습의 원리**

교수원리	내용
개별화의 원리	개인차를 존중하고 각 개인의 특성을 고려한 수업을 전개해 나가는 원리 → 학습지도의 출발점 ⑩ 버크 제도, 달톤 플랜, 위네트카 안, 세인트루이스 안, IPI, ATI(TTI), PI, CAI, 무학년제, 팀티칭
자발성의 원리	학습자 자신이 학습을 전개해 나가는 원리 → 흥미, 자기활동, 자기주도적 학습, 창조성의 원리 ⑩ 목마른 말을 물가로 끌어 올 수 있으나 물을 마시는 것은 말 자신이다.
사회화의 원리	사회적 존재로서의 개인의 발달을 위한 원리 → 교육의 사회적 기능을 중시, 협동적 경험 및 인간관계 중시 ⑩ 토의법, 문제해결학습, 구안법
직관의 원리	구체적인 사물이나 경험을 직접 제시 → 직접 경험의 원리 ⑩ 현장학습, 시청각 교수법
통합의 원리	학습자의 종합적 특성을 조화로이 발전 → 동시학습의 원리 ⑩ 전인교육
목적의 원리	학습목표가 분명할 때 자발적이며 적극적인 학습 촉진
과학성의 원리	학습자의 논리적 사고력이 발달할 수 있도록 수업의 과학적 수준을 높여야 한다는 원리 ⑩ 교재내용, 교수-학습방법의 과학화

❷ 로젠샤인(Rosenshine)의 수업효과성 연구(1979)

(1) **제1주기 연구**: 교사의 인성과 특성에 관한 연구(독립변인)
   - 예 사려성, 열성, 자아통제, 매력, 외모, 지도성
(2) **제2주기 연구**: 교사와 학생의 상호 작용에 관한 연구 → 과정-산출 연구
   ① 과정(교사의 행동): 내용 제시의 명확성, 수업활동의 다양성, 교사의 열성, 과제지향성, 학생의 학습기회
   ② 산출(학생의 학업성취)
(3) **제3주기 연구**: 학생의 적극적 참여에 관한 연구(종속변인)
   - 예 학생의 주의, 학생이 학습과제에 참여하는 시간의 양, 학생이 숙달해야 할 내용(수업내용), 학습자의 수업 참여도를 높이는 학급 분위기

❸ 수업효과(학업성취도)에 영향을 주는 교사변인: 로젠탈과 제이콥슨(Rosenthal & Jacobson)의 피그말리온 효과(Pygmalion effect)

(1) **개념**: 학생에 대한 교사의 긍정적 기대수준이 긍정적 학업성취를 가져온다.
   - 예 실험집단, 저학년, 성적 중간집단, 하류계층에 기대효과가 크게 나타남.
(2) **유사개념**

긍정적 기대가 긍정적 결과를 산출	부정적 기대가 부정적 결과를 산출
피그말리온(Pygmalion) 효과, 갈라테이아(Galateia, '잠자는 사랑') 효과, (긍정적) 자성예언 효과, 호손 효과, 로젠탈 효과, 교수자 효과, 실험자 효과	골렘(Golem, 유대인의 신) 효과, 낙인 효과(명명 효과), (부정적) 자성예언 효과
기대특전 현상	기대지속 효과
플라시보(Placebo) 효과	노시보(Nocebo) 효과
관대의 오류	엄격의 오류

(3) **교사의 기대 효과 형성 과정(Good & Brophy, 1991)**: ① 특정 학생에 대한 교사의 기대 형성 ➡ ② 기대에 따라 학생에 대한 교사의 각기 다른 행동 ➡ ③ 교사의 기대를 학생이 인식(교사의 학생에 대한 각기 다른 취급은 학생의 자아개념, 성취동기, 포부수준 등에 영향) ➡ ④ 기대에 부합하기 위한 학생의 행동 ➡ ⑤ 학생의 성취수준과 행동 변화

제2절 교수설계

❶ 교수설계

(1) **개념**: 수업의 전 과정을 체계적으로 계획하는 과정
(2) **교수설계의 3대 변인**: 라이겔루스(Reigeluth)

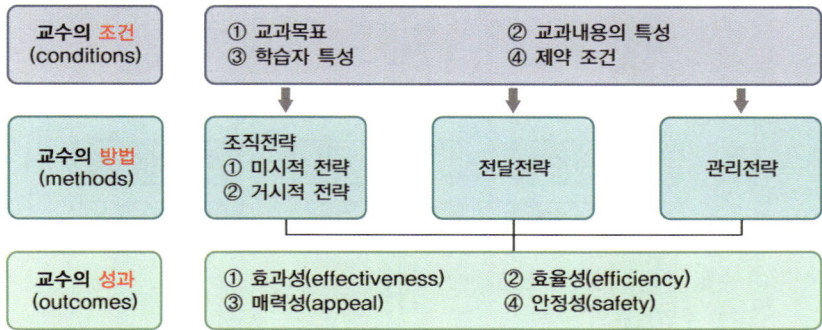

① 교수의 조건(conditions): 교수방법과 상호작용을 하지만 교수설계자나 교사에 의해 통제될 수 없는 제약조건 → 교사가 완벽히 갖추어야 할 조건

교과목표	인지적 영역, 정의적 영역, 심리운동기능적 영역
교과내용의 특성	명제적 지식(예 사실, 개념, 원리 등)과 절차적 지식
학습자 특성	학습자의 현재 상태(예 적성, 학습동기, 흥미와 태도, 학습 유형 및 성격, 선수학습정도, 선수지식의 구조화 정도 등)
제약조건	교수 상황의 여러 요인(예 기자재, 교수-학습자료, 재정, 자원, 인원 등)

② 교수의 방법(methods): 서로 다른 조건하에서 다른 성과를 성취하기 위한 다양한 방안 → 교사 간의 역량차이를 드러나게 하는 요인

조직전략	교과의 내용을 그 구조와 학습자의 수준에 적합하게 조직하는 방법
	• **미시적 전략**: 단 하나의 아이디어를 가르치는 경우
	  예 메릴(Merrill)의 구인전시이론
	• **거시적 전략**: 복잡한 여러 아이디어를 가르치고자 할 때
	  예 라이겔루스(Reigeluth)의 정교화 이론

전달전략	조직한 내용을 효과적이고 효율적으로 학생에게 전수하는 방법
관리전략	조직전략과 전달전략의 많은 내용들을 언제 어떻게 활용할 것인지를 결정하는 데 필요한 체계적인 정보를 제시하는 전략

③ 교수의 성과(outcomes): 서로 다른 교수조건하에서 사용된 여러 가지 교수방법들이 나타내는 교수활동의 최종산물

효과성 (effectiveness)	학습자가 소기의 목표를 달성했는지의 여부
효율성(efficiency)	목표 달성을 이루는 데 가능한 최소 비용과 노력이 드는 정도
매력성(appeal)	학습자의 동기를 유발하여 그 이후 학습을 촉진할 것 예 켈러(Keller)의 ARCS이론
안정성(safety)	학습자가 습득한 지식이나 기능이 물리적인 안정과 정서적인 안정은 물론, 도덕적·정치적·지역적·종교적·신체적으로 위험이 없을 것

(3) 교수설계의 실제

① 과정

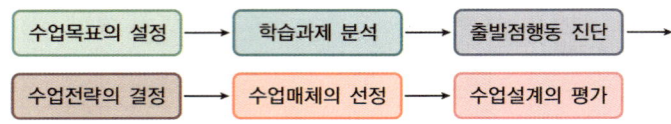

② 수업목표의 분류와 진술

㉠ 수업목표의 분류

타일러 (Tyler)	블룸(Bloom)의 교육목표 분류학 ※ 인지적(Bloom, 1956), 정의적 (Krathwohl, 1964), 심리운동 적(Harrow, 1972) 영역		앤더슨 (Anderson, 2001)	가네 (Gagné, 1965)	메릴(Merrill, 1983) ※ 내용 × 수행 행렬표			
내용						사실	개념	절차	원리
행동 (수행)	인지적 영역	(복잡성의 원리) ❻ 평가력 ❺ 종합력 ❹ 분석력	❻ 창조하다 ❺ 평가하다 ❹ 분석하다	인지전략 (궁극 목표)	발견				
		❸ 적용력 ❷ 이해력	❸ 적용하다 ❷ 이해하다	지적 기능 (핵심 목표)	활용				
		❶ 지식	❶ 기억하다	언어정보 (기초 목표)	기억				
	정의적 영역	(내면화의 원리) ❶ 감수 – ❷ 반응 – ❸ 가치화 – ❹ 조직화 – ❺ 인격화		태도					
	심리 운동 기능적 영역	❶반사적 운동 – ❷초 보적 기초운동 – ❸운 동 지각 능력 – ❹신체 적 운동 기능 – ❺숙련 된 운동 기능 – ❻동작 적 의사소통		운동기능					

ⓛ 수업목표의 진술

학자	목표진술요소	예시 및 평가에의 적용
타일러 (Tyler)	내용, 도착점행동 → 이원목표분류	한국전쟁의 발발원인(내용)을 말할 수 있다(도착점행동). → 총괄평가, 절대평가
메이거 (Mager)	상황, 수락기준(준거), 도착점행동	운동장에서 100m(상황)를 18초 이내에(수락기준) 달릴 수 있다(도착점행동). → 형성평가, 실기평가, 절대평가
그론룬드 (Gronlund)	일반목표, 특수목표	• 일반목표: 1. 남북분단의 원인을 알 수 있다. • 특수목표 1-1. 남북분단의 의미를 말할 수 있다. 1-2. 남북분단의 대내적 원인을 열거할 수 있다.

③ 학습과제 분석(교수분석): 가네(Gagné)
  ㉠ 개념: 가르쳐야 할 모든 종류의 지식이나 기능을 분석하는 것 → 일반적 교수목표를 상세화, 학습요소의 위계적 분석
  ㉡ 필요성: ❶ 가르칠 학습요소의 확인, ❷ 학습 순서 결정, ❸ 학습요소의 중복이나 누락 발견, ❹ 형성평가의 기준 설정, ❺ 선수학습요소의 확인
  ㉢ 방법(Gagné): 인지전략은 분석 대상이 아님.

학습목표 유형	언어정보	지적 기능	태도	운동기능
과제분석 방법	군집(집략) 분석	위계분석	통합분석	절차(단계) 분석

④ 출발점 행동의 진단
  ㉠ 개념: 특정 단위의 학습활동을 시작하는 데 필요한 이미 학습된 성취수준(Glaser)
    예) 선수학습능력, 사전학습능력, 정의적 특성(자아개념, 동기 등)
  ㉡ 진단평가(diagnostic evaluation)를 통해 확인
  ㉢ 유사 개념: 준비성(Thorndike), 적성(Carroll), 학습 경향성(Bruner)
⑤ 수업전략의 결정: 수업목표를 달성하기 위해 학습자에게 제공되는 구체적인 활동계획
    예) 학습요소별 시간계획, 교수·학습활동 계획

❷ 교수설계 모형

수업과정 모형	글레이저(Glaser)의 수업과정(절차)모형
체제적 설계모형	ADDIE 모형(일반모형), 딕과 캐리(Dick & Carey) 모형(심화모형)
미시설계모형	메릴(Merrill)의 구인전시이론: 단 하나의 아이디어(예 개념, 사례)를 가르치는 경우에 고려해야 할 전략
거시설계모형	라이겔루스(Reigeluth)의 정교화이론: 여러 아이디어를 가르치고자 할 때 고려해야 할 전략 → 4S[선택(selecting), 계열화(sequencing), 종합(synthesizing), 요약(summarizing)]를 활용

(1) **글레이저(Glaser)의 수업과정모형**: 데세코(DeCecco)가 피드백 추가

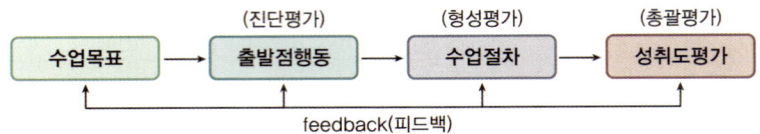

① 수업목표(유능한 수행): 도착점행동 → 특정 단위 수업의 종료 시 학생들이 보여 줄 수 있는 성취
② 출발점행동(학습자 진단): 투입행동 → 수업 시작 전 학생이 지니고 있는 지적·정의적 상태, 수업목표와 관련되어 학생들이 이미 학습된 수준
③ 수업절차(상태의 변환과정): 수업의 가장 핵심적 단계, 교사의 학습지도 → 가네(Gagné)의 수업사태에 해당
④ 성취도평가(교육평가): 수업목표에 비추어 학생의 학업성취도를 평가
⑤ 피드백(feedback, 환류): 각 단계의 수정·보완

(2) **체제적 교수설계모형(ISD ; Instructional Systems Design)**

① ADDIE모형: 일반모형(Molenda)

구분	활동
분석 (Analyze)	❶ 요구분석 　㉠ 개념: 문제 확인 과정, 현재의 상태(what is)와 원하는 상태(what should be) 간의 격차(discrepancy) 확인 → 최종 수업목표 도출 　㉡ 방법: 자원명세서 조사, 사용분석, 설문조사, 구조화된 집단 ❷ (학습)과제 분석: 일반목표의 상세화, 학습요소의 상호 위계 관계 파악 ❸ 학습자 분석: 학습자의 특징(예 출발점행동, 지능, 동기, 학습양식) 파악 ❹ 환경분석: 수업설계과정에서 고려되어야 할 제반환경(예 기자재, 시설, 공간, 비용) 파악

설계 (Design)	• 효과적인 수업 프로그램의 설계명세서를 만들어 내는 것 • 활동: ❶ 수행목표의 명세화, ❷ 평가도구(절대평가) 개발, ❸ 교수전략(계열화, 방법)과 교수매체 선정	
개발 (Development)	실제 교수 프로그램이나 교수자료의 개발 및 형성평가를 통한 수정·보완 → ❶ 교수-학습자료 개발, ❷ 형성평가 및 수정·보완	
적용(실행) (Implement)	교수 프로그램이나 교수자료를 실제 활용하고 관리하는 과정	
평가 (Evaluation)	교수 프로그램이나 교수자료의 효과성이나 효율성을 측정하는 과정 (총괄평가) → ❶ 프로그램 만족도, ❷ 학습자의 변화 정도 및 전이	

② 딕(Dick)과 캐리(Carey)의 모형: 심화모형

	Dick & Carey 모형		일반 모형
단계	제목	내용	
1	일반적 수업목표의 설정 (요구분석 포함)	• 수업 후 학생의 성취행동(학습성과)의 유목을 진술 • 교과서가 이미 선정된 경우는 거의 생략	분석 단계 (A)
2	학습과제 분석의 수행	목표의 세분화 및 학습요소의 위계적 분석 → 학습순서와 계열 결정	
3	출발점행동 확인 및 학습자 특성 분석 / 환경분석	학생의 선행학습 정도의 확인 및 보충학습 → 진단평가	
4	구체적 행동목표의 진술	• 한 단위 수업 후에 학생이 보여 줄 수행목표 진술 • 메이거(Mager) 진술방식: 상황(조건), 수락기준, 도착점행동	설계 단계 (D)
5	준거지향검사의 개발	진술된 목표와 일대일 대응의 절대평가 문항 개발	
6	수업전략의 선정	• 목표 도달에 필요한 수업자료와 요소 및 환경의 활용 절차 선정: 수업 전 활동 - 정보 제시 - 학습자 참여 - 검사 - 추수활동으로 구성(Gagné의 9가지 수업사태를 요약) • 학습요소별 시간계획, 교수-학습집단의 조직, 수업환경 정비 등 포함	
7	수업자료의 개발	• 다양한 수업자료를 개발·제시하여 개별화 수업의 효과 증진 • 학습지침, 수업요강, 수업자료, 검사 개발	개발 단계 (D)

8	형성평가의 설계 및 실시	개발 중인 교수설계에 대한 평가 → 수업 프로그램이나 교수자료의 질 개선을 위한 자료 수집, 반복적으로 진행 ❖ 일대일 평가(3~5명), 소집단평가(8~20명의 그룹), 현장평가(대집단 평가), 전문가 평가	
9	수업개발의 수정	형성평가의 결과를 토대로 수업 프로그램이 지닌 결점을 수정·보완, 완성	
10	총괄평가의 설계 및 실시	이미 개발 완료되고 실행된 수업 프로그램이나 교수자료의 절대적 또는 상대적 가치를 평가 → 외부에 평가 의뢰	평가 단계 (E)

③ ADDIE 모형과 딕과 캐리(Dick & Carey) 모형의 비교

ADDIE 모형	딕과 캐리(Dick & Carey) 모형
모든 교수설계 활동에서 요구되는 기본적인(일반적인) 핵심요소 제시	구체적인 교수설계의 단계와 단계 간의 역동적인 관련성에 초점을 맞추고, 단계별 유의사항에 대한 처방 제시
일반모형	심화모형
실행 단계(I)를 포함	실행 단계(I)를 생략 → 수업설계자 입장에서 구안된 모형
평가도구 개발은 일반적으로 교수설계의 마지막 단계에서 실시	평가도구 개발은 수행목표 진술(4단계) 바로 다음 단계(5단계)에서 실시 → 교수목표-수행목표-평가도구에 이르는 일관성 보장 목적

(3) 메릴(Merrill)의 구인전시이론(CDT ; Component Display Theory, 내용요소 제시이론)
① 개요 : 인지주의 교수전략 → 교수내용의 조직에 초점
  ㉠ 미시적 교수설계이론 : 하나의 개념, 원리, 아이디어 등 인지적 영역의 학습목표(내용)에 효과적인 교수전략
  ㉡ 처방적 이론 : 수행-내용 분류체계(학습내용)와 자료제시형태(교수방법)를 결합하여 효과적인 교수처방을 제시
② 학습목표 분류 : 수행-내용 행렬표(components matrix)
  ㉠ 학습내용 : 사실, 개념, 절차, 원리 → 12개이나 사실에 대한 활용과 사실에 대한 발견은 이론적으로 존재하지 않으므로 10개가 된다(즉, 사실×활용, 사실×발견은 존재하지 않음).

사실 (facts)	임의적으로 사물이나 사건과 연관을 지어 명명한 정보 예 특정한 이름, 역사적인 사건, 장소, 사물
개념 (concepts)	공통적인 속성을 지니고 있고 동일한 명칭으로 불리는 사물, 사건, 기호들의 집합
절차 (procedures)	어떤 목적을 달성하거나, 특정한 문제를 해결하거나, 산출물을 만드는 데 필요한 단계들을 순서화한 계열
원리 (principles)	어떤 현상이나 사건을 이해하고 설명하기 위하여 사용한 인과관계나 상호관련성을 나타내는 것

  ㉡ 학습수행 수준 : 기억, 활용, 발견 → 가네(Gagné)의 인지적 영역의 목표

기억 (remember)	언어정보의 습득 수준 → 이미 저장되어 있는 언어적 정보(예 사실, 개념, 절차, 원리)를 그대로 재생하는 것, 기억된 정보를 탐색하는 수행 수준
활용 (use)	지적 기능의 수준 → 학습된 개념, 절차, 원리를 실제 상황에 적용해 보는 것
발견 (find)	인지전략의 수준 → 새로운 추상성(예 개념, 절차, 원리)을 찾아내는 것, 학생들이 새로운 추상성을 도출해 내는 창조적인 수행

ⓒ 수행×내용 행렬표

수행 차원		사실	개념	절차	원리
	발견	I	포유류의 특성을 고려하여 동물을 나누는 방법을 고안할 수 있다.	피험자들이 실험실에 들어설 때 실험처치 그룹에 무선적으로 배치하는 기법을 고안할 수 있다.	지하수의 생성원리를 설명할 수 있는 모형을 만들어 제시할 수 있다.
	활용	E	수질오염이 주는 피해를 생활 속에서 찾을 수 있다.	인터넷을 사용하여 과제 수행에 필요한 자료를 찾을 수 있다.	피타고라스의 정리를 이용하여 건물의 길이를 잴 수 있다.
	기억	원주율 π값을 말할 수 있다.	포유류의 특성을 말할 수 있다.	현미경을 조작하는 단계를 말할 수 있다.	세계지도를 만드는 데 이용되는 세 가지 투사기술을 말할 수 있다.

내용차원

③ 교수방법: 제시형(display)
  ㉠ 1차 제시형: 가장 기본

구분	설명(Expository)	질문(Inquisitory)
일반성(Generality)	법칙	회상
사례(Instance)	예(例)	연습

  ㉡ 2차 제시형: 부가적 자료(예 맥락, 도움말, 암기법) 제시 → 정교화 촉진
  ㉢ (인지)과정 제시형: 주어진 정보를 소화시키는 방법 제시 → 메타인지 활용
  ㉣ 절차 제시형: 학습자료 활용 순서 제공
④ 일관성: 내용 – 수행 행렬표와 제시형을 연결시켜 주는 원칙 → 궁극 목적
⑤ 학습자 통제: 학습내용 및 교수전략에 대한 학습자 통제

(4) 라이겔루스(Reigeluth)의 정교화 이론(Elaboration theory)
① 개요 : 인지주의(정보처리이론) 교수전략 → 교수내용의 조직에 초점
  ㉠ 거시적 설계이론 : 복잡한 여러 가지 아이디어의 효과적·효율적 수업을 위해 교수내용의 교수전략에 초점을 두고, 수업내용을 선택(selecting), 계열화(sequencing), 종합(synthesizing), 요약(summarizing)하기 위한 교수전략
  ㉡ 단순 - 복잡의 계열성(정교화) : 교과내용의 계열화를 위한 기본원리로 중시
  ㉢ 줌렌즈의 기법 : 개요(수업의 정수) 제시 ➡ 학습내용 학습 ➡ 종합과 요약
    ☑ 정수(essrnce, epitome)는 수업 내용의 핵심개념, 원리 또는 핵심개요(틀)를 의미함. → 브루너(Bruner)의 지식의 구조나 위긴스와 맥타이(Wiggins & McTighe)의 큰 개념(Big Idea)에 해당함.

② 정교화 교수 전략

정교화된 계열화	단순-복잡의 계열화 : 수업내용을 단순 또는 간단한 것(정수)에서 복잡하고 세부적인 것으로 조직(계열화)하는 원리 ◎ 줌렌즈기법
선수학습요소의 계열화	새로운 지식 학습 이전에 선행학습능력을 갖추도록 수업을 순서화
요약자(summarizer)	이미 학습한 것을 복습하는 데 사용되는 전략
종합자(synthesis)	개별 아이디어들을 서로 연결시키고 통합시키기 위해 사용하는 전략
비유(analogy)	새로운 정보(추상적 수업내용)를 학습자에게 친숙한 아이디어(구체적 경험)로 연결시켜 이해를 돕는 전략 ◎ 인간의 두뇌는 컴퓨터
인지전략 촉진자 (cognitive-strategy activator)	학습자의 인지전략과 그 전략을 활용하는 과정을 자극하고 도와주는 촉진자 ◎ 내재된(무의식적) 전략촉진자, 분리된(안내된) 전략촉진자
학습자 통제 (learner control)	학습자 스스로 학습내용, 학습순서, 학습전략을 선택하고 계열화하는 전략(학습속도의 통제는 제외) → 메타인지 전략

제3절 교수·학습 방법

❶ 강의법

(1) **개념**
   ① 교사의 언어적 설명과 해설을 위주로 수업을 전개해 나가는 방법
   ② 새로운 단원의 소개, 지식이나 정보의 체계적인 전달을 주목적으로 하는 교사중심 수업방식

(2) **장점과 단점**

장점	단점
• 지식의 체계적·논리적인 전달 • 수업의 경제성	• 학생들의 개인차 무시 • 고등정신능력 함양에 부적합 • 학습내용에 대한 장기적 파지의 곤란 • 학생의 수동성 초래

❷ 토의법

(1) **개념**: 공동학습의 한 형태, 집단사고를 통해 결론을 이끌어내는 방법

(2) **적절한 상황**: ① 고차적 인지 과정(예 비판적 사고력)을 요구하는 학습과제 수업, ② 도덕적 판단력 함양 수업, ③ 민주적인 태도와 가치관 함양 수업

(3) **종류**

유형	내용
원탁토의	참가자 전원(5~10명)이 상호 대등한 관계 속에서 자유토의
배심토의 (panel discussion)	토의 주제에 대해 상반(相反)된 견해(찬성 측-반대 측)를 가진 소수 대표자 간 유목적적 토의 → 판결식 토의
세미나 (seminar)	**토의 주제 분야에 권위 있는 전문가들로 구성된 소수집단 토의**: 발제자의 주제발표 후 참가자들 상호 간 질의와 응답 형태로 진행 → 질의식 토의
단상토의 (symposium)	토의 주제에 상이(相異)한 의견을 지닌 전문가들(3~4명)이 사회자의 진행으로 주어진 시간 동안 자신의 의견 개진 → 강연식 토의
공개토의 (forum)	전문가(1~3명)가 공개 연설 후 청중과 질의응답으로 토의 → 공론식 토의
대담토의 (colloquy)	청중 대표(3~4명)와 전문가 대표(3~4명)가 사회자의 진행으로 토의
버즈학습 (buzz learning)	집단토의를 통한 공동학습: 소집단토의(분과토의 예 6·6법)에서 전체토의로 결론을 도출 → 분반식 토의

(4) 장점과 단점

장점	단점
• 의사소통 역량 및 사회적 태도 함양 • 공동체 역량과 공감능력 함양 • 학습자의 사고력·비판적 태도·표현력 신장 • 학습자 중심의 자율능력 함양	• 준비·계획·진행에 많은 시간 소요 • 학습능력이 우수한 학생이 토의 주도 • 학습능력이 낮은 학생들의 소외 현상

❸ 하브루타 수업(Havruta Learning)

(1) **개념**: 친구(2~4명)와 짝을 지어 함께 대화를 나누고 질문하며 토론 및 논쟁하는 학습방법

☑ 하브루타(Havruta)는 '토론하는 상대방' 또는 '짝을 지어 토론하는 행위'

(2) **학습원리**: ① 생각의 힘(사고력) 함양이 목적, ② 질문이 핵심(질문에서 시작하여 질문으로 끝난다.), ③ 하브루타 실행 전에 내용에 대한 충분한 숙지, ④ 학생이 직접 한 것만 학생 것이 됨, ⑤ 학생의 어떤 의견도 수용, ⑥ 구체적인 근거를 들어 칭찬, ⑦ 남과 다르게 생각하도록 격려, ⑧ 학생이 모르는 것은 스스로 찾아보게 함, ⑨ 어떤 내용이든 쟁점을 만들어 토론과 논쟁으로 유도

(3) **수업 과정**: ① 문장을 소리 내서 읽는다. ➡ ② 서로 입장을 정한다. ➡ ③ 자신의 의견을 다른 사람에게 설명한다. ➡ ④ 서로 질문, 답변, 반박을 하면서 토론하고 논쟁한다. ➡ ⑤ 입장을 바꾸어서 토론하고 논쟁한다.

(4) **수업 모형(학습방법)**

모형	과정	
질문 중심	질문 만들기	➡ 짝 토론 ➡ 모둠 토론 ➡ 발표 ➡ 전체 토론(쉬우르)
논쟁 중심	논제 조사하기	
비교 중심	비교 대상 정하기 ➡ 조사하고 질문 만들기	
친구 가르치기	내용 공부하기 ➡ 친구 가르치기 ➡ 배우면서 질문하기 ➡ 입장 바꿔 가르치기 ➡ 이해 못한 내용 질문하기 ➡ 전체 토론(쉬우르)	
문제 만들기	문제 만들기 ➡ 짝과 문제 다듬기 ➡ 모둠과 문제 다듬기 ➡ 문제 발표 ➡ 전체 토론(쉬우르)	

(5) **장점**: 교육적 효과 → 티쿤 올람(Tikkun Olam, 세상을 더 아름답게 ; To improve the world)
　① 학습자의 의사소통능력(말하기와 경청)과 설득능력, 사회성 신장
　② 학습자의 고등정신능력(예 사고력, 메타인지능력, 자기주도적 학습능력, 창의적 문제해결력 등) 함양
　③ 학습자의 학습동기, 자존감, 책임감 및 인성 함양

❹ **구안법**(project method): 프로젝트 (기반) 수업
(1) **개념**: 킬패트릭(Kilpatrick)이 창안 → '만들어 가는 교육과정'의 성격
　① 학생이 마음속에 생각한 것(具案)을 외부에 실천하기 위해 스스로 계획을 세워서 수행하는 학습법
　　　예 구성·창조력 프로젝트, 감상·음미적 프로젝트, 연습·특수훈련 프로젝트, 문제해결적 프로젝트
　② 실제 생활과 직결될 수 있는 학습주제를 수행하면서 구체적인 결과물을 만들어 내는 교수방법: 학습방법 측면의 '자기 주도성', 수업실행 측면의 '삶의 맥락과의 통합', 학습결과 측면의 '최종 산출물'이라는 개념적 속성
(2) **학습과정**: 목표설정 ➡ 계획(가장 어려운 단계) ➡ 실행 ➡ 평가
(3) **장점과 단점**

장점	단점
• 학교생활과 실제 생활을 통합 • 실제적이고 활성화된 지식 형성에 효과적 • 창조적·구성적 태도 육성 → 학습동기 유발 • 자기 주도적 학습능력 신장 • 고등사고능력 함양 • 사회적 기술(예 협동, 의사소통) 향상	• 비경제적(시간과 노력의 낭비) • 교재의 논리적 체계 무시 • 수업의 무질서 초래 가능

❺ **협동학습**(cooperative learning, 협력학습)

(1) **개념**: 학습능력이 다른 학습자들이 소집단(이질집단)을 구성, 동일한 학습목표 달성을 위해 활동하는 학습 → 경쟁보다 협동의 효과 중시("All for one, One for all")
(2) **원리**: ① 긍정적 상호 의존성(예 목표, 보상, 정체감, 과제), ② 대면적 상호 작용, ③ 개별 책무성, ④ 사회적 기술(예 청취기술, 칭찬하기, 갈등관리하기), ⑤ 집단과정

(3) 문제점과 극복방안

문제점	의미	극복방안
부익부 현상	학습능력이 높은 학습자가 소집단을 장악	각본협동, 집단보상을 통해 극복
무임승객 효과	학습능력이 낮은 학습자가 노력 없이 학습성과 공유	집단보상과 개별보상을 함께 제시 예 직소 II, STAD
봉효과	학습능력이 높은 학습자가 소극적으로 학습에 참여	
집단 간 편파 현상	외집단의 차별과 내집단의 편애	주기적인 소집단 재편성
사회적 태만	사회적 빈둥거림.	개별 책무성 강화, 협동학습 기술 습득 예 직소
자아존중감 손상	자기가치 훼손	협동학습 기술 습득 예 직소

(4) 이론적 접근 방법

동기론적 관점 (집단보상에 초점)	성취과제 분담 모형(STAD), 팀경쟁 학습(TGT), 팀보조 개별 학습(TAI)
사회응집성적 관점 (협동기술에 초점)	과제 분담 학습(Jigsaw), 집단조사(GI), 함께 학습하기(어깨동무 학습, LT), 자율적 협동학습(도우미 학습, Co-op, Co-op)

(5) 유형: 과제 분담 모형(Jigsaw모형), 보상 방식(STAD 모형, TGT 모형)

① 직소(Jigsaw)모형: 과제분담모형 → 집단 내 동료로부터 배우고 가르치는 모형

I 모형 (Aronson)	• 교사가 과제 분담, 전문가 집단 활동, 개인 평가(개별보상) → 과제 해결력의 상호 의존성은 높으나 보상의 상호 의존성은 낮다. • 수업 절차: 모집단 활동 ➡ 전문가 활동 ➡ 모집단의 재소집 ➡ 개별 시험
II 모형 (Slavin)	학생이 자율적으로 분담된 과제 선택, 전문가 집단 활동, 평가 및 보상[개인보상(향상점수) + 집단보상(팀점수)]

② 성취과제 분담 모형(STAD 모형): 개별 과제 분담이 없는 공동학습모형
  ㉠ 구성요소: (공통)과제제시, 소집단학습, 퀴즈(평가), 개인향상점수, 소집단점수 게시와 보상(최우수팀 보상)
  ㉡ '개별 책무성, 집단 보상, 성취 결과의 균등분배'라는 협동 전략 사용
③ 팀보조 개별학습(TAI)
  ㉠ 협동학습(STAD)과 개별학습(프로그램학습)의 장점을 결합한 수업모형
  ㉡ 작업 및 보상구조는 모두 개별구조와 분담구조의 혼합

④ 팀 경쟁학습(TGT 모형) : 드바이스와 에드워드(Devices & Edward, 1973)
  ㉠ 집단 내 협력학습과 집단 간 경쟁, 평가 없이 토너먼트식 게임 사용
  ㉡ 공동학습 구조 및 보상은 집단 내 협동 - 집단 외 경쟁 구조
⑤ 자율적인 협동학습(도우미 학습, Co-op, Co-op)
  ㉠ 기본 가정 : 학생 자신의 호기심·흥미·지성을 만족하고, 같은 관심을 가진 동료들과 함께 학습하며, 학습내용을 학급 동료들과 공유 → 협동을 위한 협동학습모형
  ㉡ 개념 : 학생들로 하여금 자신이 학습과제를 선택하고 팀 활동을 한 후 팀 동료와 교사에 의한 다면적인 평가를 실시하는 모형
  ㉢ 절차 : ❶ 학습주제 소개(교사) ➡ ❷ 학생중심 학급토론(전체 브레인스토밍이나 토론 후 소주제 선정) ➡ ❸ 팀구성을 위한 소주제 선택 ➡ ❹ 소주제별 팀 구성 및 팀웍(team work) 형성 ➡ ❺ 소주제의 정교화(팀이 맡은 소주제를 보다 구체화하여 연구 범주 설정) ➡ ❻ 미니 주제의 선택과 분업(소주제를 미니 주제로 분할, 팀원별 원하는 미니 주제 선택) ➡ ❼ 개별학습 및 발표 준비 ➡ ❽ 팀 내 미니 주제 발표 ➡ ❾ 팀별 발표 준비(팀별 보고서 작성) ➡ ❿ 팀별 학급 발표 ➡ ⓫ 평가와 반성(팀 동료에 의한 개별 미니주제에 대한 팀 기여도 평가, 전체 학급동료들에 의한 팀별 보고서 발표에 대한 평가, 교사에 의한 소주제 및 팀별 보고서에 대한 평가)
⑥ 집단탐구법(GI, Group Investigation) : 그룹(집단) 조사
  ㉠ 개념 : 집단 프로젝트 수행을 통한 고차적 인지기능 습득에 중점을 둔 학습
  ㉡ 절차 : ❶ 주제(topic) 선정 및 해당 주제별 팀 선정 ➡ ❷ 주제에 따른 세부학습과제(learning task)를 설정, 팀 구성원에게 할당 ➡ ❸ 조사 실시(자료 수집, 정리, 해석, 결론 도출) ➡ ❹ 보고서 작성 ➡ ❺ 조사 내용 보고(전시, 구두 보고, 비디오 상영 등) ➡ ❻ 평가
⑦ 함께 학습하기(어깨동무 학습하기, LT)
  ㉠ 과제 부여부터 평가, 보상 모두 집단별로 시행하는 모형 : 시험은 개별퀴즈, 성적은 소속 집단의 평균점수를 받음.
  ㉡ 협동과제 구조와 협동보상 구조 사용

❻ 개별화 수업

(1) **개념**: 학습자의 특성과 개인차(예 흥미, 지능, 적성, 학습양식)를 고려한 수업

(2) **전통적 수업과의 비교(Gagné)**

구분	전통적 수업	개별화 수업
수업사태	교사 중심	학생 중심
수업자료	동일한 자료를 제시한다.	보다 많고 각 개인에 따라, 과제에 따라 다양하다.
교사의 역할	집단적으로 수업을 진행한다.	• 개별적으로 학습지도와 생활지도를 실시한다. • 학습결손에 대한 교정지도를 한다.
학습내용과 방법	일률적이고 고정적이다.	다양한 내용과 학습 기회가 주어진다.
학습시간	진도와 시간이 일정하다.	진도와 시간이 다양하게 허용된다.

(3) **유형**

① 위네트카 안(Winnetka Plan): 워시번(Washburne)이 창안 → 수업의 개별화(예 공통기본과목)와 사회화(예 집단적·창의적 활동) 시도

② 달톤 안(Dalton Plan): 파커스트(Parkhurst)가 창안
  ㉠ 몬테소리(Montessori) 수업안을 고교 상급 학년에 적용 → 일제교수 지양
  ㉡ 특징: 교과별 실험실, 과제 계약, 진도표

③ 개별처방식 수업(IPI): 수업 단계마다 계속적 평가(예 정치진단검사 – 교육과정 정착검사 – 사후검사)에 따라 '처방(수업방법 – 프로그램 수업)' 적용

④ 적성처치 상호작용모형(ATI, TTI): 학습자의 적성(특성)에 따라 다른 수업처치(수업방법) 적용 → 평가는 처음 적성을 알아보기 위한 진단평가만 실시

⑤ 프로그램 학습(PI)
  ㉠ 이론적 토대: 스키너(Skinner)의 작동적 조건화 이론 → 행동 조성(behavior shaping)에 기초
  ㉡ 개념: 특별한 형태로 짜여진 교재에 의해서 학습자료를 제시하고 학생들에게 개별학습을 통해 특정 학습목표에 도달하기 위한 학습방법
  ㉢ 특징: 학습내용의 계열성(small step의 원리) + 학습 결과에 대한 강화(즉시 확인의 원리)를 통한 완전학습 지향
  ㉣ 학습 원리: ❶ 적극적(능동적) 반응의 원리, ❷ 자기 구성의 원리, ❸ 점진적 학습(small step)의 원리, ❹ 즉시 확인의 원리, ❺ 자기 속도의 원리, ❻ 자기 검증의 원리

⑥ 무학년제 : 학년제의 대안으로 등장 → 능력별, 성적 수준별, 학습경향별, 교육과정별 집단 편성을 통한 교수효과 극대화
⑦ 팀티칭(team teaching, 협동교수) : 교수 인원의 재조직을 통한 교수효과 극대화

제4절 교수이론

❶ 완전학습모형

구분	학습이론	교수이론
이론적 토대	행동주의 심리학	인지주의 심리학
이론적 성격	서술적(descriptive)	처방적(prescriptive)
특징	• 학습목표 중시 • 완전학습 전제(부적편포) • 학습결과 중시	• 학습내용(예 개념, 원리) 중시 • 불완전학습 전제(정상분포) • 학습과정 중시
교수설계		• 객관주의(정보처리이론) : 메릴(Merrill ; 미시설계), 라이겔루스(Reigeluth ; 거시설계) • 구성주의 : 조나센(Jonassen)의 구성주의 학습환경 설계(CLEs)
사례	• 캐롤(Carroll)의 학교학습모형 • 블룸(Bloom)의 완전학습	• 객관주의(개념학습) : 브루너(Bruner)의 발견학습, 오수벨(Ausubel)의 유의미수용학습 • 구성주의 : 인지적 도제이론, 상황학습, 정착교수, 인지적 유연성이론, 문제중심학습, 상보적 교수

(1) **캐롤(Carroll)의 학교학습모형**

① 개념 : ㉠ 학교학습의 완전학습모형(완전학습을 위한 변인 제시), ㉡ 인지적·운동기능적 학습모형(정의적 학습은 제외), ㉢ 학업성취를 위한 학습의 경제성에 관심(학습시간 중시 → '학교학습의 계량경제학')

② 학습의 정도 : 수업목표에 비춰 본 실제 학업성취도(학업성적)

구분	교사(교수) 변인	학습자(개인차) 변인
학습의 정도 = 학습에 사용한 시간 / 학습에 필요한 시간 (학업성취도)	학습기회	학습지속력(지구력, 동기)
	교수의 질	적성, 교수이해력

③ 학교학습의 5대 변인

적성(Aptitude)	학습자가 최적의 학습조건에서 주어진 학습과제를 성취하는 데 필요한 시간
교수이해력(Ability to understand instruction)	학습자가 수업내용이나 교사의 설명을 이해하는 능력 → 학습자의 일반지능과 언어능력에 의해 결정
지구력(Perseverance)	학습자가 실제로 노력한 시간 → 동기(학습지속력, 끈기)
교수의 질(Quality of instruction)	교사가 학습자에게 학습과제 제시 정도 및 수업방법의 적절성 → '교수이해력' 보조 변인
학습기회(Opportunity)	교사가 학습과제 학습을 위해 학습자에게 주어진 실제 시간

④ 교육적 의의: 완전학습의 이론적 토대 제공
  ㉠ 교육관의 변화: 선발적 교육관 ➡ 발달적 교육관
  ㉡ 평가관의 변화: 상대평가 ➡ 절대평가
  ㉢ 학습자관의 변화: 학습능력(예 IQ) ➡ 학습속도(예 학습시간)

(2) **블룸(Bloom)의 완전학습모형**
  ① 개념: 학급의 95% 학생들이 학습과제의 90% 이상 학습하는 것 → 캐롤(Carroll)의 학교학습모형에 기초, 교사 결핍론에 해당
  ② 특징
    ㉠ 학습시간(학습기회)을 가장 중시
    ㉡ 부적(負的) 편포 지향
    ㉢ 완전학습을 위한 교수전략 제시(캐롤은 완전학습 요소 제시)
  ③ 완전학습 전략
    ㉠ 교정학습(보충학습) → 개별화 수업(프로그램 학습)을 통해 보충학습 제공
    ㉡ 학업성취 영향 변인으로 출발점행동(r = 0.65)이 가장 중요

❷ **브루너(Bruner)의 발견학습모형**: 탐구학습

(1) **개념**: '안내된 발견(guided discovery)'
  ① 교사의 지시(scaffolding)를 최소화하여 학습목표인 '학습과제의 최종적 형태'(structure of knowledge)를 '학습자 스스로 찾아내는'(discovery) 방법
    ☑ 설명식 수업에 대한 비판: 학습자의 수동성 조장, 비활성지식(inert knowledge ; 실생활과 관련이 없는 지식)을 전달, 파지 및 전이효과 미흡
  ② 인지적 교수이론의 대표적 모형 → 학문 중심 교육과정에서 강조

(2) **수업 목적**: 지적 수월성(intellectual excellence) → 새로운 정보를 통합하고 분류체계를 형성하는 유목화(categorization) · 추상화 · 개념화 능력

(3) **수업의 구성요소**
① 학습경향성(predisposition to learn): 학습 의욕이나 경향, 학습태세
② 지식의 구조(structure of knowledge): 특정 교과(학문)에 내재된 핵심적 아이디어, 기본 개념이나 원리 → 교과 내용적 목표

표현방식(mode of representation)	작동적(enactive) 표현방식 ➡ 영상적(iconic) 표현방식 ➡ 상징적(symbolic) 표현방식
경제성(economy)	문제해결을 위해 학습자가 소유해야 할 정보의 양이 적은 것
생성력(power)	전이가(transfer)가 높은 것

③ 학습계열(sequence): 학습과제를 조직하는 원칙 → 나선형 교육과정(spiral curriculum)
④ 강화(reinforcement): 내적 보상(예 발견의 기쁨, 만족감)을 중시

(4) **특징**
① 문제해결의 학습과 학습방법(학습과정)의 학습 중시
② 학습효과의 전이(轉移)를 중시: 일반화설(동일원리설), 형태이조설(구조적 전이설) → 원리학습 및 요소와 요소의 관련성 파악(통찰학습) 강조
③ 학습자의 능동적 활동(발견)을 중시: 교사는 안내자・조력자(scaffolding)
④ 귀납적 사고 및 창의적 사고를 중시

(5) **장점과 단점**

장점	단점
• 유의미 학습 촉진 • 교과 내용의 전달 용이 • 장기적 파지 및 전이력 증진 • 학습자의 내적 동기 유발 • 문제해결능력과 고등정신능력 함양	• 정의적 교육에 소홀 • 학습 우수아에게 유리, 학습능력이 낮은 학습자의 소외 현상 초래 • 교육과정 전반에 걸친 균형 상실 • 학교 밖의 실생활과 유리

❸ 오수벨(Ausubel)의 유의미 수용학습이론

(1) **개념**: 교사가 학습내용을 최종적인 형태로 조직해서 전달하는 설명식 직접 교수법(direct teaching) → 발견학습과 기계적 학습에 대한 비판

① 발견학습과 유의미 수용학습(meaningful reception learning)의 차이점

구분	발견학습	유의미 수용학습
교수방식	탐구식 교수 → 학생 중심	설명식 교수 → 교사 중심
관심방향	지식의 발견과 원리 이해	지식의 습득과 보존(파지)
학습결과	발견과 이해	포섭과 수용
학습목표	발견하는 방법 또는 전략의 발견을 통한 전이(transfer) 도모	지식 내용의 파지(retention)
학습활동	가설 형성과 검증	법칙을 적용하고 연습하는 활동
구성	모호성과 불확실성 중시	체계성과 관련성 중시
교사의 역할	교사의 설명과 안내를 최소화	교사의 설명과 안내를 최대화

② 유의미* 학습을 위한 3가지 조건

* 장기기억 속에 있는 하나의 아이디어와 다른 아이디어의 연결고리 수(Eggen)

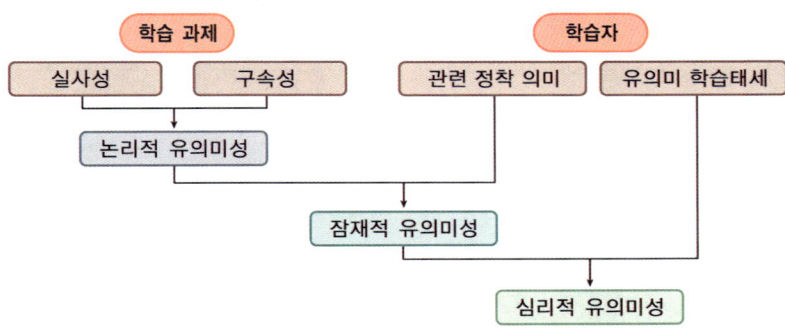

		학습과제가 논리적 유의미, 즉 실사성과 구속성을 지녀야 한다.
논리적 유의미성	실사성	의미의 불변성 ⓓ 개념, 원리
	구속성	관계의 불변성 ⓓ 명명(命名)
잠재적 유의미성		학습과제가 학습자의 인지구조와 관계를 맺을 수 있도록 학습자는 관련정착의미(relevant anchoring idea ⓓ 사전지식)를 갖고 있어야 한다.
심리적 유의미성		학습자가 유의미 학습태세(meaningful learning set)를 가져야 한다.

(2) **선행조직자(advanced organizer)**
   ① 개념: 수업의 도입단계에서 교사가 제시하는 개론적·추상적·포괄적인 내용 설명
   ② 효과
      ㉠ 학습자의 논리적 조직화 촉진
      ㉡ 새로운 정보나 지식을 포섭하는 기능
   ③ 종류

설명조직자	관련정착의미와 학습과제가 유사하지 않을 때 예 풍경의 개념 설명
비교조직자	관련정착의미와 학습과제가 유사할 때 예 시골풍경과 도시풍경을 비교 설명

(3) **학습과정**

독립변인	매개변인	종속변인

1. 유의미한 아이디어의 집합체
   (실사성과 구속성)
2. 교사: 유의미 학습과제 제시
	1. 기존의 조직된 인지구조
	   (관련정착의미)
	2. 포섭과 동화의 인지 과정
	3. 학생: 기존의 인지구조를 매개로 새로운 학습과제를 포섭, 동화
		1. 명제의 재생
		2. 명제의 파지
		3. 명제의 적용(전이)
		4. 결과: 유의미 학습의 산물

(4) **포섭(subsumption)**
   ① 개념: 새로운 명제나 아이디어가 학습자 내부의 기존의 인지구조 속으로 동화(일체화)되는 과정 → 학습(learning)
   ② 유형: 종속포섭이 가장 효과적

구분		개념	적용 사례	
			학습자 (인지구조/포섭자)	교사의 설명 (학습과제)
종속 포섭		포괄성이 낮은 학습과제가 포괄성이 높은 인지구조에 포섭	채소	당근, 무
	파생 포섭	새로운 학습과제가 기존의 인지구조에 종속되는 것 → 양의 확대	배추는 채소이다.	오이도 채소이다.
	상관 포섭	새로운 학습과제를 익히기 위해 기존의 인지구조를 수정 → 질의 변화	채소는 뿌리를 먹는 식물이다.	채소는 뿌리, 열매를 먹는 식물이다.

상위 포섭	새로운 학습과제가 기존의 인지구조보다 포괄성이 높을 때 발생 → 귀납적 추론을 통한 학습(예 브루너의 발견학습)	당근, 무, 오이	채소
병렬 포섭	새로운 학습과제와 기존의 인지구조가 동일 수준의 포괄성을 지닐 때 발생	인생	야구 경기

(5) **학습원리**

선행조직자의 원리	도입단계에서 교사의 개론적 설명은 학습자의 논리적 조직화를 촉진
점진적 분화의 원리	포괄적 의미 먼저 제시하고 점차 구체화하여 제시 → 설명조직자 사용
통합적 조정의 원리	선행학습과 후행학습이 서로 관련되도록 조직 → 비교조직자 사용
선행학습의 요약과 정리의 원리	새 학습에 임할 때 이미 학습한 내용을 요약·정리하여 제시함으로써 학습 촉진
내용의 체계적 조직 원리	학습내용을 계열적으로 조직할 때 학습효과를 극대화 → 계열성의 원리
학습자 준비도의 원리	학습자의 발달수준(예 인지구조, 선행학습)에 맞게 학습경험을 제공

(6) **수업과정**: ① 선행조직자의 제시 ➡ ② 학습과제와 자료의 제시 ➡ ③ 인지적 조직의 강화(strengthening, 통합의 원리 적용)

(7) **교육적 의의**: ① 선행조직자 제시가 학습에 효과적, ② 선행학습의 중요성에 대한 이론적 근거 제공

❹ 가네(Gagné)의 목표별 수업이론: 학습조건적 수업이론, 정보처리적 학습이론

(1) **개념**: 수업목표(예 언어정보, 지적기능, 인지전략, 태도, 운동기능)에 따라 수업방법(학습조건, 학습유형, 학습수준)이 달라야 한다는 것

(2) **학습 변인**

학습조건 (독립변인)	• 내적 조건(학습자): 선수학습, 주의력, 학습동기, 자아개념 • 외적 조건(교사의 수업사태): 접근, 연습, 강화
수업사태	실제 수업의 절차 → 학습자 내부에서 정보가 처리되는 과정
학습성과 (종속변인)	정보(5가지 학습능력)의 획득, 파지, 전이

(3) **수업사태(9가지)** : 실제 수업의 절차

구분	학습단계 (정보처리과정)	수업사태 (교사의 활동)	기능
학습을 위한 준비 [도입]	❶ 주의집중	주의집중시키기	학습자가 주어진 자극에 경계하도록 한다.
	❷ 기대	학습목표 제시	학습자가 학습의 방향을 설정하도록 한다.
	❸ (장기기억 정보) 작동기억을 통해 재생	선행학습의 재생 자극하기	• 학습자가 새로운 정보를 학습하는 데 필요한 선수기능을 숙달하는 단계 • 선행학습능력의 재생을 자극한다.
정보 (기술)의 획득과 수행 [전개]	❹ 선택적 지각	학습과제에 내재한 자극 제시 (자극자료 제시)	• 학습자에게 새 학습내용을 제시하는 단계 • 중요한 자극특징을 작동기억 속에 일시 저장하도록 한다. 예 개념의 예를 들어 설명하기, 운동기능의 시범, 영상자료 보여주기
	❺ 의미론적 부호화	학습 안내 (학습 정보 제공)하기	• 새로운 학습과제와 이전 학습된 정보를 통합시키는 방법을 제시하는 단계 → **통합교수** • 학습정보를 장기기억으로 전이시킨다.
	❻ 재생(인출)과 반응	성취행동 유도하기 (연습문제 풀기)	• 통합된 학습내용을 학습자가 실행하는 단계 • 장기기억에 저장된 정보를 재현시켜 학생의 반응행위를 유도한다.
	❼ 강화(피드백)	피드백 제공하기	• 학습자 수행의 성공 여부를 알려주는 단계 • 정보적 피드백, 즉 반응에 대한 정오판단보다는 오답을 수정할 수 있는 보충설명 제공
재생과 전이 [정리]	❽ 재생을 위한 암시(단서에 의한 인출)	성취행동 평가하기 (형성평가)	• 이후 학습 가능 여부 확인하는 평가 단계 • 이후의 학습력 재생을 위한 부가적 암시 제공
	❾ 일반화	파지 및 전이 높이기	• 학습내용의 기억 및 다른 상황으로의 전이 증진 단계 • 학습내용의 반복, 일반화 및 적용 경험 제공

(4) **학습성과**: 학습목표

학습 영역	개념과 특징	성취행동과 사례	학습방법
언어 정보	• 저장된 정보의 재생 능력 • 명제적 지식: '~임을 안다.'로 진술 → 인지적 영역의 기본목표	어떤 식으로 정보를 진술하기 ⑩ 애국심의 정의를 말하기	유의미 수용학습
지적 기능	• 개인이 환경을 개념화하는 데 반응하도록 하는 정신적 조작 • 방법적 지식: '~을 할 줄 안다.'로 진술 → 인지적 영역의 핵심목표	상징을 사용하여 환경과 상호 작용하기 ⑩ 수동태를 능동태로 바꾸기	8단계 위계적 학습
인지 전략	학습자의 사고와 학습을 지배하는 통제과정 → 인지적 영역의 궁극목표	기억, 사고, 학습을 효율적으로 관리하기 ⑩ 학습방법, 독서방법	반복적 연습
태도	특정 자극에 관해 긍정적·부정적 행위를 하려는 내적 경향 → 정의적 영역	특정 자극에 대한 개인적 행위 선택하기(select) ⑩ 미술보다 음악을 선택하기	강화, 대리적 강화, 동일시
운동 기능	일련의 신체적 움직임을 수행하기 위한 능력 → 심리운동기능적 영역	신체적 계열이나 행위 시범해 보이기 ⑩ 수영	반복적 연습

(5) **지적 기능 학습을 위한 8가지 학습위계**

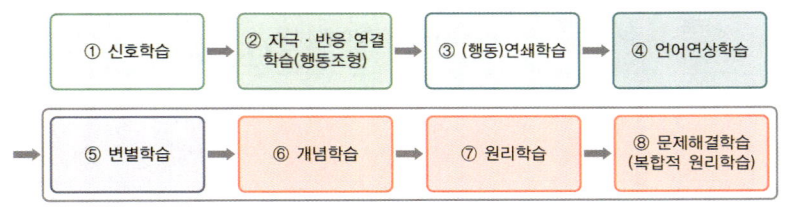

※ ☐ 안은 지적 교과학습 유형, ⑥~⑧은 인지주의 학습

① 신호학습	고전적 조건화 과정을 통해 수동적(정서적) 반응 행동을 학습
② 자극·반응연결학습	조작적 조건화(S-R결합 ⑩ 행동조형)에 의한 능동적 특정행동 학습
③ 연쇄학습	기억 작용을 바탕으로 복잡한 운동기능을 학습
④ 언어연상학습	언어 사용 능력에 대한 연결학습 ⑩ 화학기호 암기
⑤ 변별학습	여러 자극 간 차이의 구별 능력 학습 ⑩ 삼각형과 사각형을 구별

⑥ 개념학습	사물을 분류하는 유목화 능력 학습 예 **구체적 개념, 추상적 개념**
⑦ 원리학습	개념과 개념 간 관계 파악 능력 학습
⑧ 문제해결학습	여러 원리를 조합하여 문제해결(적용력, 전이력) → 고차원리학습

❺ 구성주의 학습 모형

(1) **개념**: 상대적·주관적 인식론에 근거한 학습 모형 → 지식은 주관적이고 학습자가 스스로 구성한다는 심리학 및 철학적 관점

　① 지식은 상황(context)을 바탕으로 개인의 인지활동과 사회적 상호작용을 통해 구성된다.
　② 지식은 고정된 것이 아니라 끊임없이 수정되고 변화한다.
　③ 학습의 주체는 학습자, 교사는 학습의 안내자·촉진자

(2) **객관주의와 구성주의 비교**

구분	객관주의		구성주의	
실재 (지식)	• 인식 주체와 독립, 외부에 실재 • 지식의 객관성, 절대성, 고정성		• 인식 주체가 결정, 마음의 산물 • 지식의 주관성, 상대성, 가변성	
특징	교수모형 → 교사 주도		학습모형 → 학습자 주도	
평가	양적 평가, 총괄평가 강조		질적 평가, 형성평가 강조	
유형	행동주의	인지주의 (정보처리이론)	개인적 구성주의 (인지적 구성주의)	사회적 구성주의 (변증법적 구성주의)
학습	외현적 행동 변화	인지 구조의 변화	주관적 경험에 근거한 의미 구성	사회적 상호작용을 통한 의미 구성
교사역할	관리자, 감독자	정보처리 활성자, 안내자	촉진자, 안내자	촉진자, 안내자, 동반자 (scaffolding)
학습자 역할	수동적 수용자, 청취자, 추종자	정보의 능동적 처리자	능동적 구성자, 산출자, 설명자, 해석자	능동적 공동 구성자, 산출자, 설명자, 해석자
핵심개념	자극, 반응, 강화	정보처리, 정교화	개인 내적 의미 구성 과정	개인 간 의미 구성 과정 (사회적 동화)

주요 수업전략	연습과 피드백	정보처리 전략	유의미한 아이디어, 풍부한 학습기회 제공	풍부한 학습기회를 학습자와 공동구성
대표자	Skinner	Bruner, Ausubel	Piaget	Vygotsky

(3) **특징**
① 유의미학습은 개인적 경험을 기반으로 한 지식구조의 능동적 구성 과정
② 개인적 지식의 정수(精髓)는 타인에게 있는 그대로 전수 불가능
③ 사람들 간의 합의(의견일치)는 가능 : 지식은 특정 맥락 내에서 구성원들이 합의한 잠정적인 결론
④ 지식구조의 형성 및 변화는 중다관점의 검토 및 사회적 협상의 결과
⑤ 지식은 맥락의존적 : 복잡·실제적인 맥락에서의 상황학습(상황인지) 중시
⑥ 지식은 잠정적이고 유동적 : 지식은 학습자의 인지적 한계를 반영 → 메타인지 함양이 구성주의 학습의 목적
⑦ 학습 과정에서 학습자의 주인의식(ownership) 강조 : 학습자는 지식의 창조적 구성자, 교사는 코치·촉진자·조력자·조언자·동료 학습자(co-learner)의 역할 ⓓ 교사는 객석의 안내자(guide on the stage), 학생은 무대 위의 현자(sage on the stage)
⑧ 학습자의 자기성찰(self-reflection) 강조
⑨ 지식은 개인의 인지적 활동 또는 사회적 상호작용을 통해 구성 : 자기주도적 학습과 협동학습 중시
⑩ 구성주의적 수업은 다양한 방식으로 전개 ⓓ 수업자료(학습자 조작 가능한 자료), 활동(관찰, 자료수집, 견학), 수업과정(협동학습, 토론) 등

(4) **구성주의 학습의 촉진 조건**

> 1. **실제적 과제**(authentic task) : 복잡하고 실제적인 상황에서 현실적인 학습과제 제시
> 2. **협동학습**(collaborative learning) : 문제 해결할 때 사회적 협동과 상호작용 강조
> 3. **자기성찰**(self-reflection) : 모든 경험과 현상의 의미에 대해 질문·분석·대안 강구
> 4. **주인의식**(ownership) : 학습자는 학습의 주체로 학습활동에서 주도권을 가짐
> 5. **중다관점**(multiple perspectives) : 학습자료를 다양한 관점에서 검토

(5) **구성주의 교수 – 학습의 원리**
   ① 지식의 상황성(맥락성)
   ② 복잡하고 비구조적인 현실(문제) 제시
   ③ 학습자 중심의 자율적인 학습환경의 조성
   ④ 문제해결 중심의 학습
   ⑤ 학습하는 과정 중시
   ⑥ 학습자 간 상호 작용 중시
   ⑦ 방법적 지식의 습득
   ⑧ 과정 중심의 평가 강조: 배움(학습)・문제해결・성장과정 평가 중시 예 진단평가, 형성평가, 수행평가, 자기참조평가

(6) **구성주의 학습환경 설계(CLEs)**: 조나센(Jonassen)
   ① 구성주의 학습환경 설계시 고려 요소: 문제중심학습(PBL), 인지적 도제이론 등에 적용

❶ 문제/프로젝트	실제적・비구조적인 문제 제시 → 문제의 맥락, 표상(제시방법), 문제해결을 위한 조작공간을 포함	
❷ 관련 사례	문제와 직・간접적 사례 제공 → 문제에 대한 이해 촉진	
❸ 정보자원	문제 해결에 필요한 정보자원 제공	
❹ 인지적 도구 (지식 구성 도구)	컴퓨터 도구를 활용, 학습자가 주어진 문제해결을 할 수 있도록 인지활동을 지원 → 시각화 도구(예 개념도, PPT), 지식 모델링 도구(예 전문가 시스템, 하이퍼미디어 구성), 수행지원 도구(예 멀티미디어 저작도구, 프레젠테이션 프로그램), 정보수집 도구(예 정보검색 도구)	
❺ 대화/협력도구	학습자 상호간 대화와 협력을 통한 학습도구 제시 예 자유게시판, 커뮤니티, E-메일, SNS, 대화방 등	
❻ 사회적/맥락적 지원	특정 문제가 발생하는 실제적 맥락과 환경 제시 예 멘토링, 그룹 스터디, 워크숍	

   ② 학습환경의 정교화 방안
      ㉠ 교수활동

모델링	학습자의 탐색활동을 지원하는 전문가의 수행 예 행동 모델링, 인지 모델링
코칭	학습자의 수행에 초점: 학습자의 학습동기 부여, 피드백 제공, 학습방법 조언
비계설정	학습자의 수행과제에 초점을 두고 학습자의 수행을 체계적으로 지원

ⓒ 학습자 활동

탐색	목표설정, 가설의 설정, 자료 수집, 잠정적인 결론의 예측
명료화	자신이 알고 있는 것을 분명하게 정의하기
성찰	학습자의 메타인지를 활용하여 자신의 학습활동을 반성하기

(7) **학습방법**
① 인지적 도제이론(cognitive apprenticeship theory): 전문가 - 초보자 이론
  ㉠ 초보적 학습자가 전문가인 교사의 학습과제 해결 과정을 관찰·모방함으로써 학습과제 해결능력이나 사고과정을 습득. → 인지 및 메타인지 기능 교수에 중점
  ㉡ 수업방법: 시연(modeling), 교수적 도움(scaffolding), 도움중지(fading)
  ㉢ 수업절차: 콜린스(R. Collins)의 MCSARE

시범보이기 (Modeling)	전문가(교수자)가 시범을 보이고 학습자는 관찰한다. → 전문가의 수행행동에 초점
코칭(Coaching)	학습자가 실습을 하고 교수자는 격려해 주며 피드백을 제공한다. → 학습자의 수행에 초점
발판제공 (Scaffolding)	학습자의 능력을 넘어서는 과제 수행에 대한 발판을 제공한다. → 학습자의 수행 과제에 초점
명료화 (Articulation)	학습자는 자신이 습득한 지식, 기능, 태도, 사고 등을 종합적으로 연계하여 설명한다.
반성(Reflection)	학습자는 자신이 수행하고 있는 문제해결과정과 전문가(교수자)의 방법과 비교하여 설명한다.
탐색(Exploration)	학습자는 자기 나름의 문제해결전략을 사용하여 전문가다운 자율성을 획득한다. → 전이 단계

② 상황학습(situated learning theory): 참여학습(Lave & Wenger)
  ㉠ 학교에서 배운 지식을 실제 상황(context)에서 실천하려는 학습: 지식과 상황을 함께 제시, '실행공동체(community of practice)'와 '정당한 주변적 참여(legitimate peripheral participation)' 강조
  ㉡ 실제 상황에의 참여를 통한 문제해결과정 및 경험과 학습 중시: 도구로서의 지식 강조, 다양한 구체적 사례들을 제공하여 지식의 전이(상황 전이) 촉진

③ 정황교수(anchored instruction theory) : 앵커드 교수, (상황) 정착교수
  ㉠ 상황학습을 구현시키는 구체적인 방법
  ㉡ 다양한 교수매체(예 Jasper Series-수학, Young Sherlock project-국어와 사회)를 활용, 실제와 유사한 학습환경을 제공하고 이를 통해 문제 해결 및 현실 상황에 활용 가능한 지식 습득
  ㉢ 학습원리 : 테크놀로지 중심적(매체 활용), 맥락 중심적, 중다관점 지향
④ 인지적 유연성 이론(cognitive flexibility theory) : 인지적 융통성 이론(Spiro)
  ㉠ 인지적 유연성은 급변하는 상황적 요구에 따라 학습자가 지닌 기존 지식과 기능, 관점을 전환하여 적절하게 대처하는 능력
  ㉡ 교수원칙 : ❶ 주제 중심의 학습(theme-based search), ❷ 학생들이 다룰 수 있는 복잡성을 지닌 과제를 세분화하여 제시(bite-sized chunk), ❸ 다양한 소규모의 예를 제시(mini-cases), ❹ 하이퍼미디어 활용
⑤ 문제중심 학습(problem-based learning) : 배로우즈(Barrows)
  ㉠ 문제로 시작되는 수업 : 의학교육과 경영학교육의 수업방법에서 비롯
  ㉡ 실제 상황과 관련된 비구조적인 문제(ill-structured problems)를 통해 전략적 사고(전개, 제시, 설명, 옹호) 신장 및 문제와 관련된 전문적 지식 획득

구조화된 문제 (well-defined problem)	비구조화된 문제 (ill-defined problem)
• 문제의 정의가 쉽게 규명된다.	• 문제가 정의되어야 하고, 가능하면 재정의되어야 한다.
• 문제해결에 필요한 모든 정보가 제공된다.	• 문제해결에 필요한 부가적인 정보가 필요하다.
• 문제해결에 초점을 둔다.	• 문제의 본질에 초점을 둔다.
• 단 하나의 정답만이 확인될 수 있다.	• 여러 개의 서로 다른 해결안이 가능하다.
• 문제해결에 대한 동기가 낮다(비인지적).	• 문제해결에 대한 동기가 높다(인지적).
• 재생적 사고가 요구된다.	• 전략적 사고가 요구된다.

  ㉢ 문제해결을 위한 전략적 사고 함양 : 가설-연역적 사고, 창의적 사고
  ㉣ 자기주도적 학습(self-directed learning)과 협동학습으로 진행
  ㉤ 학습과정 : 문제 사례 제시 ➡ 자기주도적 학습 ➡ 소집단 학습(협동학습) ➡ 일반화 ➡ 반성
  ㉥ 교육적 의의 : ❶ 창의적 문제해결력 신장, ❷ 지식의 습득과 파지 및 전이의 활용, ❸ 학습자의 흥미유발, ❹ 자기주도적 학습능력 신장, ❺ 협동심 함양, ❻ 전략적 사고 신장, ❼ 지식 구성력 신장(교사는 교육과정 설계자, 학습 진행자, 조력자 또는 안내자의 역할)

⑥ 상보적 교수(reciprocal teaching)
  ㉠ 교사와 학생 간 또는 학생 상호 간 대화 형태로 학습이 전개
  ㉡ 주어진 교재에 대한 독해능력 향상이 목적
  ㉢ 교수전략

요약하기 (summarizing)	내용을 학생들이 이해한 대로 자신들만의 용어로 표현하기
질문 만들기 (questioning)	단순 사실의 확인부터 이해, 적용, 분석, 종합, 평가에 이르기까지 다양한 수준의 질문을 만들어보기
명료화하기(clarifying)	어휘의 뜻을 사전이나 질문을 통해 명확히 파악하기
예측하기(predicting)	교재 내용 다음에 이어질 내용을 예측하기

⑦ 자기주도적 학습(self-directed learning)
  ㉠ 노울즈(Knowles)가 성인학습의 한 형태로 주장 → 평생학습 학습 방법
  ㉡ 개념적 특성 : 자기관리(self-management), 자기통제(self-monitoring), 동기(motivation) 등 메타인지적 기능 학습
  ㉢ 이론적 배경 : 인본주의 학습이론
  ㉣ 학습 과정 : 학습 project 설정 ➡ 학습목표 설정 ➡ 학습전략 수립 ➡ 학습 진행 ➡ 성취 평가
  ㉤ 학습목표 : 학습할 수 있는 힘, 학습의욕, 스스로 학습을 계속하려는 힘(평생학습력) 등의 신장

⑧ 자기조절적 학습(self-regulated learning)
  ㉠ 개념 : 학습자의 주도성과 적극성을 전제로 한 학습모형
  ㉡ 구성요소

인지	초인지 전략	① 계획 활동(planning), ② 모니터링(자기점검 / self-monitoring), ③ 자기조절전략(교정 / revising)
	인지 전략	① 시연(rehearsal, 암송), ② 정교화(elaboration), ③ 조직화(organization)
정의	동기 전략	① 자기효능감(self-efficacy), ② 숙달목표 지향성, ③ 자기가치(자아존중감), ④ 통제인식(perception of control), ⑤ 시험 불안 극복
	행동전략	① 행동 통제(포기하지 않고 노력하기), ② 교사와 동료에게 도움 구하기, ③ 학습 시간 관리, ④ 정보 탐색, ⑤ 물리적 환경 구조화

  ㉢ 학습과정(Zimmerman) : ① 계획단계(목표 설정, 계획 수립, 전략 채택) ➡ ② 수행단계(전략 수행, 모니터링) ➡ ③ 성찰 단계(수행 과정과 결과 평가, 결과의 요인 분석, 전략 수정 여부 검토)

⑨ 목표기반 시나리오(GBS ; Goal-Based Scenarios) : 섕크(R. Schank)
  ㉠ 개념 : 다양한 도구와 정보를 제공받으며, 주어진 실제적 과제를 수행하는 과정에서 사전에 설정된 목표를 달성해가는(Learning by Doing) 시뮬레이션 학습
  ㉡ 수업 구성요소 : GBS 모형의 설계 절차

수업 구성요소	주요 활동
학습목표(goals) 설정	학습자가 갖추어야 할 핵심기술(Target Skill) → 과정 지식(방법적 지식)과 내용 지식(명제적 지식)
미션(Mission, 임무)의 설정	학습자가 학습목표 성취를 위해 수행해야 할 과제 → 실제 상황과 유사한 형태의 과제
커버스토리(CoverStory, 배경이야기) 개발	학습목표를 성취하기 위한 임무의 배경이야기 → 학습동기 유발
역할(Role) 개발	학습자들이 커버스토리 내에서 맡을 인물(역할)
시나리오 운영(Scenario Operation) 설계	학습자들이 미션을 수행하는 모든 구체적인 활동 예 팀활동, 전문가 의견 듣기, 선행연구자료 읽기 등
학습자원(Resources)의 개발	학습자가 미션을 수행하는 데 필요한 각종 정보 예 교재, 인터넷 사이트, 논문, 비디오클립, 전문가 등
피드백(Feedback) 제공	학습자들의 문제해결 및 학습수행 지원

  ㉢ 특징 : ❶ 구성주의에 기반을 둔 학습자중심 학습전략, ❷ 이야기중심 기반 학습전략, ❸ 실제적 과제 제시, ❹ 구조화된 학습목표, ❺ 실제상황을 빗댄 시나리오를 바탕으로 한 구조화된 학습환경 제공

CHAPTER 08

교육공학

- 제1절 교수공학
- 제2절 교육공학 이론
- 제3절 교수매체
- 제4절 컴퓨터 활용수업
- 제5절 원격교육(distance education)
- 제6절 인터넷활용 교육

Chapter 08 교육공학

> **필수체크 Top point**
> 1. **교육공학의 개념**: 설계, 개발, 활용, 관리, 평가
> 2. **교육공학 이론**: 데일(Dale)의 경험의 원추모형, 벌로(Berlo)의 SMCR 모형, 쉐논과 슈람(Schannon & Schramm)의 모형
> 3. **교수매체 활용 모형**: 하이니히와 모렌다(Heinich & Molenda)의 ASSURE
> 4. **원격교육**: E−learning, U−learning, M−learning, 인터넷 활용 교육(플립러닝, Big 6 skills)

제1절 교수공학

(1) **개념**: 설계, 개발, 활용, 관리, 평가(Seels & Richey, 1994) → 교수·학습 효과 증진

영역	의미	하위 영역
설계 (design)	교수심리학과 체제이론의 적용, 순수하게 계획하는 일 → 교육공학의 이론 발전에 기여	교수체제 설계, 메시지 디자인, 교수전략, 학습자 특성
개발 (development)	실제 교수자료의 형태로 제작 → 공학(technology)과 기술발전에 좌우	인쇄공학, 시청각공학, 컴퓨터 기반 공학, 통합공학
활용 (utilization)	학습자들에게 구체적인 학습경험을 제공 → 역사가 오래된 영역(ASSURE 모형)	매체의 활용, 혁신의 보급, 실행과 제도화, 정책과 규제
관리 (management)	경영학과 행정학적 지식을 적용, 시설 및 기자재 관리	프로젝트 관리, 자원관리, 전달체제 관리, 정보관리
평가 (evaluation)	교수−학습의 적절성을 결정하는 과정	문제분석, 준거지향 평가, 형성평가, 총괄평가

(2) **교수·학습방법에 대한 교육공학적 접근의 특징**: ① 체제적 특성, ② 처방적 특성, ③ 학습자 지향적 특성(학습자 요구 반영, 학습자 사전지식 및 경험 고려, 학습자의 적극적 참여 도모)

제2절 교육공학 이론

(1) **이론의 전개**

   ❶ 시각교육[호반(Hoban)의 교육과정 시각화] ➡ ❷ 시청각교육[① 올센(Olsen)의 대리적 학습경험, ② 데일(E. Dale)의 경험의 원추모형] ➡ ❸ 학문적 시청각주의[학문적 합리주의, 킨더(Kinder)의 지적 과정이론] ➡ ❹ 통신이론(체제이론) ➡ ❺ 시청각교육통신이론[① 벌로(D. Berlo)의 SMCR 모형, ② 쉐논과 슈람(Schannon&Schramm)의 통신과정 모형] ➡ ❻ 교수공학 ➡ ❼ 교육공학

(2) **경험의 원추(원뿔) 모형**: 데일(Dale, 1954)

   ① **개요**: 진보주의 → 브루너(Bruner)의 표현방식(mode of representation)에 영향을 줌.

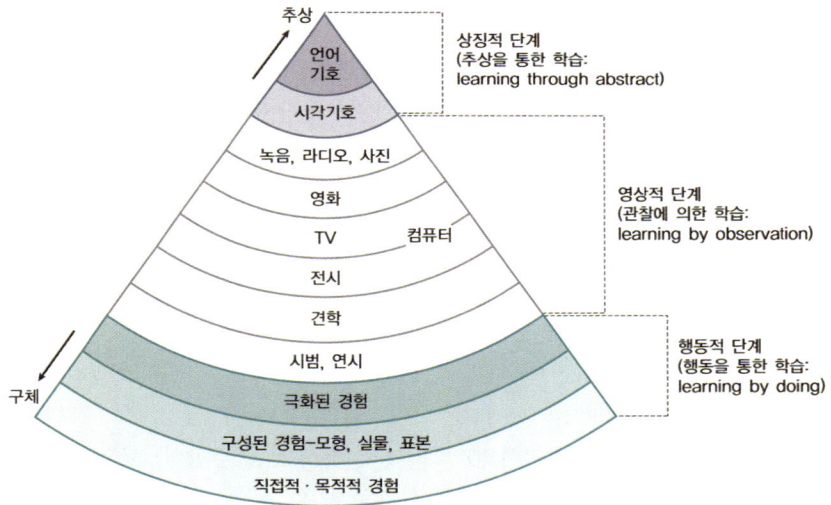

   ② **특징**: 교사 중심으로 매체를 분류
      ㉠ 학습자의 발달단계(연령)이 높을수록 상단, 낮을수록 하단의 원추 활용
      ㉡ 상단으로 갈수록 학습의 경제성, 하단으로 갈수록 학습의 실용성이 중시
      ㉢ 성공적 학습을 위해서는 하단의 원추를 이용

(3) 시청각 통신이론

① 벌로(Berlo)의 SMCR 모형: 선형적 모형

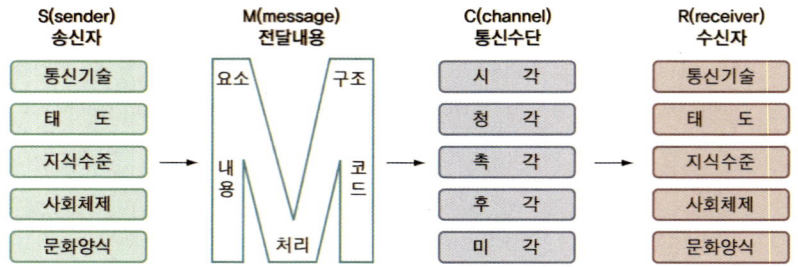

☑ 내용(교육내용), 요소(내용의 구성요소), 구조(요소 간 관계, 순서), 처리(교수방법), 코드(언어 또는 비언어적 전달 수단)

② 쉐논과 슈람(Schannon&Schramm)의 통신과정 모형
  ㉠ 통신과정의 구성요소: 경험의 장, 피드백, 잡음 → 비선형적 모형
  ㉡ 내용: ❶ 송신자와 수신자의 공통된 경험의 장, ❷ 피드백의 원활한 활용, ❸ 잡음의 제거·최소화 시 효과적인 학습 가능

제3절 교수매체

(1) **개념**: 교수목표 달성을 위해 교수·학습지도에 활용되는 매체
(2) **교수매체의 특성**
  ① 수업적 특성: ㉠ (교사의) 대리자적 특성, ㉡ (수업의) 보조물적 특성
  ② 기능적 특성: ㉠ 고정성(있는 그대로 보존, 재생), ㉡ 조작성(변형), ㉢ 확충성(분배성, 배분성 → 공간적 확대), ㉣ 구체성, ㉤ 반복성(시간적 반복)
(3) **교수매체 연구**

매체비교연구	• 상이한 매체 유형(독립변인)이 학업성취도(종속변인)에 미치는 효과 연구 → 행동주의 패러다임에 토대 • 학습의 결과적 측면을 연구한 초기의 매체연구 경향 • 매개변인(예 신기성효과, 수업방법)을 고려하지 않음.
매체속성연구	• 특정 매체의 속성이 학습자의 인지과정과 학업성취도에 어떤 영향을 미치는가에 대한 연구 → 학습의 과정적 측면을 중시 • 인지주의 심리학과 구성주의 패러다임에 토대

매체선호연구	• 매체활용에 대한 학습자의 태도에 관한 연구 • 교수매체에 대한 학습자의 태도, 가치관, 신념 등의 정의적 특성 변인들이 학습에 미치는 효과를 탐색
매체활용의 경제성에 관한 연구	• 교수매체의 비용효과에 관한 연구 • 비용은 학습자의 성취수준에 도달시간, 개발팀의 교수 프로그램 개발·수정에 소요시간, 소요자원의 비용 등을 의미

(4) **하이니히(R. Heinich)와 모렌다(Molenda)의 교수매체 선정·활용 모형**: ASSURE 모형

① 학습자 분석(Analyze learners): 학습자의 특성(예 연령, 지적특성, 학습유형 분석)
② 목표의 기술(State objectives): A(학습자), B(도착점 행동), C(조건), D(평가수준)
③ 방법 및 매체의 선정(Select methods & media)
④ 매체와 자료의 활용(Utilize media & materials): 교사 활동 → 5P(❶ 매체점검, ❷ 매체준비, ❸ 환경준비, ❹ 학습자 준비, ❺ 학습경험 제공)
⑤ 학습자의 수행 요구(Require learners participation): 학습자 활동
⑥ 평가와 수정(Evaluate & revise): 학습목표 평가, 매체와 방법 평가, 교수·학습과정의 평가 및 수정

제4절 컴퓨터 활용수업

(1) **컴퓨터 보조 수업(CAI)**: ① 개인교수형[가네(Gagné)의 교수사태 9단계 활용], ② 반복학습형, ③ 시뮬레이션형(모의실험형 → 현실상황과 유사 예 비행기 조정 훈련, 위험한 과학실험), ④ 게임형*(몰입, 경쟁 및 도전, 스토리텔링)

* 에듀테인먼트(edutainment): 놀이적 요소(재미)가 담긴 교육자료나 매체 → ❶ 디지털콘텐츠 예 듀오링고(Duolingo, 게임 요소를 활용한 언어학습), ❷ 교육용 게임 예 시리어스 게임(Serious Game, 의료·군사·학습·공익 목적의 실습게임), ❸ 융합형 콘텐츠 예 VR/AR 학습(가상현실을 활용한 역사 체험이나 우주탐험)

* 게이미피케이션(gamification): 게임 요소(예 규칙, 점수, 레벨, 배지, 미션, 리더보드)를 통해 학습자의 행동변화 및 목표달성을 촉진하는 방법 예 클래스팅(ClassDojo; 학급운영에 게임 요소 추가해 학생 행동변화 유도), 퀴즈 앱(Quizizz, Kahoot!; 퀴즈 게임을 통해 학습)

☑ 에듀테인먼트는 콘텐츠 중심, 게이미피케이션은 시스템·플랫폼 중심에 초점을 둠.

소프트웨어의 종류	기본 구조					
	1단계	2단계	3단계	4단계	5단계	6단계
개인교수형	개요(도입)	정보제시	질문과 응답	응답에 대한 판단	피드백과 교정	종결
반복학습형	개요(도입)	문항선정	질문과 응답	응답에 대한 판단	피드백	종결
시뮬레이션형	개요(도입)	시나리오 제시 (현실)	반응 요구	학생 반응	피드백과 조절	종결
게임형	개요(도입)	시나리오 제시 (현실+가상)	반응 요구	학생 반응 & 상대방 반응	재정비	종결

☑ **몰입(flow)**: 최적의 경험(Csikszentmihalyi) → 학생의 능력 수준(skill level)과 과제 난이도 수준(challenge level)이 모두 높을 때 경험

(2) **컴퓨터 관리 수업(CMI)**: 컴퓨터를 통한 교수활동 지원 예 성적처리
(3) **컴퓨터 매개 통신(CMC)**: 인터넷, WBI(웹 기반 수업)
(4) **컴퓨터 적응 평가(CAT)**: 학습자의 능력을 측정하는 평가용 프로그램 예 GRE
   ① 특징: 각 개별 학생의 능력 수준에 맞는 문제로만 구성된 검사를 실시
   ② 장점: ㉠ 측정의 정확성·효율성(적은 수의 문항으로 능력을 정확히 측정), ㉡ 측정의 융통성(검사 목적, 필요에 따라 검사전략 채택)
   ③ 단점: ㉠ 맥락효과(context effect; 특정 영역 관련 문제만을 치른 수험생에게만 적용), ㉡ 보안(문제은행의 노출)
      ☑ 컴퓨터 이용 검사(Computer-Based Test; CBT): 컴퓨터를 이용한 모든 검사 → 컴퓨터 화면을 통하여 여러 가지 색상과 글자, 사진, 동영상 등 다양한 문항제시[예 정보활용형, 매체(미디어) 활용형, 도구조작 및 모의상항(시뮬레이션)형, 대화형 등] 가능
      ☑ 컴퓨터화 검사(Computerized Test, CT): 지필검사와 동일한 내용과 순서로 시행되는 검사

(5) **컴퓨터 리터러시**: 컴퓨터에 대한 이해와 활용능력

제5절 원격교육(distance education)

(1) **개념**
① 교수자와 학습자가 직접 대면하지 않고 다양한 통신매체(예 방송교재나 오디오·비디오 교재, 인터넷 등)를 매개로 하여 교수 - 학습 활동을 전개하는 교수 전략 → 다중매체접근방식(multimedia approach) 비면대면(un-contact ; non-face to face) 수업 형태
② 콜드웨이(Coldway)의 교육실천 형태 분류

	같은 시간	다른 시간
같은 장소	전통적 교실교육	미디어센터(학습센터)
다른 장소	**동시적 원격교육**	**비동시적 원격교육**

③ 개념적 속성
  ㉠ 독립성과 자율성: 교수자와 학습자의 시간적 및 공간적 분리
  ㉡ 상호작용성(communication): 교수자, 학습자, 학습교재(매체) 간의 상호작용이 학습에 중요한 요인임
  ㉢ 학습공간의 확장(Expansion of learning space): ❶ 정보 습득 공간(예 웹사이트, SNS 등)의 확대, ❷ 정보 활용 공간의 확대, ❸ 학습 대화 공간의 확대, ❹ 지식 구성 공간(예 blog, 개인 홈페이지 등)의 확대
④ 역사: ❶ 우편통신 기반(1800's ; 우편제도 + 인쇄교재 → 공교육 보완) ➡ ❷ 대중매체 기반(1930's ; 라디오, TV 활용 → 대량정보 전달) ➡ ❸ 정보통신기술 기반(1980's ; CMC, 인터넷, 통신위성 → 면대면교육 보완)

(2) **원격교육을 위한 매체선정 준거**: 베이츠(A. Bates)의 ACTIONS모형 → A와 C가 가장 중요

A (Access, 접근, 수신, 접속)	학습자가 특정 매체에 어느 정도 접근 가능한지를 파악
C (Costs, 비용)	교육효과, 학생 수, 강좌 수, 초기 투자비용과 운영 비용 등에 관한 고려가 필요함.
T (Teaching & learning, 교수와 학습)	매체가 가지는 교육적 특성, 제시 형태뿐만 아니라 학습목표에 대한 분석을 통해 매체를 선정해야 함.
I (Interactivity & user-friendliness, 상호작용과 학습자 친화)	특정 매체로 가능한 상호 작용의 형태와 그 사용이 용이한지에 대한 고려

O (Organizational issue, 조직의 문제)	매체가 성공적으로 활용되기 위해 고려해야 할 조직의 특성 → 조직 내의 장애요소 제거, 즉 조직개편과 인적 자원의 확충 등을 말함. 교수자-학습자, 학습자-내용, 학습자-학습자, 학습자-전문가
N (Novelty, 참신성)	학습자에게 얼마나 새롭게 인식되는가의 고려 ◎ 교사훈련, 조직문화
S (Speed, 신속성)	얼마나 빠르게 학습내용을 전달하는가, 학습자에 대한 피드백이 얼마나 신속한가의 고려

(3) 원격교육의 형태

① E-learning(Cyber-learning, 웹기반학습) : 인터넷상에서 시간과 공간의 제약 없이 교육이 가능한 온라인 학습체제

② 유비쿼터스 러닝(Ubiquitous learning ; U-learning) : 물이나 공기처럼 시공을 초월해 '언제 어디에나 존재한다.'는 뜻 → 사용자가 컴퓨터나 네트워크를 의식하지 않고 장소에 상관없이 자유롭게 네트워크에 접속할 수 있는 환경

- ☑ 가상현실(VR, Virtual Reality) : 현실과 관련 없이 가상의 공간에서 다각도의 영상을 보여주는 기술 ◎ VR헤드셋을 활용 가상의 우주탐험 체험
- ☑ 증강현실(AR, Augmented Reality) : 현실세계에 가상세계(virtual)를 겹쳐 보여주는 기술
  ◎ AR안경 생물해부 체험, 포켓몬고(Pokemon Go)와 같은 위치기반 AR 게임
- ☑ 혼합현실(Mixed Reality, MR) : 현실세계와 가상세계가 실시간 상호작용하는 기술 ◎ 가상로봇이 현실 테이블 위에서 움직이며 사람과 소통
- ☑ 확장현실(XR, eXtended Reality) : 가상현실(VR), 증강현실(AR), 혼합현실(MR)을 모두 지원할 수 있는 초실감형 기술
- ☑ 메타버스(meta-verse) : VR·AR·XR 기술의 발달을 기반으로 가상 세계에서 일상의 모든 분야를 현실처럼 구현하는 플랫폼(현실과 디지털이 융합된 생태계) → 사용자는 아바타로 디지털 세계에서 활동

③ 모바일 러닝(Mobile learning ; M-learning)

  ㉠ 개념 : 무선인터넷 및 위성통신기술을 기반으로 이동성(mobility)이 있는 무선(wireless)의 매체(◎ 태블릿 PC, 노트북, 스마트폰)를 활용한 교육 → 기기의 4C, 즉 매체 및 콘텐츠의 접근(Content), 정보의 포착과 저장(Capture), 반응의 산출(Compute), 의사소통(Communicate) 기능 활용

  ㉡ 특징 : 맥락적(context-sensitive, context aware), 개별성, 공유성

  - ☑ M-learning은 도구(◎ 모바일기기) 중심 개념이나, U-learning은 특정 기기에 국한되지 않은 학습환경 자체(◎ 키오스크, 센서, IoT)를 의미함. → M-learning은 스마트폰으로 어디에서든 학습 가능한 것을, U-learning은 어디에서든 주변 환경이 나에게 필요한 학습정보를 제공해 주는 것을 의미함.

④ K-MOOC : 대규모 공개 온라인 강좌

  ㉠ 캐나다에서 시작(2008), 2015년 우리나라에 도입

  ㉡ 유형 : c MOOC(쌍방향), x MOOC(온라인콘텐츠)

제6절 인터넷활용 교육

❶ 교수·학습유형

(1) **웹기반 탐구학습 모형(Web-Quest Instruction)***

> ☑ 웹퀘스트 수업은 닷지(Dodge), 웹기반 탐구학습(Web Based Inquiry Learning)은 린(Linn)이 제안
> → 전자는 교사의 안내(구조화된 과정), 후자는 학습자의 자율적 탐색을 중시

① 개요: 질문 지향적 수업모형임 → 학생들에게 특정 과제가 부여되고, 학생들은 과제 해결을 위해 인터넷 탐색을 한 뒤 최종 리포트를 작성
② 교수과정: 도입(소개) ➡ 과제 ➡ 과정 ➡ 평가 ➡ 결론
③ 특징: ❶ 웹(Web) 활용, ❷ 탐구 중심 학습, ❸ 학습자 중심, ❹ 협동학습 가능

(2) **플립러닝(flipped learning)**: 거꾸로 수업, 거꾸로 학습, 거꾸로 교실

① 전통적 방식에서의 강의-숙제 형태의 교육방식을 역으로 하는 교육방식
  → "숙제 먼저(온라인 강의), 교실 수업은 나중에(학생 참여 수업)"
② 기존의 강의식 수업과 구성주의적 학습 철학이 결합된 수업형태임.
③ 온라인 교육(예 강의)과 오프라인 교육(예 토의, 문답법, 협동학습)을 통합하여 병행 실시하는 혼합교육(blended learning)의 한 형태임.
  ☑ 플립러닝은 오프라인 교육, 혼합교육은 온라인 교육을 보다 중시
④ 학생들은 능동적 주체, 무대의 현자(sage on the stage), 교사는 안내자, 조력자, 객석의 안내자(guide on the side), 발판제공자의 역할 수행
⑤ 블룸(Bloom)의 인지적 영역의 목표 달성에 효과적임.

(3) **Big 6 Skills**: Eisenburg & Berkowitz의 정보리터러시 모델(information literacy model, 1990) → 자원기반학습을 통한 정보탐색 및 활용능력 함양이 목적

단계	내용
❶ 과제 확인(과제 정의: Task Definition)	• 해결할 과제의 요점 파악 • 과제해결에 필요한 정보의 유형 파악
❷ 정보탐색 전략 (Information Seeking Strategy)	• 사용가능한 정보원(on-line, off-line) 파악 • 최적의 정보원 선택
❸ 소재 파악과 접근 (Source Location & Access)	• 정보원의 소재 파악 • 정보원을 이용해 정보 찾기
❹ 정보 활용(Use of Information)	• 찾아낸 정보를 읽고, 보고, 듣기 • 적합한 정보 가려내기

❺ 종합 정리(Synthesis)	• 가려낸 정보들을 체계적으로 정리 • 최종 결과물 만들기
❻ 평가(Evaluation)	• 결과의 유효성 평가 • 과정의 효율성 평가

☑ **자원기반학습** : 교과학습에서 다양한 학습자원을 활용한 학습자중심의 학습전략

❷ 장점과 단점

장점	단점
• 학습자의 자기주도적 학습능력 촉진 • 학습자의 특성에 맞는 개별학습과 원거리 학습자 간 협동학습 가능 • 시간과 비용 절약 • 시공을 초월한 융통성 있는 교육 가능 • 수업보다 학습 위주의 교수-학습 환경 제공 • 다양한 전문가들의 조언 가능 • 글쓰기와 의사소통 능력 및 창의성과 종합적 사고력 함양	• 가치 없거나 유해한 정보 소통의 문제 • 하이퍼텍스트에서 나타날 수 있는 '인지적 과부하(寡負荷, overload)[*]'나 '방향감 상실'의 문제 • 정보 접근 및 교육기회의 불평등 재생산의 문제(인터넷 미설치 학교의 경우)

⚖ **인지적 과부하**(cognitive over load, **기억의 병목현상**)

① 개념 : 학습자가 인지적으로 이해할 수 있는 학습량(작동기억의 용량, 7±2 chunk)을 초과하여 너무 많은 양을 제공함으로써 지적인 작업에 혼란을 초래하는 현상

② 유형
  ㉠ 내재적 인지부하 : 학습내용 자체의 구조와 복잡성
  ㉡ 외재적 인지부하 : 교사의 학습과제 제시형태와 방식 → 교수설계에 의해 감소(교수방법 개선)
  ㉢ 본유적 인지부하 : 학습자가 학습과제 해결을 위해 투입한 노력 → 교수설계에 의해 증가

③ 극복방법 : 청킹, 자동화, 이중처리

🔨 인공지능(AI) 디지털 교과서(교육자료)

① 개념 : 학생 개인의 능력과 수준에 맞는 다양한 맞춤형 학습 기회를 지원할 수 있도록 인공지능을 포함한 지능정보화기술을 활용하여 다양한 학습자료 및 학습지원 기능 등을 탑재한 교과서(교육자료)

② 장점 : ㉠ 1대1 개별화된(학습속도, 수준 등) 맞춤형 학습, ㉡ 실시간 피드백, ㉢ 상호작용적 다양한 학습경험(예 영상, 애니메이션, 게임 요소), ㉣ 접근성과 편의성(스마트폰, 테블릿 PC 등 다양한 디바이스 통한 자료검색 및 복습), ㉤ 상호작용적 교수(예 온라인 토론, 질문, 협동학습), ㉥ 업데이트와 확장성(최신 콘텐츠 추가로 교과서 범위 확장)

③ 추진배경 : 디지털・AI 기반의 개인별 맞춤화 교육 확대 및 교육의 질 제고
  ㉠ 디지털・AI 기술에 기반한 개별화된 학습을 지원하는 '확장된 학교 교육' 시대 도래
      ☑ 2040년 미래 학교 교육의 시나리오로 '❶ 확장된 학교 교육, ❷ 교육 외주화, ❸ 학습의 중심으로서 학교, ❹ 어디서든 가능한 학습'을 제시(OECD, 2020)
  ㉡ 미래 학교는 디지털 신기술을 접목한 맞춤형・몰입형・실감형 수업 및 지능형 학교 공간으로 구현될 전망

④ 도입 : (2025년) 초3・4, 중1, 고1 대상 영어, 수학, 정보, 국어(특수교육 대상자) 과목 → 도입 여부 학교별 자율 선택

⑤ 인공지능(AI) 디지털 교과서 핵심 서비스

학생	① 학습 진단 및 분석 ② 학생별 최적의 학습 경로 및 콘텐츠 추천 ③ 맞춤형 학습 지원[인공지능 보조교사(AI 튜터)]
교사	④ 수업 설계와 맞춤 처방[인공지능(AI) 보조교사] ⑤ 콘텐츠 재구성・추가 ⑥ 학생 학습 이력 등 데이터 기반 학습 관리
공통 (학생・교사・ 학부모)	⑦ 계기판(대시보드)을 통한 학생의 학습데이터 분석 제공 ⑧ 교육 주체(교사, 학생, 학부모) 간 소통 지원 ⑨ 통합 로그인 기능 ⑩ 쉽고 편리한 유아이/유엑스(UI/UX) 구성 및 접근성 보장

교사의 테크놀로지 활용 역량: 테크놀로지 교수 내용 지식(TPACK)

① 슐만(Shulman, 1986)의 PCK: 교사가 갖추어야 할 전문지식으로 교수내용 지식(PCK; Pedagogical Content Knowledge)을 처음 제시 → 교과 내용 지식(content knowledge) + 교수방법 지식(pedagogical knowledge)
② 푸냐 미시라와 쾰러(P. Mishra & M. Köhler, 2006)의 TPACK: 슐만(Schulman)의 교수내용 지식(PCK) + 테크놀로지 활용 지식(Technological Knowledge)

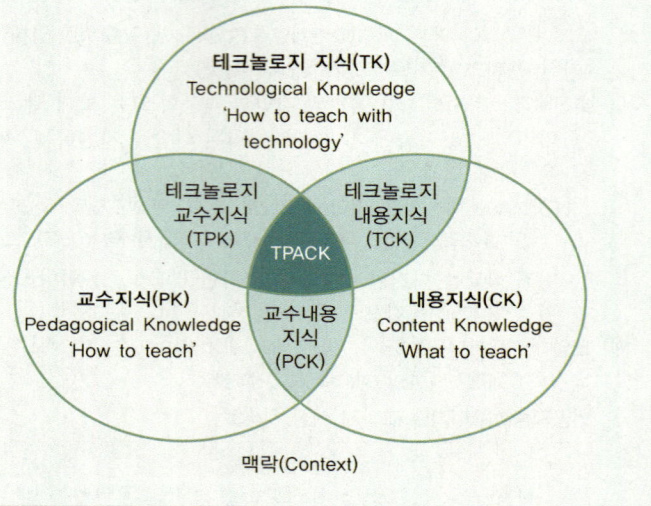

CHAPTER 09

생활지도와 상담

제1절	생활지도의 개념과 원리
제2절	생활지도의 과정
제3절	상담의 기본 조건
제4절	상담의 대화 기술: 면접 기법
제5절	상담이론
제6절	비행이론
제7절	진로교육이론

Chapter 09 생활지도와 상담

> **필수체크 Top point**
> 1. **생활지도의 원리와 과정**: 균등성, 과학성, 적극성, 전인성 / 정치활동, 추수활동
> 2. **상담활동의 대화 기법**: 구조화, 수용, 반영, 명료화, 직면, 해석
> 3. **상담이론**
>   ① 문제 중심적 접근: 합리적·정의적 상담, 정신분석적 상담, 개인심리상담, 비지시적 상담, 현실치료, 행동주의 상담
>   ② 해결 중심적 접근: 단기상담
> 4. **비행이론**: 아노미 이론, 사회통제이론, 중화이론, 차별접촉 이론, 낙인이론
> 5. **진로교육이론**: 특성요인이론(Parsons), 욕구이론(Roe), 성격이론(Holland), 사회학적 이론(Blau), 발달이론(Ginzberg, Super)

제1절 생활지도의 개념과 원리

(1) **개념**: 학생의 자율적 성장을 돕는 학교의 조력 활동
(2) **원리**

개인존중과 수용	개인의 존엄성을 존중함에서 출발 → '무조건적 존중'
자율성 존중	학생 스스로 문제를 해결하도록 조력
적응	개인의 생활적응을 돕도록 조력
인간관계	교사와 학생 사이의 참다운 인간관계(rapport)가 형성될 때 가능
자아실현	개인의 전인적 발달을 추구 → 생활지도의 궁극적 목적
계속성	1회적이 아닌 지속적인 과정 예 추수활동
전인성(통합성)	지·덕·체의 조화로운 발달 도모 예 교육과정의 통합 → 도덕교육이나 훈육이 아님.
균등성	모든 학생(예 재학생, 퇴학생, 졸업생)의 잠재력을 실현 → 문제아나 부적응아들만을 대상으로 한 활동이 아님.
과학성	구체적이고 객관적인 자료(예 표준화검사)에 기초함 → 상식적 판단이나 임상적 판단에만 기초할 활동이 아님.
적극성	사후 치료나 교정보다 사전 예방과 지도에 중점을 둠.
협동성	학교의 전 교직원과 가정, 지역사회의 유기적 연대와 협력이 필요함.
구체적 조직	진로상담교사를 중심으로 구체적인 조직을 갖추어야 함.

제2절 생활지도의 과정

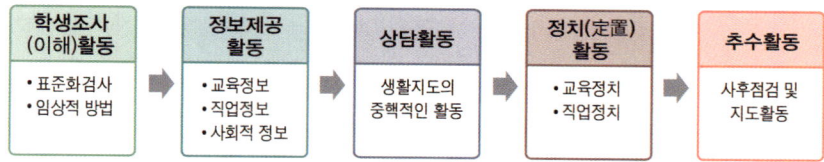

(1) **상담활동**(counseling service) : 생활지도의 중핵적인 활동 → 전문가인 상담자와 내담자 간에 면접 기술을 통해 행해지는 개별적인 문제해결 과정

(2) **정치활동**(placement service)
  ① 상담의 결과를 활용, 학생들의 능력과 적성에 맞는 환경에 알맞게 배치
  ② 내담자가 어떤 단계에서 다음 단계로 옮겨갈 때 필요한 도움을 제공
  cf) 위탁활동 : 장애 등 문제학생을 전문가에게 의뢰

(3) **추수(追隨)활동**(follow-up service) : 사후 지도활동
  ① 정치활동 후에 당면 문제에 잘 적응하고 있는지를 사후 점검하는 활동
  ② 새로운 생활지도 계획이나 생활지도 프로그램 개선을 위한 자료 수집 활동

제3절 상담의 기본 조건*

수용(acceptance)	내담자를 귀중한 인간으로 존중함. → 내담자를 있는 그대로 받아들이는 것('무조건적 존중')
공감적 이해 (empathetic understanding)	'감정이입적 이해' 또는 '내적 준거체제에 의한 이해' → 내담자의 경험·감정·사고·신념을 내담자의 준거체제(내담자의 입장)에 의해서 상담자가 내담자인 것처럼 듣고 이해하는 능력
진정성(genuineness, congruence)	'일치, 순수성, 명료성' → 상담자와 내담자의 상담목표와 동기가 서로 일치함, 상담자의 내적인 경험과 외적 표현의 일치

* 로저스(Rogers)의 비지시적 상담에서 중시

제4절 상담의 대화 기술 : 면접 기법

구조화	상담과정의 본질, 제한조건 및 목적에 대하여 상담자가 정의를 내려 주는 것 → 상담의 방향 설정
수용	내담자의 말에 대해 언어적 또는 비언어적으로 간단히 대응 → ① 장단맞추기, ② 적극적 경청(내용 + 감정)
반영	내담자의 말과 행동에서 표현된 기본적인 감정·생각·태도를 상담자가 다른 참신한 말로 부언해 주는 것 → '공감적 이해'가 전제
재진술	내담자가 말한 내용 중 일부를 반복하는 것 → 상담 방향을 초점화(focusing)
자기노출	내담자의 관심과 관련이 있는 상담자의 사적 경험, 생각, 느낌, 판단, 가치, 정보, 생활철학 등을 솔직하게 노출함. → 자기개방
즉시성	상담 시간 중에 무엇이 일어나고 있는지를 다루는 기법 : 현재 내담자와 대화를 하며 상담자가 내적으로 경험하는 것을 활용하여 피드백을 주는 것 → ① 관계의 즉시성, ② 지금—여기의 즉시성
명료화	막연한 것(분명하지 않은 사고, 정서, 행동 등)을 분명히 정리하는 것 ◎ "삶을 포기하고 싶다는 것이 무슨 뜻이니?"
직면 (맞닥뜨림)	내담자가 미처 깨닫지 못하거나 인정하기를 거부하는 생각과 느낌(◎ 언어적 모순, 언어와 비언어적 행동의 모순, 방어기제나 연막치기의 모순)에 대하여 주목하도록 하는 방법
해석	내담자가 과거의 생각과는 다른 새로운 참조체제(frame of reference) 또는 의미를 바탕으로 자신의 문제를 바라볼 수 있도록 돕는 것 → 재구조화

반영(reflection)	해석(interpretation)
부드러운 해석 또는 온화한 해석	강한 해석
상담의 초기에 사용	상담의 후기에 사용
표현되지 않은 내담자의 감정·태도에 대해 말하기	새로운 참조체계(frame of reference) 또는 시각 제공하기, 말과 행동의 의미 제공
대상은 내담자의 감정·태도 등	대상은 내담자의 방어기제·문제에 대한 생각·행동양식
내담자의 자기이해를 돕고 대화를 촉진하는 역할	문제를 해결하는 역할
인간 중심 상담이론의 기법	정신분석적 상담이론의 기법
말하지 않은 것을 추론해서 말하기	

제5절 상담이론

❶ 인지적 영역

(1) **지시적 상담이론(특성·요인이론)**: 윌리암슨과 다알리(Williamson & Darley)
  ① 특징: ㉠ 상담자 책임, ㉡ 진단 중시, ㉢ 비민주적 상담, ㉣ 상담의 과학화에 기여(심리검사 개발)
  ② 과정: 분석 ➡ 종합 ➡ 진단(診斷) ➡ 예진 ➡ 상담 ➡ 추수지도

(2) **합리적·정의적 상담이론(REBT이론)**: 엘리스(Ellis)
  ① 부적응: 인간은 합리적 존재 → 비합리적 신념이 부적응의 원인
  ② 상담: 비합리적(비현실적·부정적) 신념(예 당위적·경직된 사고, 지나친 과장, 자기 및 타인 비하)을 합리적(현실적·긍정적) 신념으로 변화 → ABCDE 기법

A(Activating event, 선행사태)	인간의 정서를 유발하는 어떤 사건이나 현상 예 시험 낙방, 실연, 직장 상사로부터의 질책
B (Belief, 신념)	A 때문에 나타나는 신념 → 부적응의 원인(인지) • 합리적인 신념(rB: rational Belief)일 경우: 적응 • 비합리적인 신념(irB: irrational Belief)일 경우: 부적응
C(Consequence, 결과)	irB 때문에 야기된 결과(부정적 정서나 행동) 예 죄책감, 분노, 두문불출하기
D (Dispute, 논박)	비합리적 신념에 대해 도전하기 위한 논박(論駁) → 상담자의 역할 (인지의 변화) 예 논리성(logicality), 현실성(reality), 실용성(utility)
E (Effect, 효과)	논박의 결과로 나타나는 상담의 효과 예 인지(합리적 신념체계 형성), 정서(바람직한 정서 획득), 행동(바람직한 행동 습득)

☑ 인지적 상담이론이나 상담기법은 인지·정서·행동의 종합적 접근을 함.

(3) **인지치료**: 벡(A. Beck)

역기능적 인지도식	현실 적응에 도움이 되지 않는 내담자의 기본적인 생각의 틀과 그 내용 → 부정적인 자동적 사고 활성화 및 인지적 오류 발생 원인
자동적 사고 (automatic thoughts)	어떤 사건에 당면하여 자동적으로 떠오르는 생각 → 스트레스를 유발하는 환경적 자극과 심리적 문제 간의 인지적 요소 예 인지삼제(cognitive triad) - 자신, 앞날, 세상에 대한 부정적 사고
인지적 오류 (cognitive errors)	어떤 경향이나 사건을 해석하는 과정에서 생기는 추론(판단)의 오류 예 흑백논리(이분법적 사고), 과잉 일반화, 선택적 추상화, 의미 확대 및 의미 축소, 임의적 추론, 사적인 것으로 받아들이기

제9장 생활지도와 상담

❷ 정의적 영역

(1) **정신분석적 상담이론**: 프로이트(S. Freud)
① 부적응: 유아기 때의 무의식적 동기와 욕구(id)의 억압이 부적응 초래
② 상담: 무의식에 억압되어 있는 갈등을 의식화 → 자아(ego) 기능을 강화
③ 상담방법: 최면요법, 자유연상, 꿈의 분석, 저항의 분석, 실수나 실언 및 유머의 분석, 전이(핵심), 훈습(working through, 전이의 확산), 해석

(2) **개인심리 상담이론**: 사회적 관심론 → 아들러(Adler)
① 부적응: 인간 행동은 본질적으로 열등감(ⓔ 기관 열등감, 심리적 열등감, 사회적 열등감)의 보상(우월성의 추구) → 부적응은 열등감 극복 과정에서 나타나는 잘못된 생활양식(life style ⓔ 지배형, 기생형, 도피형)
② 상담: 잘못된 비사회적 생활양식을 '사회적 유용형'으로 전환
   ⓔ 단추 누르기 기법, 스프에 침뱉기(깨끗한 양심에 먹칠하기), 마치 ~인 것처럼 행동하기(as if)
③ 핵심 개념

열등감 보상	모든 인간이 추구하는 본질적 경향성 → 완전 또는 완성을 향한 추진력
우월성의 추구	모든 인간이 문제에 직면했을 때 부족한 것은 보충하며, 낮은 것은 높이고, 미완성의 것은 완성하며, 무능한 것은 유능하게 만드는 경향성 → 권력의지(will to power)
생활양식	삶에 대한 개인의 기본적 지향이나 성격 → '사회적 관심'과 '활동수준'을 근거로 지배형, 기생형, 도피형, 사회적 유용형으로 구분
사회적 관심	개인이 사회의 일부라는 인식과 더불어 사회적 세계를 다루는 개인의 태도 → 타인의 눈으로 보고, 귀로 듣고, 가슴으로 느끼는 공감
창조적 자아	인간은 누구나 자신의 생활양식이나 생활목표를 창조하며, 이는 사회적 관심이나 지각, 기억, 상상, 꿈 등에도 영향을 미친다.
출생순위	출생순위와 가족 내의 위치에 대한 해석은 어른이 되었을 때 세상과 상호작용하는 방식에 큰 영향을 미친다.
허구적 최종 목적론	인간의 모든 심리현상은 가공적 목적이나 이상이 현실보다 효과적으로 움직인다. → 가공적 목적론

(3) **비지시적 상담이론**: 인간(고객)중심상담, 자아중심상담 → 로저스(Rogers)
① 인간관: 자아실현의 의지(실현경향성) 소유, 성선설(性善說)
② 부적응: 자아의 정의적 측면의 적응 문제
   ⓔ 외부적 기준과 내면적 욕구와의 괴리, 현실적 자기와 이상적 자기와의 괴리, 자기개념과 경험과의 괴리

③ 상담 목적: 내담자의 자아실현(자아통합) → '충분히 기능하는 인간'
   예 경험의 개방성, 실존적 삶, 유기체적 신뢰, 경험적 자유, 창조성
④ 특징: ㉠ 진단 단계 배제(민주적 상담), ㉡ 내담자 책임 중시, ㉢ 성장은 자아개념의 변화, ㉣ 상담자의 역할은 래포(rapport) 형성
⑤ 상담방법: ㉠ 진실성(일치성, 순수성), ㉡ 무조건적이고 긍정적인 존경(수용), ㉢ 공감적 이해

(4) **상호교류 분석이론**: 심리교류(의사거래)분석 → 번(Berne), 해리스(Harris)
① 인간행동의 동기: 생리적 욕구, 심리적 욕구[예 자극(stroke, 어루만짐)의 욕구, 구조의 욕구, 자세의 욕구]

긍정적 생활자세	자기 긍정 – 타인 긍정(I'm OK – You're OK)
부정적 생활자세	• 자기 긍정 – 타인 부정(우월감과 지배감) • 자기 부정 – 타인 긍정(열등감과 우울증) • 자기 부정 – 타인 부정(정신분열)

② 부적응: 어버이 자아(P 예 CP, NP), 어린이 자아(C 예 FC, AC), 어른 자아(A)가 한 틀에 고정될 때 발생
③ 상담목적: 자율성 성취 → PAC 자아의 조정 능력 발휘
④ 상담방법: ㉠ 계약, ㉡ 자아구조분석(egogram), ㉢ 상호교류분석(예 상보교류, 교차교류, 이면교류), ㉣ 게임분석(이면교류가 반복, 라켓감정 체험으로 종결, 예 생활게임, 범죄자 게임, 인생게임), ㉤ 생활각본분석(예 파괴적 각본, 평범한 각본, 성공 각본), ㉥ 재결단(생활각본의 변화를 통해 긍정적 생활자세를 형성)

상보교류	서로 기대한 응답이 오가는 대화관계, 상호신뢰가 높음. → 자극과 반응이 동일한 자아에서 이루어지는 의사 거래
교차교류	상대방이 예상 외의 반응을 보임으로써 언쟁, 갈등, 침묵, 불쾌, 거부감을 유발하고 대화단절로 이어질 수 있는 교류 → 자극을 주는 자아와 반응을 보이는 자아가 다른 의사 거래
이면교류 (암시교류)	겉으로는 합리적 대화이나 이면에 다른 동기나 진의(숨겨진 동기)를 감추고 있는 교류, 계속되면 정신적으로 문제 발생 → 의사거래하는 현실적 자아와 실제로 작용하는 자아가 다른 경우

(5) **실존주의 상담이론**: 프랭클과 메이(Frankl & May)
① 부적응: 인간 존재의 불안이나 고통(기대불안) → 실존적 불안(실존적 신경증)
② 상담: 인간 존재의 불안이나 고통의 '참된 의미(will to meaning)'를 찾아 자아실현 성취 → 증상에 대한 태도(attitude)를 중시

③ 상담기법 : ㉠ 의미요법(불안에 대한 긍정적 의미 부여), ㉡ 현존분석(불안에 대한 현상학적 태도 개선)
④ 기대불안에 대한 치료방법 : ㉠ 역설적 지향(역설적 의도), ㉡ 반성제거법, ㉢ 소크라테스 대화기법, ㉣ 태도수정기법

(6) **형태주의 상담이론** : 펄스(Perls)
① 부적응 : 현재 장면에서 형태(Gestalt)를 정확히 인식하지 못할 때 발생 → 미해결 과제가 형태의 올바른 인식(전체로서의 통합된 인식)을 방해
　　예 자이가닉 효과
② 상담목표 : 지금 여기(now & here)를 완전히 경험 → 개인의 성장
③ 상담기법 : 현재각성기법(알아차림 기법) → ㉠ 빈 의자 기법(empty chair), ㉡ 꿈작업, ㉢ 환상게임

(7) **현실치료적 상담이론** : 선택(통제)이론, 책임적 자아이론, 전행동이론 → 글래써(Glasser), 우볼딩(Wubbolding)
① 인간행동의 동기 : 현재 욕구 → 정신분석 및 행동주의의 결정론 부정
② 부적응 : 비효율적인 삶의 통제 → 효율적으로 '자신의 욕구'를 충족시킬 수 없는 사람
③ 상담 : 비효율적인 삶의 통제자를 보다 효율적인 삶의 통제자가 될 수 있도록 조력하는 과정 → 성공적인 정체감을 계발하여 궁극적인 자율성을 획득
④ 상담의 절차(WDEP)

❶ 바람(Wants)	내담자가 자신의 현재 욕구(예 생존의 욕구, 소속의 욕구, 힘의 욕구, 즐거움의 욕구, 자유의 욕구)를 탐색하기
❷ 지시와 행동 (Direction & Doing)	욕구충족을 위한 내담자의 현재 행동에 초점 맞추기 → 모든 행동 중 통제 가능한 생각(thinking)과 활동(acting)에 주목하기
❸ 평가(Evaluation)	내담자로 하여금 자신의 행동을 3R(현실성, 책임성, 공정성)을 기준으로 평가해 보도록 하기
❹ 계획과 활동 (Planning)	내담자가 자신의 실패행동을 성공적으로 바꾸는 구체적인 계획을 수립하여 활동하기

⑤ 상담기법

❶ 숙련된 질문하기(ask)	상담의 진행 단계(WDEP)에 맞는 적절한 질문하기
❷ 적절한 유머(humor)	내담자의 긴장을 풀어주고 친근한 관계 형성하기 → 내담자의 상황이 생각보다 심각하지 않음을 깨닫게 하는 효과
❸ 토의와 논쟁(discussion & argumentation)	내담자의 욕구 충족 등 그 대답이 비현실적이거나 합리적이지 못할 때 내담자와 토의 또는 논쟁을 함.

❹ 직면(confrontation, 맞닥뜨림)	질문, 토의 또는 논쟁 중 변명 등 내담자의 모순성이 보일 때 사용 → 내담자의 책임 있는 행동을 촉구함.
❺ 역설적 기법(paradox)	내담자가 전혀 기대하지 않았던 방법으로 내담자를 대하기 → 자기 자신이나 문제를 새롭게 보도록 하는 충격기법

❸ 행동적 영역

(1) **상호제지이론**: 역조건화이론 → 웰페(Wölpe)

① 파블로프(Pavlov)의 고전적 조건화 이론에 기초
② 학습된 부적응 행동(예 불안, 공포)을 제지할 수 있는 다른 이완 행동을 통해 약화
③ **상담기법**: ㉠ 주장적 훈련, ㉡ 체계적 둔감법(불안유발자극과 긴장이완을 연합, 불안위계목록 작성 – 이완훈련 – 상상을 통한 단계적 이완)

(2) **행동수정이론**: 크럼볼츠(Krumboltz)

① 스키너(Skinner)의 작동적 조건화와 반두라(Banbura)의 사회인지이론에 기초
② 학습된 나쁜 습관(예 지각, 도벽, 거짓말)을 강화와 벌, 모델링(modeling)을 이용한 행동수정기법을 통해 문제 해결

❹ 해결중심 단기상담

(1) **개념**

① 정신분석상담 등 장기상담과는 달리 25회 이내에 종결하는 상담
② 해결 중심 패러다임: ㉠ 문제원인 규명보다 내담자의 자원(예 강점, 성공경험, 예외상황)을 활용, ㉡ 해결방법에 중점

(2) **상담 목표**: ① 내담자(예 방문형, 불평형, 고객형)가 호소하는 문제 해결, ② 내담자의 문제 대처 기술능력 함양(파급효과) → 내담자를 '고객형'으로 변화시킴.

(3) **상담기법**: ① 구체적 목표 설정, ② 질문하기

면접 전 질문	상담 전 변화가 있는 경우 내담자의 해결능력을 인정·강화하고, 확대할 수 있도록 격려하는 기법
대처질문	문제 이야기에서 해결 이야기를 하도록 돕는 기법 → 내담자가 문제를 극복할 수 있는 힘을 환기시켜 줌.
예외질문	과거 생활에서 예외상황(문제가 발생할 것이라고 기대하였으나 문제가 발생하지 않은 상황)을 묻는 질문 → 예외상황이 해결책을 구축하는 실마리가 됨.
기적질문	문제와 떨어져 해결책(기적)을 상상하게 하는 기법

관계질문	기적이 일어난 후의 학생 주변에 일어난 변화에 관한 질문
척도질문	학생 자신의 관찰, 인상, 그리고 예측에 관한 것들을 1에서 10점까지의 수치로 측정하도록 하는 것 → 문제해결에 대한 태도를 정확히 파악
악몽질문	상황의 악화를 통해 해결의지를 부각함. → 부정적 질문

제6절 비행이론

❶ 비행(非行)의 개념

(1) 비행이란 법률적·관습적 규범에 위배되는 행동

(2) **사회적 정의**: 행위의 본질적인 내용이 아니라 그 행위에 대한 타인의 반응과 정의 → 낙인이론의 접근방법

❷ 비행발생이론

(1) **개인적 접근**

생물학적 이론	① 두개골과 체격의 유전(Lombroso), ② 중배엽(근육질)의 신체유형(Sheldon)
심리학적 이론	① 정신분석이론(성적 본능의 억압), ② 성격이론(공격성, 충동성 등), ③ 좌절-공격이론, ④ 정신병질적 이론, ⑤ 합리적 선택이론(비행 이익 > 비행 손해)

(2) **사회학적 접근**

거시적 접근	아노미이론 (긴장이론)	• 문화목표와 제도화된 수단과의 괴리에서 비행 발생 • 관습형(비굴한 동조형), 개혁형, 도피형, 반발형이 비행을 유발	머튼 (Merton)
미시적 접근	사회통제 이론	• 왜 비행을 저지르지 않는가에 관심 • 비행 성향을 통제해 줄 수 있는 개인에 대한 사회적 억제력이나 통제(ⓔ 애착, 전념, 참여, 신념)가 약화될 때 비행 발생	허쉬 (Hirschi)
	중화이론	사회통제 무력화(ⓔ 편류) 이론 → 비행 청소년들은 자신의 비행을 정당화하는 중화기술(ⓔ 책임의 부정, 가해의 부정, 피해자의 부정, 비난자의 비난, 충성심에의 호소)을 통해 죄의식 없이 비행 유발	사이키와 마짜 (Sykes & Matza)

차별접촉 (교제)이론	• 모든 범죄나 비행은 타인, 특히 친밀한 개인적 집단 내에서의 상호작용을 통해 학습 → 상호작용이론 • 차별 교제는 빈도, 우선성, (동일시)강도, 지속 기간에 따라 다름		서덜랜드 (Sutherland)
낙인(烙印) 이론	• 상징적 상호작용이론에 기초한 이론 → 타인이 자기 자신을 비행자로 낙인찍은 데서 크게 영향을 받아 비행 발생 • 낙인과정: 모색(추측)단계 ➡ 명료화(정교화)단계 ➡ 공고화(습관화)단계		르마트와 베커 (Lemert & Becker)

제7절 진로교육이론

❶ 진로교육 단계: 학교급별 중점 내용

진로인식(초) ➡ 진로탐색(중) ➡ 진로준비 및 설계(고) ➡ 전문화(대)

❷ 진로발달이론

(1) **구조적 접근**: 진로선택을 1회적 과정으로 파악

① 파슨즈(Parsons)의 특성이론: 진로선택은 개인의 특성(예 흥미, 적성)과 직업환경과의 결합

② 로우(Roe)의 욕구이론

  ㉠ 진로선택은 개인의 욕구와 맞는 직업의 선택과정

  ㉡ 욕구는 '초기의 가정환경'인 가정에서의 부모와의 상호작용, 즉 부모의 양육방식(예 인간지향적인 양육, 비인간지향적인 양육)을 통해 형성

    ❶ 인간지향적 양육(예 애정형, 과보호형, 정서집중형, 요구과잉형) ➡ 인간지향적 성격 형성 ➡ 인간지향적 직업 선택(예 서비스직, 비즈니스직, 단체직, 일반문화직, 예능직)

    ❷ 비인간지향적 양육(예 무관심형, 방임형, 거부형) ➡ 비인간지향적 성격 형성 ➡ 비인간지향적 직업 선택(예 기술직, 옥외활동직, 과학직)

  ㉢ 의의: 새로운 직업분류 체계 개발 → 직업선호도검사, 직업명 사전 개발에 영향을 줌.

③ 블라우(Blau)의 사회학적 이론: 가정, 학교, 지역사회 등의 사회문화적 요인이 개인의 직업선택에 큰 영향을 미친다.

④ 홀랜드(Holland)의 인성이론 : RIASEC 6각형 모델

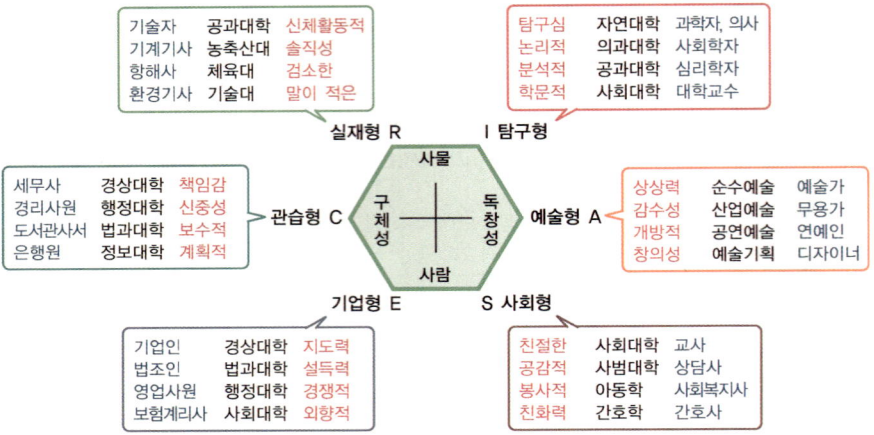

☑ **직업환경 간의 상관 정도** : R−I, I−A, A−S, S−E, E−C, C−R은 고상관, I−E, R−S, E−I, C−A는 저상관, R−A, I−C, I−S, A−E, S−C, E−R은 중상관임.

㉠ 개인의 직업선택은 자신의 성격 특성과 환경 특성과의 상호작용에 의해 결정
㉡ 성격 및 직업환경 유형 : 홀랜드 흥미검사(사람과 사물, 구체성과 독창성) 결과로 유형화

직업환경	성격특성과 직업적응 방향
현실적(실재형) (Realistic)	운동신경이 잘 발달되었으며, 손을 사용하거나 체력을 필요로 하는 활동을 선호하며 객관적이고 구체적인 과제를 즐긴다.
지적(탐구형) (Investigate)	과업 지향적이고 신중하며 추상적인 일을 즐긴다. 학구적이고 과학적인 영역에서 탁월한 경향이 있다.
심미적(예술형) (Artistic)	내향적이고 비사교적이며 민감하고 충동적이다. 언어적이고 예술적인 영역에서 탁월하며 창의적이고 독창적인 경향이 있다.
사회적(사교형) (Social)	언어 능력과 대인관계 기술이 뛰어나고 다른 사람들과 함께 일하고 또 다른 사람들을 돕는 것을 즐긴다. 사회 지향적이고, 명랑하다.
설득적(기업형) (Enterprising)	남성적인 면이 강하고 타인을 지배하거나 설득하는 능력이 뛰어나다. 비교적 외향적이며, 권력이나 지위 등에 관심이 많다.
전통적(관습형) (Conventional)	틀에 박힌 활동을 좋아하고 법률이나 규칙을 잘 지킨다. 보수적·순응적·사회적인 성향이 있으며, 계산적이고 사무적인 직업을 즐긴다.

ⓒ 4가지 기본 가정

> 1. 인간의 성격유형은 RIASEC 6가지 흥미유형(성격유형) 중 하나로 분류된다.
> 2. 인간의 생활환경(직업환경)도 RIASEC 6가지 모형이 존재한다.
> 3. 인간은 자신의 흥미유형에 맞는 직업환경을 추구한다.
> 4. 개인의 행동은 개인의 흥미(성격)와 환경의 상호작용에 의해 결정된다.

ⓔ 5가지 부가적 개념

일치성(congruence)	개인의 성격과 직업환경 간의 관계(적합성 정도) → 성격유형과 환경유형이 일치할 때 이상적임.
변별성(differentiation)	흥미유형(직업환경)의 뚜렷한 정도 → 차별성
일관성(consistency)	육각형 모형상 두 성격유형 간의 근접성 → 각 성격유형의 공통점과 차이점
정체성(identity)	개인이 지닌 현재와 미래의 목표·흥미·재능의 안정성과 명확성 → 일관성의 목표 달성시 정체성 형성
수리적 계산(계측성)	육각형 모형에서 흥미유형들 간의 거리 예 R과 I는 고상관, R과 S는 저상관

(2) **과정이론**: 크롬볼츠(Krumboltz)의 사회학습이론

① 개인의 진로결정은 학습된 기술
② 진로결정에 영향을 미치는 요인들, 즉 유전적 요인과 특수능력, 환경적 조건과 사건, 학습경험 등의 상호작용을 중시

유전적 요인과 특별한 능력	개인의 진로기회를 제한하는 타고난 특질 예 인종, 성별, 신체적인 모습과 특징, 지능, 예술적 재능
환경적 조건과 사건	기술개발, 활동, 진로선호 등에 영향을 미치는 환경에서의 특정한 사건 예 우연하게 얻은 취업의 기회, 아버지의 빚보증
학습경험	도구적 학습경험(Skinner)과 연상적 학습경험(Pavlov)을 모두 포함
과제접근기술 (task approach skills)	개인이 어떤 과제를 성취하기 위해 동원하는 기술 → 위 세 가지 요인(유전적 요인, 환경적 조건과 사건, 학습경험)의 상호작용의 결과로 습득 예 수행에 대한 기대, 작업 습관, 문제해결기술, 정보수집능력, 인지적 과정, 감성적 반응 등

(3) **발달론적 접근**: 진로선택을 생애의 전 과정에 걸친 과정으로 파악
  ① 진즈버그(Ginzberg)
    ㉠ 직업선택은 개인의 주관적 요소(예 흥미, 능력, 가치관 등)와 현실 세계와의 '타협'의 결과: 발달단계 초기에는 주관적 요인에 의해 좌우되나, 나중에는 주관적 요인들과 외부적 조건의 타협의 결과로 이루어짐.
    ㉡ 환상기 ➡ 잠정기 ➡ 현실기 등 3단계로 발달
  ② 수퍼(Super)
    ㉠ 자아개념을 중시: 직업발달의 과정은 자아개념의 실현 과정 → '선택과 타협'을 중시
    ㉡ 성장기, 탐색기, 확립기, 유지기, 쇠퇴기 등 5단계로 발달 → 진로 생애 무지개(life rainbow)
  ③ 타이드만과 오하라(D. Tiedeman & R. O'Hara)의 진로발달이론(1963)
    ㉠ 에릭슨(E. Erikson)의 영향: 자아정체감(self-identity)의 발달과 함께 진로관련 의사결정이 성장함. → 진로발달은 개인이 일에 직면했을 때 분화와 통합을 통한 직업정체감(vocational identity) 형성과정

분화	다양한 직업을 구체적으로 학습함으로써 자아가 발달되는 복잡한 과정
통합	개인이 사회(직업분야)의 일원으로서 직업세계로 통합되어 가는 과정

    ㉡ 직업발달은 직업 자아정체감을 형성해 나가는 계속적 과정이며, 직업 자아정체감은 의사결정을 되풀이하는 과정에서 성숙된다.
    ㉢ 개인이 직면한 직업 문제에 대한 의사결정과정을 예상기와 실천기로 구분

예상기(anticipation, 전직업기)	• 개인이 직업세계로의 준비를 하고 의사결정을 하는 시기 • 과정: 탐색기 - 구체화기 - 선택기 - 명료화기
실천기 (implementation)	• 개인의 요구와 직업사회의 요구를 일치시켜 나가는 시기 • 과정: 순응기 - 개혁(재형성)기 - 통합기

CHAPTER 10

교육평가

제1절 교육평가 모형
제2절 교육평가 유형
제3절 평가의 오류
제4절 평가도구의 양호도
제5절 검사 문항 제작
제6절 문항의 통계적 분석(문항분석)

Chapter 10 교육평가

필수체크 Top point

1. **교육평가의 모형**: 목표 중심 모형(Tyler), 가치판단 모형(Scriven, Stake, Eisner), 의사결정 모형(Stufflebeam, Alkin)
2. **교육평가의 유형**
   ① 평가기준에 따른 유형: 규준참조평가, 준거참조평가, 자기참조평가(성장참조평가, 능력참조평가)
   ② 평가기능에 따른 유형: 진단평가, 형성평가, 총괄평가
   ③ 평가전통에 따른 유형: 수행평가(performance assessment)
3. **평가도구**: 타당도, 신뢰도, 객관도, 실용도
   ① 타당도: 내용타당도, 준거타당도(공인타당도, 예언타당도), 구인타당도
   ② 신뢰도: 재검사 신뢰도, 동형검사 신뢰도, 내적 일관성 신뢰도(반분 신뢰도, 문항 내적 합치도)
4. **문항분석**
   ① 고전검사이론: 문항난이도, 문항변별도, 문항반응분포
   ② 문항반응이론: 문항특징곡선(S자형) → 문항난이도, 문항변별도, 문항추측도

제1절 교육평가 모형

❶ 가치중립모형: 목표중심모형

(1) **타일러(Tyler)의 목표달성모형**: 총괄평가

① 평가는 설정된 행동목표(이원목표 분류)와 학생의 실제 성취수준을 비교하는 활동

② 장점과 단점

장점	단점
• 교육평가를 하나의 독립된 학문영역으로 발전시킴. • 명확한 평가기준(교육목표)을 제시함. • 교육과정과 평가의 논리적 일관성을 유지함. • 교사들이나 교육 프로그램 개발자들에게 책무성을 가지도록 자극함. • 평가를 통해 교육목표의 실현 정도를 파악함. • 교육과정과 평가를 연계시킴.	• 행동 용어로 진술하기 어려운 교육목표(예 정의적 영역)에 대한 평가가 곤란 • 의도하지 않은 부수적 교육효과 평가가 불가능 • 교육성과에만 관심을 가지므로 본질적인 교육과정의 개선에 한계가 있음. • 기술적 합리성만을 중시함으로써 교육의 정치·사회적 역할이나 윤리·도덕적 역할과 같은 복합적 측면 평가가 불가능

(2) **해몬드(Hammond)의 EPIC 모형(3차원 입방체 모형)**: 행동(교육목표, 3), 수업 (5), 기관 변인(6) 등 90개의 평가요인
  ① 교육평가: 교육목표 달성 & 교육 프로그램의 효율성 평가
  ② 평가변인: 행동(교육목표, 예 인지, 정의, 심리운동영역) × 수업(예 조직, 내용, 방법, 시설, 비용) × 기관(예 학생, 교사, 관리자, 교육전문가, 학부모, 지역사회) 등 90개 요인

❷ **가치판단모형**: 탈목표 평가모형 → 소비자중심 평가에 영향
(1) **스크리븐(Scriven)의 탈목표모형**: 형성평가
  ① 평가는 프로그램(교수−학습방법)의 가치를 판단하는 과정: ㉠ 평가자는 판단자, ㉡ 가치는 의도적 효과와 부수적(의도하지 않은) 효과를 모두 포함, ㉢ 평가목표는 교육 프로그램의 개선 → 부수효과 확인을 위해 교육목표 대신 표적집단의 요구를 평가의 준거로 활용(요구 근거 평가)
  ② 평가의 기능: ㉠ 총괄평가(최종 결과 확인 → 외부인들에 의한 평가), ㉡ 형성평가(프로그램 개선에 관심 → 내부인들에 의한 평가)
  ③ 평가방법
    ㉠ 비교평가(다른 프로그램과 비교)와 비비교평가(프로그램 자체의 속성에 의한 평가)
    ㉡ 목표 중심 평가(의도된 목표 달성 여부 평가)와 탈목표 중심 평가(목표 이외의 부수적 결과 평가)
    ㉢ 내재적 준거(프로그램 자체 속성)에 의한 평가와 외재적 준거(실제 운영상황, 효과 등 프로그램의 기능적 속성)에 의한 평가
(2) **스테이크(Stake)의 안면모형**: 종합실상평가
  ① 평가: 교육 프로그램의 여러 측면에 대한 기술 및 가치판단
  ② 평가 대상: ㉠ 교육 프로그램의 선행요건(진단평가 예 학생·교사의 특성, 교육과정, 학교시설), ㉡ 실행요인(형성평가 예 설명, 질의, 토론), ㉢ 성과요인(총괄평가 예 학생, 교사, 학부모, 학교, 지역사회에 미친 영향)
  ③ 참여자중심 평가의 한 유형인 반응적 평가(responsive evaluation) 제안: 프로그램 관련 인사들의 정보 요구에 부응하기 위해 다양한 가치관점을 고려하는 질적 평가

(3) **아이즈너(Eisner)의 예술적 평가 모형**: 비평적 평가
① 공학적 모형(Tyler)의 대안으로 평가를 예술작품을 감정하는 전문가의 활동에 비유: 교육적 대상의 질(質)의 가치를 판단하는 일
② 구성 요소: 교육적 감식안(심미안, 감정술)과 교육비평으로 구성
  ㉠ 교육적 감식안(심미안): 학생들의 수행행동의 미묘한 차이를 구별할 수 있는 전문가의 주관적 능력
  ㉡ 교육비평: 심미안을 객관적으로 표현, 즉 미묘한 차이를 비전문가가 이해할 수 있도록 언어로 표현하는 공적인 능력 → 일반인의 이해를 돕는 과정으로 기술, 해석, 평가로 구성됨.

❸ **의사결정모형**: 경영적 접근모형

(1) 평가는 교육과 관련된 의사결정자에게 정보를 제공하여 의사결정 과정을 돕는 일:
① 평가자(교사; 평가 정보 제공자)와 의사결정자(학교장)를 구분, ② 경영적 접근, ③ 총평관 중시

(2) **스터플빔(Stufflebeam)의 CIPP 평가모형**

의사결정 상황	의사결정 유형	평가 유형	특징
전면 개혁 상황	계획된 의사결정 (planning decisions)	상황평가(맥락평가, 요구평가, context evaluation)	목표 확인과 선정하기 위한 의사결정 ◎ 체제분석, 조사, 문헌연구, 면접, 진단검사, 델파이 기법 등
현상 유지 상황	구조적 의사결정 (structuring decisions)	투입평가(input evaluation) → 의도된 교육과정 평가 상황	선정된 목표의 달성에 적합한 전략과 절차의 설계
점진적 개혁 상황	수행적 의사결정 (implementing decisions)	과정평가(process evaluation) → 전개된 교육과정 평가 상황	수립된 설계와 전략을 실행하기 위한 의사결정 ◎ 참여관찰, 토의, 설문조사
혁신적 변화 상황	재순환적 의사결정 (recycling decisions)	산출평가(product evaluation)	목표 달성 정도의 판단, 프로그램 계속 여부 결정

(3) **앨킨(Alkin)의 평가모형(CSE 모형)**
① 스터플빔(Stufflebeam)의 CIPP 모형을 보완: P(과정평가)를 프로그램 실행평가와 프로그램 개선 평가로 구분
② 평가 과정: ❶ 체제사정평가(요구평가) ➡ ❷ 프로그램 계획평가 ➡ ❸ 프로그램 실행평가 ➡ ❹ 프로그램 개선평가 ➡ ❺ 프로그램 승인평가(결과평가)

제2절 교육평가 유형

❶ 평가기준에 따른 분류

(1) **상대평가와 절대평가**

구분	상대평가(규준지향/참조평가)	절대평가(준거지향/참조평가)
평가기준	상대적 순위(집단의 평균과 편차)	준거(절대기준, 교육목표)
교육관	선발적 교육관(선발·분류 중시)	발달적 교육관(성장·발달 중시)
평가관	측정관	평가관
평가목적	개인차 변별(상대적 비교, 서열화)	교육목표(도착점행동) 달성도 판단
원점수에 대한 태도	원점수보다 규준점수(예 석차점수, 백분위점수, 표준점수) 중시	원점수 그 자체를 중시
검사 기록	규준점수	원점수와 준거점수
평가책임	학습자	교사
평가기능	행정적 기능	교수적 기능
강조 동기	외재적 동기(경쟁)	내재적 동기(성취감, 지적 호기심)
적용 사례	입학시험, 심리검사(예 표준화 지능검사, 적성검사, 학력고사)	각종 자격시험, 초등학교 저학년 평가, 학습위계가 뚜렷한 과목(예 수학, 과학)의 평가, 형성평가
지향분포	정상분포곡선	부적편포곡선(좌경 분포)
검사양호도	신뢰도 강조	타당도 강조
문항난이도	다양한 수준(쉬운 문항과 어려운 문항)	적절한 수준
기본가정	개인차 극복 불가능	개인차 극복 가능
일반화 가능성	검사결과를 다른 집단으로 일반화할 수 없음.	검사결과를 전집 영역으로 일반화할 수 있음.
장점	• 개인차 변별 • 집단 내 상대적 위치 파악 • 객관적 평가(교사의 주관적 편견 배제) • 외재적 동기 유발 • 통계적 처리 용이	• 교육의 질적 향상 도모 • 교수-학습 개선에 공헌 • 내재적 동기 유발 • 진정한 의미의 학습효과 측정 가능 • 협동학습 가능 • 인간 능력에 대한 신념 • 학생의 정신위생에 공헌
단점	• 타 집단과의 비교가 불가능 → 표준화 검사 또는 규준점수 활용 극복 • 교육목표 도달 여부를 판단할 수 없음. • 지나친 경쟁으로 인한 정서적 부작용과 비인간화 초래 • 교수-학습 개선 효과가 없음. • 진정한 의미의 학습효과 비교할 수 없어 교육의 질 저하	• 개인차 변별 곤란 • 절대적 기준 설정이 어려움. • 부적 편포 지향으로 통계적 활용이 어려움. • 최저 수준의 목표만 요구 • 설정된 목표 이외의 학습활동이나 결과는 무시

(2) **자기참조평가**: 성장참조평가와 능력참조평가

구분	성장참조평가	능력참조평가
개념	교육과정을 통하여 '얼마나 성장하였느냐'(초기능력 수준에 비하여 얼마만큼 능력의 향상을 보였느냐)에 관심을 두는 평가	학생이 지니고 있는 능력에 비추어 얼마나 최선을 다했느냐, 얼마나 능력을 발휘하였느냐에 관심을 두는 평가
강조점	능력의 변화 정도, 성장 정도	최대능력의 발휘 정도, 노력 정도
교육관	개별학습	개별학습
평가준거	개인의 성장 및 변화의 정도	개인의 수행 정도와 고유 능력
장점	학습향상, 교수적 기능 강조	최대능력 발휘, 교수적 기능 강조

❷ 평가시기 · 목적 · 기능에 따른 분류

구분	평가의 유형		
	진단평가	형성평가	총괄(종합)평가
평가 시기	교수-학습활동이 시작되기 전 또는 학습의 초기 단계에 학생의 수준과 특성을 확인하는 평가	교수-학습활동 진행 중 학생의 학습목표 도달도를 확인하는 평가	교수-학습활동이 끝난 후 학생의 학습성취도(교수목표 달성 여부)를 종합적으로 확인하는 평가
기능	• 선행학습의 결손진단 · 교정 • 출발점 행동의 진단 • 학습 실패의 교육외적 원인(장기적 원인) 파악 • 학생기초자료에 맞는 교수전략 구안 • 교수의 중복 회피	• 학습 진행 속도 조절 • 보상으로 학습동기 유발 • 학습 곤란의 진단 및 교정(학습 실패의 교육 내적 · 단기적 원인 파악) • 교수-학습 지도방법 개선	• 학생의 성적 판정 및 자격 부여 → 고부담 평가로 인식되기도 함. • 학생의 장래 학업성적 예언 • 집단 간 학업효과 비교 • 학습지도의 장기적 질 관리에 도움
목적	학생의 특성 파악, 출발점 행동 진단, 수업방법 선정	교수-학습 지도 방법 개선	학업성취도(성적) 결정
대상	학습준비도(선행학습 및 기초능력 전반)	수업의 일부	수업의 결과
방법	상대평가+절대평가	절대평가	상대평가+절대평가
시간		10~15분	40~50분
평가 중점	지적+정의적+심리운동적 영역	지적 영역	지적+(정의적+심리운동적 영역)
검사 형태	표준화 학력검사, 표준화 진단검사, 교사제작검사 도구(관찰법, 체크리스트)	학습목적에 맞게 교사가 고안한 형성평가 검사(쪽지시험, 구두 문답)	교사제작검사(중간고사, 학기말 고사), 표준화 학력검사

❸ 평가전통에 따른 분류: 수행평가(performance assessment)

(1) **개념**: 학생 스스로가 자기 지식이나 기능을 나타낼 수 있도록 요구하는 평가
   → 실기평가에서 비롯
   cf) 주관적 평가, 대안평가, 직접평가, 질적인 평가, 포트폴리오 평가

(2) **필요성**
   ① 고등정신능력 함양
   ② 아는 것과 행하는 것의 차이 강조
   ③ 새로운 지식관에 부응(상대적 진리관, 구성주의 학습, 포스트모더니즘 영향)

(3) **평가방법**: 서술형검사, 논술형 검사, 구술시험, 찬반토론법, 면접법, 연구보고서, 실기시험, 실험실습, 관찰법, 포트폴리오(개인별 작품집) → 객관식 선택형 지필평가, 표준화 검사는 제외

(4) **특징**

> 1. 정답을 구성하게 하는 평가
> 2. 실제 상황에서의 수행(달성)능력평가
> 3. 결과와 과정을 모두 중시
> 4. 종합적·지속적 평가
> 5. 개인과 집단평가
> 6. 학생의 개별학습 촉진
> 7. 전인적인 평가
> 8. 고등사고능력(cf 적용력, 분석력, 종합력, 평가력)의 측정
> 9. 수업과 평가의 통합(일체화)
> 10. 학생의 자율성 신장
> 11. 복합적인 채점준거 활용 및 평가기준의 공유
> 12. 평가과제를 수행하는 데 상당한 정도의 시간 허용
> 13. 다양한 평가방법(특히, 비표준화된 평가방법)을 융통성 있게 활용
> 14. 주관적 평가

(5) **장점과 단점**

장점	단점
• 평가영역의 확대(지식 위주에서 전인 평가로) • 평가과정에서 학생들의 다양성을 고려 • 평가와 교수-학습이 통합된 형태로 운영 • 평가의 타당도 확보(교육목표의 실제 상황에서의 달성 여부를 확인 가능)	• 비용이나 시간이 많이 소요(실용도 낮음) • 대규모 실시의 어려움. • 채점의 신뢰도 및 객관도 확보가 어려움 (내적 일치도 부족, 평정자 오류 가능성).

(6) **수행평가의 평가기준**: 루브릭(rubric)
   ① 개념: 학생의 수행 수준을 기술적으로 진술해 놓은 평가방법, 학습자가 수행 결과물의 수준을 판단하기 위하여 수행평가에서 사용되는 평가척도
   ② 특징: ㉠ 준거참조적 평가, ㉡ 학생 수행의 질적 정보 제공

❹ 기타 평가

(1) **메타 평가(Meta evaluation)**: 평가(방법)에 대한 평가 → 평가방법의 개선을 목적으로 실시

(2) **정적 평가와 역동적 평가**: 교사와 학생의 상호작용 여부에 따른 구분
   ① 정적 평가(Static assessment)
      ㉠ 전통적 평가, 학생의 완료된 발달 정도를 평가
      ㉡ 평가자(교사)와 학생 간의 표준적인 상호작용을 제외하고는 거의 상호작용 없이 이루어지는 평가
      ㉢ 피아제(Piaget)의 인지발달단계 이론에 기초하여 전개된 평가
   ② 역동적 평가(dynamic assessment)
      ㉠ 평가자(교사)와 학생 간의 역동적 상호작용을 중시하는 평가
      ㉡ 진행 중인 학생의 발달과정을 이해함으로써 미래에 나타날 발달 가능성을 평가
      ㉢ 비고츠키(Vygotsky)의 '근접발달영역(ZPD)' 이론에 기초하여 전개된 평가
      ㉣ 평가방법: ❶ 표준적 접근(일반적 힌트부터 구체적 힌트까지 객관적 방법 활용-), ❷ 임상적 접근(일대일 관찰 활용-)

(3) **정의적 평가**
   ① 중요성: ㉠ 전인교육의 이상 실현, ㉡ 학습 동기 부여, ㉢ 교육 프로그램 개선을 위한 의사결정 과정에 필요한 정보 제공
   ② 평가방법: 관찰법, 면접법, 사회성측정법(동료평가), 자기보고방법(자기평가)
   ③ 평가 시 고려사항: ㉠ 행동이 발생하는 환경적 조건과 결부시켜 평가, ㉡ 행동의 평가는 바람직한 행동을 발전시키고 잘못된 행동은 수정함을 전제로 진행, ㉢ 평가영역에 따라 적절한 평가방법을 선택, ㉣ 행동 평가시 선입견 배제
   ④ 문제점: ㉠ 정의적 교육목표의 행동적 정의는 개념적 모호성을 지님, ㉡ 아는 것과 행하는 것은 반드시 1 대 1의 관계를 갖는 것은 아님, ㉢ 관찰된 학생 행동이 의도한 교수목표 달성의 증거로 받아들이기가 어려운 경우가 있음.

(4) 과정중심 평가(process-centered evaluation)

① 개념 : 학습의 결과가 아닌 수업 중 학생의 배움 과정을 다양한 방법으로 평가하는 방식
② 특징 : ㉠ 교과 성취기준* 기반 평가(예 절대평가), ㉡ 수업 중 평가(예 형성평가), ㉢ 수행 과정 평가(예 수행평가), ㉣ 전인적·종합적 평가(지식, 기능, 태도), ㉤ 다양한 평가방법 활용, ㉥ 학생 성장·발달 과정 평가(예 자기참조평가)

- ☑ 성취기준(achievement standards) : 학생들이 배워야 할 교과내용과 수업 후 기대되는 행동(능력)을 결합하여 나타낸 활동의 기준
- ☑ 상대평가와 총괄평가, 표준화검사는 과정중심 평가에서 제외됨.

제3절 평가의 오류

집중경향의 오류	평가의 결과(점수)가 중간부분에 모이는 경향
인상의 오류 (후광효과, 연쇄오류)	• 하나의 특성(피평가자의 인상)이 관련이 없는 다른 특성(평가특성)에 영향을 미치는 오류 • 선입견에 따른 오차 → 평가요소보다 피평가자의 인상에 의해 평가하는 데서 발생 • 관대의 오류(점수를 좋게 줌)와 엄격의 오류(점수를 나쁘게 줌)
대비의 오류	• 어떤 평가특성을 평가자 자신의 특성과 비교하여 평가하는 오류 • 평가자가 지닌 특성이 평가에 영향을 미치는 데서 발생
논리적 오류	• 논리적으로 전혀 관계가 없는 두 가지 행동특성(예 필기능력과 실기능력)을 관련이 있는 것으로 판단하여 평가하는 오류 • 평가자가 평가특성을 모를 때 발생
근접의 오류	• 비교적 유사한 항목들이 시간적으로나 공간적으로 가까이 있을 때 비슷하게 평가하는 오류 • 누가적 관찰기록에 의하지 않고 학년말에 급하게 평가할 때 발생
무관심의 오류	평가자가 피평가자의 행동을 면밀하게 관찰하지 못할 때 발생하는 오류
의도적 오류	특정 학생에게 특정한 상을 주기 위해 관찰결과와 다르게 과장하여 평가하는 오류
표준의 오류	• 점수를 주는 표준이 평가자마다 다른 데서 기인하는 오류 • 평가기준을 구체적으로 명시함으로써 오류를 줄일 수 있음.

- ☑ 개인 편향성 오류 : 집중경향의 오류, 인상의 오류(관대의 오류, 엄격의 오류)

제4절 평가도구의 양호도

	타당도(validity)	신뢰도(reliability)	객관도(objectivity)	실용도(usability)
개념	하나의 검사가 본래 측정하려는 내용을 얼마나 충실하게 측정하고 있는가의 정도 → what의 문제	한 검사에서 얻어진 점수를 얼마나 믿을 수 있느냐 하는 정도 → How의 문제	검사자에 따른 검사점수의 일관성의 정도	하나의 검사가 문항제작, 평가실시, 채점상의 비용, 시간, 노력 등을 최소화하고 소기의 목적을 달성할 수 있는 정도
특징	• 검사의 진실성 (정직성) • 준거 개념이 수반 • 검사의 가장 중요 조건	• 검사(측정점수)의 정확성, 일관성, 항상성 → 피험자 반응에 초점 • 측정오차의 문제	• 검사자의 객관성 → 검사자 반응에 초점 • 신뢰도에 가까운 개념	• 검사의 경제성 • 타당도에 가까운 개념
종류	• 내용타당도(증거) • **준거타당도**: 예언타당도, 공인타당도 • 구인타당도 • 결과타당도 • 체제적 타당도	1. 측정의 표준오차에 의한 방법 2. 두 검사의 상관계수에 의한 방법 • 재검사 신뢰도 • 동형검사 신뢰도 • **내적 일관성 신뢰도**: 반분신뢰도, 문항내적 합치도	• 채점자 내 신뢰도 • 채점자 간 신뢰도	

❶ 타당도(validity)

무엇(What)을 측정하려는 것이냐는 정도 → 측정대상의 진실성·정직성, 준거 개념이 수반

(1) **내용 타당도**: 논리적(내적 준거) 타당도, 목표 타당도, 교과타당도, 표집타당도, 주관적(전문가) 타당도
  ① 평가내용은 전체 내용의 표본
  ② 전문가의 주관적 경험이나 이원목표분류표를 활용하여 판단: 통계적 절차나 실제 학생 점수 ×
  ③ 학업성취도 검사(학력검사)나 절대평가문항 개발에 적용
      ☑ 안면 타당도(face validity)는 피험자(학생)에 의해 판단되므로 내용 타당도 개념과 구별하여 사용

(2) **(외적) 준거타당도**
① 공인 타당도(동시 타당도) : 현재 검사(X 예 새로 개발한 흥미검사)-기존 현재 검사(준거Y 예 표준화 성격검사) 간 경험적 공통요인의 정도 → 상관계수로 표현
  ㉠ 기존 검사도구를 새 검사로 대체 또는 새 검사를 공인(公認)하고자 할 때 활용
  ㉡ 기존 검사도구가 없을 때는 사용할 수 없음.
② 예언 타당도 : 현재 검사(X 예 대입 수능시험)-미래 행동특성(준거Y 예 대학 입학 후 성적) 간 예언(일치) 정도 → 상관계수나 회귀분석 사용

(3) **구인 타당도** : 이론적 타당도, 구성타당도 → 가장 핵심적인 타당도 증거
① 한 검사(예 창의력 검사)가 조작적으로 정의한 구인(construct 예 유창성, 융통성)을 재고 있는가를 이론적 가설을 세워 경험적으로 검증 → 가장 많은 증거 자료 필요
② 요인분석적 방법, 상관계수법, 실험설계법, 수렴-변별타당도 방법 등 사용

(4) **결과 타당도** : 영향타당도 → 검사 결과의 교육효과 달성 정도

❷ 신뢰도(reliability) : 측정 결과(점수)를 믿을 수 있는 정도
얼마나(How) 정확하게 측정하고 있느냐는 정도, 측정의 오차가 적은 정도
→ 측정방법의 일관성과 안정성, 정확성

측정의 표준오차에 의한 방법	• 단일한 측정대상을 같은 측정도구를 가지고 여러 번 반복 측정한 결과 개인이 얻은 점수(원점수)의 안정성, 즉 개인 내 변산의 일관성을 확인하는 방법 • 한 개인의 진점수(참값)가 위치할 가능성이 있는 점수들의 범위 → '신뢰구간', '점수 띠' 또는 '프로파일 띠' 예 측정의 표준오차가 4인 검사에서 A의 원점수가 46일 때 진점수의 범위는 42점과 50점 사이에 위치한다(68% 신뢰수준인 경우).
두 검사의 상관계수에 의한 방법	• 검사의 측정 결과, 집단 내의 개인이 상대적으로 일관된 위치를 유지하고 있는가를 알아보는 방법, 즉 개인 간 변산의 일관성을 확인하는 방법 • 재검사 신뢰도, 동형검사 신뢰도, 내적 일관성 신뢰도(반분 신뢰도, 문항내적 합치도)

(1) **재검사 신뢰도** : 전후검사 신뢰도 → 안정성 계수
① 한 검사를 같은 집단에 시간적 간격을 두고 2회 실시 후 상관계수 산출
② 기억·암기·훈련, 지능 또는 검사간격이 오차 변인, 이월효과 작용 → 검사간격이 너무 짧으면 신뢰도가 과대추정되고, 너무 길면 과소추정됨.
③ 전후 검사조건을 똑같이 통제하기 어렵고, 검사내용에 따른 오차를 확인할 수 없음.

(2) **동형검사 신뢰도**: 유사검사 신뢰도 → 동형성 계수
   ① 두 개의 동형검사를 미리 제작, 같은 집단에 두 번 실시 후 상관계수 산출
   ② 검사내용·검사상황에 따른 오차 확인할 수 있고, 기억, 연습 등의 영향력 최소화
   ③ 동형의 검사도구(예 문항난이도, 문항변별도) 제작이 어렵고, 검사 문항 표집에 따른 오차(예 문항구성차이, 난이도나 내용 편중, 대표성 문제)가 발생할 수 있다.

(3) **내적 일관성 신뢰도**: 동질성 계수 → 하나의 검사를 구성하는 부분검사 또는 개별 문항들이 재고자 하는 특성을 얼마나 일관성 있게 재고 있는가 산출
   ① 반분 신뢰도: 1개 검사, 1/2로 분리(예 기우법, 전후법, 단순무작위법, 문항특성법)
      → 스피어만-브라운 공식이나 루론(Rulon) 공식으로 교정
      ☑ 전후법은 속도검사(speed test)보다는 역량검사(power test)에 사용하는 것이 좋다.
   ② 문항내적 합치도: 각 문항을 독립된 검사로 보고 문항 간 상관계수의 종합치로 계산 → K-R20 또는 K-R21 교정공식, Hoyt 계수, Cronbach α 교정공식

(4) **신뢰도와 타당도의 관계**: 신뢰도는 타당도의 필요조건, 타당도는 신뢰도의 충분조건
   ① 타당도 높 → 신뢰도 높 / 타당도 낮 → 신뢰도 높 or 낮
   ② 신뢰도 높 → 타당도 높 or 낮 / 신뢰도 낮 → 타당도 낮

(5) **신뢰도에 영향을 주는 요인**: 신뢰도 향상 방안

검사에 관련된 요인	① 검사의 길이: 검사의 길이(문항수)가 증가함에 따라 신뢰도가 증가 ② 검사내용의 범위: 검사내용의 범위가 좁을수록 신뢰도가 증가 ③ 문항 변별도: 문항 변별도가 높을수록 신뢰도가 증가 ④ 문항 난이도: 문항 난이도가 적절할수록(50%) 신뢰도가 증가 ⑤ 가능점수 범위: 가능점수 범위가 클수록 신뢰도가 증가 → 답지수가 많을수록 신뢰도가 증가 ⑥ 문항 표집: 전체 범위에서 골고루 표집될 때 신뢰도가 증가
치른 집단에 관련된 요인	① 집단의 동질성: 이질집단일수록 신뢰도가 증가 ② 검사요령의 차이: 학생들이 검사요령을 알고 있을 때 신뢰도가 보장 ③ 동기유발의 차이: 학생들이 일정한 성취동기를 가지고 검사를 치를 때 신뢰도가 유지
검사 상황과 관련된 요인	① 시간 제한: 검사 시간이 충분히 주어져야 문항반응의 안정성이 보장 ② 부정행위: 부정행위는 방지될 때 신뢰도 보장
기타	객관적인 채점방법을 사용할 것

❸ 객관도(objectivity)

(1) **개념**: 채점자 신뢰도, 여러 검사자가 일치된 평가를 하느냐는 정도
(2) **향상 방법**: ① 명확한 평가기준 설정, ② 평가도구의 객관화(주관식 검사 지양), ③ 공동 채점 후 평가결과 종합하여 평가, ④ 평가자의 소양 교육 강화
(3) **산출방법**: 코헨(Cohen)의 Kappa 계수 → 우연히 맞춘 걸(기대 일치율) 제외한 실제로 서로 잘 맞춘 정도(관찰된 일치율)

❹ 실용도(usability)

(1) **개념**: 검사의 경제성의 정도 → 타당도와 관련
(2) **향상 방법**: ① 검사실시와 채점방법이 쉬울 것, ② 비용·시간·노력 등이 절약될 것, ③ 해석과 활용이 용이할 것

제5절 ▶ 검사 문항 제작

☑ 검사 문항은 채점방식에 따라 객관식(예 진위형, 배합형, 선다형, 완성형, 단답형)과 주관식(예 논문형), 학생의 반응양식에 따라 선택형(예 진위형, 배합형, 선다형)과 서답형(예 완성형, 단답형, 논문형)으로 구분 → 객관식 선다형 문항은 재인(recognition) 능력을, 주관식 논문형 문항은 회상(recall) 능력을 측정함.

(1) 객관식 선택형 문항 제작 시 유의사항

① 정답은 분명하게, 오답은 그럴 듯하게 만든다.
② 답지 사이의 중복을 피한다.
③ 답지의 길이는 비슷해야 한다. → 추측 요인 제거
④ 문항은 가급적 긍정문으로 진술한다.
⑤ 정답의 위치는 다양성이 있어야 한다. → 추측 요인 제거
⑥ 한 문항 내의 답지는 상호 독립적이어야 하고, 다른 문항의 답지와도 상호 독립적이어야 한다.
⑦ 전문적인 용어 사용이나, 형용사·부사의 질적 표현을 가급적 피한다.

(2) 주관식 논술형 문항 채점 시 유의사항
　① 모범답안을 미리 작성하고, 채점기준을 사전에 결정한다. → 내용불확정성 효과 예방
　② 학생의 인적 사항을 모르는 상태에서 채점한다. → 후광효과(halo effect) 예방
　③ 답안을 학생별로 채점하지 말고 문항별로 채점한다. → 순서효과 예방
　④ 충분한 시간을 갖고 채점한다. → 피로효과 예방
　⑤ 가능하면 같은 답안지를 최소 2회 이상 채점하거나 두 사람 이상이 채점한 결과를 평균하는 것이 좋다.
　⑥ 글씨체, 문법, 철자법, 답안의 길이 등이 채점결과에 영향을 주지 않도록 유의해야 한다. → 답안과장 효과(bluffing effect) 예방
　⑦ 채점을 하는 중간에 채점기준을 바꾸지 말아야 한다.

(3) **표준화검사와 교사제작검사** : 검사 제작자의 차이에 따른 구분
　① 표준화 검사
　　㉠ 검사 제작 절차와 검사내용, 실시방법, 채점 과정과 해석이 표준화되어 있는 검사
　　㉡ 검사도구의 타당도, 신뢰도, 객관도, 실용도가 모두 높은 검사

　☑ 비표준화 검사(투사적 검사) : 해당 분야의 전문가가 제작, but 검사도구의 양호도가 낮아 주관적으로 검사결과 해석 예 TAT, RIBT, HTP, DAP, WAT, SCT 검사

　② 표준화 검사와 교사제작 검사의 비교

표준화 검사	교사제작 검사
• 광범위한 집단(지역단위, 전국단위)	• 특정집단(학급단위, 학교단위)
• 비교의 상대적 규준(전국평균)이 있다.	• 비교의 상대적 규준이 없다.
• 검사도구의 양호도가 높다.	• 검사도구의 양호도가 낮다.
• 절차가 복잡하고 신중을 요한다.	• 절차가 비교적 단순하다.
• 학력검사, 적성검사 등 다양하다.	• 주로 학력검사로 사용한다.
• 진단평가나 총괄평가에도 사용한다.	• 형성평가에 주로 사용한다.
• 고부담평가로 인식된다.	• 형성평가는 고부담평가로 인식되지 않는다.

제6절 문항의 통계적 분석(문항분석)

문항(객관식 선택형 문항)의 양호도 검증 → 고전검사이론과 문항반응이론

고전검사이론(교사제작검사)	문항반응이론(표준화검사)
• [기본 가정] ① 문항특성의 가변성, ② 피험자 특성의 가변성 • [원점수(X) = 진점수(T) + 오차점수(E)]에 근거 • 문항난이도, 문항변별도, 문항반응분포	• [기본 가정] ① 문항특성의 불변성, ② 피험자 특성의 불변성, ③ 단일차원성, ④ 지역독립성 • 문항특성곡선(S자형 곡선)에 근거 • 문항난이도, 문항변별도, 문항추측도
문항난이도(P): 문항의 쉽고 어려운 정도 → 문항 정답률로 산출 ① 높을수록 쉬운(낮을수록 어려운) 문항, 적절할수록(50%) 양호한 문항 ② 문항 배열 순서 결정에 활용	문항난이도(b): 문항의 답을 맞힐 확률이 0.5에 대응하는 능력수준 → −2 ~ +2(곡선이 오른쪽에 위치할수록 어려운 문항)
문항변별도(DI): 문항이 상위집단과 하위집단의 구별 정도 → 신뢰도에 영향 ① 정답률 편차로 산출: 상위집단 정답률 − 하위집단 정답률 → −1 ≤ DI ≤ +1, +값을 갖고 +1에 가까울수록 양호(0과 −값을 가진 문항은 제외할 것) ② 상관계수로 산출: 정답지는 높은 정적 상관, 오답지는 낮은 상관이나 상관 없음 또는 부적상관	문항변별도(a): 문항특성 곡선상의 '문항난이도를 표시하는 인접 지점(b ± 0.5인 지점)'에서 문항특성곡선의 기울기 → 0 ~ +2(기울기가 가파를수록 변별력이 높은 문항)
문항반응분포: 정답지와 오답지에의 반응학생수 → 정답지에 50% 반응, 나머지 오답지에 골고루 반응할 때 이상적임.	문항추측도(c): 능력이 전혀 없음에도 불구하고 문항의 답을 맞히는 확률 → 높을수록 나쁜 문항 ◉ 4지선다형의 경우 +0.2를 넘지 않을 것

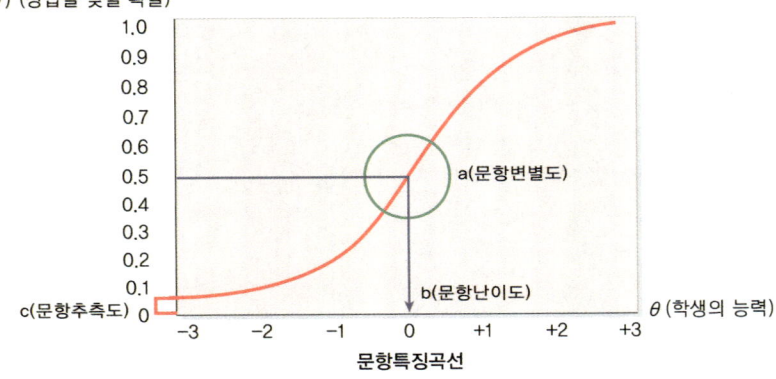

문항특징곡선

오현준 교육학
끝짱노트

CHAPTER 11

교육통계

제1절	측정치(척도)
제2절	집중경향치(대표치)
제3절	변산도
제4절	상관계수
제5절	원점수와 규준점수

Chapter 11 교육통계

필수체크 Top point

1. 측정치(척도) : 명명척도, 서열척도, 동간척도, 비율척도
2. 집중경향치(대표값) : 최빈치(Mo), 중앙치(Mdn), 평균치(M)
3. 변산도 : 범위(R), 사분편차(Q), 평균편차(AD), 표준편차(SD)
4. 상관계수
5. 규준점수 : 석차점수, 백분위점수, 표준점수(Z점수, T점수, C점수, H점수, DIQ점수)

제1절 측정치(척도)

(1) 개념 : 어떤 대상(개인)의 속성(변인)의 크기를 측정도구로 재어서 얻은 수치
   cf) 빈도(frequency)는 변인의 크기를 세어서 얻은 수치

(2) 종류 : 명명척도, 서열척도, 동간척도, 비율척도

구분	의미	예	가능한 통계처리
명명척도	• 이름만 대신하는 척도 • 분류(같다, 다르다) 정보 제공	전화번호, 극장 좌석번호, 주민등록번호	최빈치(Mo), 사분상관계수, 유관상관계수
서열척도	분류, 대소, 서열(무엇보다 크다, 보다 작다) 정보 제공	학점, 석차점수, 백분위점수, 리커트(Likert) 척도, 구트만(Guttman) 척도	최빈치(Mo), 중앙치(Mdn), 등위차 상관계수(스피어만 서열상관계수)
동간척도	• 분류, 대소, 서열, 동간성(얼마만큼 크다) 정보 제공 • 상대영점 소유 → 가감(+, −)이 가능 • 임의 단위를 지닌 척도	온도계 눈금, IQ점수, 고사의 원점수, 백 점 만점 점수, 써스톤(Thurstone) 척도, 의미변별척도	최빈치(Mo), 중앙치(Mdn), 평균치(M), 적률상관계수 (Pearson 계수)
비율척도	• 분류, 대소, 서열, 동간성, 비율(몇 배 크다) 정보 제공 • 절대영점 소유 → 가감승제(+, −, ×, ÷) 가능 • 임의 단위를 지닌 척도	길이, 무게, 시간, 넓이, 백분율, 표준점수(Z 점수, T 점수, H점수, C점수, DIQ점수)	최빈치(Mo), 중앙치(Mdn), 평균치(M), 적률상관계수 (Pearson 계수)

제2절 집중경향치(대표치)

(1) **개념**: 한 집단의 점수분포를 하나의 값으로 요약·기술해 주는 지수(指數)
(2) **종류**: 최빈치, 중앙치, 평균치

구분	개념	적용
최빈치 (Mo)	• 한 분포에서 가장 빈도가 많은 값 • 빈도가 같으면 최빈치는 없음.	• 명명척도, 서열척도, 동간척도, 비율척도의 자료일 때 • 집중경향치를 빨리 알고 싶을 때 • 전형적인 경우를 알고자 할 때
중앙치 (Mdn)	• 전체 사례수를 상위반과 하위반으로 나누는 값 • 백분위점수 50에 해당하는 원점수	• 서열척도, 동간척도, 비율척도의 자료일 때 • 분포가 심하게 편포되어 있을 때 • 분포의 순서상의 위치를 알고자 할 때
평균치 (M)	• 한 집단의 모든 측정치의 합을 전체 사례수로 나눈 값 • 점수분포의 균형을 이루는 값 → 편차점수의 합은 0임.	• 동간척도, 비율척도의 자료일 때 • 정상분포일 때(상대평가) • 분포의 중심을 알고자 할 때 • 가장 신뢰로운 대표치를 구할 때

(3) **대표치 간 비교**

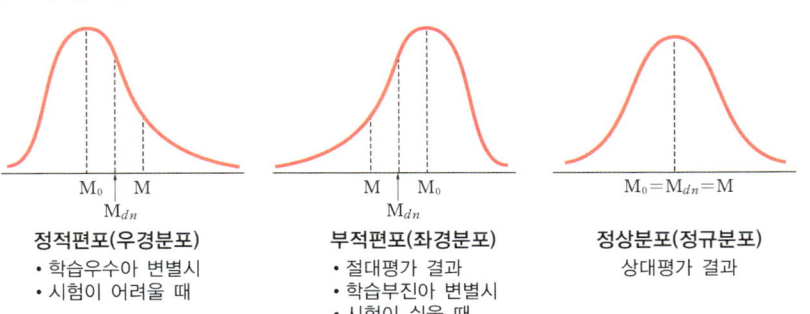

정적편포(우경분포)
• 학습우수아 변별시
• 시험이 어려울 때

부적편포(좌경분포)
• 절대평가 결과
• 학습부진아 변별시
• 시험이 쉬울 때

정상분포(정규분포)
상대평가 결과

제3절 변산도

(1) **개념**: 집중경향치를 중심으로 한 집단의 점수분포가 얼마나 흩어져 있는가의 정도를 나타내는 통계치 → 집단의 성격(예 이질집단, 동질집단)을 나타냄.

(2) **종류**: 범위(R), 사분편차(Q), 평균편차(AD), 표준편차(SD)

범위 (R)	• 한 점수분포에서 최고점수에서 최하점수까지의 거리(간격), 점수의 범위 • R = 최고점수(H) − 최하점수(L) + 1
사분편차 (Q)	• 한 분포에서 중앙 50%의 사례수를 포함하는 점수 범위의 1/2 • $Q = \dfrac{Q_3 - Q_1}{2}$
평균편차 (AD)	• 한 집단의 평균으로부터 모든 점수까지의 거리의 평균 → 편차들의 평균 • $AD = \dfrac{\sum |X - M|}{N} = \dfrac{\sum |x|}{N}$
표준편차 (SD, σ)	• 평균으로부터의 편차점수($x = X - M$)를 제곱하여 합하고 이를 사례수로 나누어 그 제곱근을 얻어낸 값 → 분산의 제곱근 • $SD = \sqrt{\dfrac{\sum x^2}{N}} = \sqrt{\dfrac{\sum(X-M)^2}{N}} = \sqrt{분산}$

(3) **표준편차의 특징**

① 표준편차의 해석
  ㉠ 표준편차가 크다. = 변산도가 크다. = 곡선의 모양이 평평하다(평형).
     = 이질집단이다. → 신뢰도가 높다.
  ㉡ 표준편차가 작다. = 변산도가 작다. = 곡선의 모양이 뾰족하다(첨형).
     = 동질집단이다. → 신뢰도가 낮다.

② 표준편차와 정상분포와의 관계: M±1σ 내에 전체사례수의 68.26%, M±2σ 내에 전체사례수의 95.44%, M±3σ 내에 전체사례수의 99.74%가 존재한다.

분포상의 위치	M−3σ	M−2σ	M−1σ	M−0.5σ	M	M+0.5σ	M+1σ	M+2σ	M+3σ
Z점수	−3	−2	−1	−0.5	0	+0.5	+1	+2	+3
백분율(%)	0.5	2.5	16	30.86	50	69.14	84	97.5	99.5

③ 평균과 표준편차
  ㉠ 한 집단의 모든 점수에 일정한 점수를 더하거나 빼면, 평균은 일정한 점수만큼 올라가거나 내려가나 표준편차는 변함이 없다.
  ㉡ 한 집단의 모든 점수에 일정한 점수를 곱하거나 나누면, 평균과 표준편차가 모두 그만큼 변화한다.

제4절 상관계수

(1) **개념**
  ① 두 변인 간의 공통요인의 정도
  ② 두 변인 간에 한 변인이 변화함에 따라 다른 변인이 어떻게 변하느냐의 정도

(2) **표시방법**: 상관계수(γ), 상관관계도(산포도)
  ① 상관계수 산출: 피어슨 적률상관계수는 변인 X의 Z점수와 변인 Y의 Z점수 곱의 평균으로 산출
  ② 산포도는 상관의 크기에 따라 직선(완전 상관) > 타원 > 원(무상관) 모양을 나타냄.

(3) **특징**
  ① 상관계수는 $-1 \leq \gamma \leq +1$의 범위를 갖는다.
  ② 상관계수가 0으로 나타나는 것은 두 변인이 완전히 서로 독립되어 있고, 두 변인 간에 아무런 상관관계가 없다는 것을 뜻한다.
  ③ +든, -든 1에 가까울수록 상관계수가 높다.
  ④ +, -부호는 상관의 방향표시: +(정적 상관), -(부적 상관, 역상관)
  ⑤ 상관계수의 크기는 부호가 아니라 절댓값으로 결정된다.
  ⑥ 두 변인 간의 상관도가 높을수록 한 변인을 알 때 다른 변인을 보다 정확하게 예언할 수 있다. → 예언의 정도는 결정계수(r^2)로 나타낸다.
  ⑦ 상관계수는 인과관계를 나타내지 않음: 변인 X가 변인 Y의 원인으로 작용했을 수도 있고, 반대로 변인 Y가 변인 X의 원인으로 작용했을 수도 있으며, 제3의 변인 Z가 작용했을 가능성도 있다.
    - ☑ 인과관계(실험상황에서 독립변인과 종속변인 간 관계)의 분석은 회귀분석 활용
    - ☑ 인과관계 성립 조건(실험연구): ① 시간적 우선성(time order), ② 공변성(covariation), 상관관계성, ③ 조작가능성(manipulation), ④ 외생변인의 통제가능성(control)

(4) **상관계수에 영향을 주는 요인**
  ① 점수의 분포 정도(변산도)는 상관계수의 크기에 영향을 준다.
  ② 중간집단이 제외되면 상관계수는 실제보다 커지게 된다.

(5) **유형**
  ① 피어슨(K. Pearson)의 적률상관계수(r_{xy})
    ㉠ 두 변인이 모두 연속변인이고 정규분포를 이루며, 동간(또는 비율)척도일 때, 두 변인이 선형(線形) 관계에 있을 때 적용된다. ⓔ 중간고사 수학점수와 국어점수의 상관

ⓒ 기본공식: $\Sigma[X$치의 편차$(X-M) \times Y$치의 편차$(Y-M)]/[$사례수$\times$변인X의 표준편차$\times$변인Y의 표준편차$]$
ⓒ 특징: ❶ 극단한 값(outlier)의 영향을 크게 받음, ❷ 두 변인이 곡선적인 관계일 때 상관계수는 과소추정됨, ❸ 원점수를 T점수로 변환해도 두 변인 간의 상관계수는 변함이 없음.
② 스피어만(Spearman)의 순위차 상관계수(ρ)
ⓐ 사례수가 30 이하일 때, 자료가 등위로 표시되어 있을 때, 서열척도일 때, 상도도를 빨리 알고 싶을 때 사용한다. 예 수학점수 석차와 국어점수 석차의 상관
ⓑ 점수 간의 간격(범위)을 고려하지 않기 때문에 적률상관계수보다 엄밀하고 정확하지 못하다는 단점이 있다.

제5절 원점수와 규준점수

(1) **원점수**: 채점되어 나온 점수, 한 개인이 어떤 검사에서 정확하게 반응한 문항들의 수 → 절대평가에서 중시 예 백 점 만점 점수
(2) **규준점수**
  ① 개념: 과목 간의 상대적 비교가 가능하도록 규준(規準)에 비추어 본 점수
  → 상대평가에서 중시
  ② 종류

서열척도	학년점수, 연령점수, 등위(석차)점수, 백분위점수 → 위치만 상대적으로 비교
비율척도	표준점수(Z점수, T점수, C점수, H점수, DIQ 점수) → 위치와 능력을 상대적으로 비교

(3) **백분위점수**
  ① 개념: 전체 학생수를 100으로 보았을 때 상대적으로 등위를 표시한 점수, 해당 점수보다 낮은 점수를 받은 학생 수의 전체 학생 수에 대한 백분율(%)
  ② 장점과 단점

장점	단점
• 상대적 위치를 정확하게 비교(서열척도) • 집단의 크기, 과목의 종류, 평가의 종류가 달라도 비교 가능	• 상대적 능력의 정도를 비교 불가능 • 가감승제가 불가능 • 중간점수는 과소평가되고 극단점수는 과대평가되는 경향이 있음.

(4) 표준점수
① 개념: 통계적 절차를 통해서 원점수를 표준편차 단위로 변환한 점수
② 특징
  ㉠ 상대평가에서 유용한 척도: 상대적 위치와 능력의 정도 비교
  ㉡ 비율척도로서, 동간성과 절대영점이 있어 가감승제 가능
③ 종류: Z점수, T점수, C점수, H점수, DIQ점수

구분	개념	
Z점수	• 편차(x=X-M)를 그 분포의 표준편차(σ)의 단위로 나눈 척도: $Z=\dfrac{X-M}{\sigma}$ → 표준화 표준점수, 과목 간의 성적 비교에 사용 • 평균(M)이 0이고 표준편차(σ)를 1로 한 점수 • 단점: 소수점 이하의 값, 음수의 값을 가질 수 있다.	
T점수	• 평균치를 50, 표준편차를 10으로 통일한 점수: $T=50+10Z$ • 가장 신뢰롭고 널리 활용 → 과목 간의 성적 비교에 사용 • 단점: 점수분포는 20~80점 범위 내이다.	
C점수 (9분 점수)	• 평균치를 5, 표준편차를 2로 한 점수: $C=5+2Z$ • 스테나인(Stanine) 점수: 정상분포를 0.5 표준편차 너비 간격으로 9개 부분으로 나누어 최고점 9, 최하점 1, 중간점이 5로 한 점수 → 9단계 구간 척도 • 등급점수 계산은 역(逆)으로 한다. ⓓ 9점은 1등급, 1점은 9등급	
	장점	• 표준점수 가운데 가장 이해하기 쉽다. • 수리적인 조작이 용이하다. • 소수점이 없는 정수 점수를 제공한다. • 점수의 범위를 나타내므로 평균을 계산할 수 있다. • 미세한 점수 차이의 영향을 적게 받는다.
	단점	• 9개의 점수만 사용하므로 상대적 위치를 정밀하게 표현하기 어렵다. • 경계선에 위치하는 사소한 점수 차이를 과장할 수 있다. • 원점수를 C점수로 환산하면 정보가 상실된다.
H점수	• 평균치를 50, 표준편차를 14로 한 점수: $H=50+14Z$ • T점수의 범위가 20~80점 범위밖에 되지 않는 문제점을 보완한 점수	
DIQ점수	평균치를 100, 표준편차를 15로 한 점수: $DIQ=100+15Z$	

④ 표준점수 간의 관계

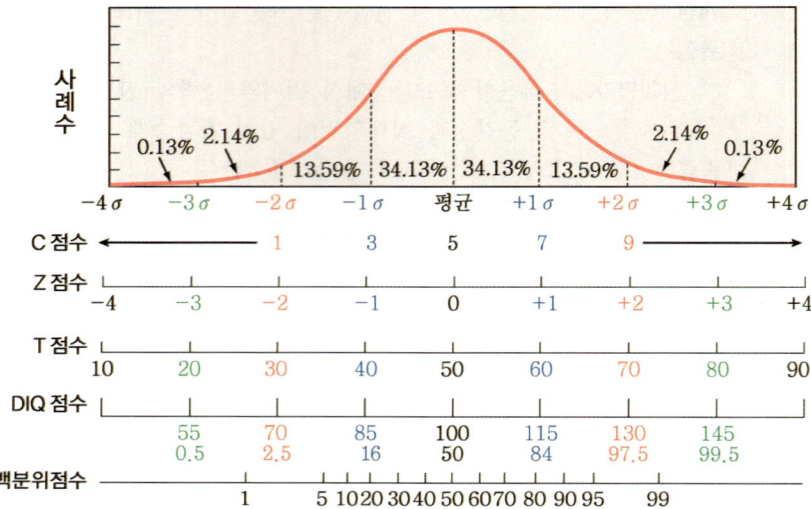

⑤ C점수와 Z점수, T점수의 관계 : 등급 계산

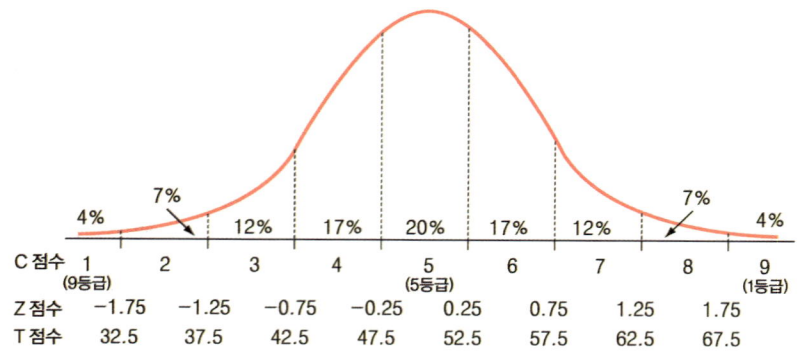

CHAPTER 12

교육연구

제1절 양적 연구와 질적 연구
제2절 표집(sampling)
제3절 자료 수집 방법
제4절 교육연구 방법

Chapter 12 교육연구

필수체크 Top point

1. **교육연구 유형**: 양적 연구, 질적 연구
2. **표집 방법**: 확률적 표집(단순무선표집, 유층표집), 비확률적 표집(의도적 표집)
3. **자료수집방법**: 관찰법, 질문지법(자기보고법), 면접법, 사회성 측정법, 투사법, 의미분석법, 델파이 기법
4. **기술적 연구**: 발달연구(종단연구, 횡단연구), 사례연구, 문화기술지적 연구
5. **실험연구**: 독립변인, 종속변인, 영가설, 실험집단과 통제집단, 조건의 통제, 내적 타당도와 외적 타당도
6. **가설 검증**: 제1종 오류(α오류), 유의수준(5%, 1%), 카이자승검증, T검증, Z검증

제1절 양적 연구와 질적 연구

(1) **양적 연구**: 일원론에 토대(자연현상 = 인간현상), 인간현상에 대한 객관적 법칙 발견 → 자연과학(실증주의)에 근거 예 실험연구, 발달연구, 상관연구

(2) **질적 연구**: 이원론에 토대(자연현상 ≠ 인간현상), 객관적 법칙 발견×, 이해와 문제해결 → 인문과학(현상학, 해석학)에 근거 예 문화기술지, 사례연구

(3) 양적 연구와 질적 연구의 비교

양적 연구	질적 연구
• 객관적 실재(reality, 탈맥락적 실재)를 가정	• 주관적 실재(맥락적 실재)를 가정
• 기계적 인과론을 중시	• 인간의 주관적 의도(변증법적 이해)를 중시
• 가치중립적 입장	• 가치지향적 입장
• 거시적 접근(연구 대상과 원거리 유지)	• 미시적 접근(연구 대상과 근거리 유지)
• 신뢰도 중시	• 타당도 중시
• 외현적 행동 연구	• 내재적 현상 연구
• 표본(sample) 연구	• 단일사례(case) 연구
• 연역적 추리 중시	• 귀납적 추리 중시
• 체계적, 통계적 측정 강조	• 자연적, 비통계적 관찰 강조
• 구성요소의 분석을 중시	• 총체적 분석을 중시
• 객관적 연구 보고	• 해석적 연구 보고

제2절 표집(sampling)

❶ 확률적 표집: 양적 연구(실험연구)에서 사용 → 표집의 대표성을 보장

단순무선표집	처음부터 끝까지 제비뽑기, 난수표, 주사위를 활용 무작위로 표집 → 가장 기초적인 표집, 연구자의 편견 배제
체계적 표집 (동간격 표집)	처음만 단순무선 표집, 그 다음부터는 같은 간격으로 표집 → 간격 결정 (전집의 수 / 표본수)
유층표집	• 전집을 하위집단으로 (인위적) 분할: 하위집단 간 이질적, 하위집단 내부는 동질적 　예 전집(교사, 학생) → 하위집단(교사집단 / 학생집단) • 각 하위집단으로부터 마지막에 단순무선 표집(표집단위: 개인) 　→ 표집오차가 가장 작다. 　예 비례유층표집
군집표집 (덩어리 표집)	• 전집을 하위집단으로 (자연적) 분할: 하위집단 간 동질적, 하위집단 내부는 이질적 → 하위집단은 전집의 축도(縮圖) 　예 전집(교사, 학생) → 하위집단[서울(교사, 학생) / 부산(교사, 학생)] • 하위집단에서 마지막에만 단순무선 표집(표집단위: 군집) → 표집된 집단은 전원 선발, 다른 집단은 전원 제외

❷ 비확률적 표집: 질적 연구에서 사용 → 표집의 대표성이 문제

(1) **의도적 표집(주관적 판단 표집)**: 연구자의 주관적·의도적 판단으로 표집
(2) **할당표집**: 모집단을 하위집단으로 분할, 각 하위집단에서 임의로 표집
(3) **우연적 표집(편의적 표집)**: 주변에서 손쉽게 구할 수 있는 표본을 표집
(4) **눈덩이 표집**: 최초의 조사 대상자로부터 다른 사람을 연속적으로 소개받으면서 표집 → 비밀스럽고 비공개적인 자료 조사(예 감염병 실태 조사)

제3절 자료 수집 방법

❶ 관찰법

(1) **개념**: 외현적 행동을 관찰, 심리적 특성을 추론 → 직접 조사 방법

(2) **관찰법의 유형**

　① 관찰자의 참여 여부에 따른 분류: ㉠ 참여관찰, ㉡ 준참여관찰, ㉢ 비참여관찰
　② 관찰 장면의 통제 여부에 따른 분류: ㉠ 통제관찰[예 실험적 관찰, 장면선택법(사건표집법), 시간표집법(빈도기록법)], ㉡ 비통제관찰(자연적 관찰)

(3) **관찰 결과의 기록**: ① 일화기록법, ② 행동기록법, ③ 평정기록법, ④ 기계적 기록법(예 녹음기, 비디오)

(4) **장점과 단점**

장점	단점
• 누구에게나 적용이 가능 • 직접조사 방법으로 신뢰도가 높음. • 관찰목적 이외의 부수적 자료 수집 가능 • 관찰행동이 나타나는 환경조건도 관찰 가능	• 내적 행동(예 심리, 정서) 관찰이 불가능 • 관찰·결과 해석에 주관성이 개입 가능 • 관찰목적에 알맞은 현상을 포착이 어려움. • 평가의 오류가 나타날 수 있음.

❷ 질문지법: 홀(Hall)이 개발

(1) **개념**: 자기보고법(self-report method) → 가장 널리 사용

　① 연구자가 미리 작성한 물음들에 대해서 피험자가 자기 견해 진술
　② 조사 대상자가 많고 널리 분산되어 있을 때 효과적

(2) **유형**: ① 자유반응형(비구조적 질문지), ② 선택형(구조적 질문지)

(3) **장점과 단점**

장점	단점
• 경제적(예 비용 저렴, 제작 간편)임. • 응답자에 대한 연구자의 영향력 최소화 • 통계처리 용이	• 응답 내용의 진위 확인 불가능 • 문맹자나 초등학교 저학년에는 사용 곤란 　→ 면접법으로 보완 • 반응갖춤새나 기계적 반응 통제 불가능

❸ 면접법
(1) **개념**: 면대면 상황에서 언어적 상호작용을 매개로 자료 수집
(2) **유형**: ① 구조화된 면접(질문지에 적힌 대로 면접), ② 비구조화된 면접, ③ 반구조화된 면접(사전에 계획, 실제 면접에서 융통성 부여)
(3) **장점과 단점**

장점	단점
• 반응의 진실성 여부 확인 • 문장 이해력이 없는 사람에게도 실시 • 심도 있는 자료수집 • 주목적 이외의 부수적 자료 획득	• 고도의 면접기술이 필요 • 표준적인 절차가 결핍되기 쉬움. • 시간과 경비가 많이 소요 • 익명(匿名)이 불가능함.

❹ 사회성 측정법: 수용성 검사, 교우관계 조사법 → 모레노(Moreno)가 창안
(1) **개념**: 집단 내의 호오(好惡) 및 인간관계, 집단의 성격 파악
(2) **유의점**: ① 집단의 한계 분명히, ② 전수조사, ③ 조사내용 비공개, ④ 담임이 실시, ⑤ 한 학기에 1회 정도 실시, ⑥ 저학년은 개별면접으로 실시
(3) **교육적 의의**: ① 개인의 사회 적응력 향상, ② 집단의 사회구조 개선, ③ 집단을 새로이 조직, ④ 특수교육문제(⑩ 왕따, 집단따돌림) 해결
(4) **방법**: 동료지명법 → 사회성 측정 행렬표나 교우도(sociogram)로 표시

❺ 투사법: 프랭크(Frank)가 창안 → 형태심리학의 영향을 받음.
(1) **개념**: 비구조적인 자극(⑩ 시각적 자극, 언어적 자극)에 대한 피험자의 자유 반응을 통해 심층적 내면세계(⑩ 욕구, 동기, 성격 등 정의적 특성)를 파악
(2) **방법**

시각적 자극 제시	① 주제통각검사[상상적 접근법, TAT(성인용), CAT(아동용)], ② 로르샤흐 잉크반점검사(지각적 접근법, RIBT), ③ HTP검사, ④ 인물화검사(DAP)
언어적 자극 제시	① 단어연상검사(WAT), ② 문장완성검사(SCT)

❻ 척도법
(1) **개념**: 정의적 특성(⑩ 태도) 측정 방법으로 질문지법과 함께 사용 → 일련의 상호 관련된 진술문이나 형용사쌍으로 구성

(2) **종류**: ①과 ②는 서열척도, ③과 ④는 동간척도에 해당

① 리커트(Likert) 척도	• 긍정-부정의 연속선상의 양극단에 해당하는 진술문으로 구성: 서열척도 • 진술문에 점수 부여하여 동간척도로 사용하기도 함. → 종합평정법
② 구트만(Guttman) 척도	연속선의 각 위치에 해당하는 진술문을 모두 포함(인접 진술문들 간의 동간성 ×, 위계관계 ○) → 누가적(累加的) 척도
③ 써스톤(Thurstone) 척도	연속선의 각 위치에 해당하는 진술문을 모두 포함(인접 진술문들 간의 동간성 ○) → 유사동간척도, 주관적 추정법
④ 의미변별 척도	• 연속선상의 양극단에 해당하는 형용사쌍(예 좋은-나쁜, 느린-빠른, 약한-강한)의 진술문으로 구성 • 평가, 활동, 능력의 3차원적 의미공간 표시

❼ **델파이 기법**: 앙케이트 수렴법
(1) **개념**: 전문가 집단의 판단과 의견을 추출·종합하여 합의 도출 → 동일질문지를 익명(匿名)의 전문가 집단에게 3~4회 반복 실시
  예 교육과정계획, 교육정책수립, 교육예산의 우선순위 결정
(2) **특징**: ① 토론 참여자의 익명의 반응, ② 반복과 통제된 피드백, ③ 통계적 집단 반응, ④ 전문가 합의

❽ **의미분석법**: 오스굿(Osgood)이 창안
(1) **개념**: 사물, 인간, 사상에 관한 개념의 심리적 의미를 3차원의 공간(평가, 활동, 능력요인)에 표시
(2) 연속선상의 양극단에 해당하는 형용사쌍의 진술문(의미변별척도)을 사용

❾ **Q방법론**: 스테펜슨(Stephenson)이 창안
(1) **개념**: 인간의 주관성(가치, 태도, 신념 등에 해당하는 개인의 진술문)을 과학적으로 연구하는 방법
(2) **발견적 추론(abduction)에 근거를 둔 연구**: 행위자의 정의로부터 시작하며, 가설을 검증하는 방법이 아니라 가설을 발견하는 방법
  ☑ 내용 분석법은 작품 전체(예 일기장, 에세이)를 분석함.

제4절 교육연구 방법

❶ 기술적 연구(descriptive research)
(1) **개념**: 사실을 조사·관찰하여 있는 그대로 기술·해석하는 연구
(2) **사례연구(case study)**: 특정 개인이나 집단을 집중 연구, 문제해결적 연구
(3) **발달연구**: 시간의 변화에 따른 유기체의 발달에 따른 변화 과정 연구

구분	종단적 연구	횡단적 연구
개념	동일 대상을 시간 추적하여 연구	동일 시점에서 여러 대상 선택·비교 연구
예시	피아제(Piaget)의 인지발달연구	콜버그(Kohlberg)의 도덕성발달 연구
특징	• 발달의 개인차 파악 용이 • 시간변화에 따른 인과관계 규명 • 실험적 도태, 검사도구 변경 불가, 시간과 경비의 과다 문제	• 발달의 일반적 경향 파악 • 최신의 검사도구를 활용 • 표집대상의 대표성 확인 곤란, 동시대 효과와 동년배집단 효과 배제 불가의 문제

❷ 실험연구(experimental research)
(1) **개념**: 가설을 세우고 조건을 인위적으로 통제·조작하여 연구 → 양적 연구
  ① **가설(hypothesis)**: 연구 문제에 대한 잠정적인 결론 → 둘 이상의 변인(개념) 간의 관계에 대한 추리를 문장화한 것
  ② **가설의 유형**: 영가설(H_0), 대립가설(H_1 또는 H_A)

영가설	연구에서 검증받는 잠정적 진리나 사실 → 기각될 것을 전제
대립가설	영가설에 대립하여 설정한 가설 → 연구결과로 긍정되기를 기대하는 예상(주장)

  ③ **가설의 기각범위(유의도, P)**: $P < 0.05$ (5%), $P < 0.01$ (1%)

(2) **주요 용어**

독립변인(X)	실험 계획에 도입되는 환경요인이나 조건, 예언할 수 있는 변인(원인 변인), 실험자가 인위적으로 조작할 수 있는 변인 ⓓ 학교 수업 → 실험처치(treatment)
종속변인(Y)	독립변인의 변화에 따라서 나타나는 결과, 실험처치에 대한 유기체의 모든 반응 ⓓ 학업성취도
가외변인	독립변인 이외에 종속변인에 영향을 미치는 변인 ⓓ 가정배경, 학생의 지능 → 외생변인, 오염변인

회귀분석	변인들 중 하나를 종속변인으로, 나머지를 독립변인으로 하여 변인들 간의 상호관계의 본질을 규명하는 통계적 기법 → 회귀는 기울기를 의미함.
실험집단	실험연구 대상 집단 → 일정한 실험처치를 작용시켜 반응 변화를 관찰
통제집단	실험군과의 비교의 대상이 되는 아무런 조건을 가하지 않은 집단

(3) **조건의 통제**: 실험군과 통제군의 관련자극 변인, 즉 가외변인을 동일하게 하거나 제거해 주는 것

가외변인의 제거	모든 가외변인을 제거하는 방법
무선화 방법	피험자들을 각 실험집단이나 조건에 무선적으로 배치하는 방법 → 모든 실험집단들에 영향을 주는 가외변인의 영향을 동등하게 함으로써 가외변인들의 영향을 통제
가외변인 자체를 독립변인으로서 연구설계에 포함시키는 방법	가외변인을 제3변인으로 연구설계에 추가시켜서 종속변인에 미치는 영향을 파악하는 방법
통계적 검증 및 통제집단의 구성을 통한 방법	사전검사 측정치를 통계적인 통제 방법으로 활용하는 방법(예 전후 통제집단 설계)

(4) **실험연구의 타당성**

① 내적 타당도: 독립변인이 종속변인에 순수하게 영향을 미치는 정도 → 가외변인의 통제 정도, 실험결과 해석에 필요한 최소한의 요건

역사(history)	실험변인 이외의 특수한 사건
성숙	피험자의 내적 변화 예 나이 증가, 피로 누적
검사(testing)	사전 검사를 받은 경험 → 이월효과(carryover effect)
측정도구(instrumentation)	측정도구의 변화 또는 채점자(관찰자)의 변화
피험자의 선발(selection)	실험집단과 통제집단 선발시 동질성이 결여된 경우 → S형오차
통계적 회귀	극단적인 점수를 지닌 피험자 선발시 측정결과가 평균으로 돌아가려는 현상
실험적 도태	실험집단 또는 통제집단의 피험자가 중도 탈락하는 현상
선발-성숙 상호작용	피험자의 선발요인과 성숙요인의 상호작용에 의해 실험결과가 달라짐. 예 동질집단 선발의 경우라 해도 성숙의 차이가 실험결과에 영향을 줌.

② 외적 타당도
  ⊙ 개념 : 실험결과를 일반화하는 정도 → 전집타당도, 생태학적 타당도

전집타당도	실험결과를 표본이 속한 전집으로 일반화할 수 있는 정도
생태학적 타당도	실험결과를 얻은 환경적 조건으로부터 다른 환경적 조건으로 일반화할 수 있는 정도

  ⓒ 저해 요인
    ❶ (사점)검사실시와 실험처치 간의 상호작용 효과
    ❷ 피험자의 선발(잘못된 선정)과 실험처치 간의 상호작용 효과
    ❸ 실험상황에 대한 반발효과 : 실험상황과 실제상황 간의 이질성
    ❹ 중다처치에 의한 간섭효과 : 여러 번 실험처치 받은 경우 → 이월효과
    ❺ 변인들의 특이성 : 조작적 정의가 불분명 or 성급한 일반화의 경우
    ❻ 처치확산 : 실험집단과 통제집단 간 의사소통 발생
    ❼ 실험자 효과 : 실험자 개인 특성 효과와 실험자 편견 효과
③ 내적 타당도와 외적 타당도의 관계 : 반비례 관계 → 대체로 내적 타당도가 높은 실험은 외적 타당도가 낮다.

(5) **실험 설계**
① 준실험설계 : 실험집단과 통제집단을 비확률적 표집하여 선발 → 학교현장에서 사용 ◉ 이질(비동등) 통제집단 전후검사 설계

실험집단 O_1	X	O_2
통제집단 O_3		O_4

② 진실험설계 : 확률적 표집을 활용, 실험집단과 통제집단을 동질적으로 설계
  ◉ 통제집단 전후검사 설계, 솔로몬 4집단 설계

실험집단 R O_1	X	O_2
통제집단 R O_3		O_4

실험집단 R O_1	X	O_2
통제집단 R O_3		O_4
실험집단 R	X	O_5
통제집단 R		O_6

(6) **가설의 검증**
① 개념: 통계적 분석에서 영가설을 기각할 것인지 아니면 기각하지 않을 것인지를 결정하는 과정
② 가설검증의 오류

가설검증에 의한 결정	영가설(H_O)의 진위	
	진(眞)	위(僞)
H_O의 부정	제1종의 오류(α오류)	올바른 결정(1−β)
H_O의 긍정	올바른 결정(1−α)	제2종의 오류(β오류)

㉠ 제1종의 오류(α 오류): 영가설(H_O)이 진(眞, 참)인 경우에 이를 부정함으로써 발생하는 오류 → '참'인 영가설을 '거짓'이라고 오판하는 오류
㉡ 제2종의 오류(β오류): 영가설(H_O)이 위(僞, 거짓)인 경우에 이를 긍정함으로써 발생하는 오류 → '거짓'인 영가설을 '참'이라고 오판하는 오류

③ 가설검증 방법: 종속변인의 차이를 검증하는 방법
㉠ 카이자승(x^2) 검증: 종속변인이 비연속변인(예 명명척도, 서열척도)일 때
㉡ T검증, Z검증, F검증: 종속변인이 연속변인(예 동간척도, 비율척도)일 때

T검증	독립변인의 집단수가 2개 이하이고, 사례수가 40보다 작을 때 ① 독립표본 T검증(단일표본 T검증): 집단수가 2개(실험집단/통제집단)일 때 ② 종속표본 T검증(대응표본 T검증): 집단수가 1개(실험집단)일 때
Z검증	독립변인의 집단수가 2개 이하이고 사례수가 40보다 클 때
F검증	독립변인의 집단수가 3개 이상일 때 • 집단이 동질집단이면 − 변량분석(일원변량분석) • 집단이 이질집단이면 − 공변량분석

❸ 문화기술적 연구(ethnographic research)

(1) **개념**: 특정 문화현상을 이해하기 위한 질적 연구
(2) **특징**: ① 의도적 표집, ② 문화적 주제(예 학생들의 놀이 문화) 취급, ③ 현상학적 입장에서 연구(내부자 또는 현지인의 관점 중시) 수행, ④ 자연적 상황에서 연구 수행(타당도 관련 요인), ⑤ 현장 속에서 연구(참여관찰과 심층면접을 활용), ⑥ 맥락의존적으로 현상 기술, ⑦ 총체적 관점 지향(내부자적 관점과 외부자적 관점의 통합), ⑧ 병행적·반복적·순환적 연구절차

CHAPTER 13

교육행정학

제1절	교육행정의 개념, 성격과 원리
제2절	교육행정이론
제3절	교육행정조직
제4절	교육기획과 교육정책
제5절	장학(super-vision)
제6절	학교경영과 학급경영
제7절	교육재정
제8절	인사행정
제9절	학교 실무

Chapter 13 교육행정학

필수체크 Top point

1. **교육행정의 개요**: 개념(교육에 관한 행정, 교육을 위한 행정, 교육의 행정), 성격, 기본원리
2. **교육행정이론**: 과학적 관리론, 인간관계론, 행동과학이론, 체제이론, 사회과정이론, 대안적 접근(해석학적 관점, 급진적 관점)
3. **의사결정 이론**: ① 산출 모형[합리 모형, 만족 모형, 점증 모형, 혼합 모형, 최적 모형, 쓰레기통 모형], ② 과정 모형[브리지스(Bridges), 호이와 타터(Hoy & Tarter)]
4. **지도성 이론**: 상황적 지도성, 카리스마적 지도성, 변혁적 지도성, 문화적 지도성, 초우량 지도성, 분산적 지도성
5. **동기이론**: ① 내용이론[매슬로우(Maslow)의 욕구위계이론, 허즈버그(Herzberg)의 동기-위생이론, 앨더퍼(Alderfer)의 ERG이론, 맥그리거(McGregor)의 X-Y이론, 아지리스(Argyris)의 미성숙-성숙이론, 리커트(Likert)의 체제이론], ② 과정이론[브룸(Vroom)의 기대이론, 아담스(Adams)의 공정성이론, 포터와 로울러(Porter & Lawler)의 성과-만족이론, 로크(Locke)의 목표설정이론]
6. **학교조직의 특성**: 봉사조직, 규범적 조직, 전문적 관료제, 조직화된 무질서, 이완결합체제, 학습조직
7. **지방교육자치제**: 교육자치의 원리(지방분권, 민중통제, 자주성, 전문성), 교육감, 「지방교육자치에 관한 법률」
8. **학교자치**: 학교운영위원회
9. **학교 조직풍토 및 조직문화**: ① 조직풍토[핼핀과 크로프트(Halpin & Croft), 호이, 클로버와 미스켈(Hoy, Clover & Miskel)], ② 조직문화[오우치(Ouchi), 스타인호프와 오웬스(Steinhoff & Owens), 세티아와 글리노(Sethia & Glinow)]
10. **교육기획과 교육정책**: ① 교육기획 접근방법(사회수요접근법, 인력수요접근법), ② 교육정책[캠벨(Campbell)의 정책형성론, 로위(Lowi)의 정책유형론, 던(Dunn)의 정책평가 기준]
11. **장학**: ① 조직수준에 따른 구분[학무장학(컨설팅장학), 교내장학(임상장학)], ② 장학방법에 따른 구분[자기장학, 동료장학, 전통적 장학(약식장학), 인간자원장학]
12. **학교경영**: 목표관리기법(MBO), 과업평가검토기법(PERT)
13. **교육재정**: 교육재정의 성격, 운영원리(확보, 배분, 지출, 평가), 교육비의 종류
14. **학교회계제도**(국립, 공립)
15. **지방교육재정**(교육비 특별회계): 지방교육재정 교부금(보통교부금, 특별교부금), 지자체 일반회계 전입금, 자체수입
16. **교육예산 편성기법**: 품목별 예산제도, 성과주의 예산제도, 기획예산제도, 영기준 예산제도
17. **교육인사행정 및 학교실무**: 교육직원(교원, 교직원, 교육전문직, 교육공무원), 임용(휴직, 전직과 전보), 능력개발(연수), 복무(교직원의 임무, 교원의 권리와 의무), 징계, 교육법(성격, 원리, 적용, 사례「학교폭력예방법」, 「교원노조법」)

제1절 교육행정의 개념, 성격과 원리

❶ 교육행정의 개념

개념	특징
교육에 관한 행정 [행정 / 교육] ↓	• 교육 < 행정: 행정의 종합성 중시, 교육과 행정의 일치(일원론), '위에서 밑으로'의 권위적 행정 → 법규행정설, 공권설, 분류체계론, 교육행정 영역 구분론(독일) • 교육행정은 법이 정하는 바에 따라 교육정책을 실현하는 수단 • 중앙집권적·관료 통제적·권력적·강제적 요소를 중시
교육을 위한 행정 ↑ [교육(교수·학습) / 행정]	• 교육 > 행정: 교육의 자주성 중시, 교육과 행정의 분리(이원론), '아래에서 위로'의 민주적 행정 → 조건정비설, 조장설, 기능설(미국) • 교육행정은 교육목적(교수-학습의 효율화) 달성을 위한 제 조건을 정비하는 수단, 봉사 • 지방분권적·자율적·민주적 특성을 중시
행정과정	• 교육행정은 교육행정가가 교육목적 달성을 위해 수행하는 절차 • PIC : 계획(planning)-실천(implement)-통제(control)
행정행위(경영) → 교육의 행정 공동 목표(학교 경영) ↑↖ [교육 / 행정]	• 교육행정은 교육목적(학교경영의 극대화) 달성을 위한 구성원들의 협동적 행위, 교육과 행정의 일치(일원론) → 교육목적 달성 추구적 정의 • 합리적인 조직관리의 기술 → 조정(co-ordination), 협동적 행위 중시

❷ 교육행정의 성격

(1) 일반적 성격

공공적 성격	교육행정은 전 국민을 대상으로 하는 공공적 사업임.
조장적·봉사적 성격	교육행정은 교육목적 달성을 위한 봉사활동 ⓘ 장학
수단적·기술적 성격	교육목적 달성을 위한 합리적 수단과 기술
정치적 성격	교육문제 예견 및 대책 수립 등 역동적 성격 → 행정적 수완과 함께 정치적 지성을 요구 ⓘ 자원배분 과정에서 다양한 이해관계자의 갈등 조정, 정책 입안시 사회변화와 정치적 요구 반영
전문적 성격	훈련 받은 전문가에 의해 수행되는 활동
민주적 성격	의사결정에 교육 주체 참여와 공정한 민의 반영, 행정 과정 공개, 권한의 위임(empowerment)을 통한 협조와 이해 → 조직, 인사, 내용, 운영 면에서 확보되어야 함.

(2) **특수적 성격**: ① 교육목표 달성의 장기성, ② 교육에 관여하는 제 집단(◎ 교사, 학생, 학부모, 지역사회)의 독자성과 협력성, ③ 교육효과의 직접적인 측정(평가)의 곤란성, ④ 고도의 공익성과 여론에의 민감성

❸ 교육행정의 기본 원리

(1) 법제면의 원리

법치행정(합법성)	모든 행정은 법률에 의거, 법률이 정하는 범위 내에서 이루어져야 한다. → 행정 재량권 남용 방지
자주성 존중	교육 본래의 목적에 따라 그 기능을 다할 수 있도록 교육행정은 일반 행정으로부터 분리·독립시켜야 한다. → (전제) 전문성, 중립성
기회균등	모든 국민에게 균등한 교육기회 보장 → 능력주의 전제
적도집권(適度集權)	중앙집권(행정의 능률성 향상)과 지방분권(행정의 민주화)의 적절한 조화와 균형을 유지

(2) 운영면의 원리

타당성	설정된 목적과 수단 사이의 일치 → 합목적성
효과성	설정된 교육목적 달성 정도
효율성	최소 투입으로 최대 효과 달성 → 경제성, 능률성
민주성	독단과 편견 배제, 광범위한 국민 참여와 공정한 민의 반영
적응성	변화하는 사회상황에의 적응 → 진보주의적 필요
안정성	교육행정의 좋은 점을 발전, 교육활동의 지속성 유지 → 보수주의적 필요
균형성	민주성과 효율성의 조화, 안정성과 적응성의 조화
지방분권	지역의 특수성과 다양성 반영, 주민의 적극적 의사와 자발적 참여 강조
전문성	전문적인 지식과 기술을 습득한 전문가가 담당 → 업무의 독자성과 지적·기술적 수월성을 전제 ◎ 교사 – 실무적 기술, 교감 & 모든 구성원 – 인간관계 기술, 교장– 전체 파악적(통합적, 구상적) 기술

☑ 교육행정가의 전문적 자질(Katz & Kahn)

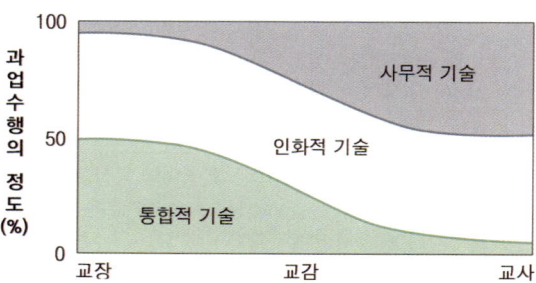

제2절 교육행정이론

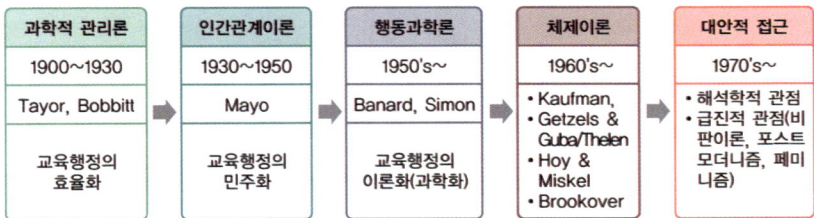

❶ 과학적 관리론

(1) **개요**: 테일러(Taylor)가 대표 → 교육행정의 효율화에 기여

① 내용: 분업의 원리에 기초, 생산과정의 표준화를 통한 생산성 향상
② 주요 원리: ㉠ 시간연구와 동작연구, ㉡ 성과급 원리, ㉢ 계획과 작업수행 분리, ㉣ 과학적 작업방법의 원리
③ 특징: ㉠ 경제적 인간관(X이론), ㉡ 위생(불만족) 요인 제거 → 기계적(절대적) 능률관 강조

(2) **교육행정에의 적용**(Bobbitt): 「교육에서의 낭비 제거」(1912) → ① 가능한 모든 시간과 학교시설 최대 이용, ② 교직원수 최소화하고 작업능률을 최대화, ③ 교육활동 중의 낭비 제거, ④ 교원은 교수일에만 전념(행정은 행정가에게)

☑ 「교육과정(Curriculum, 1918)」에서 과학적 관리론을 학교 교육과정에 도입 → 활동중심 교육과정 편성

(3) **문제점**: ① 행정의 능률과 민주적 목표와의 조화를 무시(균형성 상실), ② 비경제적 동기 무시, ③ 노동자의 인간소외 문제 초래 → 인간관계이론 대두

(4) **이론의 확장**

① 교육행정 과정이론: 교육행정가가 교육행정을 합리적으로 펼치는 절차

패욜(Fayol)	기획(P) ➡ 조직(O) ➡ 명령(C) ➡ 조정(Co) ➡ 통제(Con)
귤릭과 어윅 (Gulick & Urwick)	기획(P) ➡ 조직(O) / 인사(S) ➡ 지시(D) ➡ 조정(Co) ➡ 보고(R) / 예산편성(B)
시어즈(Sears)	기획(P) ➡ 조직(O) ➡ 지시(D) ➡ 조정(Co) ➡ 통제(Con)
그레그(Gregg)	의사결정(DM) / 기획(P) ➡ 조직(O) ➡ 의사소통(Com) / 영향(I) ➡ 조정(Co) ➡ 평가(E)

의사결정 (Decision-making)	목표 수립, 수단 선택, 결과 판정 등을 결정하는 일(결재) → 교육행정 과정의 핵심 요소
기획(Planning)	미래 목표 달성의 수단(방안) 및 현재 문제해결의 수단 마련
조직(Organizing)	공동목표달성을 위한 분업적 협동체제의 구성 → 과업과 자원의 배분
영향(Influencing)	권력의 행사 및 구성원의 수행 요구(예 명령, 지시, 자극) → 지도성(leadership)의 발휘
조정(Co-ordinating)	조직 내의 공동목표달성을 위해 구성원의 노력을 통합·조절 → 분업적 협동행위

② **관료제이론**: 조직구조의 합리적 관리를 통한 생산성 향상

학교관료제의 특징	순기능	역기능
분업과 전문화	숙련된 기술과 전문성 향상	피로(권태) 누적 ➡ 생산성 저하
몰인정성(공평무사성)	합리성 증대	사기 저하
권위의 계층(위계화)	원활한 순응과 조정	의사소통의 장애
규칙과 규정의 강조	계속성과 통일성 확보	목표전도(동조과잉) 현상, 조직의 경직성
경력 지향성	조직에의 충성 유도, 동기 유발	업적과 연공제 간의 갈등

❷ 인간관계론

(1) **개요**: 메이요와 뢰슬리스버거(Mayo & Roethlisberger)가 대표

① 개인의 심리적·정서적·비합리적 요인(예 사기, 동기) 및 사회적 요인(예 조직 내 인간관계·비공식적 집단)을 통한 생산성 향상 도모
② 호손실험 효과: 조직 내 인간관계 변화에 따른 생산성 향상 연구
③ 특징: ㉠ 사회적 인간관(Y이론, 인간은 도구적 존재)에 토대, ㉡ 동기(만족) 요인 중시, ㉢ 자생집단(비공식적 집단)의 중요성 → 사회적(상대적) 능률관 강조

(2) **교육행정에의 적용**: 민주적 행정(행정의 인간화)의 중시

① 민주적 지도성, 의사소통, 사기, 인사제도 창안, ② 학교의 민주화, ③ 봉사활동으로서의 학교행정

❸ 행동과학론

(1) **개요**

① 조직 내의 인간(행정가) 행동을 연구 → 행정의 효율성 향상
② 행동주의 심리학을 바탕으로 인간행위에 대한 통일적 이론 수립
③ 교육행정에 관한 이론화 운동 → 신운동(New Movement)

(2) **대표자**: 바나드(Barnard), 사이몬(Simon)
   ① 바나드(Barnard): 행정가의 행위 중 '의사결정'을 중시
   ② 사이몬(Simon): 의사결정(만족모형)과 연계, '행정적 인간형'을 이상적 행정가로 제시

❹ 체제이론

1. 개요
(1) **개념**: 학교사회를 하나의 체제(system)로 보고, 학교를 구성하고 있는 하위 체제들을 유기적으로 기능하게 함으로써 생산성 향상 도모
(2) **절차**: 투입 - 과정 - 산출 - 환류(feedback)

2. 대표적 모형
(1) **카우프만(Kaufman)의 체제접근모형**: 일반모형

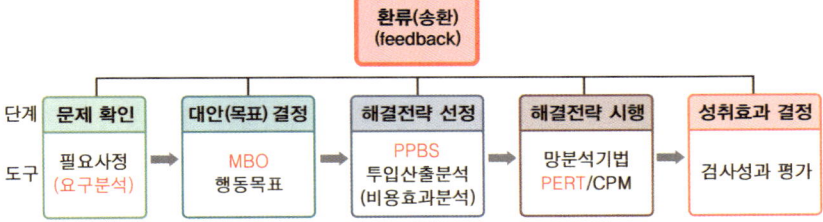

(2) **브루코버(Brookover)의 사회체제적 접근모형**: 미시적 접근

투입변인	① 학생집단특성, ② 교직원(교장, 교사, 행정직원) 배경
과정변인 (핵심)	① 학교의 사회적 구조(예 교사의 만족도, 학부모 참여도, 교장의 관심도 등), ② 학교의 사회적 풍토(예 학생, 교사, 교장의 학교에 대한 기대지각, 평가)
산출변인	학습효과(예 성적, 자아개념, 자신감 등)

☑ 퍼셀(Persell)의 사회체제 접근모형(거시적 접근): 사회구조 ➡ 교육제도 ➡ 교수·학습과정(예 교사의 기대, 학급 내 상호작용) ➡ 교육결과(인지적, 비인지적 결과)

3. 사회과정이론: 사회체제이론
(1) **초기 모형**: 겟젤스와 구바(Getzels & Guba)
   ① 사회체제 내 개인의 행동은 조직적 차원과 개인적 차원의 상호작용의 결과
   ② 인간의 사회적 행위(B)는 역할(R)과 인성(P)의 상호작용: $B = f(R \cdot P)$

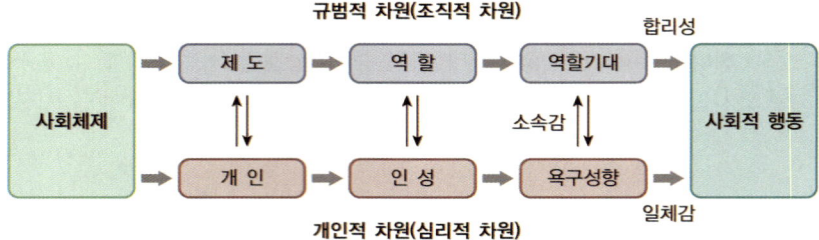

☑ 구성원의 사기 진작 요인으로 ❶ 합리성(역할기대 = 목표행동), ❷ 소속감(역할기대 = 욕구성향), ❸ 일체감(욕구성향 = 목표행동)을 제시함.

(2) **수정모형**: 겟젤스와 셀렌(Getzels & Thelen)
   ① 조직적 차원에 조직풍토 차원(예 집단의식)과 인류학적 차원(예 관습, 가치)을 추가
   ② 개인적 차원에 생물학적 차원(예 신체구조, 잠재력)을 추가
   ③ 구성원의 사기진작 요인: 합리성, 소속감, 일체감

(3) **호이와 미스켈(Hoy & Miskel)의 학교사회체제모형(2008)**
   ① 겟젤스와 구바(Getzels & Guba, 1957) 모형을 정교화함.
   ② 학교는 개방체제에 해당: 조직이 환경과 개방적인 상호작용 속에서 투입을 산출물로 전환시켜 환경으로 내보내고 피드백 과정을 통해 생존발전함.
   ③ 투입-전환(변형과정)-산출로 학교조직 안의 현상을 이해
      ㉠ 투입: 예 교직원의 능력, 학생의 능력, 학교예산 및 시설, 외부지원
      ㉡ 산출: 예 학업성취도, 진학률, 징계학생비율, 학교생활만족도
      ㉢ 전환: 구조, 문화, 정치, 개인, 교수-학습 등의 하위체제로 구성

구조체제	조직의 목적달성과 행정과업의 성취를 위해 설계되고 조직된 공식적 기대 예 학교규정
문화체제	조직구성원들이 공유하는 공통의 지향성 예 학교 교사 간에 형성되는 공유가치, 규범, 인식 등
정치체제	조직 내의 권위와 권력의 관계 예 교장과 교사의 관계, 교사와 학생의 관계, 교원과 학부모의 관계
개인체제	조직 구성원 각자의 개인적 욕구, 신념, 맡은 바 직무에 대한 인지적 이해틀 예 교사 개개인의 욕구, 목적, 신념, 인지
교수·학습	교수·학습 및 평가방법 예 수준별 수업, 자기주도적 학습, 수행평가

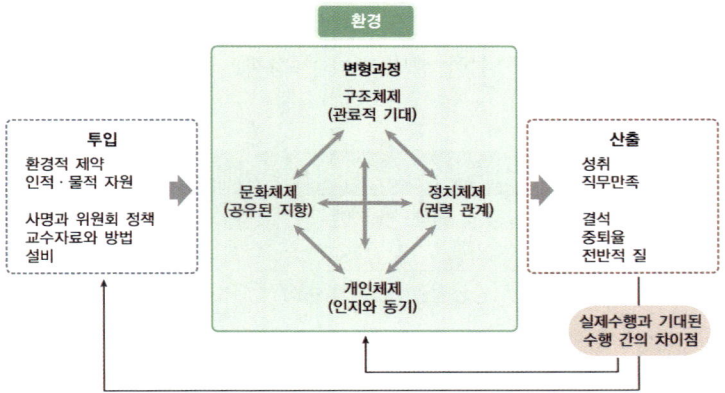

4. 체제이론의 대안적 관점

(1) **개요**: 체제이론의 실증주의적 관점 비판 → 대안으로 해석적 관점과 급진적 관점 제시

(2) **해석적 관점**: 그린필드(Greenfield)의 「학교조직 이론에서 논리실증주의 연구의 비판」(1974)

  ① 조직을 객관적 실체가 아닌, 개인의 주관적 의미 구성체로 파악
  ② 교육행정의 현상학적 접근방식과 질적 연구방법을 통해 조직 이해 → 법칙 발견 ×, 간주관적 이해(inter-subjectivity)

(3) **급진적 관점**: 네오마르크시즘(Neo-Marxism)

  ① 개념: 조직의 비합리적이고 특수한 측면에 초점을 맞추어 조직 탐구, 해석적 관점보다는 객관적 탐구
  ② 유형

포스트모더니즘	전통 조직에 대한 연구를 해체 → 새로운 조직유형을 창조 예) 조직화된 무질서, 이완결합체제, 학습조직
비판이론	전통 조직에 대한 비판과 함께 변혁 추구
페미니즘	전통 조직은 남성문화의 산물이라고 비판

❺ 의사결정이론(decision-making theory)

(1) **개념**: 문제해결을 위한 합리적 대안(정책) 선택 과정

(2) **관점**

구분	합리적 관점	참여적 관점	정치적 관점	우연적 관점
중심개념	목표달성을 극대화하는 선택	합의에 의한 선택	협상(타협)에 의한 선택	우연에 의한(비합리적) 선택
적합한 조직형태	관료제, 중앙집권적 조직	전문적 조직	다수의 이익집단 존재 & 협상가능 조직	조직화된 무질서 조직
조직환경	폐쇄체제	폐쇄체제	개방체제	개방체제

1. 과정모형: 의사결정의 참여 모형

(1) **브리지스(Bridges)의 참여적 의사결정**

① 의사결정 영역: 수용영역 안, 회색영역(한계영역), 수용영역 밖
② 참여허용 기준: ❶ 적절성(개인적 이해관계), ❷ 전문성(기여 가능성)
③ 상황에 따른 참여적 의사결정 유형

구분	상황	참여적 의사결정의 유형
수용영역 밖	적절성 ○ 전문성 ○	구성원을 자주 참여시킨다. → 의회주의형 의사결정(소수의견도 존중)
한계 영역	적절성 ○ 전문성 ×	구성원을 제한적으로 참여시킨다.(참여허용의 목적은 저항을 최소화하기 위함) → 민주적 접근형 의사결정(다수결에 의한 결정)
	적절성 × 전문성 ○	구성원을 제한적으로 참여시킨다.(참여허용의 목적은 질 높은 아이디어나 정보를 얻기 위함) → 민주적 접근형 의사결정
수용영역 안	적절성 × 전문성 ×	구성원을 참여시킬 필요가 없다. → 단독형 의사결정

☑ 데이터 기반 의사결정(DDDM; Data-Driven Decision Making)
  ① 개념: 의사결정 과정에서 경험적 데이터와 분석을 활용, 최선의 결정을 내리는 접근 방법
  ② 특징: ㉠ 객관성(주관적·직관적 판단 최소화), ㉡ 효율성(빠르고 정확한 의사결정), ㉢ 투명성(명확하고 추적 가능한 의사결정), ㉣ 지속적 개선(데이터 분석을 통한 지속적 피드백과 개선), ㉤ 성과 측정 및 평가

(2) **호이와 타터(W. K. Hoy & C. J. Tarter)의 참여적 의사결정의 규범모형**

① 참여허용 기준: ❶ 관련성(개인적 이해관계), ❷ 전문성(기여 가능성), ❸ 신뢰성(리더가 구성원을 신뢰하는 수준 → 조직목표 충실성, 공동의 이익추구, 공정성·합리성·책임성)

② 상황에 따른 참여적 의사결정 유형

구분	상황		관여(참여)	의사결정구조	학교장 역할
수용 영역 밖	관련성 ○ 전문성 ○ 신뢰 ○	민주적	항상 & 광범위하게	집단합의	융합자(통합자) → 각기 다른 입장을 통합
				다수결	의원 → 공개토론을 조성
	관련성 ○ 전문성 ○ 신뢰 ×	갈등적	항상 but 제한적으로	집단자문	교육자 → 쟁점 설명·논의
한계 영역	관련성 ○ 전문성 ×	이해 당사자	가끔 & 제한적으로		
	관련성 × 전문성 ○	전문가		개인자문	간청자 → 충고를 구함.
수용 영역 안	관련성 × 전문성 ×	비협조적	배제	일방적	지도자(지시자) → 단독적 결정

2. 산출모형: 정책결정모형

의사결정 모형	주창자	내용	특징
합리적 (이상적) 모형	Reitz	• 최선의 대안 모색(정책결정자의 전능성 가정) • 매몰비용 무시	• 객관적 합리성(탈가치) 추구 • 경제인 모형 / 폐쇄사회 • 현실적으로 실현 불가능
만족화 모형	• Simon • March	현실적으로 만족할만한 해결책 선택	• 주관적 합리성 추구 • 제한된 합리성 / 관료사회 • 행정가 모형 / 보수적 모형
점증적 모형	• Lindblom • Wildavsky	• 기존 정책보다 약간 개선된 대안 선택 • 매몰비용 고려	• 소극적 악의 제거 추구 • 정치적 합리성 / 다원주의 사회(민주주의 사회) • 보수적 모형
혼합모형 (제3의 모형)	Etzioni	합리모형(기본 방향/장기/정형적 문제) + 점증모형(세부 결정/단기/비정형적 문제)	• 이론적 독자성이 없다. • 합리성 + 실용성 / 자율사회
최적화 모형	Dror	• 주어진 목표에 최적 모형 선택(규범적 최적화) • 체제이론적 접근	• 초합리성 중시(엘리트들의 영감, 비전 중시) / 혁신사회 • 초결정 ➡ 결정 ➡ 후결정 단계
쓰레기통 모형	• Cohen • March • Olsen	• 문제의 우연한 해결 • 문제, 해결책, 선택기회, 참여자의 우연적 조합 예 날치기 통과, 진빼기 결정	• 비합리적 의사결정 모형 • '조직화된 무질서(목표 모호, 불분명한 방법, 유동적 참여)'를 전제

❻ 지도성이론

개념(Gregg)	지도성은 지도자가 구성원들에게 영향력(influencing)을 행사하는 과정
영향력의 근원 (French)	① 강압적 권력, ② 보상적 권력, ③ 합법적 권력, ④ 전문적 권력(교육받은 특별한 능력과 지식), ⑤ 위탁적(준거적) 권력(인성적 강점)

1. **특성이론**: 위인이론 → 심리학적 접근
   (1) **개념**: 지도자는 선천적인 특성(traits) 소유
   (2) **대표자**
   ① 스톡딜(Stogdil), 깁(Gibb): 인적 특성(예 책임감, 집요성, 창의성)
   ② 캐츠와 칸(Katz & Kahn): 실무적 특성(예 실무적 기술, 인간관계적 기술, 전체파악적 기술)

2. **행동이론(지도자 행위론)**: 행동과학적 접근
   (1) **레빈(Lewin), 리피트(Lippitt), 화이트(White)**: 전제형, 민주형, 자유방임형
   (2) **타넨바움과 슈미트(Tannenbaum & Schmidt)의 지도성 유형 연속선**: 설명형(전제형, 지시형) - 판매형(설득형) - 검사형(의사타진형) - 상담형(협의형) - 참여형(민주형, 협력형)
   (3) **핼핀과 위너(Halpin & Winer)**: 지도자행동기술 질문지(LBDQ) 활용
   ① 구분 기준: 구조성(과업중심)과 배려성(인화중심) 차원
   ② 지도성 유형: 효율형(가장 이상), 과업형, 인화형, 비효율형 지도성

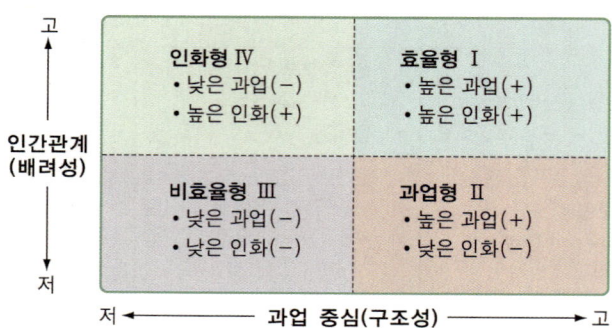

   (4) **블레이크와 모튼(Blake & Mouton)의 관리망 이론**
   ① 구분 기준: 생산에 대한 관심과 인간에 대한 관심

② 지도성 유형

3. **상황이론(상황적 특성론)** : 사회학적 접근 → 지도성은 상황적 산물
   (1) **블랜차드와 허시(Blanchard & Hersey)** : 구성원의 준비도 또는 성숙도(직무성숙도, 심리적 성숙도) 중시

구성원의 성숙도	높다.	중간이다.		낮다.
	M4	M3(중간 이상)	M2(중간 이하)	M1
직무성숙도(능력 or 전문성)	고	고(적절)	저	저
심리적 성숙도(동기)	고	저	고(적절)	저
효과적 지도성 유형	위임형	지원형(참여형)	지도형(설득형)	지시형(설명형)
관계	저	고	고	저
과업	저	저	고	고

(2) **피들러(Fiedler)의 우발성 이론**
   ① 상황의 호의성 : ㉠ 지도자와 구성원의 관계, ㉡ 과업구조, ㉢ 지도자의 지위권력
   ② 효과적 지도성 유형 : 상황이 호의적이거나 비호의적일 때는 과업지향적 지도성, 상황이 중간 정도일 때는 관계성 지향적 지도성
(3) **레딘(Reddin)의 3차원 지도성 유형** : 상황에 따른 효과성 → 지도자는 상황에 따라 지도성을 바꿔야 한다.

비효과적 유형(-)	기본적 지도성 유형	효과적 유형(+)
타협가	통합형(과업+, 관계+)	경영자
독재자	헌신형(과업+, 관계-)	자선적(慈善的) 독재자
선교사	관계형(과업-, 관계+)	계발자(啓發者)
유기자(책임포기자)	분리형(과업-, 관계-)	관료

(4) 에반스(Evans)와 하우스(House)의 행로-목표이론
① 브룸(Vroom)의 기대이론에 토대
② 상황변인: 행로-목표에 대한 구성원의 지각 ⓔ 성과기대, 보상기대, 유인가
③ 구성 변인: ㉠ 지도자의 행위, ㉡ 상황적 요인(구성원 특성, 환경적 요인), ㉢ 구성원의 지각, ㉣ 효과성(직무만족, 동기유발, 직무수행)

4. 제미어와 커(Jermier & Kerr)의 지도성 대체(대용) 상황모형

(1) **개념**: 지도자의 과업수행은 지도자가 가지고 있는 그 어떤 것에 의존하지 않고 구성원의 특성, 과업의 특성, 조직 특성 등에 달려 있다.

대체(대용) 상황	지도성이 작용하지 않는(불필요한 또는 지도성을 대신하는) 상황 ⓔ 교사들이 경험, 식견, 능력이 우수한 경우
억제 상황	지도성을 제한(ⓔ 지도자의 권력이 약하거나 보상을 제공하지 못함)하거나 무력화시키는(ⓔ 교사들의 무관심) 상황

(2) **의의**: 지도자의 행동이 어떤 상황에서는 중요한 영향을 주는 데 반해, 다른 상황에서는 왜 아무런 영향을 주지 못하는지를 이해하는 데 도움 제공

5. 변혁적 지도성: 번즈(Burns)와 배스(Bass)가 주장

(1) **개념**: 구성원들의 잠재력을 일깨워 개인 및 조직의 변화를 도모

(2) **거래적 지도성과 변혁적 지도성의 비교**

거래적 지도자(교환적 지도자)	변혁적 지도자
조직의 유지, 지도자의 합리성 중시	조직의 변화 및 혁신, 지도자의 초합리성 중시
• 보상: 노력에 대한 보상의 교환을 계약함. 업적이 높으면 많은 보상을 약속함. 업적 수행에 대한 인정 • 예외관리: 규정과 표준에 맞지 않을 때만 개입 • 자유방임: 책임을 이양함. 의사결정을 회피함.	• 카리스마(이상적인 완전한 영향력): 비전과 사명감을 제공. 자부심을 주입. 존경과 신뢰를 얻음. • 감화적 행위(영감적인 동기유발): 높은 기대를 전달함. 노력에 초점을 두는 상징을 활용. 단순한 방법으로 중요한 목적을 표현 • 지적 자극: 지식, 합리성 및 문제해결능력을 증진함. • 개별적 관심(배려): 개인에 관심, 각자를 개인적으로 상대하고 지도·충고함.

☑ 카리스마적지도성: ❶ 하우스(House)는 지도자가 지닌 인성 특성과 매력(ⓔ 자신감, 타인 지배 욕구, 강한 확신, 인상 관리), ❷ 콩거와 카눈고(Conger & Kanungo)는 지도자의 행동에 대한 구성원의 지각을 중시, ❸ 특징 – 정서적 표현력, 열정, 추진력, 설득력, 비전, 자신감, 경청 등

6. 교육적 지도성

(1) **문화적 지도성**: 서지오바니(Sergiovanni)가 주장
   ① 개념: 구성원의 의미추구 욕구를 만족시킴으로써 그 구성원을 학교의 주인으로 만들고 조직의 제도적 통합을 가능하게 하는 지도성 접근법
   ② 서지오바니(Sergiovanni)의 학교 유형 분류

   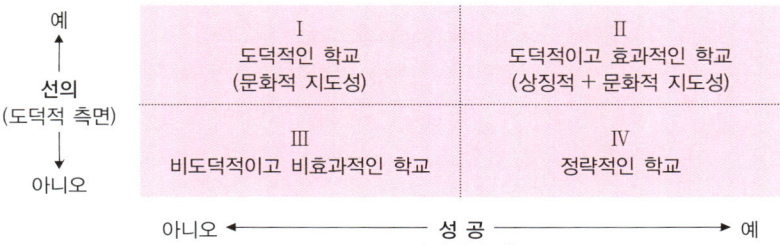

   ③ 학교지도성의 유형: 문화적 지도성을 가장 중시

문화적 지도성	독특한 학교문화 창출, 학교 정체성 및 전통 확립 → 성직자(priest)
상징적 지도성	행사나 의식을 통해 학교의 비전과 목표, 중대사 추진 → 대장(chief)
교육적 지도성	교수·학습, 장학 등 교육적 전문능력 구비 → 현장교육 전문가
인간적 지도성	인간자원 활용능력 구비 → 인간공학 전문가
기술적 지도성	학교 경영관리기술 보유 → 전문경영자

(2) **수퍼 지도성(초우량 지도성)**
   ① 대표자: 만즈와 심스(Mans & Sims)가 제안
   ② 자율적 지도성 추구: 구성원 스스로 자기 삶의 주인이 되는 자율성 신장
   - ☑ 도덕적지도성: 오웬스(Owens)가 주장 → 구성원은 자기 지도자(self-leader), 지도자는 지도자의 지도자(leader of leaders), 지도자와 구성원의 '(욕구, 열망, 가치 등) 공유의 순수성' 중시
   - ☑ 초우량 지도성은 구성원 스스로가 자율성과 자기 리더십(self-leadership)을 개발하도록 돕는 데 초점을 두며, 도덕적 지도성은 지도자 자신이 도덕적 모범이 되어 구성원의 도덕적 성장과 윤리적 조직문화 구축에 초점을 둔다.

(3) **분산적 지도성**: 조직 지도성 이론 → 스필레인(Spillane) 등이 주장
   ① 개념: 개인을 강조하는 영웅적 지도성(집중된 지도성)을 비판하고 팀이나 집단 그리고 조직적 성격을 중심으로 접근하는 지도성 이론

② 특징
　　㉠ 지도성 실행에 초점을 맞춘 대안적인 접근
　　㉡ 지도자 개인에 초점을 맞춘 '집중된 지도성(focused leadership)'을 비판
　　　→ 지도자와 구성원들이 조직이 직면한 문제 상황에 대한 의사결정의 공유를 통해 조직 역량과 개인의 전문성을 극대화하기 위한 지도성이론
　　㉢ 공유적, 협동적, 민주적, 참여적 지도성 등의 개념이 혼재된(mixed) '혼합적 지도성(hybrid leadership)'의 속성
　　㉣ 지도자와 구성원의 경계가 약화되고 지도자 확대(leader-plus), 조직 일부나 전체에 지도자가 흩어져 있다는 결집된 지도성(공조행위)을 통해 지도성 실현
　　㉤ 지도성 실행이 상황 속에서 구성됨.
　　㉥ 조직문화는 지도성 실행에 영향을 줌.
　　㉦ 팀학습 또는 집단적 학습 강조
(4) **감성 지도성 이론**: 골맨(Goleman)이 주장
　　① 개념: 리더가 자기 감성을 잘 인식·조절하고 다른 사람의 마음을 헤아리는 감정이입을 통하여 다른 사람과의 긍정적인 관계를 형성하는 지도성
　　② 구성요인: ㉠ 개인역량(자기인식능력, 자기관리능력), ㉡ 사회적 역량(사회적 인식능력, 관계관리능력)

❼ 동기 이론: 욕구 ➡ 동기 ➡ 행동

1. **내용이론**: 동기유발요인에 관심
(1) **매슬로우(Maslow)의 욕구위계론**: 인본주의적 접근
　　① 욕구 5단계설: ㉠ 욕구가 동기유발요인, ㉡ 만족-진행법, ㉢ 욕구충족은 상대적

결핍욕구	성장욕구
❶ 생리적 욕구 ❷ 안전·보호 욕구: 물리적 안전, 대인관계적 안전 ❸ 애정·소속·사회적 욕구 ❹ 존경 욕구: 타인존경(평판) 욕구, 자존 욕구	❺ 자아실현 욕구: 지적 욕구(지식 이해 욕구), 심미적 욕구

② 시사점

학교경영 측면	교수·학습 측면
• 인간중심 경영의 논리적 토대 제공 • 교사들의 동기유발을 위한 단계적·복합적 접근이 필요 • 교사들의 동기에 관한 체계적 설명 제공	• 기본적 욕구 충족은 학습에 기초가 됨. • 안전하고 질서 있는 교실 마련이 중요 • 학생을 학생이기 전에 인간으로 대할 것 • 학생의 관점에서 교수할 것

(2) 허즈버그(Herzberg)의 동기-위생론: 2요인설
  ① 개요: 만족-불만족 요인은 서로 독립적·별개 → 함께 충족시 생산성 향상
    ☑ 두 요인이 모두 충족되지 않으면 구성원이 지닌 역량은 60%만 발휘되나, 위생요인만 충족되면 80%가 발휘되고, 두 요인이 모두 충족되면 110%가 발휘될 수 있다.
  ② 종류

동기요인 (만족요인, 개인 내적 요인, 접근욕구)	위생(환경)요인 (불만족요인, 개인 외적 요인, 회피욕구)
• 일(직무) 자체를 의미: 성장(발전 가능성), 책임감, 성취감, 자아실현, 승진 • 직무확장(풍부화)을 통해 동기부여	• 일을 둘러싼 환경을 의미: 봉급(보수), 작업조건, 안전, 감독, 회사정책, 직무안정성, 대인관계 • 1차적(우선적) 제거요인

  ③ 시사점
    ㉠ 직무재설계의 중요성 강조 예 교원연구년제
    ㉡ 직무 자체를 통해 성장 가능한 인사체계 개선 필요: 교사의 경력단계화 프로그램 예 수석교사제
    ㉢ 확장된 직무의 특성: ❶ 교사들에게 의사결정의 권한과 자율성 확대, ❷ 결과에 대한 책임감 조장, ❸ 새로운 학습기회 제공
    ☑ 직무특성이론: 해크만과 올드햄(Hackman & Oldham)이 주장 → 구성원의 심리적 상태(작업 결과에 대한 보람, 피드백, 책임감) 고려한 직무 재설계 중시

(3) 앨더퍼(Alderfer)의 생존관계성장이론(ERG이론)
  ① 욕구의 종류

생존욕구(E)	❶ 생리적 욕구, ❷ 안전·보호 욕구(물리적 안전)
관계욕구(R)	❷ 안전·보호 욕구(대인관계적 안전), ❸ 애정·소속·사회적 욕구, ❹ 타인존경 욕구
성장욕구(G)	❹ 자기존경 욕구, ❺ 자아실현 욕구, 지적 욕구, 심미적 욕구

② 특징 : ⓐ 욕구좌절 및 퇴행요소 인정(불만족-퇴행법), ⓑ 2~3가지 욕구가 한 번에 충족 가능, ⓒ 하위욕구가 충족되지 않아도 상위욕구가 발생 가능, ⓓ '자기존경욕구(자존감)'를 성장욕구에 포함

(4) 맥그리거(McGregor)의 X · Y이론 : 인간 본성에 따른 동기유발

X이론	성악설(성본능설), 본능적, 일을 싫어함, 개인적 · 이기적, 타율적 통제, 강제적 · 외적 동기, 비관론 → 과학적 관리론적 접근, 권위주의적 리더십
Y이론	성선설, 인본적, 일을 좋아함, 집단적 · 협동적, 자율적 통제, 자율적 · 내적 동기, 낙관론 → 인간관계론적 접근, 민주적 리더십

(5) 아지리스(Argyris)의 미성숙 – 성숙이론
 ① 조직풍토 개선에 관심
 ② 성숙한 인간의 욕구와 공식조직의 욕구 간 불일치 해소에 중점 : 구성원을 성숙한 존재로 대우하는 지도력으로의 전환

(6) 리커트(Likert)의 관리체제이론
 ① 상급자와 하급자 간의 관계에 따라 조직특성을 체제 1에서 체제 4까지 연속선으로 표시
 ② 체제1은 과업 지향적 · 권위주의적 · 수탈적 관리유형(X이론), 체제4는 팀워크 · 상호 신뢰 · 관계 지향적 · 참여적 관리유형(Y이론). 체제2, 3은 두 개의 양극단의 중간관계에 해당

2. **과정이론** : 동기 부여 과정과 전략, 절차에 관심

 (1) 브룸(Vroom)의 기대이론
  ① 개념 : 동기는 성과기대(Expectancy) × 보상기대(Instrumentality) × 유인가(Valence)로 결정 → 구성원의 지각 중시

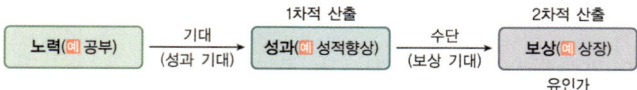

  ② 시사점 : ⓐ 성과기대 제공, ⓑ 보상기대 제공, ⓒ 보상의 유의성(매력성) 증진

(2) **아담스(Adams)의 공정성 이론**: 균형이론, 교환이론, 사회적 비교이론
  ① 개념: 개인이 타인에 비해 공정하게 대우받는 쪽으로 동기유발
  ② 공정성 도식: 분배의 공정성 중시
  $$공정성 = \frac{자신의\ 성과}{자신의\ 투입} = \frac{타인의\ 성과}{타인의\ 투입}$$
  ③ 공정성 회복 방법: ㉠ 투입조정(과대보상이면 노력증가, 과소보상이면 노력감소), ㉡ 성과 조정(예 노조의 압력), ㉢ 자기자신이나 타인의 투입과 성과를 왜곡, ㉣ 조직 이탈, ㉤ 비교대상 변경

(3) **포터와 로울러(Porter & Lawler)의 성과 – 만족 모형(1968)**
  ① 브룸(Vroom)의 기대이론과 아담스(Adams)의 공정성이론을 결합, 직무수행 및 직무만족을 포함하는 포괄적 모형 제시
  ② 기대이론, 공정성이론, 내재적 보상, 성과와 만족의 관계 등을 포괄하고, 능력과 역할인식의 문제까지를 모두 포함한 종합모형: 동기의 강도와 성과, 보상, 만족 간에 존재하는 복잡한 관계를 설명하고, 노력과 성과 간에 능력과 역할이라는 매개변수를 도입하여 성과측정의 정확성 제고
  ③ 특징: 노력과 성과 간의 관계 강조, 동기의 강도가 성과 및 만족과 불일치함을 전제
  ④ 모형도

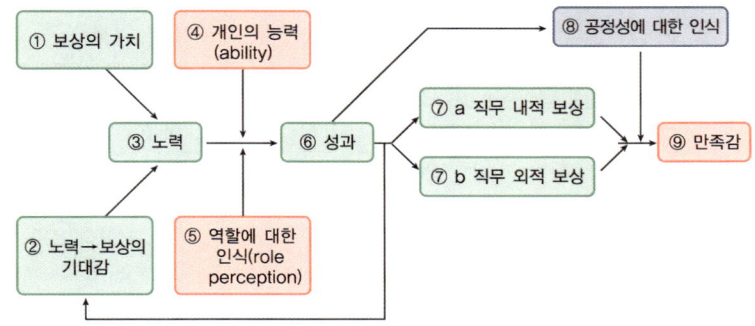

  ☑ ①, ②, ③, ⑥, ⑦은 브룸(Vroom), ⑧은 아담스(Adams), ④, ⑤, ⑨는 포터와 로울러(Porter & Lawler)가 중시한 요소임. 허즈버그(Herzberg)는 만족-성과를 중시함.

(4) **로크(Locke)의 목표설정이론**: 목표가 구성원의 동기유발 원인 → 목표관리기법(MBO), 경영정보관리(MIS), 조직개발기법(OD)

❽ 의사소통이론(communication theory)

(1) **개념**: 조직체 내에서 개인 또는 집단 사이에 사실·의견을 공유하는 과정
(2) **의사소통의 원칙**: 레드필드(C. E. Redfield)

명료성	의사전달 내용이 명확할 것 → 간결한 문장과 쉬운 용어 사용
일관성(일치성)	의사소통 내용의 전후 일치, 무모순성, 조직 목표와의 부합성
적시성	필요한 정보는 필요한 시기에 적절히 투입될 것
분포성(배포성)	의사소통의 모든 대상에게 골고루 전달될 것
적응성(융통성)	의사소통의 내용이 상황에 맞게 융통적일 것 → 현실 적합성
통일성	조직 전체의 입장에서 동일하게 수용된 표현이어야 할 것
적량성(적정성)	과다하지도 과소하지도 않은 적당량의 정보를 전달할 것
관심과 수용	수신자의 주의와 관심을 끌 수 있고, 수용될 수 있을 것

(3) **의사소통의 유형**
① 의사소통의 방향에 따라: 수직적 의사소통, 수평적 의사소통, 대각선적 의사소통, 포도넝쿨모형 의사소통
② 발신자와 수신자 사이의 메시지의 흐름에 따라: 일방적 의사소통과 쌍방적 의사소통
③ 조직의 성격에 따라: 공식적 의사소통과 비공식적 의사소통

구분	공식적 의사소통	비공식적 의사소통
개념	공식조직 내의 의사소통	자생집단(비공식적 조직) 내의 의사소통
장점	• 상관의 권위가 유지 • 의사전달이 확실하고 편리 • 책임소재가 명확 • 정보의 사전 입수로 의사결정이 용이 • 의사결정에서의 활용 가능성이 큼. • 정보나 근거의 보존이 용이	• 전달이 신속 • 배후 사정을 소상히 전달 • 긴장 극복, 개인적 욕구 충족 • 행동의 통일성 확보 • 관리자에 대한 조언의 역할 • 의견 교환의 융통성이 높음. • 공식적 전달을 보완
단점	• 의사전달이 형식화되기 쉬움. • 배후 사정을 소상히 전달하기 어려움. • 변화하는 상황에 신속한 적응이 어려움. • 기밀 유지가 곤란함.	• 책임 소재가 불분명함. • 개인 목적에 역이용될 수 있음. • 공식적 의사소통 기능 마비 • 수직적 계층 하에서 상관의 권위가 손상 • 조정·통제가 곤란

④ 의사소통의 수단에 따라 : 언어적 의사소통과 비언어적 의사소통

언어적 의사소통	❶ 문서에 의한 의사소통(예 편지, 메모, 보고서 등), ❷ 구두에 의한 의사소통(예 말로 전달하기)
비언어적 의사소통	❶ 물리적 언어를 통한 형태(예 교통신호, 도로표지판, 안내판 등), ❷ 상징적 언어를 통한 형태(예 사무실 크기, 사무실 내의 좌석배치, 자동차의 크기 등), ❸ 신체적 언어를 통한 형태(예 자세, 얼굴표정, 몸짓, 목소리, 눈동자 등)

(4) **의사소통의 기법** : 조하리의 창(Johari's window)

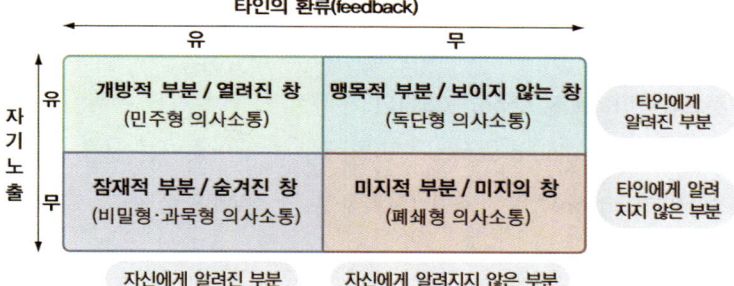

① 맹목적 부분(blind area) : 독단형 의사소통 → 자기주장은 강하나, 상대방의 의견에 대해서는 귀기울이지 않으며 불신하고 비판적이다.
② 잠재적 부분(hidden area) : 비밀형(과묵형) 의사소통 → 타인으로부터 정보를 얻으려만 하고 자신은 방어적인 태도를 취한다.

제3절 교육행정조직

❶ 행정조직의 운영 원리

계층화(계층제)	조직 구성원은 직위에 따라 권한과 책임이 다르다.
명령통일의 원리	조직 구성원은 1명의 상관에게만 명령과 지시를 받고 보고할 때 조직 운영이 활성화된다. 예 한 집에 시어머니가 둘이면 며느리가 괴롭다.
통솔범위의 원리	1명의 지도자가 직접 통솔할 수 있는 부하의 수에는 한계가 있다.
적도집권의 원리	중앙집권과 지방분권 사이에 적절한 균형을 유지해야 한다.

분업화(기능)	업무를 성질별로 나누어 한 구성원에게 한 가지의 주된 업무를 분담시키는 원리이다. → 표준화, 전문화, 단순화 등 3S 촉진
조정의 원리	조직 내 각 부서의 노력을 공동 목적달성을 위하여 조화 있게 정리·배열하는 집단적 노력을 말한다.

❷ 학교조직의 유형

1. 학자들의 구분에 따른 유형

(1) **파슨즈(Parsons)**: 조직의 목표와 사회적 기능에 의한 분류 → 잠재유형(체제)유지 조직(Latent pattern maintenance organization)

(2) **캣츠와 칸(Katz & Kahn)**: 조직의 본래적 기능에 의한 분류 → 유형유지조직

(3) **블라우와 스콧(Blau & Scott)**: 조직의 1차 수혜자에 따른 분류 → 봉사조직(고객)

(4) **칼슨(R. Carlson)**: 봉사조직 유형 구분 → 조직의 고객선발권과 고객의 조직선택권에 따른 분류

❶ 야생조직	조직 ○, 고객 ○ → 시장의 원리(경쟁)가 지배 예 특수목적 고교, 사립대학
❷ 적응조직	조직 ×, 고객 ○ → 예 자유등록제 학교
❸ 강압조직	조직 ○, 고객 × → 이론적으로만 존재, 현실적으로는 존재 불가
❹ 순치조직(사육조직, 온상조직)	조직 ×, 고객 × → 법으로 존립 보장, 환경의 변화에 둔감 예 의무교육기관, 고교평준화 지역의 일반계 고교, 공립학교

(5) **에치오니(Etzioni)**: 지배-복종관계에 따른 분류 → 규범적 조직

권력(power) \ 관여(involvement)	소외적	타산적	도덕적(헌신적)
강제적 권력(강제력)	강제적 조직 (교도소)		
보수적 권력(임금)		공리적(utilitarian) 조직 (기업)	
규범적 권력 (상징·가치)			규범적 조직 (학교)

(6) **민츠버그(Mintzberg)** : 조직의 구성부분, 조정기제, 상황·구조적 요인에 따른 분류(예) 단순구조, 기계적 관료제, 전문적 관료제, 사업부제구조, 임시구조) → 학교는 전문적 관료제에 해당(운영 핵심층인 교사가 주도, 조정기제는 기술의 표준화, 조직 설계시 훈련과 수평적 직무 전문화 중시, 구조 복잡, 안정적·비규제적 환경에 적합)

(7) **호이와 미스켈(Hoy & Miskel)** : 전문적 관료제(관료적 조직 + 전문적 조직)

	관료적 형태 낮다 ← → 높다	
전문적 형태 높다	유형 II 권위주의형 (authoritarian)	유형 I 베버적 이상형 (Weberian)
낮다	유형 IV 무질서형 (chaotic)	유형 III 전문형 (professional)

❶ 베버적 이상형	조직목표가 합리적, 효율적으로 달성될 수 있는 조직
❷ 권위주의형	㉠ 계층적 권위 강조, ㉡ 지배-복종이 운영의 기본원리, ㉢ 권력이 집중, ㉣ 권위는 위에서 아래로 일방적임, ㉤ 규칙과 절차가 객관적으로 적용, ㉥ 상급자가 항상 최종 결정을 내림, ㉦ 조직과 상급자에게 충성하는 사람이 승진
❸ 전문형	㉠ 행정가와 전문가가 함께 의사결정에 참여, ㉡ 의사결정에 대한 전문가의 영향력을 중시, ㉢ 교사는 전문적인 지식·기술·능력을 가진 전문가로 인정
❹ 무질서형	㉠ 갈등과 혼란이 일상화, ㉡ 불일치·모순·비효과성이 현저하게 나타남.

(8) **코헨(Cohen), 올센(Olsen), 마치(March)의** 조직화된 무질서(무정부) 조직
  ① 특징 : ㉠ 목표의 모호성, ㉡ 불분명한 과학적 기법, ㉢ 구성원의 유동적 참여
  ② 우연적(비합리적) 관점인 쓰레기통모형에 입각한 의사결정
    예) 진빼기 결정(choice by flight), 날치기 통과(choice by oversight)

(9) **웨이크(Weick)의** 이완결합체제(이완조직)
  ① 개념 : 하위 체제(구조) 간 기능이 서로 연결은 되어 있으나 각자가 독립성(자율성)을 유지 → 구조적으로 느슨한 조직
  ② 특징 : ㉠ 이질적 요소의 공존 허용, ㉡ 환경 변화에 민감, ㉢ 국지적 적응 허용, ㉣ 창의적 해결책의 개발 장려, ㉤ 체제 일부분의 분리를 허용(예) 분교), ㉥ 구성원에게 자유재량권과 자기결정권 제공, ㉦ 통제기제로 신뢰의 논리 중시 → 인과관계 불명확성

(10) 메이어(Meyer)와 로완(Rowan)의 이중조직: 수업활동 측면에서는 느슨한 결합 구조이나, 수업 이외의 학교경영 활동 측면에서는 엄격한 관료적 구조임.

(11) 센게(P. Senge)의 학습조직
① 개념: 일상적으로 학습을 계속 진행해 나가며 스스로 발전하여, 환경 변화에 빠르게 적응할 수 있는 조직
② 구축원리(P. Senge)
㉠ 전문적 소양(personal mastery): 개인 학습
㉡ 세계관(mental model): 관점 형성
㉢ 비전 공유(building shared vision)
㉣ 팀학습(team learning)
㉤ 시스템적 사고(systems thinking): 전연관적 사고

2. 전통적인 구분

(1) 공식성 여부에 따른 구분: 공식적 조직과 비공식적 조직
① 비교

공식적 조직	비공식적 조직
• 인위적으로 형성된 제도적 조직 　ⓔ 관료제 조직 • 문서화된 조직 • 능률의 원리가 적용 → 비인간적 조직 • 전체적 질서 중시 • 지도자의 권위는 상부에 의해 하향적으로 주어진다.	• 혈연·지연·학연 등에 토대한 자연발생적 조직 　ⓔ 동호인 활동, 동창회, 교사친목회 • 비문서화된 조직 • 감정의 논리가 적용 → 심리적 조직 • 부분 질서 중시 • 지도자의 권위는 부하들의 동의에 의해 상향적으로 주어진다(Barnard).

② 비공식적 조직의 순기능과 역기능

순기능	• 구성원들의 심리적 불만 해소 → 귀속감·안정감 부여 • 공식적 조직의 불충분한 의사전달을 원활화 → 조직의 허용적 분위기 조성 • 공식적 조직의 책임자에게 자문과 협조적 역할 • 공식적 조직에 융통성 부여, 개방적 풍토 조성 • 구성원 간 협조와 지식·경험의 공유 → 직무의 능률적 수행에 기여
역기능	• 적대 감정의 유발로 인한 공식적 조직의 기능 방해 • 파벌 조성 등의 정실인사(情實人事)의 계기 • 왜곡된 정보·소문·자료 등에 의한 구성원들의 사기 저하

(2) **계층성 여부에 따른 구분**: 계선(직계) 조직과 막료(참모) 조직

구분	계선조직(직계조직)	막료조직(참모조직)
특징	• 조직 목표 달성 수행 → 직접적·1차적 조직 • 수직적 명령·지휘 계통을 갖는 계층적 조직 • 결정, 명령, 집행기능 → 현실적, 보수적	• 계선조직의 기능 수행 지원 → 부차적 조직 • 명령·지휘계통에서 벗어난 횡적·수평적 조직 • 지식, 경험, 기술제공 기능 → 이상적, 개혁적
장점	• 구성원 상호 간의 권한과 책임 한계가 명확 • 신속한 의사결정, 강력한 통솔력 발휘 • 조직의 안정성 추구 • 업무가 미분화된 소규모 조직에 유리 • 경비의 절약	• 기관장의 통솔범위 확대 • 전문적 지식과 경험 활용 • 합리적인 지시와 명령 하달, 의사결정 • 조직의 경직성 완화, 신축성 부여 • 업무의 상호조정과 협조 추구 → 집단사고 활용
단점	• 관리자의 업무량 과중, 독선과 독단 • 전문가의 지식과 경험활용 불가능 • 불충분하고 융통성이 없는 의사전달 • 조직의 경직성 초래 • 통솔범위 한정, 부처 간 정책조정 곤란	• 계선조직과의 불화 초래 • 책임소재 불분명 → 막료 간의 책임 전가 • 조직규모 확대로 인한 경비 증대 • 의사전달, 명령계통의 혼선 초래 • 막료 권한 강화로 인한 중앙집권화 가능성

❸ **학교의 재구조화**: 학교혁신의 방법

(1) **총체적 질 관리(TQM)**: 기업경영방식을 학교경영에 적용
① 총체적 참여를 통한 체제 전체의 질로 관심 전환
② 고객 중심 교육, 수요자 중심 교육 중시
  ㉠ 학교조직의 유연성 강화
  ㉡ 교사들에게 수업과 관련된 권한 위임
  ㉢ 교사의 의사결정 참여 증대

(2) **학교단위 책임경영제(SBM)**: 학교경영의 분권화·자율화를 통한 학교효율성 증대 → 단위학교 재량권 확대, 교사의 책무성 증대
  예 학교회계제도, 학교운영위원회, 공모교장제, 교사초빙제, 정보공시제

❹ 조직과 갈등관리

(1) **개념**: 관련 개인이나 집단이 함께 일하는 데 어려움을 겪는 상태
(2) **갈등과 조직의 효과성(Robbins)**: 갈등이 적절한 정도일 때 조직의 효과성에 긍정적인 영향을 미친다.
(3) **토마스(Thomas)와 제미슨(Jamieson)의 갈등관리모형**: 조직 상황에 따른 갈등관리방식
   ① 조직의 목표달성과 조직구성원의 필요를 충족시키는 갈등을 다루는 갈등관리방식을 다섯 가지로 분류하여 제시
   ② 갈등관리 유형도

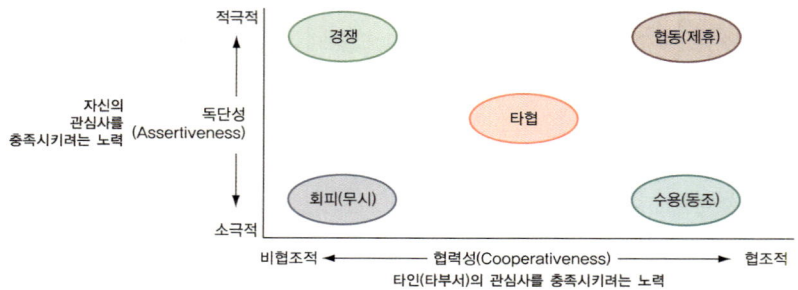

갈등관리 유형	전략이 적절한 상황
경쟁 (Competing) → 승패전략	• 신속한 결정이 요구되는 긴급상황일 때 • 조직의 성장에 매우 중요한 문제일 때 • 중요한 사항이지만 인기 없는 조치를 실행할 때 • 타인을 부당하게 이용하는 사람에게 대항할 때
회피(무시) (Avoiding)	• 쟁점이 사소한 것일 때 • 해결책의 비용이 효과보다 훨씬 클 때 • 더 많은 정보를 얻는 것이 꼭 필요할 때 • 사태를 진정시키고자 할 때 • 다른 사람들이 문제해결을 더 효과적으로 해결할 수 있을 때 • 해당 문제가 다른 문제의 해결로부터 자연스럽게 해결될 수 있는 하위갈등일 때
수용(동조) (Accomodating)	• 자기가 잘못한 것을 알았을 때 • 다른 사람에게 더 중요한 사항일 때 • 패배가 불가피하여 손실을 최소화할 때 • 조화와 안정이 특히 중요할 때 • 보다 중요한 문제를 위해 좋은 관계를 유지해야 할 때

협력(제휴, 연대) (Collaborating) → 승승전략	• 목표가 학습하는 것일 때 • 합의와 헌신이 중요할 때 • 관점이 다른 사람들로부터 통찰력을 통합하기 위하여 • 양자의 관심사가 매우 중요하여 통합적인 해결책만이 수용될 때 • 관계증진에 장애가 되는 감정을 다루고자 할 때
타협(협상) (Compromising)	• 목표가 중요하지만 잠재적인 문제가 클 때 • 협력이나 경쟁의 방법이 실패할 때 • 당사자들의 주장이 서로 대치되어 있을 때 • 시간부족으로 신속한 행동이 요구될 때 • 복잡한 문제에 대한 일시적인 해결책을 얻고자 할 때

❺ 지방교육자치제

(1) **개념**: 교육행정을 일반행정으로부터 분리, 독립 → 교육자주성 확보, 기관분리형(교육위원회+교육감)

(2) **원리**

지방분권	중앙의 획일적 통제 지양, 단체자치에서 중시 → 지역의 다양성과 특수성 반영
민중통제	주민자치 ⓔ 주민 직선에 의한 선출, 교육위원회 제도
자주성	교육행정 기구, 인사, 재정, 장학 등을 일반행정과 분리·독립
전문적 관리	전문적 자질을 가진 사람에 의한 운영 ⓔ 교육감 제도

(3) **역사**: (시작) 1952년 기초자치(시·군·구) ➡ (중단) 1961년 5·16으로 폐지 ➡ (재개) 1991년 「지방교육자치에 관한 법률」 제정(광역자치) ➡ 2010년 교육감 직선제 시행

(4) **구성**

① 교육위원회: 위임형 의결기구 → (광역)시도의회 내 상임위원회로 설치

② 교육감: 독임제 집행기관(시·도에 설치), 특수경력직 공무원(정무직 공무원) → 주민 직선, 4년 임기(계속 재임시 3기에 한함), 주민소환제 및 퇴직 가능

㉠ 교육경력 또는 교육행정경력 3년 이상(등록신청개시일로부터 과거 1년 동안 정당당원이 아닌 자)이면 입후보, 교원겸직불가

㉡ 권한: ❶ 사무집행권, ❷ 교육규칙 제정권, ❸ 대표권, ❹ 지휘·감독권, ❺ 재의요구권(再議要求權), ❻ 제소권, ❼ 선결처분권

ⓒ **관장사무**: ❶ 조례안의 작성 및 제출, ❷ 예산안의 편성 및 제출, ❸ 결산서의 작성 및 제출, ❹ 교육규칙의 제정, ❺ 학교, 그 밖의 교육기관의 설치·이전 및 폐지, ❻ 교육과정의 운영, ❼ 과학·기술교육의 진흥, ❽ 평생교육, 그 밖의 교육·학예진흥, ❾ 학교체육·보건 및 학교환경정화, ❿ 학생통학구역, ⓫ 교육·학예의 시설·설비 및 교구(敎具), ⓬ 재산의 취득·처분, ⓭ 특별부과금·사용료·수수료·분담금 및 가입금, ⓮ 기채(起債)·차입금 또는 예산 외의 의무부담, ⓯ 기금의 설치·운용, ⓰ 소속 국가공무원 및 지방공무원의 인사관리, ⓱ 그 밖에 해당 시·도의 교육·학예에 관한 (위임) 사항

③ **부교육감**: 교육감의 업무 보좌 → 시·도 교육감이 추천한 자를 교육부장관의 제청으로 국무총리를 거쳐 대통령이 임명, 임기는 제한 없음. 고위공무원단(예 1·2급 공무원 및 3급 공무원 일부)에 속하는 일반직 공무원 또는 장학관으로 보(補)함.
  ☑ 인구 800만 명 이상이고 학생수 150만 명 이상인 시·도는 2인을 둠.

④ **교육장**: 시·군·구 교육행정기관(교육지원청)의 책임자 → 대통령이 임명, 장학관으로 보(補)함, 임기 2년

⑤ **교육재정**: 교육비특별회계 → (재원) ❶ 지방교육재정교부금, ❷ 해당 지방자치단체의 일반회계로부터의 전입금, ❸ 유아교육지원특별회계에 따른 전입금, ❹ 교육에 관한 특별부과금·수수료 및 사용료
  ☑ 의무교육기관의 교원의 보수 및 의무교육경비(입학금, 수업료, 학교운영지원비, 교과용 도서 구입비)는 국가 및 지방자치단체가 부담, 의무교육이외의 경비는 국가, 지방자치단체 및 학부모가 부담

⑥ **지방교육행정협의회**: 지방자치단체의 교육·학예에 관한 사무의 효율적 처리 목적

❻ 학교운영위원회

(1) **설치 의의**: ① 단위학교 책임경영제 확립, ② 자발적 학교 공동체 구축
(2) **성격**: 법정기구(「초·중등교육법」, 「초·중등교육법 시행령」에 근거) → 국·공·사립의 초·중·고교·특수학교·각종학교에 의무적으로 설치·운영
  ① **위상**: 심의기구 → 심의와 다르게 시행 시 관할청과 학교운영위원회에 서면보고 의무
    ☑ 사립학교의 경우: 학교헌장 및 학칙의 제정·개정은 자문사항임. 공모교장 공모 및 초빙교사 추천에 관한 사항은 심의 사항에서 제외됨.

② 학교발전기금 조성 및 운용은 국·공·사립 모두 의결권을 지님.

> 🔨 **학교발전기금 조성·운용**
> 1. 조성·운용 주체: 학교운영위원회 명의로 조성·운용 → 기부, 자발적 갹출, 모금 등
> 2. 조성·운용 목적: ❶ 학교교육시설의 보수 및 확충, ❷ 교육용 기자재 및 도서의 구입, ❸ 학교체육활동 기타 학예활동의 지원, ❹ 학생복지 및 학생자치활동의 지원
> 3. 운용 방법: ❶ 학교장에게 위탁 관리 가능, ❷ '학교회계'와 별도로 운용('학교발전기금회계'), ❸ 학교회계연도 종료 후 3개월 이내에 결산 완료, ④ 기타 사항은 교육부령으로 정함.

(3) 구성

① 구성: 학부모위원, 교원위원, 지역위원으로 구성 → 5인 이상 15인 이내

학교규모	학생수＜200명	200명≤학생수＜1000명	1000명≤학생수
위원 정수	5인 이상 8인 이내	9인 이상 12인 이내	13인 이상 15인 이내
위원 구성비	학부모위원(40/100~50/100), 교원위원(30/100~40/100) 지역위원(10/100~30/100)		
위원 구성비 (특성화고교)	학부모위원(30/100~40/100), 교원위원(20/100~30/100) 지역위원(30/100~50/100, 단 위원 중 1/2은 사업자로 선출)		

② 위원 선출: 위원장·부위원장은 교원위원 선출 불가

학부모위원	민주적 대의절차에 따라 학부모 전체회의를 통하여 학부모 중에서 투표로 선출(단, 운영위원회 규정에 따라 학부모대표회의에서 선출 가능)
교원위원	• 국·공립학교의 장은 운영위원회의 당연직 교원위원 • 교원 중에서 선출하되, 교직원전체회의에서 무기명투표로 선출(사립학교는 교직원전체회의에서 추천 & 학교장 위촉)
지역위원	학부모위원 또는 교원위원의 추천을 받아 학부모위원 및 교원위원이 무기명투표로 선출

(4) **기능(심의사항)**: ① 학교헌장 및 학칙의 제정·개정(단, 사립은 자문), ② 학교의 예·결산안, ③ 학교교육과정 운영방법, ④ 교과용 도서 및 교육자료의 선정, ⑤ 교복·체육복·졸업앨범 등 학부모가 경비를 부담하는 사항, ⑥ 정규 학습시간 종료 후 또는 방학기간 중의 교육활동 및 수련활동에 관한 사항, ⑦ 공모교장의 공모방법·임용·평가방법 등에 관한 사항(단, 사립학교는 제외), ⑧ 초빙교사의 추천(단, 사립학교는 제외), ⑨ 학교운영지원비의 조성·운용 및 사용, ⑩ 학교급식, ⑪ 대입 특별 전형 중 학교장 추천, ⑫ 학교운동부의 구성·운영, ⑬ 학교운영에 대한 제안 및 건의사항

❼ 조직풍토와 조직문화

1. 조직풍토(Organizatioual Climate)

(1) **개념**: 조직구성원 상호 간의 공식적·비공식적 인간관계에 의해 조성되는 조직 내 총체적 환경의 질 → 학교의 인성(人性)에 해당

(2) **핼핀(Halpin)과 크로프트(Croft)의 조직풍토론**

① 조직풍토 기술 질문지(OCDQ)를 사용, 교사의 지각(知覺)을 통해 연구

교사특성	❶ 장애, ❷ 사기, ❸ 친밀성, ❹ 자유방임(일탈)
교장특성	❶ 초월성(원리원칙), ❷ 배려성, ❸ 생산성, ❹ 추진성(솔선수범, 신뢰)
학교풍토	❶ 개방풍토, ❷ 자율풍토, ❸ 통제풍토, ❹ 친교풍토, ❺ 친권(간섭) 풍토, ❻ 폐쇄풍토

② 가장 이상적 조직 풍토: 개방적 풍토 → 사기 高 + 추진성(솔선수범) 高

(3) **호이(Hoy)와 클로버(Clover), 미스켈(Miskel)의 학교조직풍토론**: OCDQ-RE

행동 특성			풍토 유형			
			개방 풍토	참여 풍토	무관심 풍토	폐쇄 풍토
교사 행동	개방	협동적	고	고	저	저
		친밀적	고	고	저	저
	폐쇄	방관적	저	저	고	고
교장 행동	개방	지원적	고	저	고	저
	폐쇄	지시적	저	고	저	고
		제한적	저	고	저	고

2. 조직문화(Organizatioual Culture)

(1) **개념**: 조직구성원들이 공유하고 있는 생활양식(life style)의 총체 ❹ 철학, 신념, 이데올로기, 감정, 가정, 기대, 태도, 기준, 가치관

(2) **수준**
① 묵시적 가정으로서의 문화: 심층 수준 → 당연히 수용되는 내용
② 공유된 가치로서의 문화: 중간 수준 → 구성원들이 공유하는 가치
③ 규범으로서의 문화: 표면 수준 → 구성들의 구체적인 행동규범

(3) **조직문화론**

오우치(Ouchi)의 Z이론	공유된 가치로서의 문화(중간수준) 중시
세티아와 글리노(Sethia & Glinow)의 문화유형론	조직의 관심(인간과 성과에 대한 관심)에 따른 구분 → ① 보호문화, ② 냉담문화, ③ 실적문화(❹ 성공추구문화), ④ 통합문화
스타인호프와 오웬스(Steinhoff & Owens)의 문화유형론	비유를 사용 → ① 가족문화(가족 or 팀), ② 기계문화(기계 ❹ 일류대 진학이 목표), ③ 공연문화(공연장 ❹ 멋진 가르침 전수가 목표), ④ 공포문화(영무소)

제4절 ▶ 교육기획과 교육정책

❶ 교육기획

(1) **개념**
① 교육목표의 효율적 달성을 위해 가능한 수단과 방법을 선택하는 사전 준비의 과정
② 교육적 문제해결에 필요한 최선의 방안을 선택하는 일련의 의사결정 과정

(2) **접근방법**
① 사회수요 접근법: 교육에 대한 개인적 또는 사회적 수요(❹ 취학률)를 기초로 교육기획을 세우려는 방법
② 인력수요 접근법: 산업계의 필요를 바탕으로 교육계획 수립
　㉠ 경제성장 목표달성에 필요한 교육투자 수준을 결정하기 위한 접근법
　㉡ 기획절차: ❶ 기준연도와 추정연도의 산업부문별, 직종별 인력 변화 추정 ➡ ❷ 인력수요 자료의 교육수요 자료로의 전환 ➡ ❸ 교육자격별 노동력의 부족분 계산 ➡ ❹ 학교 수준 및 학교 종류(학과)별 적정 양성규모 추정

③ 수익률 접근법: 교육의 경제적 효과(비용-효과분석)를 기초로 교육계획 수립
④ 국제적 비교에 의한 접근법: 우리나라와 발전단계가 비슷한 국가의 교육계획을 참조하여 수립

❷ 교육정책

(1) **개념**: 교육목적의 달성을 위해 정부가 공익(公益)과 국민의 동의를 바탕으로 강제하는 체계적인 활동들로 구성된 교육지침

(2) **캠벨(Campbell)의 교육정책 결정과정**

① 기본적인 힘 (basic forces)	전국적·전세계적 범위에서 발생하는 중요한 정치적·경제적·사회적·기술공학적 힘(영향력)이 교육정책 결정에 작용하는 단계
② 선행운동 (antecedent movements)	기본적 힘에 대해 반응하는 단계 → 교육에 대하여 주의를 끄는 각종의 운동(◎ 교육개혁 건의서, 연구보고서)이 선행적으로 전개
③ 정치적 활동 (political action)	정책결정에 선행되는 공공의제에 관한 토의나 논쟁이 이루어지는 단계 ◎ 매스컴을 통한 일반시민의 여론 조성
④ 입법화(formal enactment)	행정부나 입법부에 의한 정책형성의 최종단계

(3) **로위(Theodore J. Lowi)의 정책유형론**
① 개요: 권력의 장(arenas of power, 권력 영역) 모형(1964)
  ㉠ 정책유형의 차이에 따라서 정책과정과 함께 독특한 정치적 관계가 달라진다.: "정책이 정치를 결정한다(policy determines politics)"
  ㉡ 정책 현상은 권력의 거시적인 표현인 강제(coercive power)와 밀접한 관련성이 있고, 이는 정책 분류의 가장 중요한 요소임.
  ㉢ 정책 분류 요소를 '강제의 가능성'과 '강제의 적용 형태'로 선정하여 분배(distributive), 규제(regulative), 재분배(redistributive), 구성(constituent) 정책 등 4가지로 유형화

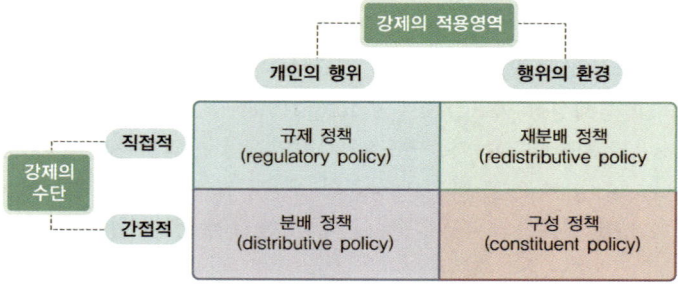

② 정책 유형별 특징

규제 정책	정부에 의한 강제력의 행사가 직접적이며, 적용영역은 개인적 행위임. 예 사립학교 설립 인가
분배 정책	• 정부에 의한 강제력의 행사가 간접적이며, 적용영역은 개인적인 행위임. • 행위자들 간의 '결탁(log-rolling)', 정부의 '갈라먹기식 다툼(pork barrel politics)' 발생 예 두뇌한국(BK) 21 사업
재분배 정책	정부에 의한 강제력의 행사가 직접적이며, 적용영역은 행위의 환경임. → 사회정의와 형평성 실현, 정치적 또는 이데올로기적 갈등 유발 예 취약 지역에 기숙형 공립고등학교 집중 설립, 교육복지정책
구성 정책	정부에 의한 강제력의 행사가 간접적이며, 적용영역은 행위의 환경임. 예 선거구 조정, 정부 조직 개편, 교육공무원 보수 및 연금 관련 법령 정비

(4) **정책 평가 기준**: 던(Dunn)

적절성(적합성)	정책목표가 과연 바람직한 것이며 가치 있는 것이냐의 문제 (appropriateness)
효과성	정책이 의도했던 목표를 달성한 정도
능률성	의도했던 성과를 달성하기 위하여 어느 정도의 노력이 필요했느냐의 문제 → 투입과 산출의 비
대응성	정책성과가 환경의 변화 또는 정책수혜자들의 욕구와 선호를 만족시킨 정도
형평성	정책집행비용이 여러 집단에 평등하게 배분되어 있는 정도
적정성(필요성)	정책목표달성이 문제해결에 얼마나 공헌했는가의 정도 → 정책의 기여 정도(adequacy)

제5절 장학(super-vision)

❶ 개념과 원리

(1) **개념**: 교사의 수업기술(전문성) 향상을 위한 지원 활동 → 수업과는 직접적 관련, 학생과는 간접적 관련을 맺는 활동(Harris)

(2) **장학지도의 원리**: 멜콰이어(Melchoir) → ① 태도의 원리(가장 기본), ② 협력의 원리, ③ 창조의 원리, ④ 과학성의 원리, ⑤ 효과의 원리(가장 궁극)
   ☑ ①, ②는 인성적 변인, ③, ④는 인지적 변인, ⑤는 수행 변인

(3) **장학의 발달**

시기	관련 교육행정이론	장학 단계 시대구분	장학방법
1750~	과학적 관리론	관리장학 시대	시학(視學)으로서의 장학
1930~	인간관계이론	협동장학 시대	동료장학, 민주적 장학, 참여적 장학
1950~	행동과학이론, 체제이론	수업장학 시대	교육과정 개발 장학 예 임상장학, 마이크로티칭
1970~	상황이론, 인간자원론	발달장학 시대	경영으로서의 장학, 인간자원 장학
1980~			지도성으로서의 장학

❷ 장학의 유형

조직 수준(Who?)에 따른 장학	교육장학(중앙장학) ➡ 학무장학(지방장학) ➡ 컨설팅 장학 ➡ 교내 자율장학(수업장학) ➡ 임상장학(마이크로티칭)
장학 방법(How?)에 따른 장학	동료장학, 자기장학, 전통적 장학(약식장학), 선택장학(차등장학), 인간자원장학

1. 조직 수준에 따른 장학

(1) 학무장학(지방장학)

담임장학	담임장학사가 주관, '학교현황 및 장학록'을 누가적 작성 → 학교교육 전반에 걸쳐 전문적이고 지속적인 지원 제공
종합장학	'장학지도반'이 교육청 시책에 대한 학교별 추진사항 평가
확인장학	각 학교 담당 장학사가 이전 장학지도 시의 지시사항 이행 여부 확인
표집장학	주제별로 학교를 무선 표집, 주제 활동을 점검
특별장학	특별한 문제해결이나 예방을 위한 지도·조언
요청장학	일선 학교가 장학의 필요성을 느껴 장학 담당자를 초청 → 초빙장학
개별장학	각급 학교에 따라 학교현장의 현안문제를 중심으로 확인하고 지도·조언 하는 활동

(2) 컨설팅(cunsulting) 장학 : 맞춤 장학

① **개념** : 학교교육 및 교사의 수업활동을 개선하기 위해 일정한 전문성을 가진 사람들(컨설턴트)이 학교와 학교구성원들(의뢰인)의 요청에 따라 제공하는 독립적인 자문활동

② **기본원리**

자발성	학교장이나 교사가 자발적으로 도움 요청
전문성	교육 전문가(컨설턴트)에 의한 지도·조언 활동
독립성	컨설턴트와 의뢰인은 독립적·대등한 관계(수직적 관계 ×)
자문성	컨설팅은 자문활동에만 한정됨. → 모든 책임은 의뢰인에게 있음.
일시성	의뢰인과 컨설턴트와의 관계는 문제해결 때까지만 유효한 일시적 관계
교육성 (학습성)	컨설턴트는 의뢰인에게 컨설팅에 관한 교육적 영향력을 행사해야 함. → 컨설팅 과정을 통하여 의뢰인과 컨설턴트 모두가 성장을 도모해야 함.

③ **수업 컨설팅 과정** : 착수 ➡ 수업지원 ➡ 실행 ➡ 평가단계로 진행

착수단계	의뢰인(교사)의 자발적 요청, 예비진단, 장학요원 위촉
수업지원단계	의뢰인과 장학요원 간 친화관계 형성, 문제 진단, 대안 개발 및 제안
실행단계	대안의 실행, 모니터링, 결과 분석 및 제공
평가단계	문제해결에 대한 평가와 보고서 작성 및 평가결과에 대한 환류(feedback)

(3) **교내 자율 장학(수업장학)** : 학교단위의 장학
① 개념 : 학교에서 교장을 중심으로 교육과정 운영과 교수 - 학습 과정 및 교육환경을 개선하기 위하여 교사를 지도·조언하는 장학
② 목적(핵심) : 수업개선
③ 유형 : 임상장학, 동료장학, 자기장학, 약식장학 등

(4) **임상장학** : 코간(Cogan)에 의해 개발, 애치슨(Acheson)에 의해 발전
① 학급 단위 장학, 가장 미시적인 장학 → 교실 내 수업 개선이 목적(예 연구수업)
② 장학 담당자(예 장학사, 학교장, 교감)와 교사 간 동료적·수평적 인간관계에 기초 : 비지시적 상담이론(Rogers)의 원리 적용 → 교사의 필요·요청에 의한 교사가 주체가 된 '교사 중심 장학'
③ 과정 : 사전협의회 ➡ 수업관찰(Flanders의 수업 형태 분석법) ➡ 장학협의회(피드백 협의회 ; 자료 제시 - 분석 - 해석 - 대안 결정 - 교사의 대안과 전략을 강화)

(5) **마이크로티칭(Micro-teaching)** : 소규모 수업
① 교생실습, 소규모 학생을 대상으로 수업을 압축적으로 시범
② 축소된 연습수업 : 계획 ➡ 교수 ➡ 관찰 ➡ 비평 ➡ 재계획 … 등 반복

2. **장학 방법에 따른 장학** : 교내 자율 장학의 유형

(1) **동료장학** : 협동장학, 동료코치
① 개념 : 둘 이상의 동료교사들끼리 교육활동 개선을 위해 조력
② 특징 : 자율성과 협동성에 기초, 학교상황에 따라 융통성 있게 운영
③ 방법 : 수업연구 중심(수업공개), 협의 중심(교과협의회, 부별협의회, 학년협의회), 연수 중심(교과연구회), 동호인 활동 중심, 커플(couple) 장학, 멘토링

(2) **자기장학(자율장학)**
① 개념 : 교사 자신이 스스로 장학 → 메타인지적 장학
② 방법 : 자기평가, 자기분석, 설문조사(학생 대상), 전문서적·자료 탐색, 대학원 수강, 강연회 참석, 각종 자기연찬 활동

(3) **약식장학** : 전통적 장학, 일상장학
① 개념 : '학교장이나 교감'(행정가)이 잠깐 수업 참관 후 조언 → 다른 장학의 보완적 성격
② 방법 : 학급순시, 수업참관

(4) **선택장학**: 차등장학, 절충적 장학
  ① 개념: 교사의 발전 정도와 교사의 필요와 요구 등의 개인차를 고려하여 교사 각자에게 적합한 장학지도를 하는 방법
  ② 적용 사례: 임상장학(생존기·갱신기), 동료장학(정착기), 자기장학(성숙기), 전통적 장학(모든 교사)
(5) **인간자원장학**: 목적적 인간관(자아실현적 인간관)에 근거, 학교경영에 초점을 둔 장학
  ① 서지오바니(Sergiovanni)가 주장 → 과학적 관리론적 장학과 인간관계론적 장학을 절충
  ② 과정: ❶ 의사결정 과정에 교사들의 참여 ➡ ❷ 학교교육의 효과성 증대 ➡ ❸ 교사들의 직무만족도 향상
    cf 인간관계론적 장학(도구적 인간관, 사회적 인간관): ❶ 의사결정 과정에 교사들의 참여 ➡ ❷ 교사들의 직무만족도 향상 ➡ ❸ 학교교육의 효과성 증대

제6절 학교경영과 학급경영

❶ 학교경영

1. **개념과 성격**
  (1) **개념**: 학교의 교육목적 달성을 위한 물적·인적 자원과 조건을 정비하는 활동
    → 자율적·창의적 관점에서 교육활동 운영
  (2) **성격**
    ① 교육적 측면: 교육의 질 향상 목적에 봉사하는 수단적 성격
    ② 경영적 측면: 학교조직의 효과성과 효율성 향상

2. **학교경영 기법**
  (1) **목표관리기법**(MBO: Management By Objectives)
    ① 개념: 1954년 드러커(Drucker)가 개발한 능력주의적·민주적 관리기법
      → 조직구성원인 상사와 부하직원이 참여를 통해 공동 목표 설정, 목표달성을 위한 공동 노력, 목표 달성에 대한 평가·환류하는 방법
    ② 목표관리의 절차: 목표설정(조직 구성원의 참여) ➡ 목표 달성을 위한 과정관리 ➡ 성과의 측정과 평가

③ 특징 : ㉠ 구성원의 공동 참여를 통한 명확한 목표 설정, ㉡ 목표달성을 위한 노력과 책임한계 설정, ㉢ 성과에 따른 평가와 보상
④ 장점과 단점

장점	단점
• 교육의 효과성과 효율성 제고 • 교직원의 참여의식 제고 및 인적 자원 활용의 효율성 신장 • 교직원 간의 의사소통 활성화 및 상하 간의 인화(人和) 도모 • 확고한 목표 설정으로 교직원의 역할 갈 등 해소 • 학교운영의 분권화와 참여관리를 통해 학교의 관료화 방지 및 교직의 전문성 제고	• 구체적 목표의 지나친 강조로 교육과정 및 장기적·전인적인 목표를 소홀히 하기 쉬움. • 측정 가능하고 계량적인 교육목표 설정과 평가로 학교교육의 본질을 오도(誤導) • 목표 설정과 평가에 많은 노력과 시간을 필요로 하기 때문에 교직원들의 잡무 부담 가중

(2) **과업평가 검토기법(PERT : Program Evaluation and Review Technique)**
① 개념 : 하나의 과업(program ⓜ 학교 설립)을 달성하는 데 필요한 다수의 세부사업(project ⓜ ❶ 학교건축, ❷ 학교설비, ❸ 학교운영)을 단계적 결과와 활동(task ⓜ 학교건축 – 부지선정, 건축설계, 공사착공·완료)으로 세분하여 관련된 계획공정을 관계도식(flow chart ; 네트워크 다이어그램)으로 형성하고 이를 최종목표로 연결시키는 종합계획 관리기법
  ⓜ 부지 선정(5일) ➡ 건축 설계(10일) ➡ 건설 허가 신청(7일) ➡ 공사 착공 및 완료(30일) ➡ 교실·특별실 기자재 구입·설치(20일) ➡ 교사 채용(10일) ➡ 학생 모집(15일) ➡ 개교식 준비(7일)
② 특징 : ㉠ 플로차트(flow chart) 작성, ㉡ 시간의 효율적 사용을 중시
③ 장점 : ㉠ 사업의 추진상황 일목요연하게 파악, ㉡ 특정 과업 추진을 위한 세부 작업 활동 순서와 상호관계 유기적 파악, ㉢ 작업과정 전모 파악을 통해 예상되는 어려움 파악 및 대처, ㉣ 인적·물적 자원의 효과적 활용, ㉤ 구성원 간의 의사소통 촉진

(3) **경영정보관리(MIS : Management Information System)**
① 개념 : 경영자에게 정보를 제공하고, 조직 내의 운용과 경영, 의사결정 등을 지원하기 위해 의사결정을 도와주는 컴퓨터 기반 시스템
② 특징 : 학교경영을 전산화함으로써 자원 활용을 극대화하고 의사결정을 효율화 ⓜ 대학에서 수강신청, 초·중등학교에서 재정회계관리, 학생의 성적관리

(4) **조직개발기법(OD, organizational development)**: 스타인호프와 오웬스(C. Steinhoff & R. Owens)
   ① 개념: 행동과학적인 지식과 기술을 활용하여 조직의 목적과 개인의 욕구를 결부시켜서 조직 전체(예 구조, 문화, 프로세스, 팀워크, 의사소통)의 변화와 발전을 도모하려는 노력
   ② 특징: ㉠ 집단 간의 역동적인 상호작용 중시, ㉡ 행동과학적 지식과 기술의 활용, ㉢ 학교조직의 구조·가치·신념을 변화시키기 위한 교육전략 활용, ㉣ 학교의 목적과 개인의 욕구를 결부시켜 학교 전체의 변화 도모
   ③ 방법: 감수성 훈련, 그리드 훈련(9-9), 팀 구축법, 과정자문법, 조사연구 - 피드백 기법, 대면 회합

❷ 학급경영

(1) **개념**: 학급의 교육목적을 달성하기 위한 활동 중 교수-학습을 제외한 학급 내의 모든 활동

(2) **학급경영의 측면**
   ① 질서유지로서의 학급경영: 학급활동의 질서를 유지하기 위해 교사가 학급에서 행하는 모든 활동 → 훈육, 생활지도, 학급행동지도의 관점
   ② 조건정비로서의 학급경영: 학습환경을 조성하는 일, 수업을 위한 조건정비와 유지활동
   ③ 교육경영으로서의 학급경영: 학급이라는 교육조직을 경영하는 일 → 조정의 관점

(3) **학급경영의 원칙**

교육적 학급경영	모든 학급경영 활동이 교육의 본질과 목적(자아실현, 전인형성)에 부합되도록 운영하는 원칙
학생 이해의 학급경영	학급경영의 구상과 전개가 학생의 이해(예 학생의 발달단계에 따른 제 특징과 학습능력 및 준비도 등)를 기반으로 이루어져야 한다는 원칙
민주적 학급경영	민주주의 이념(예 인간존중, 자유, 평등, 참여, 합의 등)에 입각하여 학급을 경영하는 원칙 → 학급은 민주주의 학습의 장임.
효율적 학급경영	학급자원을 경제적으로 사용하여 학급목표를 달성함과 동시에 학급구성원의 심리적 만족을 충족시키는 방향으로 학급을 운영하는 원칙

제7절 교육재정

❶ 교육재정의 개념, 성격, 운영원리

(1) **개념**: 교육에 필요한 재원을 공권력에 의해 조달하고 그것을 합목적적으로 관리·사용하는 경제행위 → 공경제활동(Finance)

(2) **성격**: ① 높은 공공성(국민 전체 공공복지 도모), ② 강제성(공권력 수단으로 수입 도모), ③ 수단성(교육활동 지원 목적), ④ 양출제입(量出制入)의 원칙(지출을 먼저 산출한 후 수입 확보), ⑤ 장기효과성(지속적 투자 강조), ⑥ 효과의 비실측성(효과의 평가가 어려움 ⓔ 비용-효과분석), ⑦ 팽창성
  > cf] 학교회계는 양입제출(量入制出)의 원리

(3) **운영 원리**

단계	원리	내용
확보 단계	충족성 (적절성)	교육활동을 지원할 수 있는 충분한 재원이 확보되어야 함. ⓔ GNP(국민총생산) 대비, GDP(국내총생산) 대비
	안정성	교육활동의 장기적인 일관성을 유지하기 위하여 안정적인 재원이 확보됨. ⓔ 교육은 백년지대계
	자구성	필요한 재원을 스스로 확보할 수 있도록 재원확보 방안을 모색·활용하도록 제도적 장치가 마련되어야 함.
배분 단계	효율성 (경제성)	최소한의 재정적 수입으로 최대한의 교육적 효과와 능률을 이루어야 함. ⓔ 투자의 우선 순위, 규모의 경제
	평등성	경비의 배분에 있어서 개인 간·지역 간 균형을 도모함.
	공정성	어떠한 기준에 의해 교육재정 배분에 있어 차이가 나는 것은 정당함.
지출 단계	자율성	교육재정 운영에 있어 단위기관(ⓔ 시·도 교육청, 교육지원청, 단위학교)의 자율성이 보장됨.
	투명성	재정 운영 과정이 일반대중에게 공개되고 개방됨. → 알 권리 보장
	적정성 (필요성)	의도한 교육결과를 산출하는 데 적절한 지원을 제공
평가 단계	책무성	사용한 경비에 관하여 납득할 만한 명분 제시 및 책임짐.
	효과성	설정된 교육목표 도달여부 및 목표달성 정도를 측정함.

(4) **사경제와의 차이점**

구분	교육재정(공경제)	사경제
수입조달방법	강제원칙(강제획득경제)	합의원칙(등가교환원칙)
기본원리	예산원리	시장경제원리
목적	공공성(일반이익)	이윤극대화
회계목적	양출제입(量出制入)	양입제출(量入制出)
존속기간	계속성	단기성
생산물	무형(無形)	유형(有形)
수지관계	균형(흑자 ×, 적자 ×)	불균형(잉여 획득)
보상	일반보상(포괄적 보상)	특수보상(개별적 지불)

❷ **교육비**

(1) **개념**: 국가나 지방자치단체가 교육활동을 위해 지출하는 비용
(2) **종류**

구분	교육목적 관련 (지출형태)	운영 형태 (회계절차)	교육재원	예
총교육비	직접교육비	공교육비	공부담교육비	국가(교부금, 보조금, 전입금 등), 지방자치단체, 학교법인 부담경비
			사부담교육비	입학금, 수업료, 졸업앨범비
		사교육비	사부담교육비	교재대, 부교재대, 학용품비, 과외비, 피복비, 단체활동비, 교통비, 숙박비 등
	간접교육비		공부담교육비	건물과 장비의 감가상각비, 이자 → 비영리 교육기관이 향유하는 면세의 가치
			사부담교육비	학생이 취업할 수 없는 데서 오는 손실

☑ 간접교육비: 교육기회경비, 유실소득

① **교육비 비교단위**: 총량 교육비(기관 교육비), 단위 교육비(교육 원가)
② **사용목적 관련**: 인건비, 운영비, 시설비 → 인건비 비중이 가장 큼.

(3) **교육비 관리기법**
   ① **교육비 차이도(CD)**: 초등학생 1인당 교육비 기준, 교육예산의 배분 기준
      → 수직적 공정성에 의해 배분
   ② **표준교육비**: 공교육활동을 위한 최소경비(의무교육비)
      ㉠ 협의 개념: 인건비와 시설비를 제외한 교수·학습활동 경비와 공통운영경비
      ㉡ 산출 원칙: ❶ 기회균등, ❷ 공비지변(公費支辨)의 원칙 → 수평적 공정성에 의해 배분

❸ **학교회계제도**
(1) **개념**: 단위학교를 중심으로 한 분권화된 예산제도 → 2001년부터 국립 및 공립 초·중등학교(특수학교 포함)에 적용, 사립학교는 제외(사립학교 회계 및 법인회계)
(2) **특징**
   ① 학교회계연도: 3. 1. ~다음 해 2월 말일 → 학년도와 일치
   ② 예산배부방식: 표준교육비 기준으로 총액 배부
   ③ 예산(교부계획) 배부시기: 학교회계연도 개시 50일 전에 일괄배부 계획을 송부
   ④ 세출예산편성: 학교실정에 따라 자율적 세출예산편성(재원에 따른 사용목적 구분 ×)
   ⑤ 사용료·수수료 수입처리: 학교시설 사용료, 제증명 수수료 수입 등을 학교자체수입으로 처리
   ⑥ 회계장부관리: 통합장부 사용('학교회계') → '학교발전기금회계'는 별도로 운영
   ⑦ 자금의 이월: 집행 잔액은 자동적으로 이월
(3) **예산 구조**

세입	① 국가의 일반회계나 지방자치단체의 교육비 특별회계로부터 받은 전입금, ② 학교운영위원회의 심의를 거친 '학부모 부담 경비'[❶ 의무교육 이외의 경비, ❷ 수익자 부담 경비(⑩ 방과후교육활동비, 수련활동비, 교복비, 체육복비, 졸업앨범비 등)], ③ 학교발전기금으로부터 받은 전입금, ④ 국가나 지방자치단체의 보조금 및 지원금, ⑤ 이월금(명시이월비, 사고이월비, 계속비이월), ⑥ 자체 수입[❶ 사용료 및 수수료(학교시설 사용료, 각종 증명 수수료), ❷ 물품매각대금, ❸ 그 밖의 수입(실습물 매각대금, 이자수입)]
세출	① 인건비, ② 시설(관리)비, ③ 학교운영비(교육활동지원비 등), ④ 일반운영비(사무용품비, 통신비 등), ⑤ 수익자 부담 경비, ⑥ 예비비

(4) 학교회계 예산편성·심의
  ① 절차: ❶ (교육감) 학교회계예산편성 기본지침시달(회계연도 개시 3월 전)
    ➡ ❷ (학교장) 교직원의 예산요구서 제출 ➡ ❸ 연간 총 전입금 및 분기별 자금배정계획 통보(회계연도 개시 50일 전) ➡ ❹ 예산 조정 작업 및 예산안 확정 ➡ ❺ 예산안 학교운영위원회에 제출(회계연도 개시 30일 전) ➡ ❻ (학운위) 예산안 심의결과 학교장에 송부(회계연도 개시 5일 전)
  ② 예산 불성립시 예산 집행: 준예산 적용
    ㉠ 개념: 전년도 예산에 준하여 집행
    ㉡ 적용 범위: ❶ 교직원 등의 인건비, ❷ 학교교육에 직접 사용되는 교육비, ❸ 학교시설의 유지관리비, ❹ 법령상 지급의무가 있는 경비, ❺ 이미 예산으로 확정된 경비(명시이월비, 사고이월비, 계속비)

(5) 학교회계 결산
  ① 절차: ❶ 회계연도 종료(매년 2월 말일 기준) ➡ ❷ 출납폐쇄 정리(회계연도 종료 후 20일까지) ➡ ❸ 결산서 작성 ➡ ❹ 결산서 학교운영위원회 제출(회계연도 종료 후 2월 이내) ➡ ❺ 결산심의 결과 통보(회계연도 종료 후 4월 이내)
  ② 학교발전기금회계 결산: 회계연도 종료 후 3개월 이내

❹ 지방교육 재정: 시·도교육청 재정 → 교육비 특별회계

(1) 구조

구분			내역
국가 지원금	지방교육 재정 교부금	보통교부금	• 해당연도 내국세[1] 총액의 20.79%의 97/100 • 해당연도의 교육세 세입액 일부[2]
		특별교부금	해당연도 내국세[1] 총액의 20.79%의 3/100
	국고보조금		국고사업 보조금
지방자치 단체 일반회계 전입금	담배소비세 전입금		특별시·광역시 담배소비세 수입액의 45%
	시·도세 전입금		특별시세 총액의 10%, 광역시세·경기도세 총액의 5%, 나머지 도세 총액의 3.6%
	지방교육세 전입금		등록세액·재산세액의 20%, 자동차세액 30%, 주민세균등할의 10~25%, 담배소비세액의 43.39%, 레저세액의 40%
	기타 전입금		도서관 운영비, 학교용지부담금, 보조금 등
자체수입			입학금 및 수업료(고교), 사용료 및 수수료, 재산수입

1) 목적세 및 종합부동산세, 담배에 부과하는 개별소비세 총액의 100분의 45 및 다른 법률에 따라 특별회계의 재원으로 사용되는 세목(稅目)의 해당 금액은 제외
2) 「유아교육지원특별회계법」 제5조 제1항 및 「고등·평생교육지원 특별회계법」 제6조 제1항에서 정하는 금액은 제외

(2) 지방교육재정교부금
① 교부 목적: 지방교육의 균형적 발전 도모 → 지방교육재원 중 가장 규모가 큼.
② 용어 정의
  ㉠ 기준재정수요액: 지방교육 및 그 행정 운영에 관한 재정수요를 산정한 금액 예 기준재정수요액 = 측정단위 × 단위비용
  ㉡ 기준재정수입액: 교육·과학·기술·체육, 그 밖의 학예에 관한 모든 재정수입 예 기준재정수입액 = 일반회계 전입금(지방교육세 + 담배소비세 + 지방세 + 기타 전입금) + (고등학교)입학금·수업료 + 교육비특별회계 자체수입
  ㉢ 측정단위: 지방교육행정을 부문별로 설정, 그 부문별 양(量)을 측정하기 위한 단위 예 학교수, 학생수, 교원수, 시설면적(학교 건물의 총 면적) 등
  ㉣ 단위비용: 기준재정수요액을 산정하기 위한 각 측정단위의 단위당 금액 예 학생 1인당 연간 교육비, 교원 1인당 연간 인건비, 학교 1개당 운영비, 학교시설 $1m^2$당 유지·보수비
③ 재정 배분의 기준
  ㉠ 평등성: 보통교부금은 기준재정수입액이 기준재정수요액에 미달한 경우 미달액을 교부 → 지방자치단체 간 교육비 불균형 시정 목적
  ㉡ 자율성: 보통교부금은 총액으로 배부 → 지방자치단체가 지역 실정에 맞게 자율적 운영
  ㉢ 효율성: 특별교부금 재원의 60/100에 해당하는 금액 → 교육부장관이 지방교육행정 및 지방교육재정의 운영 실적이 우수한 지방자치단체의 재정지원 재원으로 사용

> 「지방교육재정교부금법」 개정(시행 2024.1.1.~2026.12.31.)
> 제5조의3(교부금의 재원 배분 및 특별교부금의 교부에 관한 특례)
> ① 보통교부금 재원: 해당 연도 내국세 총액의 20.79%의 962/1,000
> ② 특별교부금 재원: 해당 연도 내국세 총액의 20.79%의 38/1,000
> ③ 특별교부금 교부기준
>   1. 재원의 90/380: 국가시책사업 수요 또는 우수지방자치단체 교부
>   2. 재원의 50/380: 지역교육 현안 수요
>   3. 재원의 30/380: 재해발생 수요, 재해예방 수요 또는 재정수입 감소

4. 재원의 80/380
   ㉠ 「초·중등교육법」 제21조에 따른 교원에 대한 인공지능 기반 교수학습 역량 강화 사업 등 디지털 기반 교육혁신을 위한 특별한 재정수요가 있는 때
   ㉡ 초등학교·중학교·고등학교 방과후학교 사업 등 방과후 교육의 활성화를 위한 특별한 재정수요가 있는 때
   ㉢ ㉠ 또는 ㉡과 관련하여 디지털 기반 교육혁신 또는 방과후 교육 활성화 성과가 우수한 지방자치단체에 대한 재정지원이 필요한 때

④ 종류(구조)

보통 교부금	재원	• 해당 연도의 내국세[목적세 및 종합부동산세, 담배에 부과하는 개별소비세 총액의 100분의 45 및 다른 법률에 따라 특별회계의 재원으로 사용되는 세목(稅目)의 해당 금액은 제외] 총액의 1만분의 2,079 (20.79%)의 97/100 • 해당 연도의 「교육세법」에 따른 교육세 세입액(단, 「유아교육지원특별회계법」 제5조 제1항에서 정한 금액 및 「고등·평생교육지원특별회계법」 제6조 제1항에서 정하는 금액을 제외)
	교부 기준	• 기준재정수입액이 기준재정수요액에 미달시 미달액에 한하여 총액교부 • 봉급교부금(의무교육기관의 교원)을 포함한 금액
특별 교부금	재원	• 해당 연도의 내국세[목적세 및 종합부동산세, 담배에 부과하는 개별소비세 총액의 100분의 45 및 다른 법률에 따라 특별회계의 재원으로 사용되는 세목(稅目)의 해당 금액은 제외] 총액의 1만분의 2,079(20.79%)의 3/100
	교부 기준	• 재원의 60/100 : 전국적인 교육관련 국가시책사업지원 수요가 발생했을 때 또는 지방교육행정 및 지방교육재정의 운용실적이 우수한 지방자치단체에 대한 재정지원이 필요할 때(국가시책사업수요 또는 우수지방자치단체 교부) • 재원의 30/100 : 기준재정수요액의 산정방법으로 파악할 수 없는 특별한 지역교육현안에 대한 재정수요가 있을 때(지역교육현안수요) • 재원의 10/100 : 보통교부금의 산정기일 후에 발생한 재해로 인하여 특별한 재정수요가 생기거나 재정수입이 감소하였을 때 또는 재해를 예방하기 위한 특별한 재정수요가 있는 때(재해대책수요 또는 재정수입감소)
	교부 제한	• 그 사용에 관하여 조건을 붙이거나 용도를 제한할 수 있다. • 시·도의 교육감은 조건이나 용도를 변경하여 사용하려는 경우 미리 교육부장관의 승인을 얻어야 한다. • 교육부장관은 시·도의 교육감이 조건이나 용도를 위반하여 특별교부금을 사용하거나 2년 이상 사용하지 아니하는 경우 그 반환을 명하거나 다음에 교부할 특별교부금에서 이를 감액할 수 있다.

❺ 교육예산

1. 교육예산의 원칙

공개성	예산의 전 과정을 국민에게 공개
명료성	예산 내용이 명료하게 계상(計上)될 것 → 음성수입, 은닉재산 ×
한정성	예산의 사용목적, 금액, 기간 등에 제한을 둘 것 → 비용 간 전용·초과지출·예산외 지출 금지, 한정된 회계연도 내에 사용
사전승인의 원칙	회계연도 개시 30일 전까지 국회의 의결을 거칠 것
국고통일의 원칙	특정수입으로 특정경비에 충당하지 말 것, 모든 수입을 총수입으로 하고 일체의 경비 지출 → 수지 간 담보금지의 원칙
단일성(통일성)	그 형식이 단일할 것 → 특별회계예산, 추가경정예산은 억제
완전성	예산 총계주의 원칙 → 세입·세출은 빠짐없이 계상(計上)
엄밀성	예산과 결산이 일치할 것

2. 교육예산제도: 예산 편성 및 관리 기법

(1) **품목별 예산제도(LIBS)**
① 지출대상을 품목별(예 인건비, 시설비, 운영비)로 세분화하여 그 한계를 명확히 규정
② 통제 기능 중심의 예산제도
③ 장점: ㉠ 예산의 유용이나 부정 방지, ㉡ 행정권 제한을 통해 예산의 사전 및 사후통제 가능, ㉢ 회계책임이 분명, ㉣ 금액산정이 간편

(2) **성과주의 예산제도(PBS)**: 실적 예산제도
① 사업계획별·활동별로 예산과목 구분, 세부사업별로 예산액 표시, 그 집행 성과를 측정·평가: 단위원가 × 업무량 = 예산액
② 관리기능 중심의 예산제도: 올해의 성과(실적)로 내년 예산 편성 → 예산집행의 효율성과 성과 제고, 자율성과 책임성 강화
③ 장점: ㉠ 행정의 투명성 및 신뢰성 확보, ㉡ 재정 지출의 효율성 제고, ㉢ 행정 서비스 개선 및 책임행정 구현, ㉣ 정부 기능의 핵심역량 강화

(3) **기획예산제도(PPBS)**
  ① 중·장기적 계획 수립과 단기적 예산 편성 : 경제적 합리성, 5년 단위의 연동 예산(rolling budget)
  ② 계획기능 중심의 예산제도 : 제한된 예산을 목적과 계획 달성을 위해 편성
  ③ 장점과 단점

장점	단점
• 학교목표의 우선순위에 따라 예산 배분함으로써 예산의 절약과 지출의 효율화 • 중앙집권적 의사결정의 일원화 • 한정된 자원을 최적으로 활용	• 목표 설정시 의견 조율이 어려움. • 의사결정의 중앙집권화 경향 초래 • 양화(量化)할 수 없는 교육문제가 많음.

(4) **영기준 예산제도(ZBBS)**
  ① 전년도 예산은 근거 없는 것으로 간주, 매 회계연도마다 처음 시작한다는 생각으로 새로이 예산편성 → 예산 편성방식의 신축성 확대(점증주의 방식 탈피)
  ② 감축(절감)기능 중심의 예산제도
  ③ 예산 수립 절차 : 의사결정 패키지(요약된 사업계획서) 작성 ➡ 의사결정 패키지 순위 부여
  ④ 장점과 단점

장점	단점
• 구성원의 참여 유도(민주적 의사결정) • 자발적·창의적인 사업구상과 실행 • 학교경영 계획과 예산의 일치로 합리적인 학교경영 • 일몰예산제도 운영 가능	• 교원들에게 새로운 업무부과로 시행착오 발생 • 사업 기각이나 평가절하되면 비협조적 풍토 야기 • 의사결정의 전문성 부족으로 비용 및 인원 절감에 실패할 가능성 높음.

제8절 인사행정

❶ 교육직원의 분류

(1) **교원**: 각급 학교에서 원아(학생)을 직접 지도하는 자, 국·공·사립학교에 근무하는 자 예 교장, 교감, 교사(시간강사, 기간제교사 포함), 교수, 부교수, 조교
  - ☑ 승진 최소연한: 준교사(2년) ➡ 2급 정교사(3년) ➡ 1급 정교사(3년) ➡ 교감(3년) ➡ 교장
  - ☑ 교장: 임기 4년, 1회 중임 가능, 대통령이 임용 → 공모교장(초빙형, 내부형, 개방형) 임기는 제외, 공모교장의 임용권은 국립은 교육부장관, 공립은 교육감, 사립학교는 학교법인 또는 이사장임.
  - ☑ 임용권한: ❶ 대통령(국·공립 교장, 학장, 교수, 부교수 / 장학관, 교육연구관), ❷ 교육부장관(교감, 교사, 수석교사, 조교수 / 장학사, 교육연구사), ❸ 학교장 또는 대학의 장(기간제교사, 대학의 조교)

(2) **교사**: 교원의 한 종류로서 교장·교감 등의 관리직 및 대학의 교수직렬에 대응되는 법률상(「유아교육법」, 「초·중등교육법」)의 용어
  ① 교사의 자격: 정교사(1급·2급), 준교사, 전문상담교사(1급·2급), 사서교사(1급·2급), 실기교사, 보건교사(1급·2급) 및 영양교사(1급·2급)
    - ☑ 산학겸임교사, 명예교사, 강사(영어회화전문강사, 다문화언어강사, 강사), 교수는 자격증이 없어도 된다.
  ② 교원 채용의 제한 및 결격 사유
    ㉠ 채용의 제한: ❶ 금품수수 행위, ❷ 시험문제 유출 및 성적 조작 등 학생성적 관련 비위행위, ❸ 학생에 대한 신체적 폭력행위 등의 사유로 인하여 파면·해임 또는 금고 이상의 형을 선고받은 사람 → 단, 교육공무원 징계위원회에서 교원으로서 직무를 수행할 수 있다고 의결한 경우에는 채용 가능
    ㉡ 결격 사유: ❶ 미성년자(아동·청소년) 대상 성폭력범죄 또는 성범죄 행위로 파면·해임되거나 형(刑) 또 치료감호 확정된 사람, ❷ 성인 대상 성폭력범죄 행위로 파면·해임되거나 100만 원 이상의 벌금형이나 그 이상의 형 또는 치료감호 확정된 사람, ❸ 마약·대마 또는 향정신성의약품 중독자, ❹ 징계로 파면처분을 받은 때부터 5년(해임처분은 3년)이 지나지 아니한 사람

③ 수석교사

> 1. **자격**: 교사 자격증을 소지한 사람으로서 15년 이상의 교육경력(교육전문직 근무경력 포함)을 가지고, 교수·연구에 우수한 자질과 능력을 가진 사람 중에서 교육부장관이 검정·수여하는 자격증을 받은 사람
> 2. **임용**: ❶ 교육부장관이 임용, ❷ 4년마다 재심사, ❸ 수업부담 경감, 수당 지급 등에 대하여 우대할 수 있음. ❹ 임기 중 교감·교장 자격 취득 불가

④ 기간제교원

> 1. **개념**: 교원의 자격증을 가진 자 중에서 기간을 정하여 각급 학교에 임용된 사람
> 2. **충원 사유**
>   (1) 교원의 휴직으로 인한 후임자 보충이 불가피한 경우
>   (2) 교원의 '파견·연수·정직·직위해제(1개월 이상)' 등 대통령령이 정하는 사유로 직무를 이탈하게 되어 후임자의 보충이 불가피한 경우
>   (3) 특정 교과를 한시적으로 담당하도록 할 필요가 있는 경우
>   (4) 교육공무원이었던 자의 지식이나 경험을 활용할 필요가 있는 경우
>   (5) 유치원 방과 후 과정을 담당하도록 할 필요가 있는 경우
> 3. **충원 기간**: 1년 이내, 3년 연장 가능
> 4. **임용권자**: 고등학교 이하 각급학교 교원의 임용권자(학교장)
> 5. 기간제교원은 정규의 교원으로 임용됨에 있어서 어떠한 우선권도 인정되지 아니하며, 책임이 무거운 감독 업무의 직위에 임용될 수 없다[단, 충원 사유 (4)호 임용은 제외].

(3) **교육전문직**: 교육기관, 교육행정기관, 교육연구기관에 근무하는 교육장, 장학관, 장학사, 교육연구관, 교육연구사

(4) **교육공무원**: 국·공립학교 교원 및 대학 조교 + 교육전문직 → 경력직 공무원 중 특정직 공무원(단, 사립학교 교원, 기간제 교원, 시간강사는 제외)

구분	경력직 공무원	특수경력직 공무원
임용	선발(be selected)	선출(be elected), 특채, 임명, 공모
성격	직업공무원(정년 보장)	비직업공무원(임기 보장)
종류	• 일반직 공무원 예 (국·공립)행정실장 • 특정직 공무원 예 (국·공립) 교원, 교육전문직	• 정무직 공무원 예 교육감, 교육부장관 • 별정직 공무원

❷ 임용

(1) **개념**: 신규채용, 승진, 승급, 전직(轉職), 전보(轉補), 겸임, 파견, 강임(降任), 휴직, 직위해제, 정직(停職), 복직, 면직, 해임 및 파면

(2) **임용의 유형**

유형	의미
승진	• 동일직렬 내에서의 직위상승 　예 교사 ➡ 교감, 장학사 ➡ 장학관, 교육연구사 ➡ 교육연구관 • 연공서열주의(경력)와 능력주의(능력 예 재교육성적, 근무성적, 그 밖에 실제 증명되는 능력) 절충
승급	• 동일직급 내에서의 호봉상승 • 일정기간(매 1년) 경과 후 자동 상승
강임	동일직렬 내에서 바로 하위직위에 임명, 하위 직급이 없어 다른 직렬의 하위 직급으로 임명 → (직제·정원변경, 예산감소 등) 직위폐직, 하위 직위로 변경되어 과원(過員)이 된 경우, 본인이 동의한 경우 ☑ 강등은 징계에 해당
전직	종별과 자격 또는 직렬을 달리하는 이동
전보	동일직위 내에서 근무지 이동 또는 보직 변경

(3) **휴직**

① 개념: 교육공무원으로서 신분을 보유하면서 그 담당업무 수행을 일시적으로 해제하는 행위

② 종류

직권휴직	청원휴직
① **병휴직**(요양, 공상): ❶ 요양(불임·난임 포함하여 1년 이내, 1년 연장 가능), ❷ 공상(3년 이내, 2년 연장 가능) ② **병역의무**(병역): 복무기간 끝날 때까지 ③ **생사소재 불명**(행불): 3월 이내 ④ **교원노조 전임자**: 전임기간 → 임용권자의 동의가 있는 경우 가능 ⑤ **기타 의무수행**(의무): 복무기간 끝날 때까지	① **해외유학**(연구·연수): 3년 이내, 학위취득 시 3년 연장 가능 ② **국제기구, 외국기관 등 고용**: 고용기간 ③ **육아휴직**: 만 8세 이하 또는 초등학교 2학년 이하의 자녀 양육, 임신 또는 출산 → 자녀 1명당 3년 이내 ④ **입양**: 만 19세 미만의 아동 입양(단, ③의 아동은 제외), 입양자녀 1명에 6개월 이내 ⑤ **불임·난임으로 인한 장기 치료** ⑥ **국내연수**(연수): 교육부장관(교육감)이 지정한 기관, 3년 이내

⑦ 가족간호(간호) : 1년 이내(재직기간 중 3년 이내)
⑧ 배우자 동반 : 3년 이내, 3년 연장 가능
⑨ 학습연구년 : 재직기간 10년 이상인 교원이 자기개발을 위한 학습·연구 등의 경우 → 1년 이내(재직기간 중 1회만)
☑ ③, ④, ⑤의 경우 본인이 원하면 휴직을 명하여야 함.

(4) 전직과 전보

전직(轉職)	전보(轉補)
종별과 자격 또는 직렬의 변경	근무지 이동 또는 보직 변경
• 초등학교 교원 ↔ 중학교 (국어)교원 • 유치원 교원 ↔ 초등학교 또는 중학교 교원 • 교사 ↔ 장학사, 교육연구사 • 교장 ↔ 장학관, 교육연구관, 교육장 • 교육연구사(관) ↔ 장학사(관)	• A 중학교 교원 ↔ B 중학교 교원 • A 초등학교 영양교사(보건교사, 사서교사, 전문상담교사) ↔ B 중학교 영양교사(보건교사, 사서교사, 전문상담교사) • A 중학교 교원 ↔ B 고등학교 교원

(5) **명예퇴직** : 교육공무원으로 20년 이상 근속한 사람이 정년*(62세) 전에 스스로 퇴직하는 경우

* 교육공무원 중 「고등교육법」에 따른 교원의 정년은 65세, 일반직 공무원은 60세임.

❸ 교원의 능력개발

(1) 현직교육

① **자격연수** : 상위자격(예 1급 정교사, 교감, 교장) 취득 또는 특수자격(예 전문상담교사, 사서교사) 취득 연수 → 15일 90시간 이상(교사, 수석교사, 교감), 25일 180시간 이상(교장)(「교원 등의 연수에 관한 규정」(제17조))
② **직무연수** : 직무수행능력의 향상을 위한 연수
  예 원격교육연수 1학점당 15시간, 안전교육연수 15시간
③ **특별연수** : 국가나 지방자치단체가 특별연수계획을 수립하여 교육공무원을 국내외의 교육기관 또는 연구기관에서 일정 기간 받게 하는 연수 → 특별연수를 받은 교육공무원에게는 6년의 범위에서 대통령령으로 정하는 바에 따라 일정 기간 복무 의무를 부과할 수 있음.
④ **자기연수** : 교원 스스로 전문적 지식을 습득하기 위한 연수

(2) 근무평정(교사의 경우)
  ① 근무성적 평정 : 100점 만점 → 매 학년도(3. 1.~다음연도 2월 말일) 종료일* 기준으로 실시
     * 매 학년도 종료일(각급 학교의 장이 결정)은 학교마다 다를 수 있음.
     ㉠ 상대평가 : 수(30%)-우(40%)-미(20%)-양(10%, 미의 20%에 포함 가능)
     ㉡ 평정요소 : 자기실적평가서를 참작하여 남녀 통합하여 평정

평정사항	근무수행태도	근무실적 및 근무수행능력			
평정요소	교육공무원으로서의 태도	학습지도	생활지도	담당업무	전문성 개발
평정점수	10	40	30	15	5

     ㉢ 평정방법

구분	평정자		확인자
	교감	다면평가자(동료교사 3명~8명)	교장
배점(100점 만점)	20	40(정성평가 32, 정량평가 8)	40

평가대상자 수	15명 이하	16명 이상 20명 이하	21명 이상 25명 이하	26명 이상 30명 이하	31명 이상 35명 이하	36명 이상
다면평가자 수	3명	4명	5명	6명	7명	8명

     ㉣ 평정결과는 공개 원칙(본인에 한함)
  ② 경력 평정 : 70점 만점 → 매 학년도 종료일을 기준으로 실시
     ㉠ 평정 : 기본경력(평정시기로부터 15년)+초과경력 5년이 만점
     ㉡ 인사기록 카드를 기준, 평정 결과 공개, 승진후보자 명부 작성권자가 작성
  ③ 연수성적 평정 : 30점 만점
     ㉠ 교육성적 평정 : 27점 → 직무연수 18점+자격연수 9점
     ㉡ 연구실적 평정 : 3점 → 연구대회 입상 실적 또는 학위취득 실적 각 3점 중 합산(단, 3점을 초과할 수 없음.)

(3) **승진 후보자 명부 작성**: 매년 3월 31일 기준
① 평정점을 합산한 점수가 높은 점수 순위로 승진 예정인원의 3배수까지 작성: 근무성적 평정 100점 + 경력 평정 70점 + 연수성적 평정 30점 + 가산점 13.5점

평정내용		평정점
① 경력평정		70점 ➡ 평정기간 20년[기본경력(15년) + 초과경력(기본경력 전 5년)]
② 근무성적 평정 (교사)	근무성적 평정	60점 ➡ ❶ 평정요소: 근무수행태도 10 + 근무실적 및 근무수행능력 90(학습지도 40, 생활지도 30, 담당업무 15, 전문성 개발 5) ❷ 상대평가(4단계) ➡ 수 30%, 우 40%, 미 20%, 양 10%('미'에 가산가능) ❸ 평정: 평정자(교감) 20점 + 확인자(교장) 40점 = 60점
	다면평가	40점(동료교사 3명~8명) ➡ 정성평가 32점 + 정량평가 8점
	합계	100점
③ 연수성적 평정	교육성적 평정	27점 ➡ 직무연수 18점 + 자격연수 9점
	연구실적	3점 ➡ 연구대회 입상 실적 3점 + 학위취득 실적 3점 (단, 합산점수가 3점을 초과하지 못함)
	합계	30점
④ 가산점	공통가산점 (교육부장관)	3.5점 ➡ ❶ 연구·시범·실험학교 1, ❷ 재외국민교육기관 파견 근무 0.5, ❸ 직무연수이수실적 학점 1, ❹ 학교폭력 유공 실적 1점
	선택가산점 (교육감)	10점 ➡ ❶ 도서벽지 교육기관(교육행정기관) 근무 경력, ❷ 농어촌 학교 근무 경력, ❸ 그 밖의 교육 발전 또는 교육공무원 전문성 신장을 위한 경력(실적)
	합계	13.5점
총평정점(①~④)		213.5점

② 동점자 사정 기준: 근무성적 우수자 ➡ 현직위 장기 근무자 ➡ 교육공무원으로 계속 장기근무자 순으로 결정
③ 근무성적 평정점은 승진 후보자 명부 작성 기준일로부터 5년 이내 해당 직위에서 평정한 합산점 중에서 평정 대상자에게 유리한 3년을 선택, 산정

❹ 교원의 복무(服務)

(1) 교직원의 임무(「초·중등교육법」 제20조)

> 1. 교장은 교무를 총괄하고, 민원처리를 책임지며, 소속 교직원을 지도·감독하고, 학생을 교육한다.
> 2. 교감은 교장을 보좌하여 교무를 관리하고 학생을 교육하며, 교장이 부득이한 사유로 직무를 수행할 수 없는 때에는 그 직무를 대행한다.
> 3. 수석교사는 교사의 교수·연구 활동을 지원하며, 학생을 교육한다.
> 4. 교사는 법령이 정하는 바에 따라 학생을 교육한다.
> 5. 행정직원 등 직원은 법령에서 정하는 바에 따라 학교의 행정사무와 기타의 사무를 담당한다.

(2) 교원의 권리

① 적극적 권리(조성적 권리): ㉠ 자율성 신장, ㉡ 근무조건 개선, ㉢ 복지후생 제도의 확충, ㉣ 생활보장
② 소극적 권리(법규적 권리)

신분 보장	공무원 신분과 정치적 중립성 보장(「헌법」 제7조 제2항)
쟁송제기권	재심청구권: 징계 처분에 불복이 있을 때 재심 청구
교권 존중	교권은 존중되어야 하며, 교원은 그 전문적 지위나 신분에 영향을 미치는 부당한 간섭을 받지 아니함(「교육공무원법」 제43조 제1항).
본인 의사에 반한 휴직·강임·면직 금지	형의 선고·징계처분 또는 이 법에서 정하는 사유에 의하지 아니하고는 본인의 의사에 반하여 휴직·강임, 또는 면직을 당하지 아니함(「교육공무원법」 제43조 제2항).
권고 사직 금지	권고에 의하여 사직을 당하지 아니함(「교육공무원법」 제43조 제3항).
불체포 특권	교원은 현행범*인 경우를 제외하고는 소속 학교장의 동의 없이 학원 안에서 체포되지 아니함(「교육공무원법」 제48조).

*범죄를 실행 중·후에 있는 사람 ⓓ 절도, 상해, 성폭력, 살인

(3) **교원의 의무**

① 「교육기본법」상 의무 : 「교육기본법」 제14조

> 1. 교원은 교육자로서 갖추어야 할 품성과 자질을 향상시키기 위하여 노력하여야 한다(제3항).
> 2. 교원은 교육자로서 지녀야 할 윤리의식을 확립하고, 이를 바탕으로 학생에게 학습윤리를 지도하고 지식을 습득하게 하며, 학생 개개인의 적성을 계발할 수 있도록 노력하여야 한다(제4항).
> 3. 교원은 특정한 정당이나 정파를 지지하거나 반대하기 위하여 학생을 지도하거나 선동하여서는 아니 된다(제5항). → 정치적 중립성

② 「국가공무원법」상 의무

선서의 의무	공무원은 취임할 때에 소속 기관장 앞에서 선서하여야 한다.
직무상의 의무 (적극적 의무)	❶ 성실의 의무, ❷ 복종의 의무, ❸ 친절·공정의 의무, ❹ 종교중립의 의무, ❺ 비밀엄수의 의무, ❻ 청렴의 의무, ❼ 품위유지의 의무
직무전념의 의무 (소극적 의무)	교육공무원의 금지 조항 → ❶ 직장이탈금지, ❷ 외국정부의 영예 등을 받을 경우(대통령의 허가를 받아야 함), ❸ 영리업무 및 겸직 금지, ❹ 정치운동의 금지, ❺ 집단행위의 금지

❺ **징계**

(1) **개념**
① 조직구성원의 의무를 위반했을 때 행해지는 제재
② 본인의 의사에 반하여 타율적·강제적으로 신분조치를 취하는 것

(2) **종류**

종류		기간	신분 변동	보수, 퇴직급여 제한
중징계	파면	5년 (배제)	• 공무원으로서의 신분 박탈(배제 징계) • 처분받은 날로부터 5년간 공무원 임용 불가	재직기간 5년 미만자 퇴직급여액의 1/4, 5년 이상인 자 1/2 감액 지급
	해임	3년 (배제)	• 공무원으로서의 신분 박탈(배제 징계) • 처분받은 날로부터 3년간 공무원 임용 불가	• 퇴직급여 전액 지급 • 금품 및 향응수수, 공금횡령·유용으로 해임된 때 → 재직기간 5년 미만자 퇴직급여액의 1/8, 5년 이상인 자 1/4 감액 지급

	강등	3개월 (교정)	• 동종의 직무 내에서 하위의 직위에 임명 • 공무원 신분은 보유, 직무에 종사하지 못함(교정징계) • 대학의 교원 및 조교는 적용 안 됨 • 18개월+정직처분기간 승진 제한	• 18개월+정직처분기간 승급 제한 • 강등처분기간 보수의 전액 감액
	정직	1월 ~3월 (교정)	• 신분은 보유하나 직무에 종사하지 못함. → 직무정지(교정 징계) • 18개월+정직처분기간 승진 제한 • 처분기간 경력평정에서 제외	• 18개월+정직처분기간 승급 제한 • 보수의 전액 감액
경 징 계	감봉	1월 ~3월 (교정)	• 12개월+감봉처분기간 승진제한(교정징계)	• 12개월+감봉처분기간 승급 제한 • 보수의 1/3 감액
	견책	― (교정)	• 전과에 대한 훈계와 회개(교정 징계) • 6개월간 승진제한	6개월간 승급 제한

① 강등·정직·감봉·견책의 경우 그 사유가 금품(예 금전, 물품, 부동산) 및 향응 수수, 공금횡령·배임·절도·사기·유용, 소극행정, 음주운전(음주측정에 불응하는 경우 포함), 성폭력, 성희롱, 성매매로 인한 징계처분의 경우(「국가공무원법」 제78조의2, 「공무원임용령」 제32조) : 승진·승급 제한기간에 6개월을 추가
② 시험문제 유출·성적 조작, 금품수수, 학생에 대한 상습적이고 심각한 신체적 폭력으로 해임·파면된 경우 : 신규 또는 특별채용이 제한
③ 성폭력으로 해임·파면된 경우 : 신규 또는 특별채용 불가
④ 징계사유의 시효 : ㉠ 징계발생일로부터 3년, ㉡ 금품 및 향응수수, 공금횡령·유용으로 징계 받은 경우는 5년, ㉢ 성 비위(성매매, 성폭력범죄, 아동·청소년대상 성범죄, 성희롱) 관련 징계 및 「학술진흥법」 제15조 제1항에 따른 연구부정행위 및 「국가연구개발혁신법」 제31조 제1항에 따른 국가연구개발사업 관련 부정행위는 10년
⑤ 재심 요구 : 징계처분이 있는 것을 안 날로부터 30일 이내에 교원 소청 심사위원회(교육부에 설치)로 청구(접수일로부터 60일 이내 결정)

☑ 직위해제(「국가공무원법」 제73조의3) : ① 직무수행 능력이 부족하거나 근무성적이 극히 나쁜 자, ② 파면·해임·강등 또는 정직에 해당하는 징계의결이 요구 중인 자, ③ 형사 사건으로 기소된 자(약식명령이 청구된 자는 제외), ④ 고위공무원단에 속하는 일반직 공무원으로서 적격심사를 요구받은 자, ⑤ 금품비위, 성범죄 등 대통령령으로 정하는 비위행위로 인하여 감사원 및 검찰·경찰 등 수사기관에서 조사나 수사 중인 자로서 비위의 정도가 중대하고 이로 인하여 정상적인 업무수행을 기대하기 현저히 어려운 자 → 행정처분에 해당(징계 ×)

제9절 학교 실무

❶ 교육법

(1) **교육법규의 성격**

조장적 성격	인간을 육성하는 교육에 관한 법규이므로 비권력적이고 지도·조언·육성의 성격이 강함.
특별법이자 일반법적 성격	• 다른 모든 일반법에 대하여 특별법적 성격 → 특별법(교육법) 우선 원칙 • 「교육기본법」은 다른 교육관계 법률(⑩ 초·중등교육법)에 대하여 일반법적 성격 → 상위법 우선의 원칙
특수법적 성격	공법과 사법의 구별이 불명확함. → 학교제도와 그 운영 등은 공법적 성격이 강하나, 교육권이나 교육내용, 사립학교 등은 사법적 성격이 강함.
윤리적 성격	국가와 민족에 대한 의무와 책임이 다른 법률에 비하여 현저하게 강조되는 윤리적 성격이 강함.

(2) **교육법의 기본 원리**: 「헌법」 제31조에 규정

법률주의의 원리	'교육제도의 법정주의', '교육입법상의 법률주의', '법률에 의한 교육행정의 원리' → 교육제도는 법으로 정한다는 것
자주성존중의 원리	'민주교육의 원리', '지방교육자치의 원리' → 교육의 독자성과 자주성을 존중해야 한다는 것 ⑩ 일반행정으로부터의 분리·독립, 정치와 종교로부터의 중립 보장, 지방교육자치제 실시 등
기회균등의 원리	국가는 국민에게 평등한 교육기회를 보장해야 한다는 것
교육권 보장의 원리	교육받을 권리를 보장하기 위한 규정을 헌법상의 국가적 의무로 명시해야 한다는 것
교육 중립성의 원리	교육은 종교적·정치적 중립성을 가진다는 것
전문적 관리의 원리	교육은 전문적 지도 역량과 자질을 가진 사람들에 의해 운영되어야 한다는 것

(3) **법의 존재형식**: 법원(法源) → 성문법을 원칙으로 함.

성문법 (제정법)	헌법	국가의 최상위 법 → 국민의 기본권 보장, 국가의 통치구조원리 규정
	법률	국회 의결을 거쳐 대통령이 서명, 공포 예「교육기본법」,「초중등교육법」
	명령	국회의 의결을 거치지 않고 행정기관이 법률에 의해 제정(≒ 법규명령) → 시행령(대통령령), 시행규칙(예 총리령, 부령) / 위임명령, 집행명령
	규칙	국가기관의 소관 사무에 관하여 제정하는 법규 → 명령과 같은 효력 (≒ 행정명령) 예 국회, 중앙선거관리위원회, 헌법재판소, 감사원 규칙
	자치법규	지방자치단체가 법령의 범위 안에서 제정 예 조례(지방의회), 규칙(지방자치단체 장)
	조약	문서에 의한 국가 간의 합의, 국제적 합의 예 협약, 협정, 규정, 의정서, 헌장, 규약, 교환각서 등
불문법		관습법(반복적 관행을 통해 형성), 판례(법원의 판결을 통해서 형성), 조리(건전한 상식으로 판단) 등

(4) **법의 적용과 해석**(성문법 상호 간의 관계)

① 상위법 우선의 원칙(헌법 > 법률 > 명령, 규칙 > 자치법규)
② 특별법 우선의 원칙
③ 신법(新法) 우선의 원칙
④ 국내법 우선의 원칙
⑤ 법률 불소급의 원칙

❷ 「학교폭력 예방 및 대책에 관한 법률」

(1) **학교폭력의 개념(제2조)**: 학교 내외에서 학생 간에 발생한 상해, 폭행, 감금, 협박, 약취·유인, 명예훼손·모욕, 공갈, 강요·강제적인 심부름 및 성폭력, 따돌림, 사이버 폭력 등에 의하여 신체·정신 또는 재산상의 피해를 수반하는 행위

☑ 학교폭력 예방계획 수립 및 학교폭력 대책 기구

계획유형	수립주체	시기	기구 유형	설립주체	위원 구성
기본계획	교육부장관	5년	대책위원회	국무총리 소속	20명 이내
학교폭력예방대책	지역위원회	매년	지역위원회	시·도지사	11인 이내
			지역협의회	시·군·구	20명 내외
실시계획	학교장	매년	심의위원회	교육지원청	10~50명 이내

(2) **교육감의 임무(제11조)**

> 1. 시·도교육청에 학교폭력의 예방과 대책 및 법률지원을 포함한 통합지원을 담당하는 전담부서를 설치·운영해야 한다.
> 2. 관할 구역 안에서 학교폭력이 발생한 때에는 해당 학교의 장 및 관련 학교의 장에게 그 경과 및 결과의 보고를 요구할 수 있다.
> 3. 교육감은 관할 구역 안의 학교폭력이 관할 구역 외의 학교폭력과 관련이 있는 때에는 그 관할 교육감과 협의하여 적절한 조치를 취하여야 한다.
> 4. 교육감은 학교의 장으로 하여금 학교폭력의 예방 및 대책에 관한 실시계획을 수립·시행하도록 하여야 한다.
> 5. 교육감은 심의위원회가 처리한 학교의 학교폭력빈도를 학교의 장에 대한 업무수행 평가에 부정적 자료로 사용하여서는 아니 된다.
> 6. 교육감은 전학의 경우 그 실현을 위하여 필요한 조치를 취하여야 하며, 퇴학처분의 경우 해당 학생의 건전한 성장을 위하여 다른 학교 재입학 등의 적절한 대책을 강구하여야 한다.
> 7. 교육감은 대책위원회 및 지역위원회에 관할 구역 안의 학교폭력의 실태 및 대책에 관한 사항을 보고하고 공표하여야 한다. 관할 구역 밖의 학교폭력 관련 사항 중 관할 구역 안의 학교와 관련된 경우에도 또한 같다.
> 8. 교육감은 학교폭력의 실태를 파악하고 학교폭력에 대한 효율적인 예방대책을 수립하기 위하여 학교폭력 실태조사를 연 2회 이상 실시하여야 한다.
> 9. 교육감은 학교폭력 등에 관한 조사, 상담, 치유프로그램 등을 위한 전문기관을 설치·운영해야 한다.

(3) **학교폭력대책심의위원회의 설치·기능(제12조~제13조)**

① 설치: 학교폭력의 예방 및 대책에 관련된 사항을 심의하기 위하여 교육지원청(교육지원청이 없는 경우 해당 시·도 조례로 정하는 기관)에 학교폭력대책심의위원회를 설치(단, 둘 이상의 교육지원청이 공동으로 구성 가능)

② 심의 사항: ❶ 학교폭력의 예방 및 대책, ❷ 피해학생의 보호, ❸ 가해학생에 대한 교육, 선도 및 징계, ❹ 피해학생과 가해학생 간의 분쟁조정, ❺ 그 밖에 대통령령으로 정하는 사항

③ 구성·운영(제13조): 10명 이상 50명 이내의 위원으로 구성 → 전체위원의 3분의 1 이상을 해당 교육지원청 관할 구역 내 학교(고등학교 포함)에 소속된 학생의 학부모로 위촉

④ 회의 소집: ❶ 심의위원회 재적위원 4분의 1 이상이 요청하는 경우, ❷ 학교의 장이 요청하는 경우, ❸ 피해학생 또는 그 보호자가 요청하는 경우, ❹ 학교폭력이 발생한 사실을 신고받거나 보고받은 경우, ❺ 가해학생이 협박 또는 보복한 사실을 신고받거나 보고받은 경우, ❻ 그 밖에 위원장이 필요하다고 인정하는 경우 → 회의록 작성·보존

(4) **학교의 장의 자체 해결(제13조의2)**

① 다음 각호에 모두 해당하는 경미한 학교폭력에 대하여 피해학생 및 그 보호자가 심의위원회의 개최를 원하지 아니하는 경우 학교의 장은 학교폭력사건을 자체적으로 해결할 수 있다. 이 경우 학교의 장은 지체 없이 이를 심의위원회에 보고하여야 한다.

> 1. 2주 이상의 신체적·정신적 치료를 요하는 진단서를 발급받지 않은 경우
> 2. 재산상 피해가 없는 경우 또는 재산상 피해가 즉각 복구되거나 복구 약속이 있는 경우
> 3. 학교폭력이 지속적이지 않은 경우
> 4. 학교폭력에 대한 신고, 진술, 자료제공 등에 대한 보복행위(정보통신망을 이용한 행위 포함)가 아닌 경우

② 학교의 장은 자체적으로 해결하려는 경우 다음 각 호에 해당하는 절차를 모두 거쳐야 한다.

> 1. 피해학생과 그 보호자의 심의위원회 개최 요구 의사의 서면 확인
> 2. 학교폭력의 경중에 대한 제14조 제3항에 따른 전담기구의 서면 확인 및 심의

(5) **전문상담교사 배치 및 전담기구 구성(제14조)**

① 학교의 장은 학교에 대통령령으로 정하는 바에 따라 상담실을 설치하고, 전문상담교사를 둔다.

② 전담기구 구성 : 학교의 장은 교감, 전문상담교사, 보건교사 및 책임교사(학교폭력문제 담당 교사), 학부모 등으로 학교폭력문제를 담당하는 전담기구를 구성한다. 이 경우 학부모는 전담기구 구성원의 3분의 1 이상이어야 한다.

(6) **학교폭력 예방교육(제15조)**

① 학교의 장은 학생의 육체적·정신적 보호와 학교폭력의 예방을 위한 학생들에 대한 교육(학교폭력의 개념·실태 및 대처방안 등을 포함하여야 한다)을 학기별로 1회 이상 실시하여야 한다.

② 학교의 장은 학교폭력의 예방 및 대책 등을 위한 교직원 및 학부모에 대한 교육을 학기별로 1회 이상 실시하여야 한다.

(7) **피해학생의 보호(제16조)** : 심의위원회는 피해학생의 보호를 위하여 필요하다고 인정하는 때에는 피해학생에 대하여 다음 각 호의 어느 하나에 해당하는 조치(수 개의 조치 병과 포함)를 할 것을 교육장에게 요청할 수 있다.

> ① 학내외 전문가에 의한 심리상담 및 조언 ➡ ② 일시보호 ➡ ③ 치료 및 치료를 위한 요양 ➡ ④ 학급교체

(8) **가해학생에 대한 조치(제17조)**

① 심의위원회는 피해학생의 보호와 가해학생의 선도·교육을 위하여 가해학생에 대하여 다음 각 호의 어느 하나에 해당하는 조치(수 개의 조치 병과 포함)를 할 것을 교육장에게 요청하여야 한다.

> ① 피해학생에 대한 서면사과 ➡ ② 피해학생 및 신고·고발 학생에 대한 접촉, 협박 및 보복행위(정보통신망을 이용한 행위 포함)의 금지 ➡ ③ 학교에서의 봉사 ➡ ④ 사회봉사 ➡ ⑤ 학내외 전문가, 교육감이 정한 기관에 의한 특별 교육이수 또는 심리치료 ➡ ⑥ 출석정지(1회 10일 이내, 연간 30일 이내) ➡ ⑦ 학급교체 ➡ ⑧ 전학 ➡ ⑨ 퇴학처분(단, 의무교육과정에서는 적용 불가)

② 심의위원회는 가해학생이 특별교육을 이수할 경우 해당 학생의 보호자도 함께 교육을 받게 하여야 하며, 피해학생이 장애학생일 경우 장애인식개선 교육 내용을 포함하여야 한다. → 위반한 보호자에게는 300만원 이하의 과태료 부과(제23조)

> ⚔️ 「초·중등교육법」(제18조)과 「초·중등교육법 시행령」(제31조 제1항)상 학생징계
> ① 학교 폭력 이외의 사안(예 절도, 사기 등)에 대한 징계의 경우, 선도위원회에서 징계 수위 결정
> ② 징계(5단계) : ❶ 학교 내의 봉사 ➡ ❷ 사회봉사 ➡ ❸ 특별교육 이수 ➡ ❹ 1회 10일 이내, 연간 30일 이내의 출석정지 ➡ ❺ 퇴학처분
> ③ 퇴학처분은 의무교육과정(초등학교와 중학교)에서는 적용할 수 없다.

(9) **학교의 장의 의무(제19조)**

① 학교의 장은 제16조(피해학생의 보호), 제16조의2(장애학생의 보호), 제17조(가해학생에 대한 조치)에 따른 조치의 이행에 협조하여야 한다.
② 학교의 장은 학교폭력을 축소 또는 은폐해서는 아니 된다.
③ 학교의 장은 교육감에게 학교폭력이 발생한 사실과 제13조의2(학교의 장의 자체해결)에 따라 학교의 장의 자체해결로 처리된 사건, 제16조, 제16조의2, 제17조 및 제18조(분쟁조정)에 따른 조치 및 그 결과를 보고하고, 관계 기관과 협력하여 교내 학교폭력 단체의 결성예방 및 해체에 노력하여야 한다.
④ 학교의 장은 학교폭력 예방을 위하여 필요한 경우 해당학교의 학교폭력현황을 조사하는 등 학교폭력 조기발견 및 대처를 위하여 노력하여야 한다.

(10) **학교폭력의 신고의무(제20조)**

① 학교폭력 현장을 보거나 그 사실을 알게 된 자는 학교 등 관계 기관에 이를 즉시 신고하여야 한다.

② 제1항에 따라 신고를 받은 기관은 이를 가해학생 및 피해학생의 보호자와 소속 학교의 장에게 통보하여야 한다.
③ 제2항에 따라 통보받은 소속 학교의 장은 이를 심의위원회에 지체 없이 통보하여야 한다.
④ 누구라도 학교폭력의 예비·음모 등을 알게 된 자는 이를 학교의 장 또는 심의위원회에 고발할 수 있다. 다만, 교원이 이를 알게 되었을 경우에는 학교의 장에게 보고하고 해당 학부모에게 알려야 한다.
⑤ 누구든지 제1항부터 제4항까지에 따라 학교폭력을 신고한 사람에게 그 신고행위를 이유로 불이익을 주어서는 아니 된다.

(11) **비밀누설금지(제21조)**
① 이 법에 따라 학교폭력의 예방 및 대책과 관련된 업무를 수행하거나 수행하였던 자는 그 직무로 인하여 알게 된 비밀 또는 가해학생·피해학생 및 제20조에 따른 신고자·고발자와 관련된 자료를 누설하여서는 아니 된다.
→ 위반한 자는 1년 이하의 징역 또는 1천만원 이하의 벌금에 처함(제22조).
② 제1항에 따른 비밀의 구체적인 범위는 대통령령으로 정한다.
③ 제16조, 제16조의2, 제17조, 제17조의2, 제18조에 따른 심의위원회의 회의는 공개하지 아니한다. 다만, 피해학생·가해학생 또는 그 보호자가 회의록의 열람·복사 등 회의록 공개를 신청한 때에는 학생과 그 가족의 성명, 주민등록번호 및 주소, 위원의 성명 등 개인정보에 관한 사항을 제외하고 공개하여야 한다.

❸ 교원의 노동조합 설립 및 운영 등에 관한 법률

(1) **입법체계**: 노동조합법상의 특별법
(2) **보장범위**: 단결권과 단체교섭권 등 노동 2권만 인정(단체행동권은 불허)
(3) **단결권**
① 노조의 가입자격
㉠ 유아교육법, 초·중등교육법, 고등교육법(단, 강사 제외)에 따른 교원
㉡ 노조가입은 자유이다.
② 노조의 설립 및 조직: 고용노동부장관에게 설립신고서 제출
㉠ 유치원·초중등교원: 시·도 또는 전국 단위 → 교육지원청, 단위학교 금지
㉡ 대학교 교원: 개별학교 단위, 시·도 단위 또는 전국 단위
㉢ 복수노조 결성 허용

③ 노동조합 전임자의 지위: 직권휴직 → 임용권자의 동의가 있는 경우
  ㉠ 전임자는 그 전임기간 중 노동조합으로부터 급여를 지급받는다.
  ㉡ 전임자는 그 전임기간 중 전임자임을 이유로 승급 또는 그 밖의 신분상의 불이익을 받지 아니한다.

(4) **단체교섭권**: 교섭 및 체결 권한 등
① 교섭구조
  ㉠ 유치원·초중등교원 설립 노동조합: ❶ 국·공립-교육부장관(전국), 교육감(시·도), ❷ 사학재단-사립학교 설립·경영자(시·도 또는 전국단위로 연합)
  ㉡ 대학교교원 설립 노동조합: 교육부장관(전국), 특별시장·광역시장·특별자치시장·도지사·특별자치도지사(시·도), 국·공립학교의 장 또는 사립학교 설립·경영자(학교)
② 교섭내용: 임금·근무조건·후생복지 등 경제적·사회적 지위 향상과 관련된 사항으로 한정한다(교육정책에 관한 교섭 ×).
③ 노동조합의 대표자는 교육부장관, 시·도지사, 시·도 교육감, 국·공립학교의 장 또는 사립학교 설립·경영자와 단체교섭을 하려는 경우에는 교섭 사항에 대하여 서면으로 교섭을 요구하여야 한다.
④ 교육부장관, 시·도지사, 시·도 교육감, 국·공립학교의 장 또는 사립학교 설립·경영자는 교섭을 요구하는 노동조합이 둘 이상인 경우에는 해당 노동조합에 교섭창구를 단일화하도록 요청할 수 있다. 이 경우 교섭창구가 단일화된 때에는 교섭에 응하여야 한다.

오현준 교육학
끝짱노트

CHAPTER 14

교육사회학

- 제1절 교육사회학의 이론
- 제2절 사회, 문화와 교육
- 제3절 교육평등
- 제4절 교육격차 발생 이론(학업성취격차 이론)
- 제5절 학력상승이론(교육팽창이론)

Chapter 14 교육사회학

필수체크 Top point

1. 교육사회학의 이론: 규범적 접근(기능이론, 갈등이론), 해석학적 접근(신교육사회학)
2. 교육과 사회: 사회화, 사회이동, 사회집단(학교의 사회적 기능), 시험의 기능
3. 교육과 문화: 문화접변, 문화전계, 문화지체, 문화실조, 문화기대
4. 학교교육과 사회평등: 평등화 기여론, 불평등 재생산론, 무효과론
5. 교육평등관: 허용적 평등, 보장적 평등, 교육조건의 평등, 보상적 평등
6. 교육격차 발생이론: 교사결핍론, 지능결핍론, 문화환경 결핍론, 문화실조론과 문화다원론
7. 교육팽창(학력상승) 이론: 학습욕구이론, 기술기능이론, 신마르크스 이론, 지위경쟁이론, 국민통합론

제1절 교육사회학의 이론

❶ 교육사회학 이론의 전개과정

1. 교육사회학 이론의 유형

구분	접근방법	연구과제	연구방법
구교육사회학 • 기능이론 • 갈등이론	거시적 접근 (규범적 접근)	학교 외부문제: 학교와 사회구조 → 학교 내부 문제는 암흑상자(black box)로 취급	객관적, 실증적, 연역적, 양적
신교육사회학 (교육과정 사회학)	미시적 접근 (해석적 접근)	학교 내부문제: 학교지식, 교사-학생 간 상호작용	현상학적, 해석학적, 귀납적, 질적

규범적 패러다임(기능·갈등이론)	해석학적 패러다임(신교육사회학)
• 교육과 사회에 대한 거시적 접근 • 연역적 접근 • 양적 연구에 의한 이론 형성 • 자연과학적 법칙에 의한 교육 및 사회현상 연구	• 교육의 내적 과정에 대한 미시적 접근 • 귀납적 접근 • 질적 연구에 의한 해석적 기술에 치중 • 사회적 현상과 관계에 대한 변증법적 연구

2. 교육사회학 이론의 출발

(1) **뒤르껭(Durkheim)**: 교육사회학의 아버지 → 사회실재론, 도덕사회화론

① 교육은 곧 사회화(socialization)
  ㉠ 천성(天性)이 비사회적 존재인 개인을 사회적 존재로 만드는 과정 →
    보편적 사회화를 통한 도덕적 사회화(현대 산업사회에 알맞은 도덕적 질서 확립)가 목적
  ㉡ 후세대에 대한 성인 세대의 영향력 행사(단, 체벌은 금지)

> "교육은 사회생활을 위하여 준비를 아직 갖추지 못한 사람들에 대한 성인 세대들의 영향력 행사. 그 목적은 전체로서의 정치사회와 아동이 장차 소속하게 되어 있는 특수환경의 양편이 요구하는 지적·도덕적·신체적 제 특성을 아동에게 육성·계발하는 데 있다."

② 사회화의 유형

보편적 사회화	• 사회 전체의 집합의식을 개인에게 내면화 → 사회의 동질성 확보 • 전체 사회가 요구하는 집합의식(collective image), 즉, 신체적·도덕적·지적 특성의 함양
특수적 사회화	• 분업화된 사회집단의 가치와 규범, 능력을 내면화 → 파슨즈(Parsons)의 '역할사회화'와 유사 • 개인이 속하게 되는 특수환경(직업집단)이 요구하는 신체적·도덕적·지적 특성의 함양

(2) **파슨즈(Parsons)**: 사회체제이론, 사회화 기능론

① 사회체제의 기능(AGIL 이론): 학교는 유형유지 기능, 역할사회화를 담당

Adaptation(적응)	환경에 적응하는 기능 → 경제체제
Goal-Attainment(목표 달성)	목표달성을 위해 상황의 제반 요소를 통제하는 기능 → 정치체제
Integration(통합)	사회단위 간의 연대를 유지·통합하는 기능 → 사회체제
Latent pattern maintenance and tension management (잠재유형 유지와 긴장관리)	사회문화의 형태를 유지·존속시키는 보수적 기능 → 문화체제(예 학교)

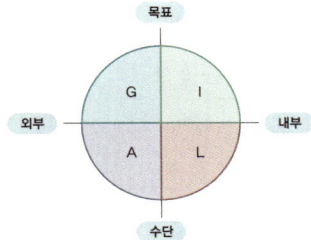

② 사회체제의 속성 : 안정성, 상호의존성, 합의
③ 학교교육의 기능 : 역할사회화 → 사회적 선발 기능

❷ 구교육사회학 : 초기 교육사회학

1. **개요** : 기능이론, 갈등이론 → 암흑상자 사회학(black box sociology)

① 거시적 접근(규범적 접근), ② (학교)교육 외부 문제에 관심, ③ 교육 내부 문제는 암흑상자(black box)로 취급, ④ 가치중립적 접근

2. **기능이론과 갈등이론의 비교**

구분	기능이론	갈등이론
사회관	• 사회를 유기체에 비유 • 안정성, 통합성, 상호의존성, 합의성 • 사회는 전문가사회, 업적사회, 경쟁적 사회 → 개인의 능력에 따라 계층 이동	• 사회는 갈등과 경쟁의 연속 • 갈등, 대립, 변동(변화), 강제(억압) • 사회는 후원적 사회 → 부모의 사회경제적 배경에 따라 자녀들의 지위 결정
핵심요소	구조와 기능, 통합, 안정, 합의	갈등, 변동(변화), 강제(억압)
교육의 기능	• 사회화, 선발, 배치 → 학교교육을 통한 계층이동 가능, 학교는 위대한 평등장치 • 사회의 안정·유지·발전	• 불평등한 사회구조를 재생산 → 학교교육을 통한 계층이동이 불가능 • 지배집단의 문화를 정당화·주입
사회-교육의 관계	긍정적·낙관적 → 학교의 순기능에 주목	부정적·비판적 → 학교의 역기능에 주목
이론적 특징	• 체제유지 지향적, 현상유지 → 보수적 • 부분적·점진적 문제해결 → 개혁 • 안정 지향 • 교육과정 : 지식의 절대성 → 보편성, 객관성	• 체제비판을 통한 변화 → 진보적 • 전체적·급진적 문제해결 → 혁명 • 변화 지향 • 교육과정 : 지식의 상대성 → 사회·역사적 맥락 중시
대표적 이론	• 합의론적 기능주의 - 뒤르껨, 파슨즈 • 기술기능이론 - 클라크, 커 • 근대화 이론 - 맥클랜드, 인켈스 • 인간자본론 - 슐츠, 베커 • 발전교육론 - 로스토우	• 경제적 재생산이론 - 보울스 & 진티스 • 종속이론 - 갈퉁, 프랭크 • 급진적 저항이론 - 일리치, 라이머, 프레이리

3. **기능이론**

(1) **개념** : 사회를 유기체에 비유 → 사회의 각 부분이 상호의존적으로 전체 사회 존속을 위해 필요한 기능 수행을 통해 항상 안정을 유지한다고 보는 견해

(2) **기본 전제**

> ① 사회는 하나의 유기체이다.
> ② 사회는 항상 안정을 유지하려는 속성을 가지고 있고, 각 부분은 전체의 유지에 기여한다.
> ③ 사회의 각 부분은 독립적(자율적)이며 또한 상호의존적이다.
> ④ 사회를 구성하고 있는 각 부분 간에는 우열이 있을 수 없으며 각기 수행하는 기능상의 차이가 있을 뿐이다.
> ⑤ 계층은 기능의 차이에 바탕을 둔 차등적 보상체제의 결과이다.

(3) **사회의 본질**: 구조와 기능, 통합, 안정, (이성적) 합의

구조와 기능	사회는 여러 부분(하위체제)들로 전체를 이루고 있으며, 각 부분들은 고유한 기능으로 전체 체제의 존속과 유지에 기여한다.
통합(연관)	사회의 각 부분들이 유기적으로 통합(또는 연관)되어 있다.
안정	사회는 질서와 균형, 안정을 유지하려는 속성이 있다.
합의	사회는 그 구성원 간의 가치에 대한 합의에 그 토대를 두고 있다.

(4) **학교교육의 기능**: 전체 사회 유지를 위한 학교교육의 순기능 중시

① 사회화, 선발·배치
② 전제조건: 기회의 평등, 능력주의(업적주의 → 학력 중시)

(5) **주요 이론**

구분	주요 내용	대표자
합의론적 기능론	학교는 전체 사회 유지를 위한 긍정적 기능(사회화, 선발·배치) 수행	뒤르껭, 파슨즈, 드리븐
기술기능 이론	• 산업사회의 발달로 인해 고등기술 교육의 필요 증대 • 학교는 산업사회를 유지하기 위한 핵심적 장치	클라크, 커
인간 자본론	• 교육은 경제발전에 필요한 인적 자본 형성 과정 → 교육 투자 효율화 이론(교육 투자는 '증가된 배당금') • (전제) 노동시장은 완전경쟁시장 • (가설) 교육 투자 ➡ 개인의 학력(생산성) 증대 ➡ 개인의 소득 향상 및 국가의 경제발전 • (비판) ① 노동시장 분단론(이중노동시장론), ② 선별이론(선발가설이론; 학력은 상징 또는 학벌), ③ 과잉학력현상	슐츠, 베커
발전 교육론	• 교육은 국가의 정치·경제·사회 발전의 수단 • 국가 발전을 위한 교육의 양과 질에 대한 계획적 조절 중시	로스토우

근대화 이론	• 사회심리학적 측면에서 교육을 통한 도덕적 근대화 중시 • 학교는 근대적 가치관(예 성취동기) 형성을 통해 근대화에 기여	맥클랜드, 인켈스
신기능 이론	• 학교개혁을 통한 교육의 수월성 강조 • 교육팽창을 생태학적 세계체제이론의 관점에서 국제경쟁에 대한 각 사회의 적응과정으로 이해	알렉산더

(6) 비판(한계)
① 인간을 수동적·종속적 존재로 이해
② 기존질서 유지를 지향하는 보수적 입장
③ 학력경쟁의 가열화를 통한 인간성 상실 초래 및 전인교육 소홀
④ 학교교육의 획일화
⑤ 교육의 도구적 기능 중시
⑥ 집단 간의 갈등을 소홀히 취급
⑦ 학급 내 구성원 간의 상호 작용성 및 교육과정 내용 등 미시적 연구에 소홀

4. 갈등이론

(1) **개념**: 사회의 본질을 갈등과 변동, 강제의 과정으로 이해하는 관점

(2) **기본 전제**

> ① 인간의 욕구는 무한한데 욕구충족을 위한 재화는 유한하기 때문에 인간 사이의 경쟁과 갈등은 불가피하다. → 자원의 희소성으로 인한 경쟁 불가피
> ② 사회는 모든 면에서 변화의 과정과 이견(異見)과 갈등을 겪는다.
> ③ 사회집단은 지배집단과 피지배집단으로 구성되어 있다.

(3) **사회의 본질**: 변화(변동), 갈등(불일치), 강제(강압)

변화	모든 사회는 언제나 변화의 과정에 있다.
갈등	모든 사회는 언제나 갈등 속에 있으며, 갈등은 사회진보의 원동력이다.
강제(억압)	모든 사회는 그 구성원의 일부에 대한 다른 일부의 강제에 토대를 두고 있다.

(4) **학교교육의 기능**: 학교교육의 역기능 비판
① 학교는 자본주의사회의 불평등한 계급 구조 재생산(reproduction)
② 학교 개혁보다는 사회의 거시적 개혁을 통한 학교개혁 강조
③ 능력주의 선발은 허구이며, 기존질서를 정당화하는 장치에 불과함

(5) 주요 이론

구분	주요 내용	대표자
경제적 재생산 이론	• 학교교육은 불평등한 계급구조를 재생산하는 도구 • 잠재적 교육과정을 통해 계급에 기초한 성격적 특성을 차별적으로 사회화 ◎ 상류층 자녀(자유, 창의성), 하류층 자녀(순종, 시간엄수) • 경제적 결정론: 토대가 상부구조 결정 • 대응이론(상응이론): 교육이 노동구조의 사회관계(자본가-노동자)와 대응하는 사회관계(교사-학생)로 운영 • 학교개혁보다 근원적 사회개혁 강조 　cf 애니온(Anyon, 1980)의 연구: 게토 교육(ghetto schooling), 비판적 교육사회학 　① 보울스 & 진티스 이론의 확장 및 보완: 보울스와 진티스의 주장에 기초하여 실제 잠재적 교육과정을 분석·규명 　② 신교육사회학의 미시적 논의 통합 　③ 구조(거시적 경제체제)와 행위(학교 내부의 교육)의 변증법적 통합 시도: 구조적 제약 속에서 학생과 교사들의 저항(resistance) 행위를 분석 　☑ 게릴라 교육학(guerrilla pedagogy): 전통적 교육방식의 한계를 극복하기 위한 대안적 교육방식, '저항과 정의를 위한 교육'을 의미 　① 목표: 학생 자립·능동성 함양 & 사회불평등·억압 해소, 사회정의 실현 　② 특징: 비판적 사고력 촉진, 학생중심교육, 학생참여학습, 창의·혁신적 학습, 학습유연성, 커뮤니티 중심 교육, 사회참여 강조, 평등한 교육기회 제공	보울스, 진티스
종속 이론	• 제국주의적 관점에서 교육을 이해하는 입장: 학교교육을 경제·정치권력의 종속변수로 파악 • 학교교육은 종속적인 국제질서를 존속시키기 위한 장치	갈퉁, 프랭크, 카노이
급진적 저항 이론	• 학교의 교육독점과 인간소외 비판 • 학교개혁(Reimer)과 탈학교운동(Illich) → 교육본질 회복 • 의식화 교육(Freire) → 인간성 해방 및 이상사회 건설	일리치, 라이머, 프레이리, 실버맨

(6) 공헌점과 한계(장점과 단점)

장점	단점
• 학교와 사회의 모순을 명확하게 지적 • 자본주의 사회의 학교교육에 대한 모순 비판 → 계급적 불평등의 재생산 도구 • 학교와 전체 사회와의 관련성 속에서 학교제도의 문제점을 파악	• 경제적 결정론 • 사회구조를 이분법(지배자-피지배자)에 따라 단순화함. • 교육을 지배계급에 봉사하는 도구로 규정함으로써 교육의 본질적 모습을 왜곡 • 개인의 자유의지를 무시하고 사회적 조건만 지나치게 강조 • 학교교육의 공헌(예 사회통합)을 간과

5. 기능이론과 갈등이론의 공통점과 한계

(1) 교육을 정치·경제의 종속변수로 인식 → 교육의 수단적·외재적 가치 중시

(2) **수동적 인간관**: 인간은 사회적으로 만들어지고 움직여지는 인형 같은 존재

(3) 교육은 기존의 사회구조와 문화를 그대로 반영 → 수동적 교육관

(4) 교육의 내적 기능보다 외적 기능 강조

(5) 교육을 거시적 관점에서 취급 → 학교의 내적 과정 및 교육과정을 암흑상자(Black-box)로 무시

❸ 신교육사회학(교육과정 사회학)

1. 개요

미시적 접근(해석적 접근), 학교교육 내부 문제(현상)에 관심, 가치지향적 접근

(1) 등장배경 및 전개

① 학문의 다원화: 신마르크스주의, 지식사회학, 상징적 상호작용 이론, 민속방법론, 현상학, 해석학 등 → 가치지향적 접근(질적 접근) 가능
② 정책적 배경: 사회평등을 구현하려는 영국의 학교개혁 정책의 실패 → 교육사회학자들의 관심이 학교 내부 문제로 전환
③ 전개: 영국의 해석학적 관점 ➡ 미국의 교육과정 사회학

(2) 연구 주제

① 학교 내부 문제: 학교에서의 교사-학생 또는 학생 간 상호작용 연구
② 교육과정(학교지식): 교육과정은 사회적·정치적 산물, 지배계급의 이익과 문화 반영

(3) **대표자**: 영(Young), 번스타인(Bernstein), 이글스톤(Eggleston)
  ① 영(Young): 학교 지식은 사회적·역사적으로 선정된 지식, 특정집단(권력집단)의 지식 → 신교육사회학을 출범(「지식과 통제」, 1971)
  ② 번스타인(Bernstein): 코드 이론(code theory) → 사회언어학적 연구
    ㉠ 사회언어(구어양식, 의사소통의 형태)를 통한 계층 재생산에 관심
    ㉡ 영국 하류계층의 제한된 어법(restricted linguistic codes)과 중류계층의 세련된 어법(elaborated linguistic codes)은 가정에서의 사회화를 통해 학습

어법	의미
세련된 어법 (공식어)	• 중류계층 이상이 주로 사용 • 보편적 의미(말의 복잡함, 어휘의 다양, 언어의 인과성·논리성·추상성 탁월) • 문장이 길고 수식어 많음. 문법 적절, 전치사·관계사 많이 사용, 감정이 절제된 언어
제한된 어법 (대중어)	• 하류계층(노동계층)이 주로 사용 • 구체적 의미(내용보다는 형식 측면, 화자의 정서적 유대를 통한 의사소통, 구체적 표현) • 문장이 짧고 수식어 적음, 문법 졸렬, 속어·비어 많음, 문장 이외에 표정·목소리 크기·행동으로 감정을 표현

2. 주요 이론

주요 이론		내용	대표자
문화재생산이론 (문화자본론)		학교는 지배집단의 문화자본(아비투스와 제도적 문화자본)을 재생산	부르디외, 번스타인
문화적 헤게모니이론		학교는 지배집단이 지닌 헤게모니의 매개자	애플, 그람시
사회구성체이론 (자본주의 국가론)		학교는 이념적 국가기구 역할을 통해 국가 유지	알뛰세
문화제국주의 이론		학교는 강대국의 문화접변을 통해 신식민 질서를 강화	카노이
탈재생산 이론	저항이론	반학교문화를 통한 탈재생산의 가능성 논의	윌리스, 지루
	자율이론 (문화전달이론)	교육과정 형성과 사회·경제적 힘의 관계 규명	번스타인
상징적 상호작용 이론		학교 및 교실에서의 인간관계와 상호작용 연구	쿨리, 미드, 블러머

(1) **문화적 재생산이론**: 문화자본론
　① 대표자: 번스타인(Bernstein), 부르디외(Bourdieu)
　② 이론의 개요: 학교는 문화적 재생산을 통해 계급 간 불평등을 재생산 →
　　학교교육은 지배계급의 '문화자본(아비투스 문화자본과 제도화된 문화자본)'을 교육과정에 담아
　　학생들에게 전달함으로써 계급적 불평등을 재생산

아비투스(habitus)적 문화자본	• 개인에게 내면화(무의식적으로 체질화)되어 있는 문화능력 (예 문화적 취향, 심미적 태도, 의미체계), 지속성을 지니는 무형(無形)의 신체적 성향이나 습성 • 사회 계급구조와 개인의 특정행동과 의식을 연결하는 개념적 도구 → '계급 편향적 사회원리'를 반영하고 있음.
제도화된 문화자본	• 교육제도를 통해 공식적 가치를 인정받는 시험성적, 졸업장, 자격증, 학위증서 • 학업성취도와 관련된 교육 결과에 대한 사회적 희소가치 분배의 기준이 되는 문화자본
객관화된 문화자본	• 법적 소유권 형태로 존재하는 문화적 재화(예 골동품, 고서화, 예술작품) • 교육내용 구성의 원천이 되는 상징재 형식의 문화자본

　③ 상대적 자율성과 상징적 폭력: 학교는 계급 중립적인 문화를 다루는 곳이라는 '상대적 자율성' 때문에 학교에서 가르치는 계급 편향적인 문화가 별 저항 없이 모든 학생들에게 강제되며 이는 그 문화를 소유하고 있지 못하는 (하류계급의) 학생들에게 '상징적 폭력*'으로 작용
　　☑ 상징적 폭력: 특정 계급의 의미체계나 문화체계를 다른 계급이 강제적으로 받아들이게 하는 것

(2) **문화적 헤게모니이론**
　① 대표자: 애플(Apple)
　② 이론의 개요: 헤게모니와 같은 상부구조(문화)가 학교교육을 통제
　　㉠ 헤게모니(hegemony): 지배집단이 한 사회를 효과적으로 지배하기 위해 사용하는 지도력, 지배집단이 지닌 의미와 가치체계(ideology)
　　㉡ 학교는 공식적 또는 잠재적 교육과정을 통해 헤게모니를 전달 → 학교는 지배 이데올로기를 정당화하며 사회통제의 역할 담당

(3) **사회구성체이론**: 자본주의국가론
  ① 대표자: 알뛰세르(L. Althusser)
  ② 이론의 개요
    ㉠ 지배계급의 이익을 옹호·대변하는 자본주의 국가는 이념적 국가기구(state apparatus)를 통해 국가가 중립적이라고 믿게 만들어 피지배계급으로부터 능동적인 동의를 이끌어 냄으로써 기존의 불평등관계를 정당화함.

이념적 국가기구	• 설득적 방법으로 지배이데올로기를 국민들에게 전파·내면화하기 위한 사회기구 • 학교(교육), 대중매체(예 신문, TV 등), 교회(종교), 가정, 법률, 정치, 노동조합, 문화(예 문학, 예술, 스포츠)
강제적(억압적) 국가기구	• 국가유지를 위해 물리적 힘을 행사하는 사회기구 • 경찰, 군대, 정부, 사법제도 → 마르크스(Marx)가 본 국가기구

    ㉡ 학교(교육)는 이념적 국가기구의 일부로서 지배 이데올로기를 국민들에게 전파·내면화하기 위한 가장 강력한 재생산기구

(4) **저항이론(resistance theory)**: 탈재생산이론에 해당
  ① 대표자: 윌리스(Willis) → 「학교(노동현장)와 계급재생산(Learning to Labour)」(1978)
  ② 이론의 개요
    ㉠ 인간은 사회의 불평등한 구조에 저항·비판·도전하는 능동적인 존재
    ㉡ 탈재생산이론: 학교교육은 사회계급 구조의 불평등을 그대로 이행하는 단순한 반영물이 아니라, 사회모순과 불평등에 도전하는 역할을 수행함.
    ㉢ 간파와 반학교문화: 피지배집단(노동계급)의 학생들(사나이, lads)이 기존의 학교문화에 저항하고 사회의 불평등과 모순을 극복하기 위해 간파(penetration)를 일상생활 속에서 실천하는 반학교문화(counter-school culture) 형성 → 간파는 제약(limitation)을 통해 저지·중지되기도 함.

간파 (penetration)	저항 행동의 주요 요소: 현실의 모순을 의심하고 그 의도를 파악해서 폭로하는 것
반학교문화 (counter-school culture)	노동계급의 학생들(lads)이 자발적으로 형성한 학교의 전체 문화에 대항하는 저항적 성격의 문화 예 선생님한테 '개기기', '거짓말하기', '수업시간에 딴전 피우기', '장난거리를 찾아 복도 배회하기', '몰래 잠자기' 등

제약 (limitation, 한계)	• 간파의 발전과 표출을 혼란시키고 방해하는 장해요소와 이데올로기적 영향, 간파를 저지·중지하는 요소 → 분리(⑩ 육체노동과 정신노동의 분리, 남녀의 분리 등)와 이데올로기(⑩ 취업이라는 이데올로기와 공식적인 이데올로기)로 구분 • 노동계급의 학생들은 아무리 노력해도 구조적 불평등 체제로 인해 자신들의 열등한 위치를 벗어날 수 없다고 생각하는 것

  ② 노동계급의 학생들은 반학교문화를 통해 학교공부를 거부하고 나아가 불평등한 사회적 관계에 대한 저항을 실천 : 노동계급의 학생들은 남성우월주의적인 육체노동문화를 자신의 이상적 가치관으로 수용, 졸업 후 육체노동직을 스스로 선택함.

(5) **자율이론** : 문화전달이론, 교육상대성이론
 ① 대표자 : 번스타인(Bernstein)
 ② 이론의 개요 : 탈재생산이론에 해당
  ㉠ 학교는 나름의 독특한 문화를 재생산 : 학교가 갖는 상대적 자율성으로 지배계급 문화의 정체가 은폐되고 하류층에게 상징적 폭력으로 작용
  ㉡ 학교 교육과정 조직과 사회적 지배원리(권력통제) 관계 연구 : 분류(classification)와 구조(frame)로 설명 → 분류는 교육과정 조직(개발)에, 구조는 교육과정 운영(실행)에 영향을 줌.

분류 (classification)	• 생산현장에서의 위계적 지위 구분으로, 교과지식의 사회적 조직형태에 해당 • 과목 간, 전공분야 간, 학과 간의 구분 → 교과내용들 간 경계의 선명도 • 경계의 선명도가 높으면 '강한 분류', 낮으면 '약한 분류'에 해당
구조(frame)	• 노동자가 노동과정을 자율적으로 통제할 수 있는 정도로서 과목(학과) 내 조직의 문제에 해당 → 교사와 학생의 상호작용 관계, 즉 수업에서 교육내용 선정, 조직, 진도 등에 대하여 교사와 학생이 소유하고 있는 통제력의 정도 • 가르칠 내용과 가르치지 않을 내용의 구분이 뚜렷한 정도 ⑩ 계열성의 엄격성, 시간배정의 엄격도 등 • 구조화가 철저하면('강한 구조') 교사나 학생의 욕구 반영이 어렵고, 구조화가 느슨하면('약한 구조') 욕구 반영이 쉬움.
교육과정 유형	• **집합형 교육과정** : 강한 분류 − 강한 구조, 강한 분류 − 약한 구조를 갖는 교육과정 • **통합형 교육과정** : 약한 분류 − 강한 구조, 약한 분류 − 약한 구조를 갖는 교육과정

ⓒ 집합형 교육과정과 통합형 교육과정의 비교

구분	교육과정 유형	집합형 교육과정	통합형 교육과정
교육과정의 형성 (개발)	조직 형태	강한 분류 (종적 관계 중시)	약한 분류 (횡적 교류 활발)
	교육과정 예시	분과형 교육과정	중핵 교육과정
	영향 세력 (지배집단)	구중간집단	신중간집단
	사회 질서와의 관계	교육과 생산(경제)의 관계가 분명 → 교육의 자율성 보장	교육과 생산(경제)의 관계가 불분명(통합) → 교육의 자율성 상실
		교육의 코드(code of education)가 중시	생산의 코드(code of production)가 중시
문화전달 방식(수업) - 교육과정 실행	수업 유형	보이는 교수법 • 놀이와 학습을 구분 • 전통적 교수법	보이지 않는 교수법 • 놀이와 학습을 구분하지 않음 • 진보주의 교수법
	교사의 자율성	교사의 자율성(재량권) 축소	교사의 자율성(재량권) 확대

ⓔ '보이는 교수법'과 '보이지 않는 교수법'

보이는 교수법 (가시적 교수법)	보이지 않는 교수법 (비가시적 교수법)
• 전통적 교육에서의 교수법 • 집합형 교육과정 전수 • 학습내용상 위계질서가 뚜렷 • 놀이와 학습을 엄격히 구분 • 교사 중심의 교수	• 진보주의 교육(열린 교육)의 교수법 • 통합형 교육과정 전수 • 학습내용상 위계질서가 뚜렷하지 않음. • 놀이와 학습을 엄격히 구분하지 않음. • 학습자 중심의 교수

ⓜ 교육과정의 결정은 교육 외적인 힘 간의 갈등(❶ 구중간계급과 신중간계급 간 계급적 갈등)에서 비롯되며, 교육과정이 어떻게 결정되든 지배계급에 유리한 내용으로 조직되기 때문에 피지배계급의 이익 실현과는 무관함.

(6) 문화제국주의 이론
  ① 대표자 : 카노이(Carnoy) → 「문화적 제국주의로서의 교육(Education as a Cultural Imperialism」(1974)
  ② 이론의 특징
    ㉠ 국가 간 문화갈등(문화접변)이 교육과정에 어떻게 반영되고 있는가를 연구
    ㉡ 학교교육은 주변국의 노동자들을 제국주의적 식민지 구조에 편입시키기 위한 장치
    ㉢ 서구 중심으로 편성된 학교 교육과정은 신식민주의를 강화하는 역할 수행

(7) **상징적 상호작용이론**(symbolic interaction theory)
  ① 대표자 : 미드(Mead), 쿨리(Cooley), 블러머(Blumer) → 시카고 학파
    ㉠ 미드(Mead) : 중요한 타자, 일반화된 타자 → '놀이단계, 게임단계, 일반화된 타자 형성 단계'를 거쳐 자아가 형성
    ㉡ 쿠울리(Cooley) : 거울자아이론 → 주로 '1차적 집단(중요한 거울)'의 평가과정을 통해 자아개념이 형성
    ㉢ 블러머(Blumer) : 문화구조나 사회구조는 행위자들 간의 상호작용의 산물 → '우리는 그 대상에 부여하는 의미에 입각하여 행동한다'(상징적 상호작용의 핵심적 명제), 의미는 사회적 산물이고 변화 가능한 것
  ② 이론의 개요
    ㉠ 인간 사이의 상호작용은 사회적 행위이다. → 상황정의(situation definition)
    ㉡ 사회구조나 정치구조 또는 사회의 신념체계는 교사·학생 간의 상호작용을 통해 영향을 미친다.
    ㉢ 교실에서의 교사·학생의 상호작용은 교사의 리더십 유형, 학생의 친구 유형, 교실 여건, 교사의 기대수준, 학교문화 등에 따라 달라진다.
  ③ 이론의 유형 : 교환이론, 상징적 상호작용론, 역할이론, 민속방법론
  ④ 이론의 교육적 적용 : ㉠ 낙인(stigma)이론, ㉡ 피그말리온 효과, ㉢ 번스타인(Bernstein)의 사회적 언어(口語)연구, ㉣ 플랜더스(Flanders)의 수업형태 분석법
  ⑤ 학교에서의 상호작용 연구
    ㉠ 하그리브스(Hargreaves)의 교사와 학생 간 상호작용 연구 : 교사의 자기개념(교사역할) 유형 → 「인간 상호관계와 교육」

연예인형(entertainers)	학생을 친구처럼 대하기, 학생들이 즐겁게 배우도록 해주기
맹수조련형(lion-tamers)	학생을 모범생으로 만들기
낭만가형(romantics)	학습자 스스로 학습할 수 있는 다양한 여건 조성하기

ⓒ 우즈(Woods)의 생존을 위한 숨은 교수법 : 교사의 생존전략 → ❶ 사회화(학생을 규칙에 순응하게 만들기), ❷ 언어적 공격을 통한 지배, ❸ 친목(학생과 친하게 지내기), ❹ 결근과 자리이동(어려운 수업 회피하기), ❺ 치료요법(분주하게 일에 열중하기), ❻ 관습적이고 일상적인 전략(받아쓰기)

ⓒ 맥닐(McNeil)의 방어적 수업 : 다인수 학급상황에서 강의법을 통한 교사의 생존전략 → 「방어적 수업과 학급통제(defensive teaching and classroom control)」(1983)

단순화 (simplification)	지식을 잘게 쪼개어 수업내용을 서로 연결되지 않는 단편적 지식들로 구성하기 → 토론과 반대의견 제시 예방
신비화 (mystification)	교사에의 의존 심화 유도(예 전문적 영역 피해가기, 베껴 쓰기 지시하기) → 그 주제는 매우 중요하지만 알기 힘든 것처럼 보이게 하는 방법
생략 (ommission)	아예 다루지 않기 → 시사문제나 논쟁의 여지가 있는 주제를 다룰 때 주로 적용
방어적 단편화 (defensive fragmentation)	다양한 설명이 요구되는 주제를 간단히 언급만 하고 넘어가기(예 빈칸을 단편적 사실로 채우기, 주제의 개요만 말하기) → 교사가 학생들의 능력이나 수업에 대한 관심이 부족하다고 생각할 때 사용하는 수업전략, 학생들의 불만을 제거하고 학생들이 저항을 하지 않고 협력하게 만드는 전략

(의의) ① 재생산이론이 설명하는 것보다 현실은 훨씬 복잡함을 시사
② 지식의 성격이 교사에 의해서 전달되는 과정에서 왜곡되는 과정을 보여줌.

제2절 사회, 문화와 교육

❶ 사회화(socialization)

(1) **개념**: 개인이 사회의 행동양식(생활양식)을 습득, 내면화하는 과정

학자	주장	학교사회화
뒤르껭 (Durkheim)	• 사회실재론 • 도덕사회화론	• 학교사회화의 목표: 보편적 사회화를 통한 도덕 사회화 • 보편적 사회화와 특수적 사회화 → 공식적 교육과정을 통해 형성
파슨즈 (Parsons)	• 사회체제이론 • 사회화 기능론	• 학교는 잠재적 유형 유지 기능 • 학교의 주된 기능: 사회적 선발 → 직업적 역할의 분배 • 역할 사회화: 인지적 사회화, 인성적 사회화
드리븐 (Dreeben)	학교규범론	• 규범적 사회화: 산업사회에 필요한 규범 습득 예 독립성, 성취성, 보편성, 특수성 • 잠재적 교육과정을 통해 형성

(2) 드리븐(Dreeben)의 규범적 사회화

독립성	• 학교에서 독자적으로 할 일이 있다는 것을 배우게 된다는 것 → 학문적 학습활동에 적용되는 규범 • 학교에서 과제를 스스로 처리하게 하고 자신의 행동에 책임을 지게 함으로써 습득된다. 예 시험시 좌석 분리, 시험 중 부정행위에 대한 처벌을 통해 학습
성취성	• 자기의 노력이나 의도보다는 성과에 따라 대우받는다는 것을 배우는 것 → 학생들이 최선을 다해 자기 과제를 수행해야 한다는 전제하에 행동하는 것, 다른 사람들의 성과와 비교하여 자신의 성과를 판단하는 것을 학습 • 공동으로 수행하는 과외활동, 운동 등 경쟁에서 성공을 경험하는 기회를 제공함으로써 학습
보편성	• 동일 연령의 학생들이 같은 학습내용과 과제를 공유함으로써 형성되는 것 • 같은 연령의 학생들에게 개인 특성에 관계없이 똑같은 규칙 적용을 통해 학습
특수성 (특정성)	동일 연령의 학생들이 다른 학년의 학생과 구별되는 특수한 환경을 공유하여 개인의 흥미와 적성에 맞는 분야의 교육을 수행함으로써 학습

❷ 사회변동(사회변화)

(1) **개념**: 사회 내에 형성되어 있는 여러 가지 요소들의 결합관계와 상호 작용의 유형(사회구조)이 달라지는 것

(2) **사회변동과 교육과정**: 사회변화의 시기별 강조되는 교육과정의 덕목 → 왈라스(A. Wallace)

사회변화의 시기	교육과정의 강조점
혁명기(revolutionary phase)	• 도덕성 > 지성 > 기술 • 사회적 변혁 중시
보수기(conservative phase)	• 기술 > 도덕성 > 지성 • 기존 사회질서 중시
복고기(reactionary phase)	• 도덕성 > 기술 > 지성 • 구질서 회복 중시

❸ 사회(계층)이동과 교육

(1) **사회이동과 교육의 관계**

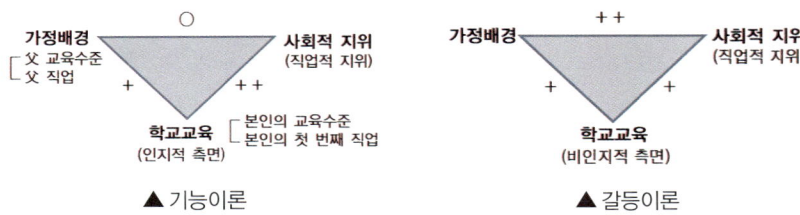

▲ 기능이론   ▲ 갈등이론

① **기능이론**: 학교교육이 사회이동에 결정적인 역할

블라우와 던컨 (Blau & Duncan)	학교교육(본인의 노력)이 사회이동(출세)에 결정적인 역할
스웰과 하우저 (Swell & Hauser)	사회심리적 변인, 즉 '의미 있는 타인들(부모)'의 격려가 노력과 직업지위의 매개변인으로 작용

② 갈등이론 : 학교교육이 아닌 가정의 사회·경제적 배경이 주된 역할

보울스와 진티스 (Bowles & Gintis)	가정의 사회·경제적 배경이 사회적 지위를 결정
스탠톤-살라자와 돈부쉬 (Stanton-Salazar & Dornbusch)	연줄모형 → 학교 내의 사회적 자본(사회적 네트워크)이 교육 및 직업 획득에 영향(학생의 능력 ×)
노동시장 분단론 (Doeringer & Piore)	개인의 능력이 아닌 인적 특성이 지위 획득에 영향 → 중심시장(완전경쟁시장, 시장원리 ⓔ 정규직) & 주변시장(인적 특성, ⓔ 비정규직, 계약직)

(2) **교육선발과 시험**

① 사회이동에 따른 교육선발 유형(Turner)

경쟁적 이동	기득권 배제, 개인의 노력 중시, 단선형 학제 → 미국형(한국, 미국) 학제 ⓔ 만기선발(대학시기)
후원적 이동	경쟁방식 회피, 통제된 방식 중시(기존 엘리트가 주도), 복선형 학제 → 유럽형(영국, 프랑스) 학제 ⓔ 조기선발(초등학교 시기)

② 교육선발 유형론(Hopper) : 교육선발은 교육제도를 결정

선발 방법(How)	중앙집권적 표준화 선발 or 지방분권적 비표준화 선발
선발 시기(When)	조기선발(초등학교 졸업 단계) or 만기선발(대학 입학 단계)
선발 대상(Who)	보편주의(대중평등주의) or 특수주의(소수의 엘리트)
선발 기준(Why)	전체(집단)주의(사회의 이익) or 개인주의(개인의 자아실현)

③ 우리나라 교육선발(대입수능시험) : 중앙집권적 표준화, 만기선발, 보편주의, 개인주의

④ 시험의 성격

교육적 기능 (Montgomery)	❶ 자격 부여, ❷ 경쟁 촉진(우리 교육의 당면 문제), ❸ 선발, ❹ 목표와 유인(학습목표 제시 및 동기 촉발하는 유인), ❺ 교육과정 결정(ⓔ 중심과목과 주변과목), ❻ 학업성취의 확인 및 미래 학습의 예언
사회적 기능	❶ 사회적 선발, ❷ 지식의 공식화와 위계화, ❸ 사회통제(시험 지식을 통한 사회통제), ❹ 사회질서의 정당화 및 재생산, ❺ 문화의 형성과 변화

❹ 사회집단으로서의 학교

(1) 특성

① 중간집단(Smith), 양차적 집단(Brown) : 성원 간의 접촉방식이 복합적(1차적 & 2차적)
② 전인구속적 조직 : 고프만(Goffman), 일리치(Illich) → 학생의 행동 전반을 구속하는 기관

(2) 학교교육의 사회적 기능

문화전승	공인된 태도, 규범, 가치관 등의 생활양식과 행동양식을 포함하는 문화 내용을 다음 세대에 전달하는 기능 → 교육의 1차적 기능
사회통합	• 여러 이질적인 요소들이 각기 고유의 기능을 유지하면서 전체적으로는 모순과 갈등이 없이 조화를 이루며 발전하는 기능 • 문화전승의 2차적 기능이라고도 하며, 문화전승 기능보다 강제성을 띠는 사회적 통제와 사회적 제재의 기능을 갖는다는 점에서 구분
사회적 선발	교육받은 수준에 따라 사회성원들에게 특정한 지위를 부여하는 기능
사회충원	사회의 존속과 발전을 위해 필요한 인력의 선발, 분류, 배치 기능 → 교육의 가장 현실적이고 구체적인 기능
사회이동	개인의 사회적 지위를 수직적으로 이동시켜 주는 중요한 도구이며, 고등교육기관이 몰려 있는 지역으로의 수평적 이동을 촉진하는 기능
사회개혁	새로운 문화를 창조하고 더 바람직한 방향으로 변화시켜 주는 기능

❺ 문화변화와 교육

(1) **개념**: 한 문화유형이 다른 형으로 근본적으로 변화하는 것

(2) **문화변화 관련 용어**

문화전계 (enculturation)	한 개인이 그 집단의 문화를 획득하여 내면화하는 과정 → 특정 문화가 그 문화를 담당한 세대로부터 다음 세대로 전달되고 계승되는 것
문화접변 (acculturation)	한 문화가 다른 문화와 접촉하여 한쪽 또는 양쪽의 문화가 변하는 현상 → 문화이식
문화지체 (cultural lag)	문화구성 부분 간의 변동 속도의 차이로 인해 생기는 시간적·문화적 격차 → 문화요소 간의 부조화 현상 예 물질문화와 규범문화의 부조화
문화실조 (cultural deprivation)	인간 발달에서 요구되는 문화적 요소의 결핍과 과잉 및 시기적 부적절성에서 일어나는 지적·사회적·인간적 발달의 부분적 상실·지연·왜곡현상 → 보상교육(결과적 평등관) 실시로 보충
문화기대 (cultural expectation)	'문화가 갖는 구속(문화구속)': 문화가 그 속에서 태어난 개인에게 문화에 따라 행동할 것을 요구하고 기대하는 것 → 교육은 문화기대에 어울리는 평균인을 양성하는 과정

제3절 교육평등

❶ 학교교육과 사회평등

(1) **평등화 기여론**: 학교교육 자체가 계층 간 격차를 해소하고 사회평등화를 실현하는 장치로 기능한다고 보는 이론 → 기능이론적 관점

블라우와 던컨 (Blau & Duncan)	학교교육(본인의 노력)이 직업지위 획득(사회이동)에 가장 중요한 요인
스웰과 하우저 (Swell & Hauser)	사회심리적 변인, 즉 '의미 있는 타인들(부모)'의 격려가 노력과 직업지위의 매개변인으로 작용(가정의 사회·경제적 배경 ×)
해비거스트 (Havighurst)	학교교육은 사회적 상승이동(개인이동과 집단이동)을 촉진함으로써 사회평등화에 기여
인간자본론	교육은 개인의 생산성(power) 증대 및 소득 증대를 통해 소득 분배 평등화에 기여

(2) **불평등 재생산이론**: 학교교육은 지배층의 이익에 봉사하는 장치로 사회적 불평등을 재생산한다고 보는 이론 → 갈등이론적 관점

보울스와 진티스 (Bowles & Gintis)	가정의 사회·경제적 배경이 사회적 지위를 결정 → 학교교육은 지배층의 이익에 봉사하며, 불평등 구조를 재생산
스탠톤-살라자와 돈부쉬 (Stanton-Salazar & Dornbusch)	연줄모형 → 학교 내의 사회적 자본(사회적 네트워크)이 교육 및 직업 획득에 영향(학생의 능력 ×)
카노이 (M. Carnoy)	교육수익률(교육의 경제적 가치)의 교육단계별 변화 분석을 통해 교육이 지배층의 이익에 봉사한다는 것을 규명 → 학교교육기회가 교육수익률이 높은 시기(학교발달 초기)는 중상류층에게만 허용, 교육수익률이 낮은 시기(학교발달 후기)는 하류층에게도 보편화
라이트와 페론 (Wright & Perrone)	교육수준이 소득에 미치는 영향 연구: 교육은 상층집단(예 관리자 계급)에게는 도움이 되나, 하층집단(예 노동자 계급)에게는 큰 의미가 없음.

(3) **무효과론(무관련)**: 학교교육은 평등화에 관한 한 의미가 없으며, 교육은 사회평등화보다 다른 가치를 추구한다고 보는 이론
   - 예 젠크스(Jencks), 버그(Berg), 앤더슨(Anderson), 부동(Boudon), 치스위크와 민서(Chiswick & Mincer), 써로우(Thurow)

❷ 교육평등관: 기능이론적 접근

(1) **허용적 평등**: 모든 사람에게 동등한 취학기회 보장, 일체의 제도적 차별 철폐
   - 예 의무교육제도
   ① 재능예비군, 인재군 제도: 중등교육이나 고등교육은 능력 있는 인재에게만 주어져야 한다.
   ② 능력에 따른 결과의 차별 인정(능력주의), 자유주의 평등관

(2) **보장적 평등**: 취학을 가로막는 경제적·지리적·사회적 제반 장애 제거
   ① 취학기회의 실질적 보장

경제적 장애 제거	㉠ 무상의무교육의 실시 예 1944년 영국의 교육법(중등교육의 보편화 & 무상화, 불우층 자녀에게 의복 및 학용품 지원, 단선형학제로의 개편) ㉡ 고교무상교육의 전면 시행(2021학년도 이후) ㉢ 학비보조 및 장학금제도 운영
지리적 장애 제거	㉠ 학교를 지역적으로 유형별로 균형 있게 설립 ㉡ 온라인 등교 예 스타 스쿨(star school) ㉢ 도서 벽지, 산골오지(奧地) 등에 학교 설립, 또는 통학 교통편 제공
사회적 장애 제거	근로청소년을 위한 야간학급 및 방송통신학교의 설치

   ② 교육기회 확대에 기여, 결과(계층 간의 분배구조)는 여전히 차별

(3) **과정(교육여건)의 평등**: 학교의 교육조건(예 교사의 질, 교육과정, 학생수준, 학교시설, 교육방법 등)의 차이가 없어야 한다. → "교육기회의 평등은 단지 취학의 평등이 아니라 평등하게 효과적인 학교를 의미한다."(Coleman)
  예 고교평준화 정책(1974, 교사·학생·시설·교육과정의 평준화)
  ① 지식이 조직, 분배되는 과정을 평등화해야 한다.
  ② 콜맨 보고서: 「교육기회의 평등」(1966)
    ㉠ 내용

    > 1. 가정배경 변인 – 학생집단 변인 – 학교특성(학교환경) 변인순으로 학업성취에 영향을 미친다.
    > 2. 학교환경 변인 중 교사의 질 – 학생 구성 특성 – 기타 변인(예 물리적 시설, 교육과정 등)순으로 학업성취에 영향을 미친다. → 전체 변량의 10% 정도에 불과함.

    ㉡ 연구 결론: 학교환경은 학업성취에 영향 ×, 즉 학업성취에 있어 학교 차의 영향은 미미하다. → 교육조건의 평등정책의 실패 증거, 보상적 평등 및 학교교육의 무효과론의 등장배경 제공

(4) **결과의(보상적) 평등**: 출발점행동의 문화실조에 대한 보상을 통해 교육의 결과를 같게 해야 한다. → 집단 간 교육의 결과(학력) 격차 축소, 가정배경으로 인한 불이익을 사회가 보상
  ① 롤즈(Rawls)의 정의론(제2원칙, 차등의 원칙)에 근거: 최소-극대화(Mini-Maximum)의 원리 적용 → "능력이 낮은 학생에게 더 많은 자본과 노력을 투입"

    > "사람들의 타고나는 잠재능력은 순전히 우연의 결과로 마치 '자연의 복권 추첨'과 같다. 사회는 '복권'을 잘못 뽑아 불리해진 사람에게 우수한 능력을 가진 사람이 어느 정도의 적선을 하는 방향으로 제반 제도를 수립해야 한다."
    > — 롤즈(Rawls)

② 구현 사례

학생 간 격차 해소	① 능력이 낮은 학생에게 더 좋은 교육 여건 제공 ② 학습부진아에 대한 방과 후 보충지도
계층 간 격차 해소	① 저소득층 취학 전 아동을 위한 보상교육 ② 교육복지 우선지원사업(한국), Head Start Project(미국), Sure Start Program(영국), Fair Start Program(캐나다), Angel Plan Program(일본), 교육 우선 지구(EPA, 영국 → **EAZ & EiC**), **교육 우선 지역 정책(ZEP, 프랑스)** ③ **기회균등 할당제(affirmative action, 기회균형선발제)**: 할당제·가산점제·목표설정제 등을 통해 소외계층 자녀에게 대학입학의 기회 부여
지역 간 격차 해소	① 읍·면 지역의 중학교 의무교육 우선실시 ② 농어촌지역 학생의 대학입시 특별전형제

❸ 교육평등의 원리

공정한 경쟁의 원리	기능주의 이론의 입장 ① 자유주의에서 평등은 '공정한 경쟁'을 의미: 교육의 기회균등의 원리와 능력주의 중시 ② 공정한 경쟁에 따른 결과의 차별은 정당함.
최대이익의 원리	공리주의의 원리 ① 최대 다수의 사람에게 최대의 행복, 혹은 최대의 이익이 돌아가게끔 하는 결정이 최선의 결정임. ② 최선의 결정은 행복이라는 결과를 극대화하는 결정임.
인간존중의 원리	① 교육평등은 인간의 '동등한 가치(예 동등한 기본권 또는 이해관계)'를 존중하는 방식으로 행동하는 것임. ② 황금률의 원리, 즉 "네가 대접받고 싶은 대로 남을 대접하라."는 것이 이 원리의 핵심 ③ 인간존중의 원리는 다른 사람을 수단이 아닌 목적으로 대할 것을 요구함.

차등의 원리	공리주의의 원리를 비판하는 논리
	① 롤즈(Rawls)가 제시한 원리로, 최소 극대화(Mini-Maximum)의 해결책을 통한 사회정의 실현을 중시
	② 차등의 원칙이 지닌 의미
	  ⊙ 모든 이익이 평등하게 분배되도록 요구하지는 않지만 불평등, 즉 평등한 분배로부터의 일탈은 결과적으로 모든 사람에게 이득이 될 경우에만 인정되어야 함을 요구
	  ⓒ 사회적으로 가장 불리한 입장에 있는 사람들의 필요에 특히 신경 쓸 것을 요구
	  ⓒ 모든 인간을 평등하게 존중할 것을 요구

제4절 교육격차 발생 이론(학업성취격차 이론)

❶ 학교 내적 원인과 외적 원인에 따른 이론

1. 학교 내적 원인: 교사결핍론

  교육격차는 교사-학생의 대인지각(교사의 학생관) 등 교육 내적 요인의 차이에서 발생한다는 입장

(1) **로젠탈과 제이콥슨(Rosenthal & Jacobson)의 피그말리온 효과**: 교사의 학생관(교사의 학생에 대한 기대)이 학업성취도를 결정 → 자성예언이론

(2) **리스트(Rist)의 연구**: 교사의 사회계층에 따른 학생 구분(예 우수학생, 중간학생, 열등학생) 및 기대 수준이 학업성취에 영향

(3) **블룸(Bloom)의 완전학습이론**: 교사의 교수학습 방법이 교육격차의 주 원인

(4) **브루크오버(Brookover)의 연구**: 학교풍토(school climate)가 학업성취에 영향

2. 학교 외적 원인: 지능결핍론, 문화환경결핍론

(1) **지능결핍론**
  ① 교육격차는 개인의 지능 차이로 발생
  ② 대표자: 젠센(Jensen), 아이젠크(Eysenck)

(2) **문화환경 결핍론**: 문화실조론
  ① 교육격차는 부모의 사회·경제적 배경(예 가정의 문화환경, 언어모형, 태도 등)에서 발생
  ② 콜맨(Coleman) 보고서(1966): 가정배경(예 경제적 자본, 인적 자본, 사회적 자본)이 학생의 학업성취에 가장 큰 영향 요인 → 사회적 자본(social capital)이 학업성취에 영향을 주는 가장 큰 변인

구분	의미와 사례	
경제적 자본 (물적 자본)	학생의 학업성취를 도울 수 있는 물적 자원, 부모의 경제적 지원 능력 예 소득, 재산, 직업	
인적 자본 (인간자본)	부모의 학력, 학생의 학업성취를 돕는 인지적 환경 제공 예 부모의 지적 수준, 교육 수준	
사회적 자본	사람들 사이의 사회적 관계 → 학업성취에 가장 큰 영향 요인	
	가정 내 사회적 자본	부모와 자식 간의 관계 → 자녀에 대한 부모의 관심, 노력(시간과 노력의 투입), 교육적 노하우, 기대수준 등
	가정 밖 사회적 자본	부모의 친구관계, 어머니의 취업 여부, 이웃과의 교육정보 교류 정도, 부모의 학교 참여 등

③ 플라우덴(Plowden) 보고서(영국, 1967): 부모의 태도, 가정환경, 학교 특성 순으로 교육격차에 영향을 줌.
④ 젠크스(Jencks) 연구(1972): 가정배경, 유전(인지능력)순으로 영향

❷ **교육격차의 설명 모형**: 결핍모형, 기회모형

(1) **결핍모형**: 학생이 지닌 속성의 차이로 교육격차의 발생 원인을 설명

지능이론	유전적 요소(생득적 능력)와 지적 능력의 차이 중시
문화실조론	후천적 요소(생후 경험)와 가정의 문화적 환경 차이 중시 → 학생의 문화적 경험 부족이 학습 실패의 중요 원인임.

(2) **기회모형**: 교육에 투입되는 자원을 교육격차의 발생 원인으로 봄.

교육기회의 불평등	사교육 및 가정배경(경제적 자본, 사회적 자본)에 따른 교육기회의 불평등 중시
교육재원의 불평등	학교의 물질적 조건(예 시설, 기구, 도서)과 인적 조건(예 교사 1인당 학생 수, 학생집단의 구성형태)의 차이 중시

❸ **문화실조론과 문화다원론**

구분	문화실조론	문화다원론
기본 전제	문화에는 우열이 있다.	문화에는 우열이 없고, 다만 다를 뿐이다.
학교 교육과정	우수한 문화, 즉 주류문화(서구 사회 백인 중산층 문화)로 구성	특정 계층(지배계층)의 문화만으로 구성 → 계층편향적인 문화로 구성
교육격차 발생 원인	농촌, 하류층, 흑인 집단의 학생들의 후천적 문화적 경험 부족, 주류문화의 결핍(문화실조) 때문	특정 계층 문화에 익숙하지 않은 학생들의 불이익 → 상징적 폭력(symbolic violence)
교육격차 극복 방안	불우계층의 저학력 아동들에 대한 보상적 평등 프로그램을 확대 예 Head Start Project	교육과정 재구성 → 모든 계층의 문화를 균형 있게 학교 교육과정에 편성

제5절 학력상승이론(교육팽창이론)

❶ 학력상승이론: 학력 상승(교육 팽창)의 원인에 관한 이론

강조점	이론	주장(학력상승의 원인)	대표자	비판
심리적 원인	학습욕구 이론	• 성장욕구, 즉 자아실현의 욕구(인지적 욕구) 추구 • 인구의 증가와 경제발전으로 인한 경제적 여유의 증대	매슬로우 (Maslow)	학교가 학습욕구를 충족시키는 기관임을 입증하기 어려움.
경제적 원인	기술기능 이론	과학기술의 부단한 향상	• 클라크(Clark) • 커(Kerr)	과잉학력 현상을 설명하지 못함.
경제적 원인	신마르크스 이론 (상응이론)	자본주의 경제체제 유지(자본가의 요구에 맞는 기술인력 공급 & 자본주의적 사회규범 주입)	보울스와 진티스 (Bowles & Gintis)	자본계급의 이익 이외의 다른 측면(학습자)에 대한 고려가 없음.
사회적 원인	지위경쟁 이론	학력(學歷)은 사회적 지위 획득의 수단 → '졸업장병', '신임장 효과'	• 베버(Weber) • 도어(Dore) • 콜린스(Collins)	학교교육의 내용적 측면, 경쟁의 긍정적 측면에는 무관심
정치적 원인	국민통합론	국가의 형성과 이에 따른 국민 통합의 필요성 → 초등교육의 의무화 & 중등교육의 확대	• 벤딕스(Bendix) • 라미레즈 (Ramirez)	고등교육의 팽창과 과잉교육의 문제를 설명하지 못함.

❷ 학습욕구이론: 심리적 접근

(1) **내용**: ① 자아실현욕구(지적·심미적 욕구) 추구 또는 ② 인구의 증가와 경제 발전으로 인한 여유의 증대로 학력상승 발생

(2) **대표자**: 매슬로우(Maslow)

(3) **이론의 한계점**

① 오늘날의 학교가 학습욕구를 제대로 충족시켜 주는 기관이라는 사실을 입증하기 어렵다.
② 학교가 참된 의미의 교육을 제대로 하지 못하고 있을 뿐만 아니라, 오히려 비교육적인 기관으로 변질되고 있다.
  ⓔ 일리치(I. Illich)는 학교를 전인구속적 조직으로 파악함.

❸ 기술기능이론 : 경제적 접근

(1) **내용**
  ① 학교는 산업사회(전문가 사회)를 지탱하는 핵심적 장치 → 산업사회의 구조가 학력상승 유발
  ② 과학기술의 부단한 향상의 결과로 직업기술의 수준이 계속 높아져 사람들의 학력수준이 향상됨. → 고학력 사회는 고도산업사회의 결과

(2) **대표자** : 클라크(Clark), 커(Kerr)

(3) **이론의 한계점** : 과잉학력(over education) 현상을 설명하지 못함.
  ☑ 과잉학력현상 : 교육인력이 (산업)인력수요를 초과하는 현상 → 학력과 직업의 불일치

❹ (신)마르크스 이론 : 경제적 접근

(1) **내용** : 자본주의 경제체제를 유지하기 위한 자본가 계급의 노력(의무교육 실시)으로 학력상승

(2) **대표자** : 보울스와 진티스(Bowles & Gintis)

(3) **이론의 한계점**
  ① 보울스와 진티스(S. Bowles & H. Gintis)의 이론은 미국의 학교발달만을 대상으로 삼고 있기 때문에 쉽게 일반화하기 어려움.
  ② 교육을 자본가 계급의 이익을 위한 것으로만 단정함으로써 학습자 자신의 이익 등과 같은 교육의 다른 측면에는 소홀
  ③ 고등교육의 팽창을 설명하지 못함.

❺ 지위(권력)경쟁이론 : 사회적 접근

(1) **내용** : 사회적 지위 획득 수단인 학력(學歷)과 졸업장 획득을 위한 경쟁이 학력상승 원인
  ☑ 학력(學歷)은 생산성(능력, power)이 아닌 history, 또는 symbol, 즉 학벌(學閥)을 의미

(2) **대표자** : 베버(Weber), 도어(Dore), 콜린스(Collins)
  ① 도어(Dore) : 졸업장병 → 높은 지위를 상징하는 졸업장을 따기 위한 끊임없는 학력경쟁이 가속화되고 그로 인해 교육의 질이 떨어지는 학력의 평가절하 현상, 교육 인플레이션 현상
  ② 콜린스(Collins) : 신임장 효과, 학력주의 사회(상징적 학력주의 사회)
    ㉠ 학력(學歷)이 사회적 지위를 결정하는 기준으로 작용하는 사회

ⓒ 학력은 생산성의 의미가 아닌 '문화화폐'로서의 사회적 자산의 기능을 담당하며, 학력에 따른 임금격차를 '신임장 효과'로 설명

(3) **이론의 공헌점**: 과잉학력현상을 설명

(4) **이론의 한계점**
   ① 학력상승, 즉 학교교육 확대를 경쟁의 결과로만 파악하려 하기 때문에 학교교육의 내용적 측면에 관하여는 관심을 두지 않음.
   ② '만인의 만인에 대한 경쟁'을 전제로 하고 있으면서 경쟁의 부정적 측면을 강조
   ③ 학교의 팽창이 교육수요자 간의 경쟁에 의하여 주도되는 측면만을 강조하여, 교육공급자(예 정부, 학교경영자 등)의 영향력을 전혀 고려하지 않음.

❻ **국민통합론(국민형성론)**: 정치적 접근

(1) **내용**: 근대국가의 형성 과정에서 국민 통합을 위한 의무교육 확대로 교육 팽창

(2) **대표자**: 벤딕스(Bendix), 라미레즈(Ramirez)

(3) **이론의 한계점**: 근대국가 형성 초기의 초등교육의 의무화와 중등교육의 확대는 설명할 수 있으나, 고등교육의 팽창과 과잉학력현상을 설명하는 데는 한계가 있음.

❼ 근대 공교육제도의 형성 및 팽창이론

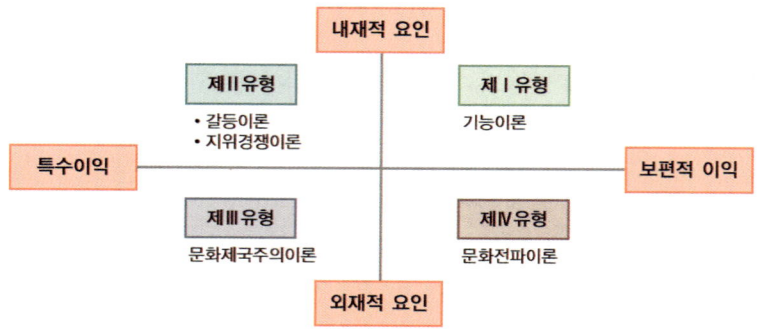

(1) **기능이론**: 근대 공교육제도는 근대사회가 요구하는 내재적 필요를 충족시키기 위한 효율적인 장치로 제도화된 것
(2) **갈등이론**: 근대 공교육제도는 자본주의 사회의 불평등구조를 재생산하고 정당화하기 위한 사회통제기제로서 제도화된 것
(3) **지위경쟁이론**: 상충되는 이해관계를 지닌 다양한 지위집단들의 기득권 수호 또는 합법적인 사회적 지위상승을 위한 경쟁수단으로 제도화된 것
(4) **문화제국주의 이론**
  ① 제3세계에서의 근대 교육체제의 형성 과정과 성격을 설명하는 데 적합: 마르크스주의와 신식민주의 이론에 바탕
  ② 제3세계의 교육제도는 식민지 교육의 유산을 거의 답습한 것이며, 과거의 식민지에 대한 정치적 및 경제적 영향력을 유지하기 위한 식민 지배국의 의도적 노력의 결과라는 것
(5) **문화전파이론**: 근대적인 공교육제도는 동일한 문화전파 원리에 따라 전 세계적으로 확산된 것

MEMO

MEMO

MEMO

오현준

주요 약력
서울대학교 사범대학 교육학과 졸업

現) • 서울교육청, 강원교육청 핵심인재 특강 전임강사
- 박문각 임용고시학원 교육학 및 5급 교육사무관 승진 전임강사
- 박문각 공무원 교육학 온라인·오프라인 전임강사
- 창원중앙고시학원, 대구한국공무원학원, 유성제일고시학원, 청주행정고시학원 교육학 전임강사
- 서울교육청, 인천교육청, 강원교육청 5급 교육사무관 전임 출제위원

前) • 교육부 의뢰, 제7차 교육과정 「특별활동 교사용 지침서」 발간
- 22년간 중등교사로 서울에서 재직 활동(교육부총리, 교육감상 수상 / 교재연구 우수교원 교육부 장관상 수상 / 연구학교 우수교사 수상 / 교육복지투자 우선지역 사업 선도 교사)
- 매년 1급 정교사 자격연수 대상자들을 대상으로 교수법 특강
- 통일부 위촉, 통일 전문 강사 활동
- 광주교육청 주관, 학교교육복지 정책 관련 특강
- 중앙대 교원임용고시 대비 특강
- 5급 교육사무관 대비 교육학 및 역량평가, 심층면접 강의(전국 최대 사무관 배출)
- 티처빌 교육전문직 대상 교육학 전임강사

주요 저서
- 오현준 정통교육학 (박문각, 2007~2026 刊)
- 오현준 교육학 끝짱노트(박문각, 2023~2026 刊)
- 오현준 교육학 단원별 기출문제 1344제 (박문각, 2016~2025 刊)
- No.1 오현준 교육관계법령 (박문각, 2025 刊)
- 오현준 교육학 실전동형 모의고사 (박문각, 2016~2025 刊)
- 오현준 핵심교육학 (박문각, 2016~2024 刊)
- 오현준 명작교육학 (박문각, 2016~2022 刊)
- 오현준 교육학 논술 핵심 229제 (박문각, 2019~2022 刊)
- 오현준 끝짱교육학 (고시동네, 2020~2022 刊)
- 오현준 교육학 기출문제 종결자 (고시동네, 2014~2016 刊)
- TOPIC 교육학(고시동네, 2013 刊)

인터넷 강의
박문각 www.pmg.co.kr

오현준 교육학 끝짱노트

초판 인쇄 | 2025. 9. 10. 　초판 발행 | 2025. 9. 15. 　편저자 | 오현준
발행인 | 박 용 　발행처 | (주)박문각출판
등록 | 2015년 4월 29일 제2019-000137호 　주소 | 06654 서울시 서초구 효령로 283 서경 B/D 4층
팩스 | (02)584-2927 　전화 | 교재 주문·내용 문의 (02)6466-7202

저자와의 협의하에 인지생략

이 책의 무단 전재 또는 복제 행위를 금합니다.

정가 26,000원

ISBN 979-11-7519-180-8